Josef Volkmar Senz - Geschichte der Donauschwaben

DONAUSCHWÄBISCHES ARCHIV, Reihe III/Bd. 37
ISSN 0172-5165-37

Die Vergangenheit ist ein Teil von uns selbst,
vielleicht der wesentliche Teil.
. . . Was ist ein Baum ohne Wurzeln?
Was ist ein Fluß ohne Quelle?
Was ist ein Volk ohne seine Vergangenheit?

Victor Hugo, franz. Dichter (1802–1885)

Ein Volk, das seine eigene Geschichte nicht kennt,
versteht sich selbst und seine Gegenwart nicht.
Erst durch die Geschichte
wird ein Volk sich seiner selbst vollständig bewußt.

Adalbert Stifter (1805–1868)

4. verbesserte Auflage 1987

Herausgeber:
Arbeitskreis für donauschwäbische Heimat- und Volksforschung
in der Donauschwäbischen Kulturstiftung – Stiftung des privaten Rechts – e. V., München

ISBN 3-926276-04-5

Bestellung und Versand: D-7032 Sindelfingen, Goldmühlestr. 30, Haus der Donauschwaben

Druck: Offsetdruckerei E. Beck, Straubing

Beiträge zur donauschwäbischen Heimat- und Volksforschung
Reihe III - Band 37

JOSEF VOLKMAR SENZ

Geschichte der Donauschwaben

Von den Anfängen bis zur Gegenwart

Eine volkstümliche Darstellung

Donauschwäbische Kulturstiftung - München 1987

Prinz Eugen, der edle Ritter
(1663–1736)

Die Donauschwaben

Die Donauschwaben sind ein Geschöpf der Donaumonarchie, und zwar der übernationalen patriarchalisch-feudalen, europäisch-universalen Donaumonarchie. Sie hatte seit dem revolutionären Aufstieg der Demokratie und des Nationalismus manchen Stoß erhalten. Das kleine Volk der Donauschwaben verspürte alle diese Stöße und Schläge höchst unmittelbar: es sah sich schon seit dem „Ausgleich" von 1867 dem madjarischen Nationalismus preisgegeben, der die ungarische Reichshälfte der Monarchie in einen Nationalstaat zu verwandeln trachtete. Schließlich zerbrach die Monarchie und damit das politische Gehäuse, in dem die Donauschwaben ihre Lebens- und Gemeinschaftsformen ausgebildet hatten.

Es war sinnbildlich für die neue Lage, die eine nationalstaatliche Ordnung zu verwirklichen vorgab, daß die Wohngebiete der Donauschwaben nun auch politisch-staatlich auseinandergerissen wurden. Ungarn, Jugoslawien, Rumänien wurden „Nachfolgestaaten" des zur Einheit gewordenen donauschwäbischen Landes... Wenn menschliche Gemeinschaften einen bestimmten Reifegrad in der Ausprägung ihrer Lebensformen erreicht haben, können sie zwar von außen her zerrissen und gesprengt werden, ihre einzelnen Glieder verlieren indessen nicht mehr die Kennzeichnung, die sie als Glieder dieser Gemeinschaft ausweist- auch bei den Donauschwaben.)*

Der Historiker Prof. Dr. Theodor Schieder (1908-1984)

*Das Deutschtum im ehemaligen Südungarn bildet zusammen mit dem Deutschtum in Rumpfungarn – mit Ausnahme der bei Ungarn verbliebenen kleinen westungarischen Gebiete – eine organisch zusammenhängende und zusammengehörende bedeutende deutsche Volksgruppe, das sogenannte, über eine Millionen Seelen umfassende Donauschwabentum. Innerlich stehen sich die ungarischen, südslawischen und rumänischen Deutschtumsgruppen so nahe, daß keine Grenzziehung sie zu trennen vermag. Sie sind zu gleicher Zeit und unter gleichen Umständen aus verschiedenen österreichischen, süd- und mitteldeutschen Gebieten im ungarischen Raum angesiedelt worden und hatten von Anfang an bis 1918 dasselbe staatliche und volkliche Schicksal. Infolgedessen kann auch die Wissenschaft sie nicht trennen, wenn nicht Organisches und Lebendiges zerschnitten, die einzelnen Aufgaben infolge von Überschneidungen doppelt, ja dreifach behandelt werden sollen. Die Teillösungen blieben Bruchstücke, aus denen nie etwas Ganzes und organisch Lebendiges zusammengestellt werden könnte. Die Siedlungsgeschichte des gesamten Donauschwabentums bildet eine Einheit, ebenso ihre wirtschaftliche und politische Entwicklung: ihre geistigen Regungen waren dieselben und auch ihr volklicher Schwächezustand hatte den gleichen Ursprung und die gleichen Ursachen. Auch was Sitten und Bräuche, Mundart und Trachten, Lied und Sage und die übrigen wesentlichen Züge ihres Volkstums betrifft, gehören sie – bei allen Verschiedenheiten, nicht von einem Gebiet zum anderen, sondern gleichmäßig von Dorf zu Dorf – in denselben großgezogenen und doch einheitlichen volksdeutschen Rahmen..." **)*

Der Germanist Prof. Dr. Jakob Bleyer (1874-1933)

---

*) Die Donauschwaben – Bild eines Kolonistenvolkes, 1961.

**) Aufgaben der Deutschtumsforschung im altungarischen Raume, DUHbl. Jg. 5 (1933), S. 238-249, bzw. S. 247f.

Donauschwaben-Wappen

Für immer frei und ungeteilt. *Semper atque semper liberi ac indivisi.*

Geteilt durch einen blauen Wellenbalken von Gold und Weiß; oben ein oberhalber rot bewehrter schwarzer Adler; unten auf grünem Ackerboden eine sechstürmige weiße Festung aus Ringmauer und Gebäuden, rot bedacht, über der rechts die strahlende Sonne und links der weiße abnehmende Mond schweben.

Das Wappen zeigt die deutschen Nationalfarben Schwarz-Rot-Gold und die donauschwäbischen Stammesfarben Weiß-Grün; Schwarz-Rot-Gold, Sinnbild des deutschen Einheitswillens und Farben des Deutschen Bundes, sind in das Wappen aufgenommen worden, weil sich die donauschwäbische Stammesgeschichte bis 1806 im Rahmen des römisch-deutschen Reiches vollzog. Weiß ist Symbol der friedlichen Gesinnung der Donauschwaben, Grün als Farbe der Hoffnung und für das durch Aufbauarbeit zur Kornkammer gewordene Neuland ihrer Heimat.

Nach Hans Sonnleitner

IN ANBETRACHT

DER ENGEN STAMMESMÄSSIGEN VERBUNDENHEIT

DER BEVÖLKERUNG DES LANDES

BADEN-WÜRTTEMBERG

MIT DER VOLKSGRUPPE DER

DONAUSCHWABEN

HAT DIE LANDESREGIERUNG BESCHLOSSEN, DIE

PATENSCHAFT

ÜBER DIE VOLKSGRUPPE DER DONAUSCHWABEN

ZU ÜBERNEHMEN.

BADEN-WÜRTTEMBERG

MINISTERPRÄSIDENT

STUTTGART, DEN 11. SEPTEMBER 1954

Dr. Gebhard Müller

MINISTERPRÄSIDENT

Die Urkunde des Patenlandes Baden-Württemberg, die am 11. September 1954, anläßlich des Tages der Donauschwaben in Esslingen, vom damaligen Ministerpräsidenten Dr. Gebhard Müller ausgehändigt wurde

Vorwort

Die räumliche und geistig-kulturelle Verdrängung aus der alten Heimat hat im Zuge der Eingliederung in eine neue Umwelt ein verstärktes Interesse an der Vergangenheit und dem Erbe der Donauschwaben erweckt, der eigenen Stammesangehörigen ebenso wie derjenigen, die mit ihnen dabei in unmittelbare Berührung kamen. Es wird dies auch daraus erkennbar, daß historische Darstellungen der gemeinsamen Vergangenheit in der landsmannschaftlichen Presse gut aufgenommen werden, aber auch in der Herausgabe einer Vielzahl örtlicher Heimatbücher, die alle der Selbsthilfe der einzelnen Gemeinden zu verdanken sind und der Bewahrung des Erbes sowie der Verdeutlichung der eigenen Entwicklung dienen sollen. Bei diesem vielfältigen Bemühen der Heimatortsgemeinschaften ist allerdings bisher die umfassende Darstellung der geschichtlichen Entwicklung der gemeinsamen donauschwäbischen Stammesgemeinschaft zu kurz gekommen.

Diese Lücke der donauschwäbischen Dokumentations- und Publikationsarbeit wird seit Jahren erkannt und erzeugte deshalb das Verlangen nach Abhilfe. Die Donauschwäbische Kulturstiftung e. V. sieht es als ihre Aufgabe an, in dieser Richtung anregend und fördernd zu wirken. Es wird aber noch einige Zeit dauern, bis die Arbeiten zur Herausgabe einer umfassenden wissenschaftlichen Darstellung der Geschichte der Donauschwaben abgeschlossen werden können. Aus dieser Sachlage entsprang der Entschluß zur Herausgabe dieser volkstümlichen Darstellung der donauschwäbischen Entwicklung von den Anfängen bis zur Gegenwart. Diese Arbeit stellt eigentlich die verbesserte dritte Auflage meiner 1940 und 1955 vorgelegten Geschichte der Donauschwaben dar.

Zur Notwendigkeit der Herausgabe dieser volkstümlichen Bearbeitung sei noch auf folgendes hingewiesen:

1. Frühere Schriften dieser Art sind seit Jahren vergriffen, was eine ausreichende Information neuer Interessenten behindert und die Beachtung jüngerer Forschungsergebnisse und zeitgeschichtlicher Ereignisse erschwert.

2. Die Ereignisse des Zweiten Weltkrieges und seine Folgen versetzten die Donauschwaben in einen Zustand, der zur Bewährung unter neuen Lebensbedingungen herausforderte. Diese wird nur bestehen, wer seine Herkunft und Geschichte kennt. Das donauschwäbische als Teil des deutschen Selbstverständnisses ist nur auf der Grundlage der historischen Leistung der gemeinsamen Herkunftsgemeinschaft für unsere alte und neue Heimat richtig zu vertreten.

3. Die Donauschwaben haben noch selten das Glück gehabt, die historische Entwicklung ihres Volksstammes in ihrer Schulzeit kennen zu lernen; das gilt gleichermaßen für die Länder der alten wie der neuen Heimat. Für ihre Selbstbehauptung und richtige Eingliederung als Gemeinschaft fehlten ihnen daher zumeist gründliche Kenntnisse zum Verständnis des Verhaltens der Generationen untereinander und zu den Nachbarn, mit denen sie zusammen lebten und leben.

4. Der Kern der Donauschwaben lebt heute im binnendeutschen Sprachraum. Zusammen mit den 14 Millionen ost- und südostdeutschen Vertriebenen sind sie von Gesetzes wegen zur Pflege und Weiterentwicklung ihres kulturellen Erbes im Interesse des ganzen deutschen Volkes und Europas aufgefordert. Diese auffordernde Einstellung spricht das Interesse der deutschen Öffentlichkeit an, das auch die Donauschwaben zu ihrer gültigen Selbstdarstellung und zu einem lebendigen Selbstverständnis anregen muß, das die Erarbeitung einer über den lokalen und regionalen Rahmen hinausgreifenden umfassenden Geschichte der Donauschwaben geradezu fordert. Diesem Ziel will die vorliegende Darstellung dienen.

Wer sich ausführlicher und eingehender mit der Geschichte der Donauschwaben befassen möchte, sei auf das weiterführende Schrifttum am Schluß des Buches verwiesen.

Allen, die bei der Herausgabe dieses Buches geholfen und dieses ermöglicht haben, vor allem auch der Donauschwäbischen Kulturstiftung e. V., München, sei hiermit der aufrichtige Dank des Verfassers ausgesprochen.

Straubing, am 21. September 1987 *Josef Volkmar Senz*

Vorwort zur 4. Auflage

Die gute Aufnahme der 3. Auflage der volkstümlichen Darstellung der „Geschichte der Donauschwaben" von den Anfängen bis zur Gegenwart hat augenfällig das lebendige Interesse am geschichtlichen Werdegang des in alle Welt zerstreuten donauschwäbischen Volksstammes sichtbar gemacht. Was im Vorwort zur 2. Auflage festgestellt wurde, gilt auch heute: „Um das Leben zu meistern, durfte das geistige und geschichtliche Erbe der Ahnen nicht auch noch verloren gehen. Woher wir kommen und wohin wir wollen, muß uns bewußt bleiben, wenn wir uns im Geschehen der Gegenwart und Zukunft behaupten wollen". Das scheinen nicht nur die älteren, sondern auch die jüngeren Generationen begriffen zu haben, so daß die 3. Auflage in kürzester Zeit vergriffen war. Um die noch offene Nachfrage befriedigen zu können, ist die 4. Auflage erforderlich, die mit nur geringen Berichtigungen sogleich herausgebracht werden muß. Auch deshalb, weil es wichtig erscheint, weitere Kreise der vertriebenen und einheimischen deutschen Bevölkerung über die unter und mit ihnen lebenden donauschwäbischen Mitbürger, die selbstverständlich in einem richtigen deutschen Identitätsbewußtsein erfaßt sein müssen, zu informieren. Die Generationen derer, die in den pannonischen Donaulandschaften inmitten anderer Völker als deutscher Volksstamm jahrhundertelang gelebt haben, sind künftig vor allem auf die eigenen und die deutschen Historiker angewiesen, wenn ihre durch die Vertreibung abgebrochene Geschichte nicht verloren sein soll. „Das aber sollte nicht so sehr mit Rücksicht auf die einstigen Bewohner dieses Landes verhindert werden, sondern mehr noch mit Blick auf die deutsche Geschichte". J. B. Bilke (KK)

Möge auch diese 4. Auflage dazu beitragen, daß in absehbarer Zeit die umfassende „Donauschwäbische Geschichte", an der ein Gremium von Fachkräften bereits seit einigen Jahren arbeitet, fertiggestellt werden kann. Denn eine solche haben sich die donauschwäbischen Ahnen und Geschlechter um ihrer Leistung und um ihres Opfers willen wahrlich verdient.

Straubing, den 27. Januar 1988 *Josef Volkmar Senz*

INHALT

Anhang

Verzeichnis der Karten

Bildernachweis:
Bildstellen: Arbeitskreis für donauschwäbische Heimat- und Volksforschung, Straubing; Haus der Donauschwaben, Sindelfingen; Haus der Donauschwaben, Salzburg; Institut für Auslandsbeziehungen, Stuttgart; Südostdeutsches Kulturwerk, München; Apatiner Gemeinschaft e. V., Straubing; Pressefotograph Jakob Bohn, Stuttgart 40, S. 198, 234, 243, 244, 245.

Zeichnungen stammen von

Stefan Jäger: S. 44, 205 (Selbstporträt)
Magdalena Kopp-Krumes: S. 16, 43, 89, 132, 174, 195, 205, 232, 242
Sebastian Leicht: S. 88, 93, 172
Franz Schunbach: S. 205 (Selbstporträt)
Elke Kleineborgmann-Senz: 164, 3. U-Seite

1. Das Pannonische Becken – Heimat der Donauschwaben

Die Donauschwaben sind in ihrer neuen Heimat in eigenen Gemeinden und Städten angesiedelt worden. Gleichzeitig mit ihnen fanden in unmittelbarer Nachbarschaft, manchmal sogar in Teilen der gleichen Stadt oder Gemeinde, Angehörige anderer Völker neue Wohnstätten: Madjaren, Serben, Kroaten, Rumänen, Slowaken, Ruthenen, Bulgaren u. a. Ihre Siedlungsgebiete waren daher national und konfessionell gemischt; es gab keine ausschließlich donauschwäbischen Landschaften oder Verwaltungsgebiete, alle aber gehörten den Ländern der ungarischen Krone an, seit 1526 Herrschaftsgebiet der Habsburger.

Der Siedlungs- und Lebensraum der Donauschwaben umfaßt in der Hauptsache den westlichen und südlichen Teil des pannonischen Beckens. Es ist dies der überwiegend ebene Teil des Donau-Karpatenraumes, der bis 1918 die östliche Hälfte der Österreichisch-Ungarischen Monarchie bildete und der im Westen durch das Flüßchen Raab, im Osten durch die Schwarza/Cerna, im Süden durch Sau und Donau, im Norden und Osten durch die Ausläufer der Karpaten begrenzt ist.

Die Naturlandschaft des donauschwäbischen Siedlungsgebietes kann in vier Teile gegliedert werden. An den Rändern des Beckens bilden *Berglandschaften* den Rahmen. Daran schließen sich ausgedehnte *Hügellandschaften* an. Am umfangreichsten ist aber der Raum der *Lößlandschaft* in der Tiefebene. Entlang der Wasseradern erstreckt sich ein breites *Niederungsland,* das im Süden zwischen Donau und Theiß seine größte Ausdehnung besitzt.

Die Berglandschaft wird von Mittelgebirgen gebildet. Das *Banater Bergland* im Osten erreicht in der Gruppe des Semenik, südwestlich von Lugosch, mit 1447 m seine größte Höhe. Im Westen erstrecken sich Inselbergzüge zwischen Donau und Sau. Die höchste Erhebung trägt der fast 1000 m hohe Papuk. Das rund 550 m hohe *Frankengebirge* (Fruška gora) südlich der Donau ist der am weitesten nach Osten vorgeschobene Gebirgszug des Alpensystems. Im Norden erstreckt sich der Zug des *Ungarischen Mittelgebirges,* das in der Matra 1010 m erreicht. Als südwestungarisches Mittelgebirge unterteilt in Donauwinkelgebirge, Gerisch-Geißgebirge, Ofner Bergland, Schildgebirge und Buchenwald, erstreckt es sich auch am rechten Donauufer zwischen Plattensee und Raab. Im Südwesten erhebt sich das *Fünfkirchner Bergland,* das eine Höhe von 700 m erreicht.

In den Hügellandschaften im Nordbanat, in der Tolnau und in Slawonien wird die Oberfläche aus Sand und Ton gebildet. Sie erreichen Höhen bis 300 m.

Den größten Teil des donauschwäbischen Siedlungsraumes nehmen die Lößflächen der Tiefebene ein. Im Donau-Theiß-Winkel bei Titel erreicht die Lößschicht fast 55 m Mächtigkeit.

Die Niederungslandschaft entlang der Flüsse liegt zumeist unter der 100-m-Grenze. Sie schließt größere Sumpf- und Morastflächen ein. Den größten Teil des Tieflandes bedeckt brauner und schwarzer Steppenboden. Im südlichen Batscher Land, im Hügelland um Fünfkirchen, im Banat und im Ofner Bergland sind auch braune Waldböden zu finden. In den slawonischen Bergen, im Fünfkirchner, Banater und Ofner Bergland treten ausgesprochene Gebirgsböden auf. In der Tiefebene sind Salzbodeninseln (Sodaböden-Saliter) und Flußsandlagerungen anzutreffen. Die zentralen Teile des

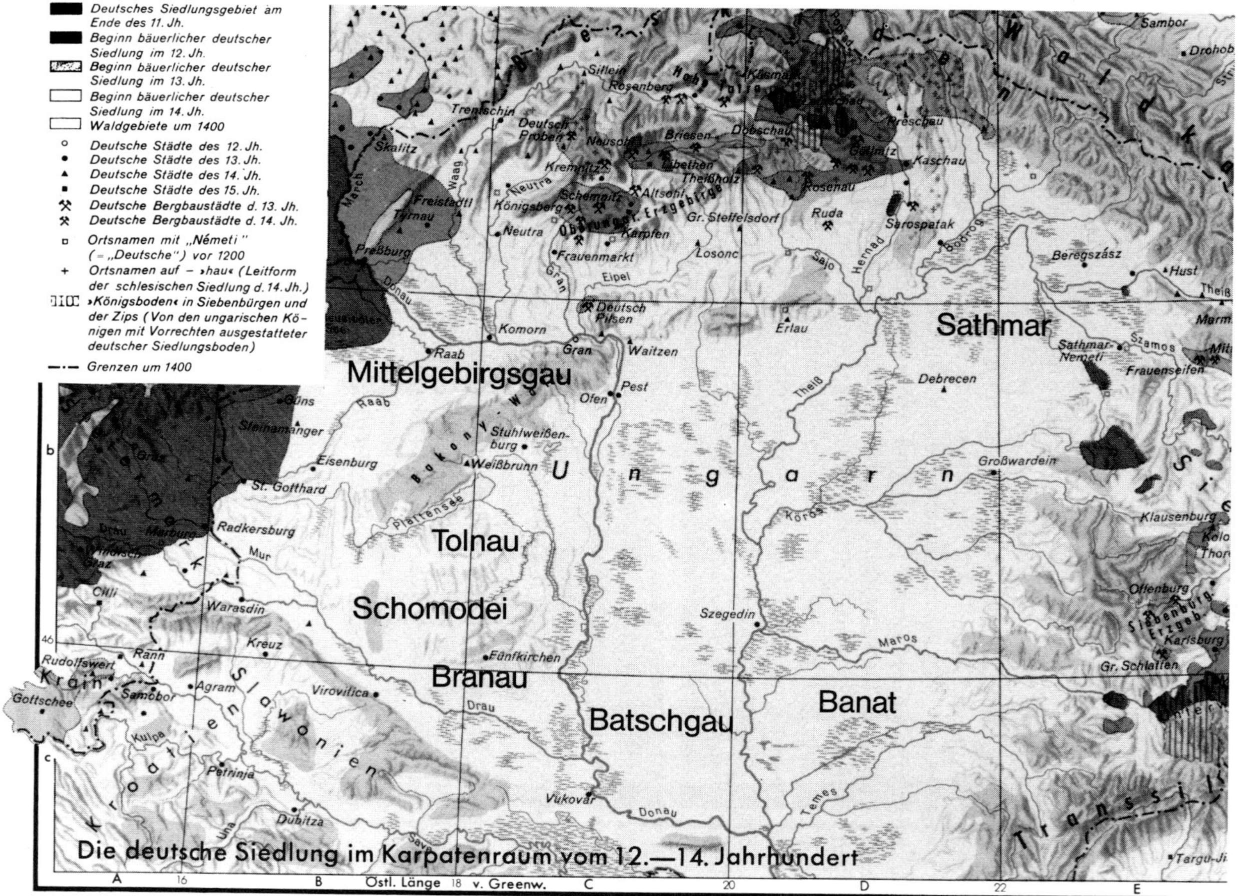

Im Pannonischen Becken – zwischen Alpen und Karpaten – ließen sich nach 1683 und im 18. Jahrhundert die Vorfahren der Donauschwaben nieder

Pannonischen Beckens sind ein Steppen-Heide-Gebiet und ausgesprochen waldarm. Dieses zweitgrößte europäische Tiefland, das sich zwischen den Breitegraden 44 und 48 und den Längegraden 18 bis 22 im donauschwäbischen Siedlungsbereich ausbreitet, ist durch den Lauf der Tieflandströme in mehrere Teillandschaften gegliedert: in die sechs donauschwäbischen Siedlungsgebiete.

In der Reihenfolge von West nach Ost sind landschaftlich folgende donauschwäbische Siedlungsgebiete zu unterscheiden:

1. *Das Bergland* zwischen Raab, Donauknie und Plattensee (Buchenwald, Schildgebirge, Ofner Bergland) in dem neben Ofenpest/Budapest, das um die Jahrhundertwende noch mindestens 100 000 Deutsche zählte, sich noch die kulturell-wirtschaftlichen Zentren Weißbrunn, Stuhlweißenburg, Gran und Waitzen befinden. In diesem Raum wohnten bis zum Ende des Zweiten Weltkrieges rund 350 000 Deutsche.

2. *Schwäbische Türkei* zwischen Plattensee, Donau und Drau mit den Teilgebieten Schomodei, Tolnau und Branau. Fünfkirchen ist die Hauptstadt dieses Gebietes, in dem noch die kulturell-wirtschaftlichen Zentren Sexard, Bonnhard und Ruppertsburg/Kaposvár liegen. Die Zahl der Deutschen erreichte vor 1945 rund 300 000.

3. *Syrmien-Slawonien* zwischen Drau, Donau und Sau zählte vor 1945 rund 175 000 Deutsche. Als Zentren des kulturellen und wirtschaftlichen Lebens der Deutschen können neben Esseg vor allem Ruma, India und Semlin angesprochen werden.

4. *Das Batscher Land* (Batschgau) zwischen den Unterläufen der Donau und Theiß bewohnten vor 1945 rund 250 000 Deutsche. Das kulturelle und wirtschaftliche Leben der Deutschen hatte seine Schwerpunkte in Neusatz, Apatin und Werbaß.

5. *Das Banat,* das sich zwischen Theiß, Donau, Südkarpaten und Mieresch erstreckt und vor Kriegsende rund 450 000 Deutsche zählte. Neben Temeschburg als der Hauptstadt des Gebietes sind noch folgende kulturell-wirtschaftliche Mittelpunkte deutschen Lebens zu nennen: Neuarad, Lugosch, Reschitz, Werschetz, Weißkirchen, Pantschowa, Großbetschkerek und Hatzfeld.

6. *Sathmar und Transtisien* zwischen den Flüssen Mieresch im Süden und Samisch im Norden im rumänisch-ungarischen Grenzgebiet. Die Zahl der Deutschen betrug hier bis zum Kriegsende 50 000, für die Arad, Großwardein und Großkarol kulturelle und wirtschaftliche Zentren waren.

Der gesamte donauschwäbische Siedlungsraum mit seinen sechs Landschaften hat eine große Ausdehnung. Die Länge Raab-Sathmar oder Brod-Orschowa mißt rund 350 km, die Breite Raab-Brod oder Sathmar-Orschowa erreicht rund 400 km. Das ergibt eine Fläche von 140 000 qkm, auf der rund 1,5 Millionen Donauschwaben wohnten, d. h. in einer Dichte von 11 Donauschwaben auf 1 qkm. In Wirklichkeit lebten aber rund 100 Einwohner auf 1 qkm in diesem Raum, woraus hervorgeht, daß die Donauschwaben nur einen Bruchteil dieser Fläche bewohnten, ungefähr 15 000 qkm. Zieht man aber den donauschwäbischen Kernraum in Betracht, dessen Länge zwischen Fünfkirchen – Esseg – Ruma – Semlin 200 km, dessen Breite von Kalotscha bis Fünfkirchen 75 km beträgt, so erhalten wir mit dem Banat zwischen Pantschowa-Reschitz und Arad über Kikinda zur Theiß eine Fläche von zusammen 25 000 qkm (westliches Kerngebiet 15 000 qkm, Banater Kerngebiet 10 000 qkm), auf der rund 1 Million Donauschwaben lebten, d. h. rund 40 Donauschwaben auf 1 qkm oder ein Drittel der Bevölkerung dieses

DONAUSCHWÄBISCHE SIEDLUNGSGEBIETE

1683 bis 1944/45

auf beiden Seiten der mittleren Donau vom Raabfluß im NW bis zum Eisernen Tor im SO

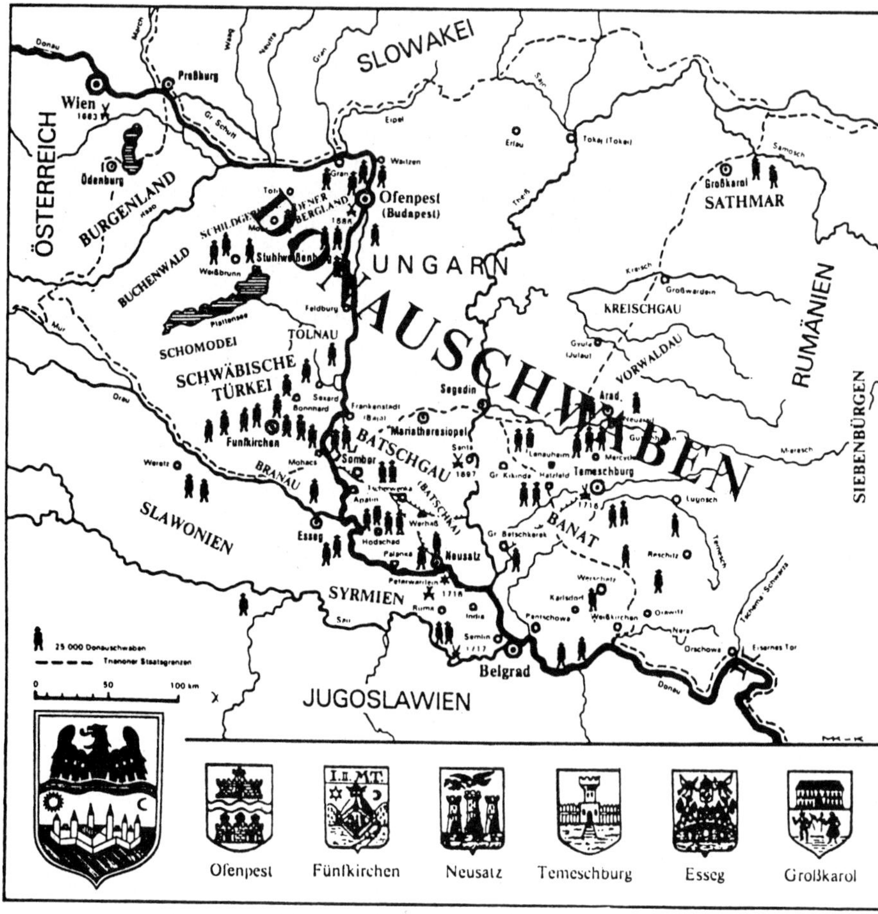

Entwurf: Dr. Anton Taſlerner · Josef Volkmar Senz · Josef Schmidt – Zeichnung: Lene Kopp-Krumes

Gebietes. Die übrigen 2 Millionen Bewohner dieses Raumes verteilten sich auf Madjaren, Südslawen, Rumänen, Slowaken, Ruthenen und Angehörige anderer Völker, so daß die Donauschwaben in diesem Kerngebiet die relative Mehrheit bildeten. Es kann demnach von einem erweiterten donauschwäbischen Siedlungsraum mit einer Gesamtfläche von 140 000 qkm und darin von einem engeren donauschwäbischen Kerngebiet mit 25 000 qkm gesprochen werden, in dem die Donauschwaben dreimal so dicht wohnten wie in ihrem erweiterten Siedlungsraum.

2. Die Donauschwaben - ein deutscher Neustamm

Aus Angehörigen verschiedenster deutscher Stämme, die nach der Verdrängung der Türken im 17. und 18. Jahrhundert als Siedler in das Pannonische Becken kamen, entwickelte sich der jüngste deutsche Neustamm, die Donauschwaben. Sie wurden von der kaiserlichen und ungarischen Hofkammer sowie von geistlichen und weltlichen Grundherren angesiedelt. Dabei erhielten sie in ihren Städten und Gemeinden die persönliche, wirtschaftliche und zum Teil auch die politische Freiheit. Das freie Bürger- und Bauerntum der donauschwäbischen Ahnen war für ihre ganze spätere Entwcklung bedeutsam. Die versprochenen Freiheiten lockten sie in das Donauland, ihnen zu Liebe ertrugen sie Not und Tod, ihnen verdanken sie ihre wirtschaftliche, kulturelle und nationale Entfaltung.

Unter den Ansiedlern überwogen am Anfang die schwäbischen Zuwanderer, später die Franken und Bayern, zu denen sich noch Elsässer, Pfälzer, Hessen, Böhmerwäldler, Schlesier, Westfalen, Schweizer, nicht zuletzt Österreicher, aber auch Burgenländer u. a. gesellten. Die Donauschwaben umfassen alle nach der Vertreibung eingewanderten westeuropäischen Kolonisten, ohne Rücksicht auf ihr Herkunftsland. Zu ihnen gehören auch die in geringer Zahl ins Land gekommenen Franzosen, Italiener und Spanier, sowie durch natürliche Einschmelzung die im donauschwäbischen Bereich vereinzelt lebenden Elemente südosteuropäischer Völker. Wie die Einwanderung selbst, die über ein Jahrhundert andauerte, vollzog sich auch das Zusammenwachsen dieser Menschen zu einem neuen Volksstamm erst in einem längeren Zeitraum.

Der Werdegang der Stammbildung der Donauschwaben kann wie bei keinem anderen deutschen Stamme bis in die Einzelheiten verfolgt werden. Zuerst mußten die Menschen einer angesiedelten Gemeinde zu einer Stadt- oder Dorfgemeinschaft zusammenwachsen. In Mundart und Tracht, in Sitte und Brauchtum gab es Verschiedenheiten, die erst im Laufe der Zeit ausgeglichen werden konnten. Der sich auf diese Weise ausformende Dorfgeist der schwäbischen Gemeinde entwickelte sich in der Folgezeit zum stärksten Bollwerk donauschwäbischer Lebensordnung und Stammesart. Es gab auch gewisse Unterschiede zwischen den Gemeinden in Sprache, Haltung und Lebensart, bedingt durch das verschiedenartige Herkommen der Siedler, die allerdings die gemeinsame deutsche Hochsprache, die in Kirche,Schule und Gemeinde ihre Pflege- und Übungsstätte hatte und das gemeinsame Volkstum überwand. Sie fühlten sich in der Fremde als „deutsche Leut“, die inmitten einer andersnationalen Umgebung einer gemeinsamen deutschen Lebensordnung und Volkskultur verpflichtet blieben.

Unter solchen Verhältnissen waren die Unterschiede im Herkommen der Menschen in den Gemeinden der Donauschwaben harmlos, so daß sie in der Vergangenheit keine volkspolitisch entscheidende Rolle spielten. Die Stammesbildung der Donauschwaben erfolgte schließlich nur dank historischer und politischer Faktoren. Die neue Heimat in Ungarn verlor von ihrer Fremdheit, weil sie ein Teil des Herrschaftsgebietes des Kaisers war. Die verschiedenen Länder des Habsburgerreiches hatten gewisse politische Eigenheiten. Allen gemeinsam war aber der übernationale Charakter der Regierung. Jegliches Volkstum war in dieser politischen Ordnung in seiner Entwicklung noch unangetastet, keineswegs bedroht. Deshalb sind die Ahnen der Donauschwaben eigentlich gar nicht ausgewandert, eher schon die Serben, Rumänen oder Bulgaren. Die Deutschen wanderten nur aus einem Teil des Kaiserreiches in ein anderes Gebiet der Herrschaft desselben Kaisers. Politisch und verwaltungsmäßig gesehen gab es aber in der neuen Heimat gewisse Verschiedenheiten.

So war das Banat nach der Befreiung ein kaiserliches Kronland, auch die Militärgrenze stand unter kaiserlicher Verwaltung. Die Städte hatten ihre Selbstverwaltung. In den übrigen donauschwäbischen Siedlungsgebieten wurde bald nach der Befreiung die ungarische Komitatsverwaltung eingeführt. Praktisch bedeutete das die deutsche Verwaltungssprache in den kaiserlichen Gebieten auch in der höheren Verwaltung, deutsche Verwaltung in den deutschen Gemeinden und Städten auf der unteren Ebene, lateinische Verwaltung in den ungarischen Komitaten und Landesbehörden. Nach 1848 wurde im kaiserlichen Kronland „Serbische Woiwodschaft und Temescher Banat“, welches das donauschwäbische Kerngebiet umfaßte, wieder deutsche Verwaltung eingeführt, die auch in der Militärgrenze noch in Kraft war. Mit dem Ausgleich des Jahres 1867 und der Auflösung der Militärgrenze im Jahre 1872 wurde im ganzen donauschwäbischen Siedlungsraum die Komitatsverwaltung mit madjarischer, in Syrmien-Slawonien mit kroatischer Verwaltungssprache eingeführt, die zuletzt auch in den Gemeindeverwaltungen Eingang fanden.

Diese politischen und verwaltungsmäßigen Verschiedenheiten hemmten allerdings nicht das Zusammenwachsen der deutschen Siedlungsgebiete.

Im Grunde genommen gehörten alle diese politischen Gebilde einem großen Ganzen an, der von Wien aus regierten Monarchie, der auch Ofenpest und Agram noch immer zugeordnet waren. Wesentlich bei dieser politischen Zugehörigkeit bleibt die Tatsache, daß die Donauschwaben in der östlichen Hälfte der Monarchie siedelten. Diese war nicht ausschließlich deutsch bestimmt, in ihr lebten verschiedene Völker und Volksgruppen, vor allem Madjaren und Kroaten, die aus historischen Gründen das Herrschaftsrecht in ihrem Bereich in Anspruch nahmen, aber auch Serben, Rumänen, Slowaken, Deutsche u. a. Bei dem Bemühen, ihre nationale und politische Macht auszuweiten, schwächten sie die Reichsgewalt und entzogen den Donauschwaben so ihren nationalen Rückhalt. Daher mußten die Donauschwaben sich zu nationaler Selbstbesinnung und Selbstverteidigung aufraffen. Das nationale Erwachen förderte letztlich die Stammesbildung, die durch die Aufteilung ihres Siedlungsraumes auf die Nachfolgestaaten Ungarn, Jugoslawien, Rumänien und die erforderliche nationale Notwehr noch weiter gefördert wurde. Damit ist aus der Gesamtheit der jungen deutschen Sprachinseln im Bereich der mittleren Donau und ihrer Nebenflüsse, die historisch und bis 1918 auch staatlich eine Einheit bildeten, aus der Notwendigkeit nationaler Abwehr und Selbsterhaltung der Neustamm der Donauschwaben entstanden.

Die Bezeichnung Donauschwaben fand erst nach dem Ersten Weltkrieg allgemeine Verbreitung. Freilich waren die deutschen Siedler auch früher schon unter dem Namen Schwaben bekannt. Sie nannten sich weitgehend selbst so und wurden auch von den Slawen und Madjaren so benannt. Die Bezeichnung Donauschwaben - von dem Gelehrten Hermann Rüdiger (Stuttgart) und dem Geographen Robert Sieger (Graz) 1922 geprägt - fand eine gute Aufnahme in der Fachwissenschaft und bei dem betroffenen Menschenkreis selbst. Die Nachfahren der deutschen Siedler vollbrachten unter diesem Namen Leistungen, die in die Geschichte eingegangen sind. Sie bekannten sich mit Stolz zu ihrem Schwabentum, auch als dieses verspottet und verfemt war. Das Donauschwabentum bedeutet eine in fremder Umwelt behauptete deutsche Lebensart, die sich unter gleichen wirtschaftlichen, historischen, politischen Einflüssen zu einer eigenartigen deutschen Stammesart ausformte. Das Bewußtsein und die Kraft der Gemeinschaft der Donauschwaben bewährte sich in der Katastrophe der Entwurzelung und Vertreibung, und sie errang unter diesem Namen auch eine gewisse Wertschätzung und Achtung in der Zerstreuung. Nicht nur in deutschen Standardwerken der Fachwissenschaft, selbst in das fremdsprachige Schrifttum fanden die Donauschwaben Eingang, z. B. in das italienische als „Svevi del Danubio", oder in das Englische als „The Danube Swabians". Nur den Donauschwaben als einem selbstbewußten deutschen Neustamm kann die Bewahrung und Erhaltung des sittlichen und geschichtlichen Erbes an Erfahrungen, im Zusammenleben mit anderen Völkern in fremden Staaten gewonnen, für das ganze deutsche Volk gelingen.

3. Vordonauschwäbische Entwicklung im Donau-Karpatenland

Vor- und frühgeschichtliche Zeit. In dem fruchtbaren Schwemmland an der mittleren Donau sind schon frühzeitig Menschen und Stämme zu finden, die Ackerbau und Viehzucht treiben können, um ihre Ernährung zu sichern. Es sind Kelten und Illyrer. In dieser frühesten Zeit tauchen im Donauraum bereits auch iranische Reitervölker auf, die als Nomaden, mit starker politischer und kriegerischer Begabung, in gewisser Hinsicht staatsbildend wirken. Sie unterwerfen eine bäuerliche Unterschicht und erreichen durch kurzlebige Zusammenballungen von Stämmen und Menschengruppen oft eine Machtentfaltung. Solche iranische Reitervölker waren im Donauraum die Alanen, Skythen, Jazygen u. a.

Aus dem Dunkel der Geschichte tauchen als erste bekannte Völker im Donauraum die Daken, die Jazygen und auch bereits einige germanische Völker unmittelbar vor der Zeitwende auf.

Hl. Martin, Bischof von Tours (315–397),
geb. in Savaria/Steinamanger in Pannonien

Die Römerzeit. In den Jahren um Christi Geburt drangen die Römer in das Donauland und kämpften lange Zeit mit den hier lebenden Stämmen und Völkern. An der unteren Donau mußten sie um 70 v. Chr. mit geeinigten dakischen Stämmen und germanischen Bastarnern kämpfen. Die dakische Gefahr bedrohte zwei Jahrhunderte lang die römische Herrschaft an der unteren Donau. Um sie zu beseitigen, wurde das Land der Dakier vom Kamm der Karpaten bis zur Theiß unterworfen und dem Römerreich einverleibt. Ansonsten griff die Römerherrschaft nicht auf Gebiete über, die nördlich der Donau lagen. Sie sicherte ihre Grenze im Norden durch den Donau-Limes. An den wichtigsten Punkten längs des Stromes entstanden große Legionslager, die sich zu Städten entwickelten. In Oberpannonien finden sich Vindobona (Wien), Brigetio (Komorn), in Unterpannonien Aquincum (Altofen), Acumincum (Peterwardein), in Obermösien Singidunum (Belgrad). Sirmium (Sr. Mitrowitza) entwickelte sich zu dem wichtigsten Waffenplatz der römischen Donauprovinzen und zur größten Stadt der Provinz Pannonien. Die Römer erzeugten in den Donauprovinzen einen machtvollen Aufschwung der Wirtschaft, des Handels, des Verkehrs und der Kultur. Sie brachten die Romanisierung und die Verbreitung des Christentums. Der hl. *Martin* stammt aus dem pannonischen Savaria (Steinamanger) der Römerzeit. Die römischen Donauprovinzen waren: Pannonien, Mösien und Dakien. Pannonien umfaßte das Land zwischen Donau und Drau, Dakien das Gebiet zwischen Donau und Karpaten im heutigen Rumänien und Mösien das Land rechts der Donau, von Belgrad flußabwärts.

Die Germanen im Donauraum. Aus ihrer nordischen Urheimat wanderten die Germanen nach Südwesten, über den Rhein hinüber, nach Süden, in die Gebiete der oberen und mittleren Donau und nach Südosten, an die untere Donau, und an das Schwarze Meer. An der mittleren Donau, im Karpatenbecken, lebten am Anfang unserer Zeitrechnung mehrere Jahrhunderte lang auch verschiedene germanische Stämme und Völkerschaften. Bei den Donaugermanen begann zuerst die Christianisierung der Germanen. Hier schuf der gotische Bischof *Wulfila* neue Lautzeichen aus Runen und griechischen Buchstaben. Hier übersetzte er die Bibel in die gotische Sprache. Von hier, aus der Donautiefebene, zogen die germanischen Völker aus und zertrümmerten das Römerreich. Die Fürsten und Könige germanischer Stämme, die hier an der Donau lebten und herrschten, wurden römische Könige (Odoaker, Alarich, Theodorich).

Die germanischen und andere barbarische Stämme nördlich der Donaulinie strebten nach dem Süden und gerieten darum mit den Römern in Auseinandersetzungen, die mehrere Jahrhunderte andauerten. Öfter vereinigten sie sich in Stammesverbänden, um erfolgreicher vorgehen zu können. Ein solcher Stammesverband ist auch unter der Bezeichnung „Sueven" bekannt geworden. Diese Donau-Sueven kämpften gegen die Römer, beteiligten sich an der Befreiungsschlacht gegen die Hunnen und vielleicht erklärt ihre Berührung mit den in das Donauland einströmenden Slawen die beachtenswerte, von *Riezler* in seiner Geschichte Baierns gebrachte Feststellung, daß von den pannonischen Slawen die Bayern noch am Ausgange des 9. Jahrhunderts in Urkunden als Sueven-Schwaben bezeichnet werden. Auch später wurden die Deutschen im allgemeinen von den Slawen des Donauraumes und von den Madjaren zumeist Schwaben genannt.

Wanderungen und Sitze der Germanen nach 375

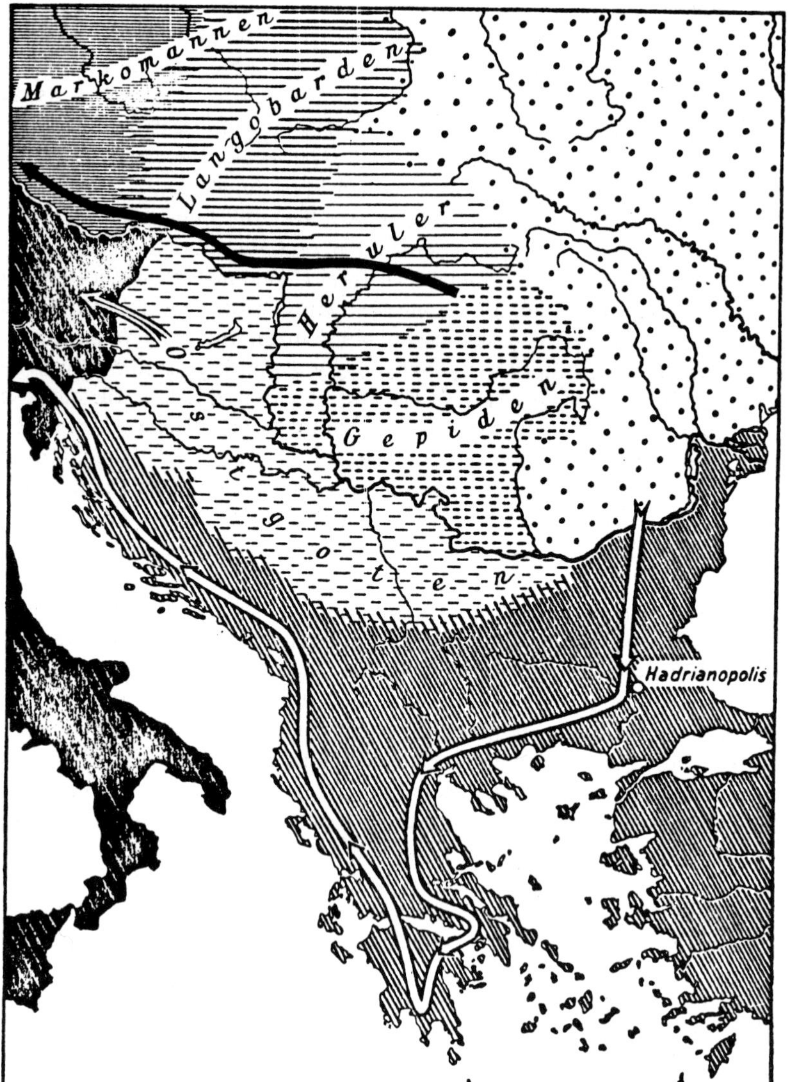

Wohnsitze der Ostgoten um 480

" Gepiden um 480

" Langobarden um 480

Wohnsitze der Heruler um 480

Hunnen und andere türkische und iranische Reiternomadenvölker

Abzug der Westgoten

" " Wandalen

Oströmisches Reich

Weströmisches Reich (unter Odoaker)

Die Hunnenzeit. Die Hunnen waren ein eurasisches Reiternomadenvolk. Ihr Auftauchen in Europa versetzte die Ostgermanen in Bewegung. Das großgotische Reich des Königs *Ermanarich* wurde überrannt (375). Bald konnten die Hunnen ihre Herrschaft auch über die Germanen des Donauraumes ausdehnen. Ihr König *Attila* (433-453), die „Geißel Gottes", unternahm von hier seine Kriegszüge nach allen Richtungen. Mit den Ostgoten, *Gepiden* und anderen Germanenstämmen zog er bis über den Rhein. Auf den Katalaunischen Feldern traten ihnen die Römer entgegen. In deren Heeren kämpften mit anderen Germanen auch die *Westgoten.* Furchtbar tobte die Schlacht, und Attila mußte sich zurückziehen. Die Herrschaft der Hunnen dauerte nicht lange. Nach dem Tode Attilas (453) zerfiel ihr locker gefügtes Großreich. Die unterworfenen Völker erhoben sich unter Führung des Gepidenkönigs *Ardarich* und erkämpften sich die Freiheit. Die Hunnen zogen sich ostwärts zurück und verschwanden von der Bildfläche des Völkergeschehens. Ihre bisherigen Wohnsitze im Donauraum fielen den *Ostgoten* und Gepiden zu. Zwischen Donau und Siebenbürgen erstreckte sich Ardarichs Reich „Gepidia". In Pannonien herrschten zuerst drei Fürsten der Ostgoten: Theodemir, Walamir und Widemir, etwas später Theodemir, der Vater Theodorichs (Dietrichs von Bern) allein. *Dietrich von Bern* verlebte seine Jugendjahre im Donauland. Um 470 saßen laut *Jordanes* in der heutigen Slowakei die Quaden und Markomannen unter dem Namen Sweben (Alemannen), nach Osten anschließend die Bajuwaren, zwischen Donau und Theiß die Skiren und die Heruler, die mit den Bajuwaren verschmolzen, östlich davon wohnten die Wandalen, an der Außenseite des Donauknies lebten die Burgunder, innerhalb des Donauknies vom Wienerwald bis vor die Tore Belgrads hatten die Goten ihr unabhängiges Reich, das sich in der Gegend von Mitterstadt/Syrmium mit dem Machtbereich der Gepiden berührte. In der Großen Tiefebene lebten auch die Sarmaten und Langobarden.

Die in Bewegung geratenen Germanen des Donauraumes überfluteten in der germanischen Völkerwanderung des 4. und 5. Jahrhunderts die ganze Westhälfte des Römerreiches und errichteten dort ihre neuen Staaten.

Die Awarenzeit. Im Entscheidungskampf gegen die Gepiden riefen die Langobarden die Awaren zu Hilfe. Die Awaren waren ein den Hunnen verwandtes, eurasisches Reiternomadenvolk. Die Gepiden wurden besiegt und unterworfen (567). Im nächsten Jahre zogen es die Langobarden vor, unter ihrem König *Alboin* nach Italien zu wandern. Die Awaren herrschten jetzt über das ganze Donauland, und die Germanen verloren hier die beherrschende Stellung, die sie für lange Zeit innegehabt hatten. Gänzlich sind die Germanen aber nicht verschwunden. Es blieben Reste zurück. Der Langobarde *Paulus Diakonus* (Warnefried) berichtet um das Jahr 790: *„Die Gepiden selbst, welche Alboin nicht mit sich geführt hatte, seufzen bis zum heutigen Tage in harter Knechtschaft der Hunnen (Awaren).*" Die Kunde von den germanischen Überbleibseln gelangte um das Jahr 860 auch nach Salzburg. Deutsche Ansiedler, die nach der Vernichtung des Awarenreiches ins Donauland zogen, berichteten darüber. Auch neueste ungarische Ausgrabungen haben noch Germanen am Ende der awarischen Herrschaft nachgewiesen. Seither ist deutsches Leben in diesem Raum nie mehr ganz erloschen.

Die Einwanderung der Slawen. In die von Germanen entblößten Gebiete sickerten in der Awarenzeit viele Slawen. Diese slawische Völkerwanderung hat sich im 6. und 7.

Jahrhundert unter der Führung eurasischer Reiternomadenvölker türkischer Sprache vollzogen. Im Gegensatz zu den Germanen bildeten die Slawen in den Gebieten, in die sie einwanderten, vorerst keine größeren Staatsgebilde. Auch nach dem Sturz der Awarenherrschaft nicht. Im Laufe der Zeit zogen die Slawen dann größtenteils noch weiter nach Süden und ließen sich auf der Balkanhalbinsel nieder (die heutigen Südslawen). Die östliche Hälfte des Awarenreiches kam unter die Herrschaft der Bulgaren, die turkvölkischen Ursprungs sind.

Die Frankenzeit. Im Jahre 791 zog der Frankenkönig Karl der Große (768-814) gegen das Awarenreich, vernichtete es und gliederte das ganze Land bis in die Nähe Belgrads als „Pannonische Mark" seinem Reiche ein. Damit wurde die deutsche Vormachtstellung im Donauraum begründet. Ein deutscher Markgraf übernahm die Oberleitung des Landes (Gotram † 802, Wernher bis 811, Albrich, Gotafrid, Gerold). Das Reich Karls d. Gr. erstreckte sich nun vom Atlantischen Ozean bis an den Karpatenrand und die Adria im Osten. Das Frankengebirge und Frankenstadt (Baja) erhielten in dieser Zeit ihre Namen. Auch der ungarische Name Gran, Esztergom, kommt von der hiesigen fränkischen Burg, nämlich von „Ostarring(un)". Nun begann der große Siedlungsvorstoß der Bajuwaren in die Pannonische Mark und die Missionierung des Donauraumes, den sie seinerzeit in der Völkerwanderungszeit verlassen hatten. Im Verlauf von zwei Jahrhunderten wurde der Ostalpenraum christianisiert und Pannonien mit deutschen Siedlungen durchzogen. Um das befreite Land vor Einfällen aus dem Osten zu schützen, wurde es mit Burgen durchsetzt. In diesen lag ständig ein Heer in Bereitschaft. Bauern wurden ins Land geholt und angesiedelt, um die Ernährung des Heeres zu sichern. Ebenso kamen Geistliche, bauten Kirchen und Klöster im Schutze der Burgen, verbreiteten das Christentum im Lande und brachten ebenfalls Bauern mit sich, die sie hier ansiedelten. Die zweite Christianisierung Pannoniens erfolgte. Auch die Städte der pannonischen Ebene erstanden wieder als deutsche Gründungen. Kirchlich gehörte das Donauland in dieser Zeit zu Passau (Oberpannonien bis zur Raab) und zu Salzburg (das übrige Land zwischen Donau und Drau). Im Schutze des Frankenreiches blühte ein reiches deutsches, christliches Leben in Pannonien auf. Zwischen Wienerwald und den Niederungen der Drau, Donau und Theiß breitete sich deutsches Bauernland aus, in dem auch der Rest der Awaren und slawische Siedlungen sich hielten, wie ungarische Ausgrabungen aus jüngster Zeit erweisen. Die große kolonisatorische Aufgabe und Leistung dieser Zeit mit ihren politischen und missionarischen Anliegen beschäftigte alle deutschen Stämme.

Die Madjarenherrschaft. Als die Madjaren auf der Flucht vor den Petschenegen in das Donaubecken kamen, war dieses weder herrenlos noch menschenleer.

Es erstreckte sich östlich der Donau und in Siebenbürgen der Herrschaftsbereich der Bulgaren, Transdanubien gehörte zum Ostfränkischen, der Nordwesten zum Großmährischen Reich. Es war aber keine dieser Mächte in der Lage, das von ihr beherrschte Gebiet volksmäßig zu durchdringen oder gegen äußere Angriffe auf die Dauer erfolgreich zu verteidigen und schon gar nicht den ganzen Donau-Karpatenraum allein zu beherrschen. Für die Deutschen und Bulgaren lag dieser Raum zu sehr am Rande ihres Machtbereiches, das Großmährische Reich begann 894 bereits zu zerfallen. Die in vielen Kriegen geschwächte Bevölkerung verschiedenster Herkunft aber war unfähig, aus eigener Kraft eine umfassende politische Ordnung aufzubauen.

In diesem politischen Vakuum erkannten die flüchtenden Madjaren sofort die Möglichkeiten, die sich ihnen boten. Von den die Herrschaft ausübenden Mächten wurde die Gefahr nicht erkannt, auch zu einem nennenswertem Widerstand gegen die eindringenden Madjaren ist es nicht gekommen. Die Träger örtlicher und regionaler Macht wurden vernichtet oder verjagt, das zurückbleibende Bauernvolk germanischer, slawischer oder romanischer Herkunft unterworfen. Die madjarischen Eroberer benötigten für ihre Herden vor allem dringend Weideland. Sie besetzten deshalb die großen Ebenen, die nur spärlich besiedelt waren, drangen aber nirgends in das für die Viehzucht ungeeignete Bergland mit seinen Wäldern ein. Erst später, nach ihrer Niederlage und Schwächung im Westen, ließ sich das madjarische Gemeinvolk unter der Führung seiner Adeligen in größeren Massen unter den altansässigen Ackerbauern nieder und begann diese unter ihrer Herrschaft sich einzuschmelzen.

Für die Entwicklung des Donau-Karpatenraumes und aller in ihm lebenden Völker und Volksgruppen war es von entscheidender Bedeutung, daß die Madjaren das Gebiet in Besitz nahmen und ihm eine staatliche Organisation gaben. Es ist das anerkannte Verdienst der Madjaren, daß sie mit ihrem politischen und militärischen Machtwillen die ethnisch verschiedenartige Bevölkerung ihres Herrschaftsbereiches ebenso wie deren geistig-kulturelle Kräfte zusammenfaßten und in den Dienst ihres christlich-europäisch bestimmten staatlichen Gemeinwesens stellten. Wenn auch die reine Machtpolitik, in fähigen Herrschern verkörpert, die Grundlage der Größe des Stephansreiches legte, entscheidend für den Fortschritt in diesem Reich blieb immer der Geist, der in den Ermahnungen des ersten ungarischen Königs an seinen Sohn Emmerich zum Ausdruck kam: „Gast- und Fremdvölker sind von großem Nutzen. Sie bringen verschiedene Werte, Sitten, Waffen und Wissenschaft mit, die alle den Königshof zieren und prunkvoller machen... denn schwach und gebrechlich ist ein Land mit einer einzigen Sprache und gleichen Sitten. Deshalb ermahne ich Dich, mein Sohn, gib ihnen Nahrung mit Wohlwollen und anständigen Unterhalt, auf daß sie bei Dir lieber leben mögen als anderswo."

Die Ungarn, die sich selbst Madjaren nennen, sind als Volk nicht von einheitlicher Herkunft. Sie gehören einerseits der finnisch-ugrischen Sprachfamilie an und gerieten andererseits noch in ihrer alten südrussischen Heimat in den Bannkreis türkischer Reiternomaden. Von diesen übernahmen sie die straffe militärische Organisation. Die Hauptgruppe der Madjaren bestand aus sieben Stämmen; im 9. Jahrhundert stießen noch drei Stämme der Kawaren (dem Turkvolk der Chazaren zugehörig) zu ihnen. Der Name „Onogur", mit dem die Nachbarn sie benannten, bedeutet „Zehn Pfeile". Beim Aufbruch aus der südrussischen Heimat bestimmten die Häuptlinge der sieben Stämme Árpád zum Anführer und verpflichteten sich ihm und seinen Nachkommen zur Gefolgschaft. Der Name Arpád / ara-bad bedeutet germanisch „Adlerkampf", sein Stamm können nur die Tariani, die „Thor-Leute", gewesen sein, ein Teil der ursprünglich als Waräger in der Ukraine lebenden skandinavischen Nordmänner. Die Niederlage im Kampf mit den Petschenegen zwang die Madjaren zum Ausweichen nach dem Westen.

Die Landnahme der Madjaren vollzog sich verhältnismäßig schnell. Ihre Zahl kann nur geschätzt werden, man nimmt zwischen 20 000 bis 100 000 an. Jedenfalls waren sie als militärisch und politisch straff organisierte Gruppe zahlreich genug, um die alteingesessene Bevölkerung zu unterwerfen und die für sie als Reiternomaden brauchbaren Teile des Landes in den Steppengebieten beherrschen zu können. Während die Oberschichten der Deutschen und Bulgaren sich vor den Raubzügen der Madjaren in ihre Kernländer zurückzogen, blieb der Großteil der einfachen Bewohner seßhaft, wurde von den neuen Herren unterworfen und zu Dienstleistungen herangezogen. Den Fortbestand der bodenständigen Bevölkerung bezeugen die vielen deutschen, slawischen und rumänischen Orts- und Flurnamen.

Nachdem sie sich zwischen Donau und Theiß festgesetzt hatten, unternahmen die Madjaren in der ersten Hälfte des 10. Jahrhunderts Streif- und Beutezüge gegen Deutschland, Italien und Frankreich, seltener gegen Byzanz. Erst nach ihrer Niederlage bei Augsburg im Jahre 955 durch Kaiser Otto I. (936–973) paßten sie sich der abendländischen Welt an, bekehrten sich zum Christentum und bauten ihren Staat nach westlichem Vorbild, vor allem mit deutscher Hilfe, auf. Der ungarische Fürst Geisa (971–997) näherte sich dem Deutschen Reich und dem Christentum, umgab sich mit einer Leibgarde aus bayerischen Rittern und begünstigte das missionarische Wirken der Bischöfe Wolfgang von Regensburg, Pilgrim von Passau und Adalbert von Prag. Bayern verbündete sich 985 mit Ungarn. Bei seiner Taufe in Köln (996) erhielt Geisas Sohn nach dem Passauer Schutzpatron den Namen Stephan, er heiratete 997 Gisela, die Tochter des Bayernherzogs Heinrich des Zänkers und vollzog damit den politischen und kirchlichen Anschluß an den Westen. Stephan erhielt für seine Missionsbereitschaft mit Zustimmung Kaiser Ottos III. (983–1002) im Jahre 1001 von Papst Sylvester II. die Königskrone verliehen. Durch seine kluge Regierung gelang König Stephan ein erfolgreicher Aufbau des Staates und der Kirche. Ihm standen die Hoheitsrechte der Gesetzgebung, der Rechtssprechung und der Berufung von staatlichen und kirchlichen Würdenträgern zu. Die bevorrechteten Freien leisteten ihm Militär-, Staats- und Kirchendienst und erhielten dafür steuerfreien Grund und Boden.

Das um die Jahrtausendwende errichtete ungarische Königreich vereinigte sich 1102 mit dem Kroatischen Königreich. Ungarn lebte in dieser Zeit in engster Verbindung mit dem Deutschen Kaiserreich.

Die Christianisierung der Madjaren geschah hauptsächlich durch deutsche Missionäre und Priester. Die Deutschen waren auch im ganzen Verlauf der Herrschaft des ungarischen Königtums Stützen der Krone und Vermittler der Kultur. Die im 12. Jahrhundert eingewanderten Siebenbürger und Zipser Sachsen entwickelten starke deutsche Gemeinwesen mit Selbstverwaltung unter eigenen Grafen. Die Mehrzahl der Städte Ungarns sind deutsche Gründungen. Diese waren bis zum Einbrechen der Türken auch überwiegend von Deutschen bewohnt (Preßburg, Ofen, Pest, Fünfkirchen, Stuhlweißenburg, Steinamanger usw.) „Die meisten Städte entstanden im Anschluß an eine Komitatsburg, viele sind auch Neugründungen auf antiken Grundlagen oder alte Verkehrssiedlungen“ (M. Uhlirz).

Auch in Ungarn bildete sich der Feudelstaat aus. Der große Unterschied zu den westlichen Feudalstaaten bestand im Fehlen des Städtewesens mit einem starken Bürgertum. Da an beide der wirtschaftliche Wohlstand eines Landes geknüpft war, mußten ausländische Einwanderer gewonnen werden. Es kamen vor allem deutsche Siedler, die in Städten und Märkten nach deutschem Stadtrecht wohnten. Im Feudalstaat ist die Art der Verteilung der Staatsgewalt zwischen dem Fürsten und den Ständen wichtig. Die bevorrechteten Stände entschieden allein über die Geschicke des Landes, die rechtlosen Untertanen hatten zu arbeiten und Steuern zu bezahlen („misera plebs contribuens").

Von den Deutschen aus Ungarn kann als gemeinsames Merkmal festgehalten werden: „Mochten die Deutschen wann immer und woher immer nach Ungarn gekommen sein, es bleibt historisch außer allen Zweifel gestellt, daß sie nie ganz leibeigen oder hörig gemacht werden durften..." (Schwicker).

Die Unfreien oder Sklaven gehörten als Untertanen den Grundherren und hatten auch dann, wenn sie persönlich frei waren, keinen Anteil am politischen Leben des Staates. Das dem König Stephan gehörende Land wurde zur Verwaltung in 70 Komitate (Grafschaften) eingeteilt, an deren Spitze je ein königlicher Obergespan stand. Kirchlich gliederte er das Land in acht Bistümer und zwei Erzbistümer (Gran und Kalotschau). Kirchliche Organisationen und weltliche Verwaltung gingen zumeist Hand in Hand, der Bischof war oft auch Obergespan des Komitates.

Hl. Elisabeth (1207–1231), Tochter des Ungarnkönigs Andreas II.

Albrecht Dürer; sein Vater kam aus Ungarn nach Nürnberg 1471–1528

Johann Capistran verhalf zum Sieg bei Belgrad 1456 1386–1456

Das Kultur- und Kunstschaffen dieser Zeit hatte in den Städten seine Pflegestätte. Es lag deshalb fast ausschließlich in deutschen Händen. Das Deutschtum in Ungarn stand nicht nur in lebhaftester Handelsbeziehung mit dem deutschen Mutterland, auch die Wechselbeziehungen auf kulturellem und sogar politischem Gebiete waren selbstverständlich. Diese bewegten sich im Rahmen der christlichen abendländischen Gemeinschaft. *Auf die hl. Elisabeth,* die Brüder *Georg und Martin von Klausenburg,* den Vater *Albrecht Dürers* sei unter anderem nur verwiesen. Die Sicherung des nationalen Bestandes der Deutschen schuf sich Einrichtungen der Selbstbehauptung und Selbstverwaltung, die vom Herrscher und der Gesetzgebung anerkannt und beachtet wurden. Daraus ergab sich in den besten Zeiten nie eine Schwächung, immer eine Stärkung des Staates.

Die Türkeneinfälle. Die Türken kamen als Eroberer und als fanatische Feinde des Christentums nach Europa. Ihrem Glaubenseifer und Kampfgeist erlagen die kleinen christlichen Balkanstaaten. Ungarn konnte allein die Gefahr nicht bannen. Nur eine Zusammenfassung aller christlichen Kräfte des Abendlandes hätte vielleicht mit dieser Bedrohung fertig werden können. Diesen Versuch machte König und Kaiser *Sigismund,* der sogar den Deutschen Ritterorden 1429 zur Übernahme der Verteidigung der Burgen im Severiner Banat, vor allem im Donauabschnitt beiderseits des Eisernen Tores, unter der Führung des Ordensritters *Nikolaus Redwitz* gewann, der den Titel eines Banus *von Severin* führte. Die Ordenstruppen erlagen 1432, da die zugesagte ungarische Hilfe ausblieb, einem überlegenen Türkenangriff. Nachdem auch Kaiser Sigismund seine Versprechungen nicht halten konnte, brach der Orden dieses Unternehmen ab, und die Ordensritter kehrten nach Preußen zurück. Nach Sigismund war erst dem Bemühen Johann *Hunyadis* der glänzende Sieg der Christen bei Belgrad im Jahre 1456 beschieden. Diesen Erfolg konnte Hunyadi mit Hilfe deutscher Kreuzfahrer und der Begeisterung des italienischen Franziskaners *Capistran* erringen. Besonderen Anteil an diesem Sieg hatte der todesmutige Kampf der aus 600 Mann bestehenden Gruppe Wiener Studenten. Das Läuten der Mittagsglocken erinnert auch heute noch an diesen glänzenden Sieg.

Rudolf von Habsburg
1218–1273–1291

Kaiser Sigismund,
König v. Ungarn,
dt. Kaiser, 1368–1410–1437

Kaiser
Ferdinand d. Habsburger
1503–1564

In der Schlacht bei Mohatsch (Mohács) in der Branau erlag das selbständige Königreich der Madjaren 1526 dem Ansturme der Türken. Der ungarische König Ludwig II., der Erzbischof von Kalotscha und viele andere Würdenträger des ungarischen Staates und 28 000 Mann blieben auf dem Schlachtfelde. Die Städte Ungarns, die doch überwiegend deutsch waren, haben mehr als ein Jahrhundert lang in der ganzen Zeit der Türkeneinfälle ihre Pflicht in der Verteidigung des Landes erfüllt und reichliche Opfer an Gut und Blut gebracht.

Die Habsburger. Die Inhaber der deutschen Kaiserkrone, die Habsburger, wurden nun gleichzeitig ungarische und kroatische Könige. Bei der Wahl des neuen Königs offenbarte sich die unüberwindliche Spaltung des Reiches: die westliche Partei unter den ungarischen Adeligen und auch die Kroaten wählten nach dem legalen Erbrecht *Ferdinand von Habsburg* (1503-1564), die nationale Partei des Ostens wählte Johann *Zápolya.* Nur der westliche und nördliche Teil des Landes blieb kaiserlich. Im übrigen Ungarn wurden von den Türken Tausende Städte und Dörfer zerstört, zweihunderttausend Menschen in die Sklaverei entführt und die Deutschen verfolgt. Zunächst deuteten nach 1526 die Anzeichen dahin, daß die Türken noch weiter vordringen werden. Die Kraft des Reiches und des Abendlandes wurde durch die Reformation lahmgelegt. Ein entscheidender Gegenschlag war deshalb nicht möglich. In die Verteidigung gedrängt, sahen die Habsburger ihre wichtigste Aufgabe vorderhand darin, ein weiteres Vordringen zu verhindern. Diese Verteidigung des restlichen Ungarns war nur mit ausgiebiger Hilfe des Reiches möglich. Die ungarischen Kriegssteuern reichten dazu keinesfalls aus. Auch die Burgbesatzungen in Restungarn bestanden im 16. Jahrhundert zur Hälfte aus Deutschen, weil die Madjaren nicht ausreichten.

Ab 1522/26 errichtete Österreich das Verteidigungssystem der Militärgrenze, das sich stufenweise von der Adria bis nach Siebenbürgen ausweitete. (Darüber S. 89)

Das nächste begehrenswerte Ziel der Türken war die Eroberung Wiens. Sie versuchten öfter, zuletzt im Jahre 1683, Wien zu erobern. Mit 200 000 Mann belagerte Kara Mustafa monatelang die Stadt, die sich unter ihrem Kommandanten, Rüdiger v. *Starhemberg,* tapfer verteidigte. Wien konnte sich halten, bis die von Herzog *Karl v. Lothringen* befehligte Reichsarmee eintraf. Die Türken wurden besiegt, Wien befreit, und nun begann ein stufenweises Zurückdrängen des Erbfeindes der Christenheit.

4. Befreiung des Landes von den Türken

Die Belagerung Wiens 1683 durch die Türken bedeutete den letzten Höhepunkt der osmanischen Gefahr. Der Ausspruch Kara Mustafas, des Oberbefehlshabers des 200.000 Mann zählenden türkischen Heeres: „Ich mache Wien zur Türkenstadt, St. Stephan zur Moschee", zeigt das Vorhaben der Türken und die Gefahr für Europa und die Christenheit. Es gelang jedoch den Bemühungen Kaiser *Leopolds I.* und Papst *Innozenz XI.*, eine „Heilige Liga" zu bilden und dem Entsatzheer des Kaisers, das durch Reichstruppen, bayerische, sächsische und polnische Verbände verstärkt war, unter dem Oberbefehl des polnischen Königs *Johann III. Sobieski* und des kaiserlichen Feldherrn *Karl V. Herzog von Lothringen,* die Türken zu schlagen und Wien zu befreien.

Der Verlauf des Befreiungskrieges. Der Kaiser entschloß sich hierauf, im Gegenangriff die Türken aus Europa zu verdrängen und die christlichen Völker des Donauraumes und des Balkans zu befreien. Die fähigsten deutschen Feldherren dieser Zeit halfen das Befreiungswerk zu vollbringen. Die nächsten Feldzüge standen unter dem Kommando Herzog Karls von Lothringen, der den Beinamen *„Eroberer von Ungarn"* erhielt. Die Jahre 1684 und 1685 brachten zunächst keine großen Fortschritte. Der nächste große Erfolg war die Einnahme der Stadt *Ofen.* Sie wurde am 21. Juni 1686 von *Karl von Lothringen* und *Max Emanuel* von Bayern mit 74 000 Mann zur Belagerung eingeschlossen. Das kaiserliche Heer setzte sich aus Bayern,Franken, Schwaben, Sachsen und Brandenburgern zusammen, außerdem beteiligten sich bei 16 000 Ungarn an der Befreiung ihrer Hauptstadt. Die Türken verteidigten sich tapfer. Der erste Angriff der Bayern und Österreicher war erfolglos. Erst der große Sturm am 2. Sept. 1686 führte zum Ziel: Ofen mit seiner Umgebung wurde nach mehr als 150jähriger Türkenherrschaft wieder frei. Dieser Sieg schloß die Befreiung des Ofner Berglandes, des Schildgebirges und Buchenwaldes mit ein. Zum Aufbau der verwüsteten und entvölkerten Städte und Dörfer dieses Gebietes ließen sich jetzt zahlreiche deutsche Bürger und Bauern nieder.

Im Jahre 1687 setzte Karl von Lothringen den Befreiungskampf fort. Er führte seine Truppen von der Donau in Richtung Esseg, wohin sich auch Max Emanuel aus Oberungarn über Segedin und das nördliche Batscherland mit seinen Regimentern bewegte, um sich in der Branau mit der Hauptarmee zu vereinigen. Am 12. August 1687 kam es zur *Schlacht am Berge Harschany* bei Mohatsch. Nach erbittertem Kampfe konnte ein geringer Teil der Türken flüchten, der größere Teil aber fiel den Waffen der Kaiserlichen und den Fluten der Donau und Drau zum Opfer. Prinz Eugen überbrachte die Siegesmeldung dem Kaiser nach Wien, der den erst 25jährigen zum Feldmarschalleutnant beförderte.

Das nächste Ziel des Befreiungskrieges war jetzt *Belgrad.* Im Jahre 1688 übernahm der ehrgeizige Max Emanuel den Oberbefehl über die kaiserliche Armee, da Karl von Lothringen erkrankte. Von Esseg aus eroberte er Ilok und Peterwardein und begann am 6. September 1688 die Belagerung Belgrads. Das Feldheer umfaßte diesmal 34 000 Mann, darunter 6 000 Bayern. Gegen den erbitterten Widerstand warf sich der Kurfürst selbst in den Kampf und ritt mit bloßem Degen voran, um die Mannschaft anzufeuern.

Feldherren der Befreiungskriege

Graf E. R. Starhemberg
1638–1701

Karl. V.
Herzog von Lothringen
1643–1690

Max Emanuel v. Bayern
1662–1726

Ludwig Markgraf v. Baden
1655–1707

Prinz Karl Alexander
v. Württemberg
1684–1737

Johann Heinrich Graf von
Dünnwald, nahm 1687
Esseg ein und befreite
Slawonien
1620–1691

Johann Graf Pálffy
Feldmarschall
1663–1751

Ofen befreit 1686

In einem erneuten Ansturm konnte die Festung bezwungen und der Sieg errungen werden.

Gleich nach der Eroberung Belgrads eröffnete Frankreichs König Ludwig XIV. den „Mordbrennerkrieg“ gegen das Reich. Er besetzte Heidelberg, Mainz, Bonn und legte die Pfalz in Schutt und Asche. Doch Deutschland war jetzt einig und ganz Europa gegen Frankreich. Karl von Lothringen verlegte alle verfügbaren Truppen an den Rhein, den Oberbefehl über die Kaiserlichen gegen die Türken erhielt *Ludwig Markgraf von Baden* (1655-1707). Dieser drang in Serbien ein und forderte die Christen in den besetzten Gebieten zum Kampf an der Seite der Kaiserlichen gegen die Türken auf. Im nächsten Jahr traten die Türken, unterstützt von Frankreich, zum Gegenangriff an. Auf dem Rückzug vor ihnen flüchteten etwa 20 000 serbische Familien mit ihrem Patriarchen unter kaiserlichen Schutz. Im August 1691 führte der Großwesir seine 60 000 Mann starke türkische Armee zur Theißmündung bei *Slankamen*/Salzstein; Thököly mit seinen ungarischen Verbänden und viele französische Helfer unterstützten ihn. Mit einem Heer von nur 34 000 Mann erfocht *Ludwig von Baden* einen glänzenden

Sieg. Nach dieser Schlacht übernahm Ludwig von Baden das Oberkommando am Rhein, da Karl von Lothringen gestorben war.

In den nächsten Jahren wurde es auf dem Kriegsschauplatz gegen die Türken etwas ruhiger. Im Osten trat der Krieg erst wieder in ein entscheidendes Stadium, als der Kaiser das Oberkommando der Armee in Ungarn an Prinz Eugen übertrug.

Prinz Eugen, der edle Ritter

Dieser bedeutende Feldherr seiner Zeit hat das große Verdienst um die endgültige Befreiung Ungarns und die dauernde Verdrängung der Türken aus den Ländern der mittleren Donau. Er schlug die erfolgreichsten Schlachten. Als er an die Spitze des kaiserlichen Heeres gegen die Türken gestellt wurde, stand er im 34. Lebensjahre. Jahrelang kämpfte er gegen die Türken, die Erbfeinde der Christenheit. Sein Name flößte ihnen schon Schrecken ein. Nachdem er den Oberbefehl übernommen hatte, versuchten die Türken, die Donau zu überschreiten und in das Batscherland vorzudringen.

Prinz Eugen sah ein, daß es zu einer entscheidenden Schlacht kommen müsse, bevor die Türken endgültig auf das Batscherland verzichteten. Am 11. September 1697 fand sie bei Zenta statt. Hier wollte der Sultan Mustafa II. mit seinem Heer über die Theiß. Prinz Eugen aber erhielt Kunde davon, eilte ihm nach und griff ihn noch am sel-

Schlacht bei Zenta 1697 Gemälde von Franz Eisenhut

ben Tage an, zwei Stunden vor Sonnenuntergang. Das türkische Heer befand sich gerade noch im Übergange über den Fluß. Er schickte den linken Flügel seines Heeres über die Sandbänke der Theiß, so daß die Türken auch im Rücken angegriffen werden konnten. Von zwei Seiten bedrängt, gab es für sie kein Entrinnen mehr. Sie wurden vernichtend geschlagen: 20 000 Türken bedeckten das Schlachtfeld, 10 000 ertranken in der Theiß, ein reiches Kriegslager fiel in die Hände des Siegers. Diese Schlacht begründete Eugens Ruhm im gesamten christlichen Abendland.

Nach dieser Niederlage waren die Türken bereit, Frieden zu schließen, der dann auch in Karlowitz zustande kam (26. Jan. 1699). Nach diesem Frieden blieb zwar Temeschwar mit dem größten Teile des Banatas noch bei den Türken, jedoch das Batscherland und Ungarn kamen an den Kaiser. Die großen Verluste bewogen die Türken auf längere Zeit, sich zu erholen und ruhig zu verhalten. Der Kaiser selbst war anderweitig in Anspruch genommen (Spanischer Erbfolgekrieg, Thököly-Aufstand in Ungarn). Prinz Eugen führte die Heere des Reiches gegen alle Feinde seines Kaisers.

Die Unzufriedenheit der Madjaren. Die Madjaren waren auch im Verlauf der Befreiungskriege wieder uneinig. Die Kurutzen unter Thököly und Rákóczi kämpften an der Seite der Türken gegen die kaiserlichen Befreiungsheere. Andererseits kämpfte auch ein Teil der Madjaren mit den Kaiserlichen gegen die Türken. Die Lasten und Greuel der langen Kriegsjahre bedrückten in Ungarn die Bevölkerung und das schwer heimgesuchte Land. Die kaiserlichen Söldnerheere, die sich jahrelang - auch in der Winterzeit - im Lande aufhielten und ernährten, oft ohne geregelte Versorgung und Entlohnung, wurden für die Bevölkerung zum Ärgernis. Unter den Belastungen hatten die madjarischen und andersnationalen Ortschaften, die Adeligen und vor allem die Bauern zu leiden. Für die Kosten der Befreiung und des Wiederaufbaues des Landes wollte der Wiener Hof auch die Magnaten durch Steuern beteiligen. Bei einer Gesamtsumme von 3,5 Millionen Gulden sollten die Bauern drei Millionen, die Magnaten und kgl. Freistädte je eine Viertelmillion aufbringen. Der niedere Adel sollte steuerfrei bleiben. Doch die vorgesehene Aufhebung der Steuerfreiheit erregte die ärgste Unzufriedenheit der Betroffenen, so daß sie eine antikaiserliche Haltung einnahmen. Die protestantische Magnatenverschwörung gegen Maßnahmen der katholische Kirche hatte eine Gegenreformation durch die Jesuiten zur Folge. Dadurch wurden auch die deutschen Protestanten in Ungarn in die Arme der ungarischen Rebellen, die ungarischen an die Seite der Türken und der anderen Feinde des Kaisers gedrängt. Zum wirklichen Krieg mit den Kaiserlichen kam es, als sich Franz Rákóczi (1676-1735) an die Spitze der Rebellen stellte. Er war der reichste Grundbesitzer und hatte die meisten Leibeigenen. Als er wegen Zusammenarbeit mit den Feinden des Reiches in den Kerker kam, gelang ihm die Flucht nach Polen. Von hier aus rief er die Ungarn zur Rebellion auf. Es schlossen sich ihm zunächst große Bauernmassen an, dann auch Kleinadel und einige Magnaten. Rákóczi gelang es jedoch nicht, entscheidende Erfolge zu erringen. Auch die Hilfe seiner Verbündeten - Frankreich, der Sultan, Preußen, Rußland - reichte nicht aus, seinen Bürgerkrieg erfolgreich zu beenden. Er kann deshalb auch nur als Rebell und Verräter der abendländischen Gemeinschaft betrachtet werden. Dem Wunsch Frankreichs entsprechend, setzte er auf dem Landtag in Onod 1707 die Habsburger ab und ließ ein unabhängiges Ungarn ausrufen. Der Aufstand konnte sich aber nicht durchsetzen, es ging mit den Rebellen unaufhaltsam zu Ende. Als Rákóczi sich um Hilfe nach Rußland begab, schloß sein Vertreter Alexander Károlyi 1711 den Frieden in Sathmar. Anschließend leisteten 12 000 Aufständische Kaiser Karl den Treueid. Der Kaiser verzichtete auf Rache und befahl, daß „Ungarn mit Liebe und Gerechtigkeit zur Ordnung zurückzuführen sei." Eine umfassende Umgestaltung Ungarns gelang dem Kaiser vor allem deshalb nicht, weil sie von Wien, also von außen kam und von den Betroffenen mißdeutet wurde. Es läßt sich aber nicht nur während des leopoldinischen Zeitabschnittes, sondern auch später immer wieder feststellen, daß es Wien darauf ankam, die nichtprivilegierten Schichten des Landes wirksam zu schützen. Man wird sagen müssen, daß Wien in sehr vielen Fällen gerade deshalb zu den ungarischen Ständen in Gegensatz geriet, weil es einen sozial gerechteren Lastenausgleich anstrebte.

Angriff Karl Alexanders auf Temeschburg 1716

Prinz Eugen besiegt die Türken bei Peterwardein, Temeschburg und Belgrad. Im Jahre 1716 kam es wieder zum Kriege mit den Türken. Österreich hatte mit Venedig ein Schutz- und Trutzbündnis (die Heilige Allianz) geschlossen. Da die Türken Besitzungen der Venezianer in Griechenland bedrohten und auf friedliche Einschreitungen hochmütig antworteten, kam es zum Kampfe. Den Oberbefehl über das kaiserliche Heer gegen die Türken führte wieder Prinz Eugen.

Die Türken überschritten die Sawe und zogen gegen Peterwardein. Prinz Eugen eilte ihnen entgegen, und nicht weit von Peterwardein, bei Maria Schnee, erfocht er einen vollständigen Sieg über die Türken (5. August 1716). Nun wandte er sich Temeschwar zu und eroberte auch diese Festung (12. Okt. 1716). Nach diesem Erfolg gelang es, allmählich das ganze Banat von den Türken zu säubern. Im nächsten Jahr nahm der Prinz sogar die wichtigste Festung an der Donau, Belgrad, nach zähem Ringen ein.

Jetzt waren die Türken wieder friedensbereit. Der Friede wurde in Passarowitz geschlossen (21. Juli 1718): Das ganze Banat und Belgrad mit dem nördlichen Teil Serbiens kamen an den Kaiser. Österreich erhielt so die größte Ausdehnung nach dem Südosten, die es jemals besessen.

Die friedliche Aufbauarbeit des Prinzen Eugen. Prinz Eugen ist der tatsächliche Befreier des Donaulandes von der Türkenherrschaft. Aber er war nicht nur ein großer Feldherr, sondern auch ein hochherziger Förderer der Kunst und Wissenschaft. Herrliche Bauten in Wien (Winterpalast, Belvedere) wie auch seine Aufbauarbeit in den befreiten Gebieten legen Zeugnis davon ab. Nachdem er dieses Land mit dem Schwerte erobert hatte, wandte er seine Aufmerksamkeit der Gewinnung des Landes durch den Pflug zu. Er betraute einen seiner Generäle, *Mercy,* der sich bei der Eroberung Temeschwars ausgezeichnet hatte, mit der Säuberung, mit der Kolonisation und dem Neuaufbau des Banates. Er selbst förderte auf seinem Gute Belye in der „Schwäbischen Türkei" (das er als Geschenk des Kaisers nach dem Siege bei Zenta erhielt), auf seiner Herrschaft Promontor, auf der Donauinsel Tschepel und auf seinen anderen Gütern die Neubesiedlung und Kultivierung der menschenleeren und verwilderten Gebiete. Er war bestrebt, in seiner Friedensarbeit gegen den gemeinsamen Erbfeind des Christentums mit serbischen und kroatischen Grenzersoldaten und deutschen Freibauern eine Vormauer zu errichten.

Das Volk bewahrte ihm ein treues Gedenken. Es nannte ihn den „edlen Ritter". Eugendorf bei Esseg und der Prinz-Eugenweg im Frankengebirge sind nach ihm benannt.

Mercy befreit Pantschowa am 8. Nov. 1716

Die Bedeutung der Befreiungskriege für die Donauschwaben. Die Türkenkriege brachten den Erfolg, daß weite Gebiete und Länder der europäischen Kultur zurückgewonnen wurden. Viele donauschwäbische Vorfahren nahmen an diesen Türkenkriegen teil, kämpften für die Befreiung dieser Gebiete und ließen sich nachher als Bürger und Bauern hier nieder. Was die Soldaten aller deutschen Stämme unter der Führung der tüchtigsten Feldherren des Kaisers für die Befreiung Ungarns und des Donau-Karpatenraumes leisteten, wurde von namhaften ungarischen und anderen Historikern der Südostvölker immer wieder gewürdigt, nur die nationalistische Geschichtsschreibung dieser Völker bemüht sich, die Leistung der Habsburger und der Deutschen zu entwerten. Die große Ungarische Geschichte von Homan-Szekfü würdigt diese Leistung folgendermaßen: „Bei der Befreiung Ungarns opferte das deutsche Volk Hekatomben seiner Söhne in den jahrzehntelangen blutigen Kriegen ... und rechtfertigte dadurch jene, die Ungarns Schicksal an Deutschland geknüpft hatten. Damit müssen wir hinsichtlich unserer Vergangenheit und unserer Zukunft im reinen sein... Im Endergebnis kamen die Befreiungsarmeen doch aus Wien, der Residenzstadt des habsburgischen Ungarnkönigs, deren Aufstellung, Ausrüstung und Besoldung die Aufgabe der Wiener Zentralstellen des Herrschers war... Das große Reich ... stellte mit ungeheurer Kraftanstrengung Ungarn wieder her und ermöglichte dadurch die Weiterentwicklung des madjarischen Volkes auf Jahrhunderte".

Die Türken waren also verdrängt, ihre Herrschaft im Donau-Karpatenraum für immer beseitigt. Ihr über 150jähriger Aufenthalt hinterließ nur wenig Spuren, vielleicht etwas mehr in der Sprache und Erinnerung der Südostvölker, weniger an Gebäuden und im Gesicht des Landes. Sie führten den Kaffee und den Kukuruz (Mais) ein, auch einige Obst- und Blumensorten sowie luftige Gestelle aus Lattengittern (Tschardaken). Öfter werden auch Türkenschanzen, Türkentürme, Türkenäcker und Türkenfriedhöfe an verschiedenen Orten genannt, am meisten erinnert aber noch die Verwünschungsformel „Kruzitürken", der ärgste donauschwäbische Kraftausspruch, an die Kurutzen und die Türken. Vielleicht blieben die Türken durch diesen Verwünschungsspruch gebannt, nicht aber die Kurutzen (Partisanen), die später noch die Kaiserlichen, darunter auch die Donauschwaben, bekämpften. Zum Schluß gelang dann den Partisanen im Verein mit den Nationalisten der anderen Völker der Monarchie und den Feinden des Kaisers die Zerstörung der Donaumonarchie und die Vertreibung der Habsburger.

Die Notwendigkeit der Besiedlung der befreiten Gebiete. Durch das Zurückdrängen der Türken kamen viele neue Länder an das Reich: ganz Ungarn, Siebenbürgen, das Banat, das Batscherland, Syrmien, Slawonien, die „Schwäbische Türkei" und zeitweise auch Nordserbien. Diese Gebiete waren während der über 150 Jahre dauernden Türkenherrschaft und der jahrelangen Türkenkriege vollkommen verwüstet. Über ihren Zustand berichten die wichtigsten Quellen zur Siedlungs- und Wirtschaftsgeschichte aus dieser Zeit: die Visitationsprotokolle der von Rom eingesetzten Missionsbischöfe für das ganze osmanisch besetzte Ungarn; die osmanischen Steuerlisten, die Deftern; auch Reiseberichte westlicher Kuriere, Diplomaten und Reisender. Wirtschaft, Ackerbau, Gewerbe und Handel lagen vernichtet darnieder. Für Bildung und Kultur wurde keine Sorge getragen. Wo früher blühende Dörfer und Städte, bewohnt von fleißigen

Bürgern und Bauern, standen, da breiteten sich verfallene Ruinen und verwüstete, verödete Felder aus. Einst fruchtbare Gebiete wurden menschenleer, weil die Bevölkerung vor der vernichtenden Macht der Türken flüchtete oder in den blutigen Kämpfen niedergemetzelt wurde. Besonders war dies in den südlicheren Gebieten, in dem Banat, dem Batschgau und der „Schwäbischen Türkei", der Fall. Ungefähr zwei Drittel der Ortschaften, die vor dem Einbruch der Türken bestanden hatten, gingen während ihrer Herrschaft zugrunde. Die mittelalterlichen deutschen Siedlungen aus Zentralungarn verschwanden. Eine türkische Besiedlung Ungarns gab es nicht, die türkische Präsenz beschränkte sich im wesentlichen auf Besatzungstruppen, die an einigen strategischen Punkten verstärkt waren. Dafür sickerten Kroaten und Serben aus Bosnien nach Transdanubien bis zum Plattensee ein, weniger ins Banat und Batscherland, wo sich zugewanderte Serben erst später in der Militärgrenze verwenden ließen. (Dazu: S. 89).

Diese Gebiete wurden aber jetzt nach Friedensschluß Grenzgebiete. Gegen die immer wieder drohende Türkengefahr mußte man einen wirksamen Grenzschutz errichten. Es mußte in einem Grenzgürtel Militär in ständiger Kriegsbereitschaft stehen. Diese militärische Bereitschaft in den Grenzgebieten verlangte eine wirtschaftliche Erschließung. Das neueroberte und gänzlich verwahrloste Land mußte kultiviert werden, sobald die Absicht bestand, es länger zu behalten und es nicht vielleicht einer neuen türkischen Eroberung preiszugeben. So verlangten vor allem Gründe militärischer Sicherheit den wirtschaftlichen Neuaufbau.

Aber auch rein wirtschaftliche Erwägungen spielten eine Rolle. In dem Zustand, in dem sie sich bei ihrer Erwerbung befanden, waren sie für den Staat eine Belastung. Die Last konnte verringert oder gar in Nutzen verwandelt werden, sobald man diese Gebiete wirtschaftlich erschloß. Mit ihrem ungeheuren Naturreichtum waren sie für eine wirtschaftliche Neubelebung hervorragend geeignet.

Die höchsten Interessen des Staates, militärische, wirtschaftliche und kulturelle also, sprachen für einen Neuaufbau der befreiten Länder. Ein Neuaufbau dieser Gebiete aus eigener Kraft war aber aus Mangel an Menschen unmöglich. Der Staat entschloß sich daher, die entvölkerten und verwilderten neugewonnenen Länder zu besiedeln. Die Menschen zu dieser Besiedlung mußte er aber aus anderen Gebieten heranholen. Zu einer solchen Besiedlung mit Menschen aus anderen Gebieten bewogen den Kaiser letzten Endes auch noch politische Überlegungen. Gleich nachdem die ungarische Königskrone im Jahre 1526 an die Habsburger gefallen war, bestand in Ungarn eine starke Partei, die mit diesen von allem Anfang an unzufrieden war, vor allem aus konfessionellen Gründen. Diese Gegner schürten ständig den Haß im madjarischen Volke gegen die Habsburger und gingen sogar Bündnisse mit den Türken ein, nur um Österreich zu schaden. Auch während der Befreiung Ungarns von der langjährigen Türkenherrschaft kämpften viele Madjaren, unter Thököly, zusammen mit den Türken gegen die kaiserlichen Heere. So ist es verständlich, daß der Kaiser bei der Besiedlung der neuerworbenen Länder in erster Linie ergebene und treue Untertanen bekommen wollte, um seine Macht zu stärken.

Durch die Neubesiedlung erhielt die donauschwäbische Heimat den Grundstein gelegt für ihr späteres Aussehen. Zu diesem Aufbauwerk wurden nach der Eroberung und Befreiung dieser Länder neben anderen Völkern auch die Vorfahren der Donauschwaben angesiedelt.

Das Recht der Donauschwaben auf ihre Heimat. Das Recht der Donauschwaben auf ihre Heimat ergibt sich aus dem Natur- und aus dem Völkerrecht. In Pannonien lebten seit Jahrhunderten germanische und deutsche Menschen und Stämme. Sie wirkten hervorragend am Aufbau des Landes mit. Die Befreiung des Donaulandes nach der mehr als 150jährigen Türkenherrschaft war eine Leistung von Kaiser und Reich. Im Kampfe um die Befreiung Ungarns fielen viel mehr Deutsche, als später hier angesiedelt wurden. Als die Vorfahren der Donauschwaben vom *Kaiser* und den *Grundherren* in das Land gerufen wurden, mußte kein Boden enteignet werden, um sie ansiedeln zu können. Es gab genug herrenlose Güter und menschenleere Gebiete, die nur auf fleißige Siedler warteten. Der Staat siedelte solche Dörfer und Gemarkungen an, die frei, verlassen und ungenügend besiedelt waren. Gleichzeitig mit den Donauschwaben wurden auch alle anderen Südostvölker zur Besiedlung herangezogen: Madjaren, Serben, Kroaten (Bunjewatzen, Schokatzen), Slowaken, Rumänen, Ruthenen u. a. Im Schutze von Kaiser und Reich bauten sich die Donauschwaben eine eigene Heimat nach eigener Art und nach eigenem Recht auf.

5. Ansiedlung (Landnahme) der Donauschwaben

Das Einrichtungswerk. Die Einwanderung Deutscher nach Ungarn begann unmittelbar nach der Befreiung der einzelnen Gebiete. Noch im Zuge der Befreiungskriege, schon im Oktober 1687, ordnete Kaiser Leopold an, daß die „Einrichtung der Neuen Acquisten“ in politischer, kameralischer u. a. Hinsicht in die Wege geleitet werden soll, u. zw. durch Zusammenwirken aller einschlägigen Gremien der Gesamtmonarchie, vor allem der kaiserlichen Hofkammer und des Hofkriegsrates. Es kam zur Bildung einer Haupt- und einer Subkommission zur Ausarbeitung des „Einrichtungswerkes“. Zum Leiter der Subkommission des Einrichtungswerkes wurde am 29. Juli 1688 Kardinal Leopold Graf Kollonitsch (1613-1707) bestellt, der in christlichem Glaubenseifer und in staatsmännischer Klugheit dem Kaiser und Reich schon manche wertvolle Dienste erwiesen hatte. Die Kommission mußte sich vor allem einen Überblick über den Zustand des Landes verschaffen. Es wurde deshalb eine große Bestandsaufnahme eingeleitet und dabei die Verwahrlosung des Landes festgestellt. Weiter wurden die Maßnahmen eingeleitet, die den Aufbau des Landes ermöglichen sollten. Ein großangelegtes Einrichtungswerk kam zustande. Die Besiedlung wurde als vordringliche Aufgabe erkannt. Das weite, verwilderte Land mußte wieder von Menschen in Besitz genommen werden. Zuerst galt es festzustellen, welche Teile des Landes noch einen unmittelbaren Herrn hatten und welche Teile als herrenloses Gut zu betrachten waren. Wer im befreiten Ungarn Landbesitz in Anspruch nehmen wollte, mußte seinen Rechtstitel nachweisen. Güter, auf die von Familien und Personen kein urkundlicher Anspruch bestand, gingen in den Besitz des Staates über. Diese Güter unterstanden

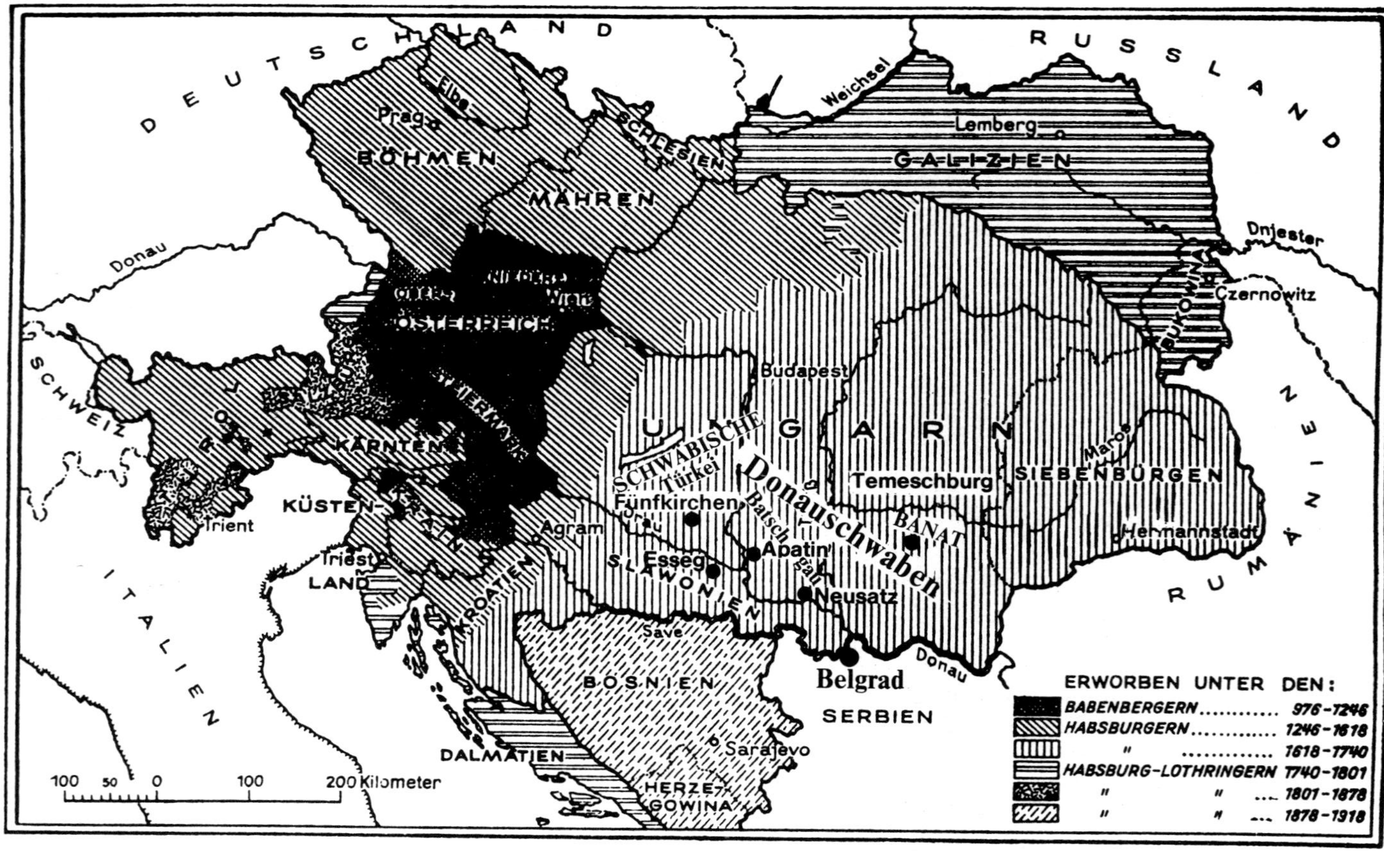

DIE HISTORISCHE ENTWICKLUNG ÖSTERREICH-UNGARNS

Die Karte zeigt die Entwicklung des Besitzstandes der Habsburger-Monarchie lediglich innerhalb der von 1878 bis 1918 bestehenden Reichsgrenzen

Im spärlich bewohnten Südungarn wohnte die Bevölkerung in der Türkenzeit im 17. Jahrhundert in Erdhütten

fortan dem Verfügungsrecht des Kaisers. Die Verwaltung oblag der Hofkammer, die nun alle Maßnahmen zur Bewirtschaftung und Besiedlung dieser Staatsgüter nach dem von der Subkommission vorgelegten Entwurf für das Einrichtungswerk zu treffen hatte. Auch wenn das Einrichtungswerk nicht die Genehmigung des Kaisers erhielt, Kollonitsch hat seine Grundgedanken in Form von Manifesten, Edikten und des Impopulationspatentes vom 11. August 1689 allgemein bekannt gemacht.

Neue Grundherren. Weil so der größere Teil des Landes in den Besitz der Krone gelangt war, ist das Vorgehen der Regierung verständlich, das auf die Abgabe dieser riesigen Besitzungen abzielte. Der Kaiser verschenkte und verkaufte große Güter aus diesem Besitz an seine erfolgreichen Feldherren und verdienten Staatsmänner. So wurden diese Ländereien in den Händen des Kaisers ein wichtiges staatspolitisches Machtmittel. Die Schicht der kaiser- und reichstreuen Adeligen und Grundherren konnte auf diese Weise verstärkt werden. So gelangte insbesondere in Transdanubien ein großer Teil des Landes an erfolgreiche Heerführer und treuergebene Adelige. Der erfolgreiche Türkenbesieger Prinz Eugen von Savoyen kam in den Besitz von Belye, Promontor und der Insel Tschepel, General *Veterani* erhielt die Herrschaft Darda, der Banus von Kroatien und treue Anhänger des Kaisers, der ungarische Adelige Bathyany, konnte sich Deutschbol mit Umgebung aneignen, General Caprara setzte sich in Siklos fest, Graf *Preuner* in Szentlörinc, Claudius Florimund Graf *Mercy* in Hödjész, der Domherr von Köln, Philipp Ludwig Graf *Zinzendorf,* erhielt die Abtei Pécsvárad, Graf *Styrum-Lymburg* Simonsthurm. Johann Josef Graf *Trautsohn* hatte von 1718-1757 die Abtei Sexard inne, Josef Markgraf von Hessen war Abt von Földvar, Wilhelm Graf *Nesselrode* war Bischof von Fünfkirchen, die Grafen Wallis hatten Tolna in Besitz. Auch an die Kirche, an Bischöfe und Äbte, wurde ausgiebig Grundbesitz verschenkt. Die Kirche war noch am ehesten in der Lage, ihr früheres Besitzrecht urkundlich zu belegen. Sehr viele Güter wurden auch verkauft und kamen so in den Besitz von ergebenen Adeligen und Grundbesitzern. Philipp Karl von *Eltz,* Erzbischof und Kanzler des Reiches, kaufte 1736 die Herrschaft Wukowar für 175 000 Gulden. Wie wertlos, unerschlossen und menschenarm die Güter und Domänen waren, ergibt sich aus den niedrigen Preisen bei Verkäufen. Trotz des billigen Preises fanden sich nur selten Käufer. So konnte der Armeelieferant Johann Georg Freiherr von Harruckern für 140 000 fl beinahe das ganze Bekescher Komitat, ein Gebiet von 60 Geviertmeilen, das sich zwischen Kreisch und Mieresch erstreckte, erwerben. In Oberungarn, in der Nähe von Munkatsch, kamen die Grafen *Schönborn* zu ausgedehnten Besitzungen. Aber auch von den Rebellen, den Kurutzen, erhielten diejenigen Anführer, die sich bekehrten und auf die Seite des Kaisers traten, zur Belohnung herrenlose Güter. So gewann der Kurutzenführer Alexander Graf *Károlyi* umfangreiche Güter im Sathmarer Komitat, als er sich auf die Seite des Kaisers schlug.

Die Ansiedlungstätigkeit der privaten Grundherren. Die Neuordnung der Besitzverhältnisse in Ungarn war von entscheidender staatspolitischer Bedeutung und von nachhaltigem Einfluß auf den Verlauf der Besiedlung. Für die neuen Grundherren bedeutete das erhaltene Besitztum nur totes Kapital. Es lag in ihrem Interesse, je eher möglichst viele Arbeitskräfte zu beschaffen, um die brachliegenden Güter wirtschaftlich zu erschließen. So wurden die neuen Grundherren die eifrigsten Förderer der Besiedlung des Landes. Ihrem Beispiel folgten auch die älteren Grundbesitzer, die Bistümer und Abteien. Der Anteil privater Grundherren an der Ansiedlung deutscher Kolonisten nach der Befreiung Ungarns ist beträchtlich.

Trotz der großzügigen Vergebung blieb noch umfangreicher Landbesitz in der Hand des Staates. Unter dem Namen Prädien, Pußten oder Kammeralgüter wurde dieser Staatsbesitz von der österreichischen Hofkammer verwaltet. Die Angelegenheiten der privaten Grundherren gehörten zum Amtsbereich der ungarischen Hofkammer. Staatlichen Kammeralbesitz gab es besonders im Banat und im Batschgau, wo das Land bedeutend weniger an private Grundherren verschenkt oder verkauft wurde.

In der Tolnau, *Branau* und in der Schomodei reiht sich ein deutsches Kolonistendorf an das andere. Die Bezeichnung „Schwäbische Türkei" für dieses Gebiet ist deshalb verständlich. Die deutschen Gemeinden in der Umgebung von Ofenpest wurden in der Hauptsache von madjarischen Adeligen gegründet. Deutsche Bauern siedelten an: Der Fürst Grassalkovich, die Raday, Wattay, Paksy, Gellert, Fay und Zichy, die Erzbischöfe von Kalotscha und Gran, Baron Patacsics, die Clarissinnen von Ofen und die Benediktiner von Telki. Auch hier entstand Dorf um Dorf bis zu den Ufern des Plattensees. Die Esterházys und Zichys, die Bischöfe von Stuhlweißenburg, Weißbrunn und Raab gründeten im Buchenwald und Schildgebirge zahlreiche deutsche Kolonistendörfer.

Die Besiedlung aller dieser Güter und Dörfer erstreckte sich über eine lange Reihe von Jahren, sie wurden auch nicht nur einmal besiedelt. Die Besiedlung durch private Grundherren begann gleich nach der Befreiung einzelner Gebiete, noch während der

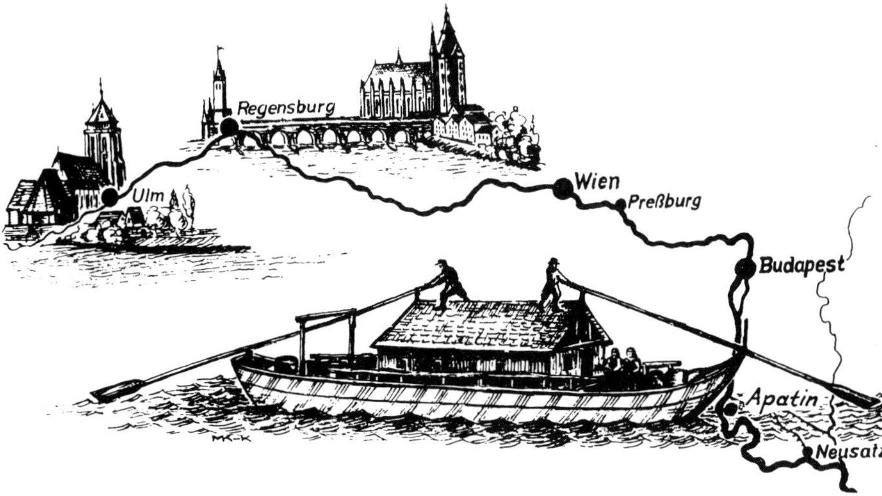

Die Vorfahren der Donauschwaben fuhren mit der Ulmer Schachtel auf der Donau in ihre neue Heimat

Türkenkriege in den neunziger Jahren vor 1700. Sie erstreckte sich auch in die Zeit, da bereits der Staat tatkräftig sich an der Kolonisation beteiligte. Da viele Ansiedler den ersten Schwierigkeiten erlagen, mußten immer wieder neue Kolonisten leergewordene Hofstellen auffüllen. Die Kolonisation der privaten Grundherren vollzog sich nach den Richtlinien des im Jahre 1689 erschienenen Impopulationspatentes, der königlichen Siedlungsverordnung. Darin waren Bedingungen, Rechte und Pflichten der Ansiedler und der Grundherren niedergelegt. Sie entsprachen im großen und ganzen den Richtlinien der späteren staatlichen Kolonisation.

Obwohl die Lage der deutschen Kolonisten auf privaten Gütern nicht so günstig war und ihre Entwicklung deshalb nicht so zufriedenstellend sein konnte, vollbrachten auch diese Donauschwaben eine glänzende Kulturtat. Sie wurden in ihrer Umgebung zu Vorbildern und Lehrmeistern der Slawen und Madjaren, die mit ihnen in Berührung kamen. Sie waren die wirtschaftlich fortschrittlichsten und wertvollsten Bauern ihrer Grundherren, die zu allen Zeiten rückhaltlos ihren Wert hervorhoben und anerkannten.

Neuaufbau und Besiedlung der Städte. Die Einwanderung der Deutschen kam noch im Zuge der Türkenkriege und im Anschluß an die Befreiung hauptsächlich durch den Aufbau der Städte in Gang. Die völlig zerstörten Städte Ungarns boten reiche Arbeits-

Einwanderung der Donauschwaben im 17. und 18. Jahrhundert

Dreiteiliges Gemälde von Stefan Jäger

möglichkeiten. Ihr Aufbau war auch eine wichtige militärische Forderung. Stellten sie doch die einzigen wirtschaftlichen und militärischen Stützpunkte dar, die eine Behauptung des befreiten Landes ermöglichten. Die Niederlassung von Bürgern und Handwerkern wurde deshalb gern gesehen und vielfach angeregt und gefördert. Ausgediente Soldaten bildeten den ersten Grundstock deutschen Bürgertums. Es ergibt sich daraus für die Donauschwaben die bedeutsame Tatsache, daß zahlreiche ihrer Ahnen für die Befreiung ihrer neuen Heimat zuerst gekämpft hatten. Ihr Heimatrecht fand demnach auch in dieser Beziehung seine Begründung. Unter den ersten Ansiedlern befanden sich zivile Begleitpersonen der Befreiungsheere neben zahlreichen wirklichen Einwanderern. Die einst blühenden Städte des Donauraumes waren unter der Türkenherrschaft verfallen. Das mittelalterliche deutsche Bürgertum in Ungarn war verschwunden. Nur in Siebenbürgen, in der Zips und in geringer Zahl im Donaubogen konnte es sich halten. Nach der Befreiung war die Anlage von Städten ein wirtschaftliches, kulturelles und militärisches Bedürfnis. Ohne einen ausreichenden Handwerkerstand war an einen Aufbau und an eine Gesundung des Landes nicht zu denken.

Mit der Ansiedlung der deutschen Bürger zeigten die Städte wieder Ansätze zur Entfaltung einer selbständigen Individualität. Es gab „königliche Freistädte" und Komitatsstädte. Zu den Rechten und Freiheiten der Städte gehörten: die freie Richter- und Pfarrerwahl, die eigene Gerichtsbarkeit, die Befreiung der Bürger von öffentlichen Arbeitsleistungen, das Marktrecht, das Recht der Freizügigkeit. Dafür mußten die Städte eigene Abgaben leisten und eine besondere Verpflichtung zur Landesverteidigung übernehmen. Sie besaßen auch politische Rechte und somit Einfluß auf die politische Gestaltung des Landes. Den bäuerlichen Landesbewohnern war eine solche Betätigung praktisch erst 1848/49 bzw. nach Aufhebung des Absolutismus (1867) möglich.

Die Städte wurden durch die deutschen Bürger zu Mittelpunkten des gewerblichen Lebens. Alle erdenklichen Handwerker waren vertreten. Mit der Seßhaftmachung eines neuen deutschen Bürgertums und dem Aufblühen neuer deutscher Städte läßt sich auch ein Mühen um eine dauerhafte Form für das nationale Leben des deutschen Bürgertums auf rechtlicher und politischer Grundlage feststellen. In Fünfkirchen, Baja-Frankenstadt, Neusatz u. a. gemischtsprachigen Städten zeigte sich, wie das deutsche Bürgertum sich die Sicherstellung seiner nationalen Rechte vorstellte. Es sollte als Repräsentanten seiner Interessen einen politischen Sprecher und dieser zur Erfüllung seiner Aufgabe deutsche nationalpolitische Befugnisse erhalten.

Die Niederlassung der deutschen Bürger in den Städten erfolgte hauptsächlich aufgrund der verkündeten Privilegien und Patente. Die vom Staate eingeleitete Besiedlung brachte größtenteils Bauerntum in das Land. Die Städte blieben hinfort ihrem eigenen Schicksal überlassen. Als das nationale Wollen der Madjaren erstarkte, bemächtigte es sich in steigendem Maße der inzwischen zu königlichen Freistädten gewordenen Kommunen und ihres deutschen Bürgertums. Das später angesiedelte donauschwäbische Bauerntum fand nur selten eine natürliche Verbindung zum deutschen Bürgertum der Städte, von dem es sich in seiner Entstehung zeitlich und herkunftsmäßig unterschied.

Vier donauschwäbische Dorfpläne

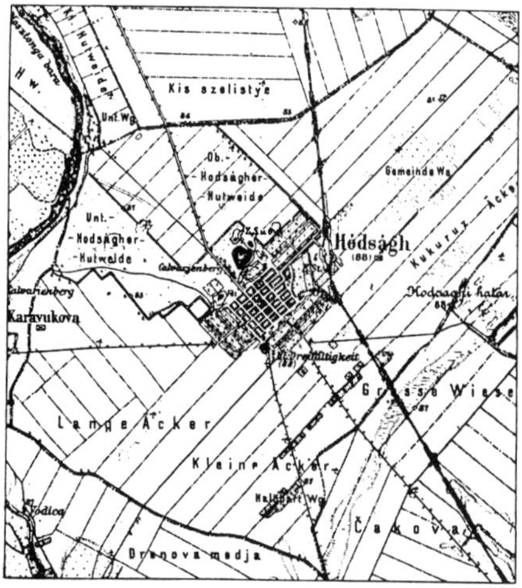

Hodschag/Batschgau

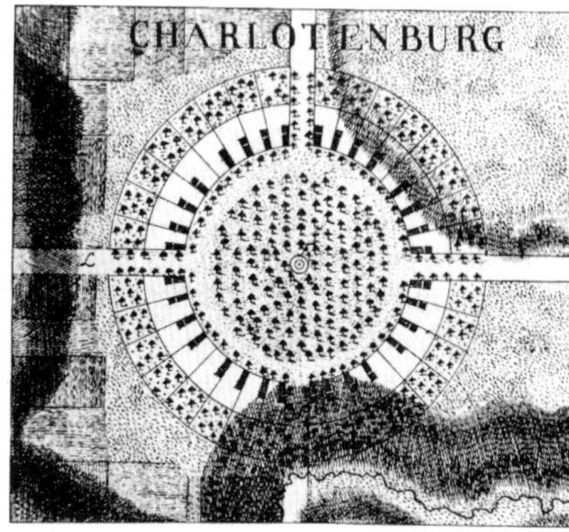

Charlottenburg/Banat

Apatin/Batschgau

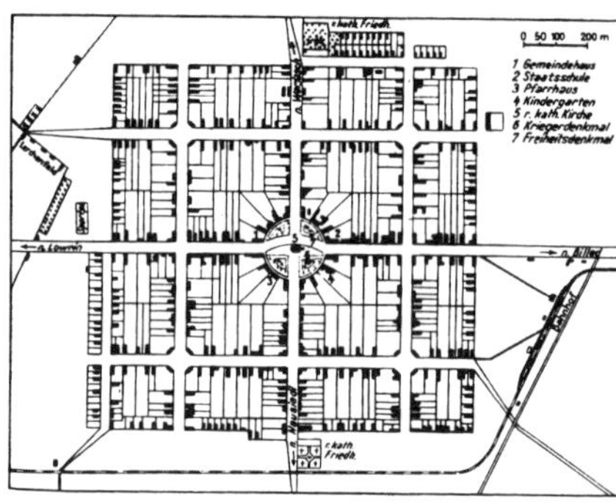

Alexanderhausen/Banat

Anteil der Stadtbevölkerung am Donauschwabentum. Um das Jahr 1800 (nach Abschluß der Siedlungsaktionen) gab es in Ungarn 49 kgl. Freistädte, von denen im donauschwäbischen Siedlungsbereich einen überwiegenden oder beträchtlichen deutschen Anteil hatten:

1. Pesth	61 502 Einw.	8. Raab	16 118 Einw.
2. Segedin	30 153 Einw.	9. Temeschwar	12 665 Einw.
3. Ofen	27 470 Einw.	10. Fünfkirchen	11 271 Einw.
4. Sombor	18 776 Einw.	11. Gran	10 725 Einw.
5. Stuhlweißenburg	18 691 Einw.	12. Esseg	9 242 Einw.
6. Neusatz	16 663 Einw.	13. Komorn	9 000 Einw.
7. Werschetz	16 200 Einw.	14. Agram	8 175 Einw.
		Zusammen	266 651 Einw.

Es gab außerdem noch eine Reihe von privilegierten Städten (Waitzen, Erlau, Weißbrunn, Weißkirchen, Semlin, Pantschowa, Peterwardein u. a.) und Marktflecken (Apatin, Baja-Frankenstadt, Almasch-Heimerskirchen, Bátaszék, Perjamosch, Elek u. a.), bei denen ein beträchtlicher Bevölkerungsanteil deutsche Zunftmeister und Manufakturisten waren. Um die Mitte des 18. Jahrhunderts betrug die Zahl der in Zünften zusammengeschlossenen Handwerker in ganz Ungarn nur 30 921. Diese zahlenmäßig geringe Kleinindustrie beschränkte sich hauptsächlich auf die Zips und Siebenbürgen sowie auf die wiederbesiedelten Städte im donauschwäbischen Bereich. Es ist daraus ersichtlich, daß auch das Handwerk fast ausschließlich in deutschen Händen ruhte. Die Vermehrung des Handwerkerstandes wurde daher nachgerade zu einer wirtschaftspolitischen Notwendigkeit, da ohne einen ausreichenden Gewerbestand an einen zügigen Aufbau des Landes nicht zu denken war. Die Förderung der Ansiedlung deutscher Handwerker und Bürger wurde daher nicht nur von Wien, sondern auch von den ungarischen Ständen verlangt. Der Aufbau der Städte und die Niederlassung deutscher Handwerker und Bürger vollzog sich bereits vor der bäuerlichen Besiedlung, setzte sich aber noch fort in Verbindung und parallel mit der Besiedlung des flachen Landes.

Für die Donauschwaben als Gesamtheit hat das deutsche Bürgertum in den Städten und Märkten schon rein zahlenmäßig eine überragende Bedeutung. Nicht minder gewichtig ist diese Bedeutung im Hinblick auf die wirtschaftlich soziale Funktion des Donauschwabentums in den Landschaften des Pannonischen Beckens. Zu Beginn des Wiederaufbaues, in der Zeit der donauschwäbischen Frühkolonisation, bildete die städtische Bevölkerung die Mehrheit des neuangesiedelten Deutschtums. Erst allmählich kamen ländliche Siedlungen mit Bauern und Bergleuten dazu. Doch umfaßte das Deutschtum in den Städten nach Abschluß der großen Einwanderungsströme gegen Ende des 18. Jahrhunderts noch immer gut die Hälfte der Angehörigen des werdenden Neustammes der Donauschwaben. Von 300 000 deutschen Menschen im donauschwäbischen Siedlungsbereich lebten mindestens 150 000 in den Städten. Dieser Anteil verringerte sich später im Rahmen des Donauschwabentums ebenso wie im Rahmen der gesamten Stadtbevölkerung. Wenn das städtische Deutschtum trotz der aufkommenden nationalen Überfremdung seine wirtschaftliche Führungsposition unter veränderten Umständen auch bewahren konnte, eine volkspolitische Funktion für das zur Selbstbesinnung erwachte Donauschwabentum konnte es nicht mehr wahrnehmen, es mußte in seinen Reihen zuerst eine Selbstbesinnung und Erneuerung unter den schwierigsten Umständen im 20. Jahrhundert herbeiführen.

Die staatliche Siedlungstätigkeit. Einen ganz bedeutenden Aufschwung erfuhr die Einwanderung der Donauschwaben durch die Siedlungstätigkeit der staatlichen Hofkammer. Umfangreiche Güter und Ländereien kamen in den befreiten Gebieten in die Hand des Staates. Die Prädien waren teilweise noch bewohnte, die Pußten waren leerstehende Gemarkungen. Insbesondere in den Grenzgebieten behielt der Staat solche Besitzungen, um hier das Werk der Landesverteidigung ungestört verfolgen zu können. So wurde ein Teil des Banates und des Batscherlandes von der Organisation der Militärgrenze erfaßt. In den übrigen Teilen dieser Gebiete wurde eine zivile Verwaltung errichtet, die der österreichischen Hofkammer, und nicht der ungarischen Komitatsverwaltung, unterstand. Die Verhältnisse, die im Verlaufe der Türkenkriege noch reichlich ungeklärt waren, erfuhren nach Beendigung der Kriege allmählich eine Festigung. Nachdem ganz Ungarn befreit und in die Hand des Kaisers gelangt war, fanden es auch die verbissensten Madjaren ratsam, mit diesem einen Ausgleich und Frieden zu suchen. Die anfängliche Spannung zwischen Kaiser und Madjaren verschwand. Die Madjaren konnten wieder ein eigenes politisches und staatsrechtliches Leben entwikkeln, das auch der Gesamtstaat beachten mußte. Maßnahmen politischer Natur, die sich auf Ungarn bezogen, fielen wieder in den Zuständigkeitsbereich der politischen Institutionen des Landes, so auch die Ansiedlung. Der ungarische Landtag gelangte dadurch zu seiner alten Bedeutung.

Der Gesetzartikel 103 vom Jahre 1723 bildet die gesetzliche Grundlage der deutschen Ansiedlung in Ungarn. Er legte fest, freie Personen in das menschenarme Land zu rufen, ihnen Grund und Boden erbeigentümlich zu überlassen und Steuerfreiheit zu gewähren. Der Kaiser und König wurde bevollmächtigt, Ansiedler beiderlei Geschlechts ins Land zu rufen und sie hier seßhaft zu machen. Er wurde gebeten, Einladungspatente zur Ansiedlung an die Bewohner des Deutschen Reiches und der benachbarten deutsch-österreichischen Provinzen zu erlassen, um diese zur Einwanderung nach Ungarn zu bewegen. Den Bauern wurde eine zehnjährige, den Handwerkern sogar eine fünfzehnjährige Steuerfreiheit zugesichert. Bereits in den Jahren 1715 und 1723 regelten weitere Gesetze die Untertanenverhältnisse der Bevölkerung der Prädien.

Die großzügige staatliche Ansiedlung der Deutschen begann nach dem Passarowitzer Frieden (1718). Von da an blieb die Grenze zwischen Österreich und der Türkei fast ständig die Sawe und die Donau. Die befreiten Gebiete nördlich dieser beiden Flüsse sollten sich fest in die Monarchie einfügen. Es mußte deshalb die Einwanderung eingeleitet werden. Die Ansiedlung der Donauschwaben war keinesfalls das Ergebnis einer zufälligen Machtkonstellation im Donauraum. Sie umfaßte einen Zeitraum von fast 150 Jahren. Sie begann schon unter Kaiser Leopold I. (in den Städten und auf den Gütern privater Grundherren) während des ersten Türkenkrieges 1683–1699 und erstreckte sich bis 1829. Und nur weil eine Staatsmacht wie das alte Österreich hinter dem

Werk der Ansiedlung der Donauschwaben stand, konnte dieses überhaupt erfolgreich durchgeführt werden und ein günstiges wirtschaftliches Ergebnis zeitigen.

Das Ereignis der Landnahme der Donauschwaben vollzog sich aber in der Hauptsache während der Regierungszeit Kaiser Karls VI. (1711-1740), der Kaiserin Maria Theresia (1740-1780) und Kaiser Josefs II. (1780-1790). In dieser Zeit kamen drei große Schwabenzüge; sie umfaßten aber nur die ausgiebigsten staatlichen Besiedlungen, nicht die Privatansiedlungen, die Niederlassung auf eigene Faust und die kleineren staatlichen Siedlerschübe. Es ist deshalb richtig, wenn die Landnahme der Donauschwaben als ein Vorgang erklärt wird, der deutsche Menschen in drei großen und in vielen kleinen Schwabenzügen in das Donauland gebracht hat.

Der „erste große Schwabenzug". Das Temescher Banat wurde nach seiner Befreiung von der Türkenherrschaft nicht Ungarn einverleibt, sondern als unmittelbares Reichsland erklärt. Statthalter des Banates wurde der Feldmarschall im Heere des Prinzen Eugen: Claudius Florimund Graf Mercy. Er heißt zu Recht der Kolonisator des Banates und kann als erster „schwäbischer Graf" gelten.

Das Banat war bei der Rückeroberung eine spärlich bevölkerte Wildnis, weithin von einem Meer von Sümpfen und Morästen bedeckt.

Nur stellenweise ragten aus den Sumpfgebieten kleine Inseln trockenen Landes hervor, die sich als Wohnstätten für Menschen eigneten. Eine Besiedlung und wirtschaftliche Erschließung konnte erst nach einer Trockenlegung der Sümpfe beginnen. Mercy nahm diese auch gleich in Angriff. Die Bega wurde reguliert, Kanäle und Gräben zur Ableitung des überflüssigen Wassers gebaut. Gleichzeitig wurde auch die Besiedlung betrieben. Es kamen neben den Deutschen und Serben in geringerer Anzahl auch Italiener, Spanier, Franzosen u. a. Völker ins Land. Die Italiener und Spanier hielten den Unbilden des Landes (Klima, Pest, Sumpffieber usw.) nicht stand. Auch viele Deutsche erlagen den Beschwerlichkeiten des Kolonisationswerkes. In deutschen Landen verbreitete sich der Spruch: „Ungarn ist das Grab der Deutschen". Die Ansiedlungstätigkeit Mercys ließ im Banat nahezu 50 deutsche Ortschaften erstehen.

Mercy war bestrebt, im Lande eine vielseitige Wirtschaft aufzubauen. Er schenkte daher seine volle Aufmerksamkeit dem Aufbau einer fortschrittlichen Landwirtschaft, indem er tüchtige deutsche Bauern ansiedelte. Die eingesessenen Völker, die Serben und Rumänen, wollte er zu einer höheren Bodenwirtschaft bringen.

Aber er bemühte sich auch, die vielen Naturschätze und günstigen Bedingungen des Landes auszunützen. Darum brachte er deutsche Bergleute und Handwerker ins Land und führte die Seidenraupenzucht und Reiskultur ein. Ebenso schuf er im Banat eine blühende Industrie.

Außer dem Aufbau der Wirtschaft und der Besiedlung widmete Mercy seine Aufmerksamkeit der Einführung einer guten Verwaltung und vorbildlichen Ordnung. Das Land wurde von der Räuberplage befreit und vor den Einfällen der Türken gesichert. Er ließ gute und sichere Straßen erbauen, so daß sich Verkehr und Handel entwickeln konnten.

Nicht zuletzt galt die Fürsorge Mercys der Hebung der Kultur und Volksbildung. In jeder Gemeinde wurden Schulen errichtet und die Kinder zum Schulbesuch angehalten.

Einen raschen Aufschwung nahm unter Mercys Leitung die Hauptstadt des Banates, die Stadt und Festung Temeschwar, wo sich noch vor dem Passarowitzer Frieden, bereits am 1. Januar 1718, der deutsche Magistrat bildete.

Zum ersten Bürgermeister wählten die deutschen Bürger Tobias Balthasar *Hold.* Die deutschen Siedler hatten sich hier bereits 1717 zu einer bürgerlichen Gemeinschaft zusammengeschlossen. Auch kirchlich-geistlich machte der Aufbau beachtliche Fortschritte. Bei der Befreiung bestand 1718 im ganzen Banat eine einzige Pfarrei in Orawitza, der Bischof von Tschanad wohnte in Segedin, er übersiedelte 1724 nach Temeschburg, wo nach den Plänen Fischers von Erlach 1734-54 der Dom erbaut wurde. Die Franziskaner errichteten die erste Volksschule, die Jesuiten 1727 ein Gymnasium.

So entwickelte sich das Temescher Banat zu einem aufblühenden Land. Seine Hauptstadt Temeschwar, auch Klein-Wien genannt, wurde hier, an der Schwelle des Orients, zum kulturellen Mittelpunkt.

Mercy entfaltete nicht nur in der Besiedlung des Banates eine rege Tätigkeit. In der Schwäbischen Türkei hatte er die Herrschaft Hödjész/Mercystätten in Besitz. Hier brachte er in über 20 Gemeinden deutsche Ansiedler und bevölkerte damit die menschenleere Wüste der Tolnau wieder. Im Jahre 1733 mußte Mercy als erfahrener Heerführer am Feldzug gegen Italien teilnehmen. Sein Tod in diesem Kriege (1734) war für das Banat und die deutschen Ansiedler ein schwerer Verlust. Die Gemeinde Mercydorf im Banat und Hödjész/Mercystätten in der Tolnau sollten die Erinnerung an ihn wachhalten. Auch in der donauschwäbischen Sage lebt seine Gestalt weiter.

Die Siedlungstätigkeit in den übrigen Gebieten. In der Zeit nach der Befreiung und des ersten großen Schwabenzuges wurden auch in den anderen donauschwäbischen Siedlungsgebieten deutsche Kolonisten angesiedelt. Es entstanden die meisten deutschen Gemeinden in der Schwäbischen Türkei, im Ofner Bergland und in Sathmar. Wenn diese Gemeinden schon früher mit deutschen Kolonisten besiedelt worden waren, erhielten sie jetzt neuen Zuzug und Verstärkung. Träger der deutschen Kolonisation in diesen Gebieten waren die privaten Grundherren.

Der „zweite große Schwabenzug". Die Rückschläge, die dem Erfolg des ersten großen Schwabenzuges durch die Türkenkriege und die Pest zugefügt wurden, konnten sobald nicht ausgeglichen werden. Wohl waren die ersten Schritte der Landnahme der Donauschwaben nicht ganz zunichte gemacht worden. Einem rascheren Aufschwung der ersten Kolonisten und der Donauschwaben überhaupt, fehlte jetzt das politische und wirtschaftliche Verständnis und die tatkräftige Förderung des Staates und Kaisers. Der Tod Kaiser Karls VI. und die mit der Thronbesteigung seiner Tochter Maria Theresia sich für den Staat ergebenden Schwierigkeiten ließen das Werk der Ansiedlung für lange Jahre zurücktreten.

Drei Kaiser der Ansiedlungszeit

Kaiser Leopold I.
1640–1705

Kaiser Joseph II.
1741–1790

Kaiser Karl VI.
1685–1740

Maria Theresia (1740-1780) eine mütterliche Herrscherin. Noch jung an Jahren mußte Maria Theresia ein großes Erbe antreten. Zahlreiche Feinde machten ihr das Erbe streitig. Mit Entschlußkraft, Klugheit und Ausdauer hat sie sich aber gegen alle Feinde und Erschütterungen behauptet. Um sich gegen ihren großen Gegner, Friedrich den Großen, durchzusetzen, mußte sie sich mit Tatkraft zuerst ein schlagkräftiges Heer und eine durchgebildete Verwaltung schaffen. Neben allen Regierungsgeschäften fand sie noch Zeit für ein reiches Familienleben. Ihren sechzehn Kindern war sie als echte deutsche Frau liebende und sorgende Mutter. Ihre Mütterlichkeit dehnte sie auf das ganze Land und auf alle ihre Völker aus. Ihrem Verständnis verdanken Handel, Gewerbe und Landwirtschaft großzügige Förderung. Ihre besondere Sorge galt der Entwicklung des Schulwesens, für die der Saganer Abt Ignaz *Felbiger* (1724-1788) mit der von ihm geschaffenen „Allgemeinen Schulordnung“ 1774 die Grundlagen legte. In den Jahren 1775/76 entstanden deutsche Normalschulen (Lehrerausbildungsstätten) in Ofen, Fünfkirchen, Temeschburg, Pantschowa, Weißkirchen u. a. Die Siedlungstätigkeit setzte sie liebevoll fort. Eine große Zahl von Vorfahren der Donauschwaben konnte in ihrer Regierungszeit nach Ungarn kommen. Alle Donauschwaben bewahrten ihr als besorgter Landesmutter ein treues Gedächtnis.

Maria Theresia mußte gleich nach ihrem Regierungsantritt den Kampf gegen den Preußenkönig *Friedrich II.* aufnehmen, der ihr Schlesien entreißen wollte. Den Verlust Schlesiens nach dem ersten Schlesischen Krieg konnte sie nicht verschmerzen. Sie dachte immer an eine Rückeroberung. Alles Planen und Vorbereiten des Staates war deshalb auf diese bevorstehende Auseinandersetzung um Schlesien gerichtet. Die Siedlungstätigkeit konnte deshalb nicht in dem gewünschten Ausmaße aufgenommen und fortgesetzt werden. Im Siebenjährigen Krieg (1756-1763) konnte sich Friedrich II. gegen die erdrückende Übermacht von Österreich, Rußland und Frankreich behaupten, Maria Theresia mußte auf Schlesien endgültig verzichten. Jetzt erst konnte die Ansiedlungstätigkeit wieder aufgegriffen werden. Entvölkerte Gebiete ihres Reiches, vor allem der von der Hofkammer verwaltete ungarische Königsboden sollten nun besiedelt werden. Damit sollte der Verlust des Krieges teilweise wettgemacht werden.

Franz Stephan und Maria Theresia mit den Kindern

Um das Werk der Ansiedlung wieder vorzubereiten und in Gang zu bringen, ließ sich die Kaiserin über den Zustand der umfangreichen Kameral- und Krongüter einen ausführlichen Bericht erstatten. Auf Grund dieses Berichtes erließ Maria Theresia am 25. Februar 1763 ihr Kolonisierungs-Patent, das den zweiten großen Schwabenzug auslöste.

Das Kolonisierungs-Patent der Kaiserin. Nach dem Friedensschluß wurden in der Armee viele Soldaten entlassen. Diese wurden zunächst aufgefordert, sich zur Ansiedlung in die gesamten „Deutsch-, Temeschwarer, Hungarische und Siebenbürgische Erblande“ zu melden. Es wurde dabei den Kolonisten der Kameralgüter eine sechsjährige, den Handwerkern eine zehnjährige Steuerfreiheit zugesagt. Auch sonstige Begünstigungen bei der Erbauung der Wohnhäuser und bei der Aufnahme der wirtschaftlichen Betätigung wurden zugesichert. An der Spitze der so wieder in Gang gebrachten Ansiedlungstätigkeit stand in Wien eine besondere Kommission, die sich auf die Ansiedlung besonders günstig auswirkte. In dem Jahrzehnt von 1763-1773 vollzog sich

Besiedler-Gründer donauschwäbischer Gemeinden

Erzbischof Adam Patachich
von 1776–1788

Alexander Graf Károlyi
1668–1743

C. F. Graf Mercy
1666–1734

Anton von Cothmann
1720–1768

dann der zweite große Schwabenzug. Während im Verlaufe des ersten großen Schwabenzuges hauptsächlich das Banat und die „Schwäbische Türkei“ besiedelt wurden, kamen diesmal viele Deutsche in das Batscherland.

Obwohl das Batscherland früher als das Banat von den Türken befreit war, wurde es später in die Ansiedlungstätigkeit einbezogen. Die Gründe waren militärischer, strategischer und politischer Natur. Nach dem Karlowitzer Frieden wurde das Batscherland als Grenzgebiet und größtenteils den Serben als Aufnahme- und Verteidigungsraum zugewiesen. Als dann die Grenze vorverlegt wurde, blieb vom Batschgau nur der südöstliche Zipfel, der Tschaikisten-Distrikt, im Bereich der Militärgrenze. Die Serben konnten den weiten Raum im Batschgau deshalb allein nicht ausfüllen. 1702 zählte der Batschgau nur 32 000 Bewohner. Die staatsrechtliche Stellung des Batschgaues blieb lange ziemlich unklar. Ein Großteil war anfangs für die Militärgrenze vorgesehen. Was außerhalb blieb, sollte unter die Komitatsverwaltung kommen, obwohl die Kameralgüter auch hier weiterhin der österreichischen bzw. ungarischen Hofkammer unterstanden. Das Komitat hatte noch wenig zu verwalten. Dennoch mußte für alle wichtigen

Maßnahmen und Entscheidungen das Einvernehmen der Ungarischen Hofkammer angestrebt werden. Im Banat war das Verfahren weit einfacher, weil für dieses kaiserliche Kronland ausschließlich die österreichische Hofkammer zuständig war. Die Vorverlegung der Militärgrenze veranlaßte die Zusammenziehung der im Batschgau verbliebenen serbischen Zivilisten. Die Umgruppierung und Organisierung der serbischen Siedlungen nahm ziemlich viel Zeit in Anspruch. Als diese Arbeit aber durchgeführt war, gab es viele unbevölkerte Staatsgüter, die sich für eine Besiedlung eigneten. So konnte unter Maria Theresia auch das Batscherland in die deutsche Besiedlung einbezogen werden. Am Werke der Ansiedlung der Deutschen unter Maria Theresia waren von Amts wegen zwei Männer hervorragend beteiligt: Grassalkovich und Cothmann. Besonders Kameralrat Anton von Cothmann erwarb sich um die Ansiedlung der Deutschen im Batschgau unvergängliche Verdienste.

Anton von Cothmann gewann als Kameralrat entscheidenden Einfluß auf den Verlauf und die Gestaltung der Ansiedlung. Er bereiste die Kameral-Dominien im Batscher Distrikt, um an Ort und Stelle die Verhältnisse kennenzulernen, mit denen bei der Ansiedlung gerechnet werden mußte. Er schrieb nach dieser Reise einen ausführlichen Bericht über den Zustand und die Bedürfnisse des Gebietes, worin er die Notwendigkeit einer erfolgreichen Besiedlung darlegte. Sein Werk sind die meisten in dieser Zeit entstandenen großen deutschen Gemeinden (Filipsdorf, Sonnhofen-St. Ivan, Schönau-Gajdobra, Gaumarkt-Gakovo, Kornau-Krnjaja, Wolfingen-Karavukovo, Birndorf-Kruschewlje, Ringdorf-Kolut).

Cothmann war den Ansiedlern ein vorbildlicher Berater. Er sorgte für alle ihre Bedürfnisse, auch für ihre geistig-seelische Betreuung. In allen Gemeinden ließ er Kirchen und Schulen erbauen und versah sie mit Pfarrern und Lehrern. Für ihre leibliche Gesundheit sorgte er durch Errichtung von Spitälern.

Mit besonderer Umsicht kümmerte er sich um alle Vorbereitungen bei Neusiedlungen. Nichts entging seiner um das Wohl der Ansiedler besorgten Aufmerksamkeit. Die neuangekommenen Siedler wurden in schon bevölkerten Orten untergebracht, bis einige Häuser auf Kameralkosten fertiggestellt waren. Er veranlaßte, daß die Ansiedler die notwendigen Werkzeuge bekamen. Daneben versorgte er sie auch auf längere Zeit mit Brot, Mehl und Fleisch. Sobald es erforderlich war, ließ er von den alten Einwohnern auch einen Teil der Grundstücke für Neueinwanderer aufackern.

Er sorgte für einen guten Absatz der landwirtschaftlichen Erzeugnisse, für die Hebung des Handwerks und sogar für die Industrie.

Solche um das Wohl der Donauschwaben besorgte Männer fehlten später allzu sehr. Gerade deshalb sei Leistung und Hilfe Anton von Cothmanns für die Donauschwaben festgehalten.

Mit dem Jahre 1773 wurde die Besiedlung auf Staatskosten eingestellt. Auf eigene Kosten kamen in bescheidenem Umfang noch vereinzelt deutsche Einwanderer nach Ungarn.

Als ein besonderes Merkmal der bisherigen staatlichen Ansiedlung der zwei großen Schwabenzüge verdient vermerkt zu werden, daß sie nur Ansiedler katholischen Glaubens zur Einwanderung zuließ. Protestanten mußten vor der Ansiedlung auf staatlichen Gütern zum katholischen Glauben übertreten. Das ist tatsächlich auch oft geschehen. Nicht selten können deshalb katholische Donauschwaben in ihren Abstammungsgemeinden in Deutschland auf protestantische Vorfahren zurückblicken.

Der zweite große Schwabenzug führte eine Ausweitung und Stärkung der donauschwäbischen Siedlungen herbei. Er nahm einen ungestörten Verlauf. Das Aufbauwerk wurde diesmal von äußeren Feinden nicht behelligt. Die Türken blieben in diesem Zeitraum ruhig und wagten keinen Vorstoß. Viel zu schaffen machte jedoch den Kolonisten des zweiten großen Schwabenzuges der innere Feind des Landes: die Wildnis, die Pest, das Sumpffieber, das Grundwasser, die Überschwemmungen. Der Wille der deutschen Ansiedler war aber nicht zu brechen. Mit Fleiß, Zähigkeit und Tüchtigkeit vollbrachten sie ein Aufbauwerk und eine Kulturleistung zum Wohle des Landes und Staates. In kurzer Zeit deckten sie die Auslagen ab, die der Staat durch die Ansiedlung auf sich nehmen mußte.

Der dritte große Schwabenzug. Die dritte große Masseneinwanderung der Deutschen nach Ungarn erfolgte während der Regierung Kaiser Josefs II. in den Jahren 1782–1787.

Kaiser Josef II., der Deutsche (1780-1790). Nach dem Tode seines Vaters wurde Josef Mitregent seiner Mutter, der Kaiserin Maria Theresia. So fand er schon lange vor Regierungsantritt Zugang zu den vordringlichsten Aufgaben des Staates. Josef war ein Fürst von großen Fähigkeiten und vielseitiger Begabung. Der Aufklärung und dem Fortschritt sehr zugetan, sah er seine höchste Aufgabe darin, das Wohl des Volkes und den Fortschritt des Landes zu fördern. In der dichten Besiedlung des Landes sah er eine Hauptbedingung des Gedeihens und der Stärke des Staates. Als er Kaiser wurde, widmete er seine ganze Aufmerksamkeit der Besiedlung entvölkerter Gebiete. In seinem Drange, den Staat nach fortschrittlichen Ideen umzubauen, ging er zu ungestüm voran. Alte Gesetze und Regierungsformen, die die Einheit und den Fortschritt des Staates hemmten, schaffte er ab. Den Staat teilte er in Provinzen mit gleichen Rechten und gleicher Verwaltung ein. Er hob die Leibeigenschaft auf und verkündete die Religionsfreiheit. Deutsch als die Sprache der Beamten, der Verwaltung, des Militärs löste Latein als Staatssprache ab. Deutsche Dichtung und Musik wurden in Wien besonders gepflegt. Darum erhielt Josef II. schon zu seinen Lebzeiten mit Recht den Ehrennamen „der Deutsche". Josef II. beglückte auf friedlichem Wege sein Land und seine Völker mit Errungenschaften, die dann erst duch blutige Revolutionen den Regierungsgewalten später abgetrotzt werden konnten. Doch seine Zeit und seine Völker verstanden ihn nicht. Die Widerstände gegen die Maßnahmen seiner Regierung wurden immer stärker. Auf dem Sterbebette mußte er fast alle seine Reformen zurückziehen. Nur das Gesetz über die Religionsfreiheit blieb auch weiterhin in Kraft.

An der Ansiedlung im Zuge des dritten Schwabenzuges unter Josef II. waren alle Siedlungsgebiete der Donauschwaben mehr oder weniger beteiligt. Neue Ortschaften wurden gegründet und bestehende erweitert. Kaiser Josef selbst zeigte reges Interesse am Verlauf und Gedeihen der Ansiedlungen. Als einfacher Mann verkleidet, besuchte er die Siedlungsgebiete. Unerkannt und unauffällig ließ er sich über die Sorgen und Nöte berichten und ordnete Maßnahmen zu ihrer Beseitigung an. Das Eingreifen des

Kaisers bewirkte bei der Ansiedlung die Beachtung modernster Bedingungen. Man hatte von früher viel gelernt. Um ein besseres Fortkommen in der neuen Heimat zu ermöglichen, wurde jetzt vorgeschrieben, was übrigens auch schon früher ein ungeschriebenes Gesetz war, daß die Ansiedler ein bestimmtes Mindestvermögen mitbringen müssen. Dies wurde auch deswegen Vorschrift, weil ja der notwendigste Bedarf an Menschen schon gedeckt war. Es konnte deshalb während des dritten Schwabenzuges bereits eine Auslese nach bestimmten Gesichtspunkten vorgenommen werden, ohne daß der Erfolg der Besiedlung dadurch ausgeblieben wäre. Es fiel diesmal auch die Schranke, daß nur Katholiken angesiedelt werden dürfen. Zahlreiche Protestanten ließen sich im Batscher Distrikt und in anderen Siedlungsgebieten nieder.

Johann Eimann (1764-1847) beschrieb in seinem Büchlein „Der deutsche Kolonist" die Ansiedlung des Batscherlandes von 1783 bis 1787. Er wanderte selbst aus dem kurpfälzischen Duchroth bei Kreuznach nach Neusiwatz im Batscherland ein und war hier Lehrer und Notar. Sein Büchlein ist wegen seiner vielen Einzelheiten und statistischen Angaben über das Leben der Batschgauer deutschen Kolonisten von unschätzbarem Wert für die donauschwäbische Siedlungsgeschichte. Seine Nachkommen hatten bis zum 1. Weltkrieg das Notaramt in Neusiwatz/Eimannsruh inne.

Beendigung der Ansiedlung. Amtlich wurde die Ansiedlung am 13. Dezember 1787 eingestellt, da keine unbesetzten Kameralgüter mehr vorhanden waren. Nach dem Tode Kaiser Josefs II. war die Einwanderung aus Deutschland und damit die Landnahme der Donauschwaben im großen und ganzen beendigt. Die Lücken in der Bevölkerung wurden später teils durch Übersiedlungen aus anderen Teilen des Landes, teils durch kleinere Zuwanderungen von auswärts beseitigt. Kriegsnöte und die dadurch bedingte Teuerung in deutschen Landen trieben immer wieder deutsche Auswanderer auch nach Ungarn.

Im Jahre 1829 erfolgte an alle Länderchefs die verschärfte Weisung, künftig keine deutschen Zuwanderer über die Grenzen der österreichischen Monarchie zu lassen, wenn sie nicht ein Vermögen von 500 fl in klingender Münze ausweisen können. Damit nahm für Ungarn, und für den Donauraum überhaupt, die deutsche Einwanderung in größeren Massen ein Ende. Die Landnahme der Donauschwaben war damit abgeschlossen. Es entwickelte sich jetzt mit der Zeit eine kräftige Binnenwanderung in nächstgelegene Gebiete. Die Donauschwaben vermehrten ihre Siedlungen in Syrmien, Slawonien, Kroatien, Bosnien usw. und vergrößerten so ihren Bevölkerungsanteil. Bald lockte auch das Land der unbegrenzten Möglichkeiten über dem Meere.

Auf dem Gebiete der Militärgrenze gab es auch weiterhin noch Ansiedlungen auf Staatskosten. Wohl als die letzte Ansiedlung von Deutschen aus dem geschlossenen deutschen Siedlungsgebiete kann die Gründung von deutschen Siedlungen in Bosnien bezeichnet werden. Dazu kam es nach der Okkupation dieses Gebietes im Jahre 1878 durch Österreich.

In der gleichen Zeit, da sich die Vorfahren der Donauschwaben von ihrem Mutterlande trennten, um im Donauland eine neue Heimat zu begründen, wanderten zahlreiche deutsche Auswanderer auch nach Nordamerika und Rußland. Diese deutschen Zuwanderer bemühten sich gleichfalls um den Aufbau eines neuen Lebens und, in einer andersnationalen Umgebung, um die Bewahrung ihres deutschen Volkstums. Immer dann, wenn sie in geschlossenen Bauernsiedlungen, mit Seelsorge und Unterricht in der Muttersprache versehen, sich eine neue Heimat begründeten, behaupteten sie ihr deutsches Volkstum bis in die Gegenwart.

Die Ursachen der Auswanderung. Die Enge des Raumes und die Dichte der Bevölkerung in den südwestdeutschen Ländern gaben den Anlaß zur Auswanderung. Die meisten Vorfahren der Donauschwaben kamen aus Südwestdeutschland (Elsaß, Lothringen, Baden, Pfalz, Württemberg, Bayern, fränkische Gebiete, Österreich u. a.). Durch die Auswanderung eröffnete sich den Fortziehenden eine Besserung ihrer wirtschaftlichen und sozialen Verhältnisse und die Aussicht, als freie Bauern mitzuhelfen an der Erschließung zurückgebliebener Gebiete. Dazu kamen noch die vom Kaiser gewährten Begünstigungen und Vorteile, die, von geschickten Werbern in deutschen Landen verbreitet, Anreiz und Wirkung nicht verfehlten. Nach Ungarn zu ziehen, mußte den Wanderlustigen auch deshalb leichter fallen, weil sie im eigentlichen Sinne des Wortes ja gar nicht auswanderten. Sie blieben im selben Staatsgebilde, unter der Herrschaft des gleichen Kaisers; sie zogen nur von der Südwestgrenze des Reiches an die Südostgrenze. Von ihren neuen Herren wurden sie gerufen und aus deutschen Landen mußten sie manchmal heimlich wegziehen, weil die Auswanderungsbewilligung nicht erteilt wurde. Den Weg in die neue Heimat wies ihnen die Natur. Entlang der Donau wanderten sie in die neue Heimat. In der Hauptsache benützten sie die damaligen Donauschiffe, die „Ulmer Schachteln“ und die „Kelheimer Plätten“.

Die Vorbereitung und Durchführung der Ansiedlung. Die Planmäßigkeit und Großzügigkeit der Ansiedlung ist erstaunlich. Die Dorfanlage und Flurverteilung waren bei Ankunft der Ansiedler gründlich vorbereitet. Gestampfte Häuser standen schon zum Teil, Brunnen waren gegraben. Auch Schule, Kirche und Herrschaftswirtshaus wurden errichtet und versorgt. Die Einwanderer erhielten Werkzeuge, Samen, Lebensmittel und Vieh, um sogleich mit der Arbeit beginnen zu können.

Zu diesen günstigen Bedingungen eines neuen Beginnens kamen dann die von den Einwanderern mitgebrachten Werte. Sie verpflanzten deutsches Leben aus fortschrittlichen Gebieten in ein verwahrlostes, zurückgebliebenes Land. Die deutschen Sitten und Gebräuche, die deutschen Trachten und Lieder, die deutsche Mundart und Lebensauffassung waren Ausdruck ihres deutschen Volkstums. Auch was sie an Hausrat, Werkzeug, Büchern usw. mitbrachten, festigte ihre Art, erhöhte ihre Leistungsfähigkeit und befruchtete ihre Umgebung. Damit aber wurden sie zu Vermittlern einer fortschrittlichen Kultur. Als Mangel in der Begründung einer neuen Existenz hat sich später das Fehlen einer eigenen übergemeindlichen politischen Rechtsstellung erwiesen: dem Kolonistenstamm der Donauschwaben fehlte der politische Raum, der seine Kräfte und Fähigkeiten für die Behauptung als Gemeinschaft entwickelt, *der ihm die erforderliche eigene Führungsschicht erhalten hätte.*

Die Herrschaft in der neuen Heimat. Die Donauschwaben wurden in der neuen Heimat persönlich frei. Ihren zugeteilten Besitz an Haus und Hof erhielten sie auf ewige

Zeiten in Erbpacht. Der oberste Eigentümer ihres Besitzes blieben die Grundherrschaft. Ungarische und im Lande begüterte deutsche Adelige als Grundbesitzer hatten zahlreiche donauschwäbische Gemeinden in der „Schwäbischen Türkei", im Schildgebirge, im Buchenwald, im Ofner Bergland, in Sathmar und in Syrmien-Slawonien angesiedelt. Das war die Privatherrschaft. In Batscher Distrikt, im Banat und um Arad war die Hofkammer, in der Militärgrenze der Hofkriegsrat die staatliche Herrschaft. Die Grundherrschaft war oberster Besitzer des Grundes, Steueramt und Verwaltungsbehörde. Die Herrschaft hatte in den schwäbischen Gemeinden Äcker und Wiesen, die von den Ortsbewohnern bearbeitet werden mußten. Das war die Robot, die in Hand- und Zugdienst bestand, die jeder Einwohner nach seinem Besitz ableisten mußte. Dazu kamen dann noch die Abgaben, die einen bestimmten Bruchteil der Bodenerträge umfaßten. Die Revolution im Jahre 1848 hob die Grundherrschaft in der bisherigen Form auf. Die Verwaltungsbefugnisse der Herrschaft wurden in die veränderte Staats-, Komitats-, Bezirks- und Gemeindeorganisation eingebaut.

Ergebnisse der Ansiedlung

Ergebnisse und Auswirkungen der Ansiedlung der Donauschwaben. Nach Abschluß der Ansiedlung war Ungarn wieder ein bevölkertes Land geworden. Neue Städte und Ortschaften waren entstanden, verlassene wieder besiedelt. Wirtschaft und Handel blühten auf, das Land bekam ein anderes Gesicht. Wo sich früher Wüste und Wildnis, Sümpfe und Moräste ausdehnten, entstand jetzt, durch die Arbeit der angesiedelten deutschen und anderer Zuwanderer, die mit ihnen oder später gekommen waren, die Kornkammer Mitteleuropas.

Das zahlenmäßige Ergebnis der Einwanderung. Anders als bei der Landnahme der Madjaren, aber ähnlich wie bei den Serben, zog sich die Einwanderung der Deutschen über ein Jahrhundert hin. Weil die Einwanderung neben staatlicher auch privater Initiative entsprang, ist eine zahlenmäßige Erfassung der deutschen Siedler nur sehr schwer möglich. Am ehesten lassen sich noch Angaben über den zahlenmäßigen Umfang der staatlichen Siedlung machen, da es darüber Unterlagen gibt. Bei der privaten Siedlung sind wir weitgehend auf Schätzungen angewiesen. Aufgrund vorhandener Angaben kann für die donauschwäbischen Hauptsiedlungsgebiete folgende *zahlenmäßige Übersicht* der deutschen Einwanderer aufgestellt werden:

Siedlungsgebiet	Staatliche Siedler	Private Siedler
1. Mittelgebirgsgau im Donauknie	15 000	20 000
2. Schwäbische Türkei	5 000	25 000
3. Syrmien-Slawonien	5 000	10 000
4. Sathmar-Theißgebiet	2 000	5 000
5. Batscherland/Batschgau	30 000	5 000
6. Banat	73 000	10 000

Die rund 200 000 deutschen Einwanderer, die in den sechs donauschwäbischen Hauptsiedlungsgebieten in mehr als 1 000 deutschen Städten, Märkten und Gemeinden auf staatlichen und privaten Gütern ihre Aufbauarbeit leisteten, führten dem bevölkerungsarmen Ungarn auch rein zahlenmäßig eine ansehnliche Menschengruppe zu, die sich infolge ihrer Qualität und räumlichen Verbreitung auf die wirtschaftliche, soziale und kulturelle Entwicklung, aber auch bevölkerungs- und staatspolitisch entscheidend auswirkte.

Die Bauernbefreiung. Die Habsburger erstrebten eine moderne Umgestaltung ihres Gesamtstaates, in die auch Ungarn einbezogen werden sollte. Während die Umgestaltung in den übrigen Erbländern erreicht wurde, blieb sie infolge des rückständigen Verhaltens des Adels in Ungarn im Ansatz stecken. Der Adel widersetzte sich der Bauernbefreiung und war auch nicht bereit, seine Steuerfreiheit im Interesse der Allgemeinheit einschränken zu lassen. Der ungarische Historiker Julius *Szekfü* kennzeichnet diesen Sachverhalt so: „Jetzt hat es sich zum ersten Male gezeigt, daß das einstige Rückgrat der Nation, der Adel, nicht mehr identisch ist mit der Nation; was für ihn vorteilhaft ist, kann der Nation schädlich sein und umgekehrt. Im Zusammenhang mit den Besiedlungsmaßnahmen legte die Herrscherin ein umfassendes Programm zur Entwicklung der Landwirtschaft und der gewerblich-industriellen Produktion dem ungarischen Landtag vor. Es sah die Bauernbefreiung und die Beteiligung des Adels an den Staatsausgaben vor. Als der Adel diese Vorschläge ablehnte, versuchte Maria Theresia die Vorschläge ohne die Zustimmung des Landtages durchzusetzen. Die Bauernbefreiung wurde im Rahmen der Siedlungstätigkeit auf den Kameralgütern und durch die Einführung des Urbariums so durchgeführt, daß sie nicht ohne Auswirkungen auf das Verhältnis der Grundherren zu ihren leibeigenen Bauern oder Untertanen bleiben konnte.

Wirtschaftliche Auswirkungen. Als Ergebnis der Ansiedlung der Donauschwaben kann wirtschaftlich gesehen vor allem die Steigerung der landwirtschaftlichen und gewerblich-industriellen Produktion und die Vermehrung der Staatseinnahmen betrachtet werden. Die Regelung der Besitzverhältnisse ließ in den befreiten Gebieten neue Grundherren entstehen, die der wirtschaftlichen Reformpolitik zugänglich waren. Die deutschen Siedler aber stellten das neue Bauerntum und Bürgertum dar, das die Regierung zur Durchführung ihrer Wirtschaftsreformen benötigte. Den neuen Bauern ist der Übergang von der ungeordneten Feldgraswirtschaft zu einer geordneten Dreifelderwirtschaft, von einer Viehwirtschaft mit halbwilden Herden auf sumpfigem Steppenboden zu einem modernen Ackerbau zu verdanken. Die Intensivierung der Agrarwirtschaft infolge Einbürgerung neuer Nutzpflanzen (Kartoffeln, Futterpflanzen, Mais, Hanf, Tabak) verlieh der Landwirtschaft einen bemerkenswerten Aufschwung. Die Gewinnung neuen Ackerbodens verringerte zum Teil die bisherigen Weideplätze, wodurch die extensive Viehzucht zurückging. Im Batschgau bearbeiteten die 30 000 Slawen zu Beginn des 18. Jahrhunderts nur 0,45 % der Gesamtfläche als Ackerboden, im Jahre 1853 hatte sich dieser Anteil des Ackerlandes auf 51,40 %, also auf das Hundertzehnfache der Gesamtfläche erhöht. Die Bevölkerung stieg in dieser Zeit nur auf das Zwanzigfache.

Für den Wiederaufbau der Städte war die Besiedlung durch deutsche Bürger von entscheidender Bedeutung. Die Siedlungstätigkeit und die damit verbundene Seßhaftmachung der Donauschwaben waren eine der wirtschafts- und staatspolitischen Maßnahmen des aufgeklärten Absolutismus, mit denen in Ungarn ein mächtiger Anstoß zur modernen Umgestaltung des durch den Adel niedergehaltenen Landes ausgelöst wurde.

Bevölkerungs- und staatspolitisch trug die Ansiedlung der Donauschwaben zur Entwicklung Ungarns dadurch bei, daß durch sie in ihren Hauptsiedlungsgebieten polyethnische Mischgebiete entstanden, die die räumlich-ethnische Vereinigung der West- und Südslawen unterbrachen. Damit aber wurde die weitere Balkanisierung und Versteppung der pannonischen Landschaften aufgehalten. Nicht zuletzt hat die Ansiedlung das Entstehen des deutschen Neustammes, der Donauschwaben, zur Folge, der, ohne eigene staatliche Ambitionen ein aufbauendes Element der übernationalen Monarchie, nach deren Ende aber jeder auf Gleichberechtigung zielenden staatlichen Ordnung, darstellte.

Die Herkunft der Donauschwaben. Auch wenn Herkunft und Urheimat jeder donauschwäbischen Familie noch nicht restlos geklärt sind, so kann doch über ihre Abstammung im allgemeinen Genaueres gesagt werden, als über den Urspung anderer deutscher Stämme oder jedes anderen Volkes im Donau-Karpatenland. Tausende donauschwäbische Familien wissen den Herkunftsort ihres Auswandererahnen, und viele sind dabei, diese Frage zu klären. Genaue Angaben über stammesmäßige Herkunft oder Aufgliederung der Donauschwaben lassen sich nicht ermitteln, da eine diesbezügliche Erfassung der Siedler niemals erfolgte. Unter Berücksichtigung der Ergebnisse der donauschwäbischen Mundart- und Herkunftsforschung läßt sich die Feststellung treffen: ein Drittel ist fränkischer (pfälzischer), ein Drittel bairischer (österreichischer, sudetendeutscher) und ein Viertel ist schwäbischer (elsässischer, badensischer) Herkunft; die restlichen 8 v. H. entfallen auf andere deutsche Stämme und auf Andersnationale (Italiener, Franzosen, Spanier, Südostvölker). Der Anteil der in den Donauschwaben aufgegangenen Andersnationalen ist geringfügig.

Als Ergebnis der donauschwäbischen Herkunftsforschung läßt sich erkennen, daß die Einwandererlisten durchaus nicht als Listen der Ahnen der heutigen Donauschwaben zu bewerten sind. Diese Ansiedlerlisten geben ein verzerrtes Bild von der stammesmäßigen Zusammensetzung des heutigen Donauschwabentums. Die Familien der ersten Einwanderer sind vielerorts völlig, überall zum großen Teil wieder verschwunden. Dafür vermehrte sich der Nachwuchs der lebenskräftigen Familien um so stärker „... Das Schwabenvolk geht also infolge eines Ausleseprozesses größten Ausmaßes auf eine verhältnismäßig geringe Zahl besonders lebenstüchtiger Ahnen zurück, die nur einen Bruchteil der gesamten Einwandererzahl darstellen"*) Im *Apatiner Familienregisterband (1986)* sind 42 586 Stammkarteiblätter mit 5 592 Namen erfaßt worden. Eine Analyse der Namen ergibt, daß die größere Hälfte der Namen (3359), die allerdings nur 5,9 % Familienkarten vertreten, nur einmal auftaucht, daß sich darunter aber die überwiegende Mehrzahl der fremdsprachigen Namen befindet. In der kleineren Hälfte der Namen läßt sich eine kleine Zahl von Namen feststellen, die sehr häufig auftreten und

*) Nach Konrad Schünemann

gerade deshalb einen hohen Anteil der Familienkarten beanspruchen. Von 100 am häufigsten auftretenden Namen, die nur 1,8 % der Namen ausmachen, werden 14 612 Familienkarten oder 34 %, also mehr als ein Drittel erfaßt. Die 20 am häufigsten und typischen Apatiner Namen erfassen mit 0,35 % der Namen 5 000 Familienkarten (12 %). Wie sich aus den Angaben und der Analyse der Herkunft der Apatiner, wie auch der meisten donauschwäbischen Siedler ergibt, stellen die Einwanderer eine Auslese und Mischung aus verschiedensten Gemeinden und Landschaften dar. Es hat sich im Donauschwäbischen im Laufe seiner Entwicklung eine gesamtdeutsche Integration abgespielt, die einen neuen deutschen Volksstamm entstehen ließ, der unter dem Namen Donauschwaben präsentiert wird, der sich wegen seiner gesamtdeutschen substanziellen Mischung unter diesem Namen aber keineswegs allein einem binnendeutschen Stamm zuordnen läßt.

Eine eigenartige Stammeslandschaft entsteht – Landschaftsnamen. 'Der donauschwäbische Stammesraum stellt sich uns als eine Siedlungslandschaft dar, der sich trotz mancher Gleichartigkeit recht deutlich von seiner Umgebung abhebt und damit die Sonderart dieses Volksgebietes zum Ausdruck bringt. In Anpassung an die natürlichen Gegebenheiten des Landschaftsraumes ist es hier an der mittleren Donau zur Entwicklung einer Siedlungs- und Wirtschaftsweise gekommen, die wohl Anregungen aus der binnendeutschen Heimat mitbrachte, aber einen eigenen Weiterausbau erfuhr. Dadurch konnte nicht nur eine eigenständige deutsche Stammeslandschaft geformt, sondern auch neue deutsche Kulturformen weitgehend an die Umwelt übertragen werden' (E. Lendl).

Das Bild der Landschaft wird äußerlich bestimmt durch den Naturzustand, es wird geprägt durch die vom Menschen geschaffenen Anlagen des Wohn- und Siedlungswesens in Dorf und Stadt, es wird aber dem Menschen nicht minder vertraut durch die sprachliche Erschließung und Kennzeichnung. Es ist das Bestreben der staatlichen Verwaltung, die landschaftlichen Benennungen in der Amtssprache festzulegen, anderssprachige Benennungen aber zu übersetzen oder zu ersetzen. Die *Donau* ist keltisch, das Wort „dana uwe" bedeutet „schnelles Wasser". Diesen Namen finden wir angepaßt von allen späteren Völkern übernommen. Pannonien erhielt seinen Namen nach dem illyrischen Stamm der Pannones. *Syrmien* geht auf den römischen Stadtnamen Sirmium zurück, der eigentlich von dem keltischen Fürsten Sirmus stammen soll. Eine römische Bezeichnung ist *Tauriscien,* das Land des Tauriskerstammes. Taurus bedeutet lateinisch Rohrdommel, Taurunum ist die Stadt, in der das Volk der Rohrdommel, des Sumpfes wohnt, so wie Temeschburg bei Behaim und in Wiener Chroniken Dommespurge, Tümmelburg genannt wird. Der römische Name von Werschetz, *Cannonia,* der von Canna (Schilf, Rohr) kommt, nimmt Bezug auf das gewaltige Sumpfgebiet, das sich hier ausbreitet. Auch der Name der Stadt *Singidunum* (Belgrad), der Glucksen des Wassers bedeutet, weist darauf hin. Die Taurier, die zusammen mit den Skordiskern und Bastarnen einen großen Volksstamm bildeten, nannten sich selbst *Bathanaten.* Bathanatia ist germanisch dasselbe wie Tauriscia: Sumpfland. Mit diesem Wort verwandt ist baden, auch Bad. Der Herr von Bathanatia, gekürzt Banatia, war der Fürst Bathanatius, Bathan, Ban, der Fürst der Sumpfbewohner. Als ein Teil der Donau-Germanen nach Westen abzog (Bayern und Taurier), nahmen Goten und Gepiden ihre Plätze in Bathanatia ein, von denen dann die Awaren den Banus-Ausdruck übernahmen. Awarenflüchtlinge aber vermittelten ihn an die Kroaten. Aus der Römerzeit wurden die meisten Namen von Städten und Siedlungen überliefert, die dann von den nachfolgenden Völkern übernommen, umgeformt oder verändert wurden. Aber auch die Germanenzeit hinterließ ihre sprachlichen Spuren: die Bezeichnung *Dürrental* (Torontal) und *Beege* (Begej) geht auf sie zurück. Ebenso ist Plattensee/Balaton indogermanisch. Nachwirkungen hinterließ auch die Frankenzeit, in der ja bereits eine durchgegliederte kirchliche und staatliche Organisation funktionierte. Ödenburg, Fünfkirchen, Frankenstadt (Baja), Frankavilla (Semlin), das syrmische Frankengebirge (Fruschka gora), aber auch Baldrichsburg (Bodrogvár), Kolotschau (Kalocsa) und Batschburg (Bácsvár) gehen auf die Frankenzeit zurück. In früheren Zeiten bezeichnete man die Siedlungen oft mit den Namen der dort wohnenden führenden Personen, später nach dem Namen des Grundherren oder seines Schutzpatrons. Bei dem Aufbau des von der syrmischen Frankenau in Besitz genommenen *Batscherlandes* war Friaul unter den Herzogen Erich, Chadalhoch, nochmals Chadalhoch und Balderich, zuständig. So läßt sich Bodrog auf den Besitzernamen Balderich, Kolotschau auf Chadalhoch und Batschburg auf einen Batucho zurückführen.

Ein allgemeiner Landschaftsbegriff ist Pußta. Das Wort ist eigentlich slawischen Ursprungs und bedeutet Ödnis, Wüste, Heide, Heideland. Wir finden das Wort in der Benennung „Banater Schwäbische Heide“ oder „Batscher Heideland“.

Beim Aufbau des ungarischen Staates wurden zahlreiche deutsche Helfer in allen Teilen des Landes eingesetzt. Sie sind als Gründer und Namensgeber von Komitatsvororten zu finden, wo sie im Auftrage des Königs Komitate gründeten und verwalteten oder Burgen erbauten. Solche Familien erschienen auch in allen späteren donauschwäbischen Siedlungsgebieten: in Transdanubien und Syrmien, im Batschgau und Banat (die Familien Gut-Keled, Maroth, Wolfer, Hedrich, Both oder Pot).

Mit der Neubesiedlung und dem Neuaufbau wüster Landstriche durch deutsche Siedler wurden zahlreiche neue erdkundliche Benennungen eingeführt, bisherige sprachlich angepaßt und übernommen. Während die übernationale Verwaltung der Habsburgermonarchie die bisherigen Benennungen weitgehend bestehen ließ, gingen die Südostvölker, sobald sie über Staatsgewalt verfügten, darauf aus, alle Landschafts-, Orts- und Straßennamen, sogar die Flurnamen zu nationalisieren. Seither legen auch die Donauschwaben aus einem gestärkten Heimat- und Selbstbewußtsein Wert auf eigensprachliche Benennungen, ohne deswegen die amtlichen abzulehnen. (Nach Leo *Hoffmann*).

6. Das Leben der Donauschwaben in der neuen Heimat

Die Ausbreitung. Auf die Zeit der Befreiung und Ansiedlung folgt für die Donauschwaben ein Jahrhundert der Ausbreitung. Mit aller Kraft verlegten sie sich auf die Bewältigung der in der neuen Heimat auf sie harrenden Aufgaben. Die Urbarmachung und Kultivierung des Bodens erforderte vollen Einsatz und äußerste Anspannung. Der Bedarf an menschlicher Arbeitskraft war groß. Damit ist die erstaunliche Vermehrung und Ausdehnung der Donauschwaben zu erklären. Bald wohnten in den donauschwäbischen Gemeinden fünf- bis sechsmal so viel Familien wie gleich nach der Ansiedlung. Dazu hat dann noch jede Gemeinde zahlreiche deutsche Familien abgegeben an andere Gemeinden und Gebiete (Syrmien, Slawonien). Seit der Ansiedlung bis Ende des 19. Jahrhunderts vermehrten sich die Donauschwaben auf mehr als das Zehnfache.

Wirtschaftlich-soziale Verhältnisse. Nach der Verdrängung der Türken kam es im Donauraum zu einem wirtschaftlich-kulturellen Aufbauwerk, das die Erschließung des befreiten Landes und seiner Bodenschätze sowie die Zuordnung dieser immer vom Osten her bedrohten Gebiete zur europäischen Lebens- und Kulturgemeinschaft herbeiführte. Die nach der Befreiung äußerst extensive wirtschaftliche Nutzung des pannonischen Tieflandes durch die spärlichen madjarischen Bauern und zugewanderten, noch wenig seßhaften slawischen und rumänischen Wanderhirten, sollte durch eine intensive Landwirtschaft der angesiedelten deutschen Bauern abgelöst werden.

Für die donauschwäbische Entwicklung ist in der neuen Heimat die wirtschaftliche Kraft und soziale Schichtung der deutschen Siedler von entscheidender Bedeutung geworden. Was die einzelne Familie als Grundlage ihrer materiellen Existenz von der staatlichen und privaten Herrschaft zu erhalten hatte, war in den Ansiedlungspatenten verkündet worden. Das darin Festgelegte diente nicht nur den kameralischen Siedlungsbehörden, sondern auch den privaten Grundherren als Richtschnur. In entsprechenden Bestimmungen sind die gewährten Zugeständnisse 1772 in der „Impopulations-Haupt-Instruktion" zusammengefaßt worden, die alle Einzelheiten der Ausstattung der deutschen Siedler, ihre Rechte und Pflichten sowie die Art der Errichtung und die Ausstattung der Siedlungen staatlicherseits festlegte.

In der „Instruktion" heißt es über die Ausstattung der Siedler: „Da nicht alle Haushaltungen gleiche Größe und Kräfte haben, so kann auch nicht eine jede einen ganzen Bauernhof von 37 Joch benützen, weswegen dann die Gründe eines jeden Dorfes in ganze, halbe und nach Umständen auch in viertel Bauernhöfe abgeteilt werden. Jedoch sollen in einem Dorf nicht weniger als ein Drittel, aber auch nicht mehr als die Hälfte ganze, der übrige Teil hingegen halbe Bauernhöfe angetragen werden. Bei dieser Abteilung ist aber nicht glatterdings die Zahl 37 Joch in zwei oder vier Teile zu zerteilen, sondern auf einen halben Bauernhof 21 und auf einen viertel Hof 13 Joch zu nehmen, und zwar folgendermaßen:

	Ackerland	Wiese	Weide	Hausgrund
Auf einen ganzen Hof	24 Joch	6 Joch	6 Joch	1 Joch
Auf einen halben Hof	12 Joch	4 Joch	4 Joch	1 Joch
Auf einen viertel Hof	6 Joch	3 Joch	3 Joch	1 Joch

Bei Abteilung dieser Gründe muß etwas unausgeteilt zurückbehalten und darauf gedacht werden, daß außer den Gründen für die Bauern noch ein Stück Wiese und Weide für das nötige Vieh des Pfarrers und Schulmeisters, der Distriktbeamten – wenn einige da sind –, des Wirts, Fleischhackers und einiger anderer Handwerksleute übrig bleiben muß... Es ist zu sorgen, daß in jedem Ort die für die Bauern erforderlichen Handwerksleute, aber nicht in allzu großer Anzahl, angesiedelt werden."

Aus den deutschen Bauern und Bürgern ist in Ungarn nicht sogleich eine gegliederte deutsche Volksgruppe oder Nationalität mit eigenen Rechten, Aufgaben und Institutionen geworden, wie sie die unter die Herrschaft des Kaisers geflüchteten Serben von Anfang an darstellten. Dazu fehlte den Deutschen ein ausreichender Gemeinschaftsbesitz, es fehlten ihnen gemeinsame Organe, Einrichtungen und Vertreter, die es ihnen ermöglicht hätten, aus eigener Kraft sich aus dem Sozialstand einer ländlich aufgebauten Gesellschaft weiterzuentwickeln.

Donauschwabentum bedeutet vor allem *„Bauerntum in geschlossenen Dörfern".* Seine wirtschaftlich-soziale Stärke verdankt es dem Übergewicht lebensfähiger deutscher Mehrheitsgemeinden, die ein autarkes Leben zu gestalten in der Lage waren. Im Vergleich zur Lage der ungarischen Bauern vor und nach der Ansiedlung der Deutschen läßt sich sagen, daß bei diesen *„alles leibeigen und so beschaffen ist, daß ein Deutscher so nicht zu leben vermag".* Im Impopulationspatent aus dem Jahre 1689 heißt es dagegen, daß deutsche Siedler „weder erbuntertänige noch leibeigene, sondern freie Untertanen sein und bleiben sollten".

Kaiser Joseph II. hinter dem Pflug. Da er die Vorrechte des Adels beschneiden wollte, begeisterte sich auch das ungarische Landvolk für ihn

Die zugesicherten Bestimmungen und Begünstigungen wurden bei der Gründung der Kameralgemeinden beachtet. Den Bauern wurde der Boden in Erbpacht zugeteilt, sie waren freizügig und standen in einem unmittelbaren Untertanenverhältnis zur staatlichen Herrschaft. Die Agrarverfassung dieser deutschen Gemeinden beruhte auf dem „Urbarium“. Es enthielt die Bestimmungen über die Leitung der Gemeinden, über Rechte und Pflichten ihrer Funktionsträger. Die Gemeinde hatte ihr Gemeindehaus und ihre Gemeindefelder von der Herrschaft, in deren Auftrag sie ihre Funktion erfüllte. Außerdem legte das Urbarium die Größe der Sessionen (Bauerngüter) sowie die Rechte und Pflichten der Untertanen fest, wodurch sie vor der Willkür der Grundherren geschützt sein sollten. In ihm war auch die besitzrechtliche Realität des *Bauernfeldes* verankert, das durch den Grundherrn nicht mehr zu eigenen Zwecken verwendet werden konnte. In Ungarn hat es vorher nur das „adelige Gut“ gegeben, auf dem der Hörige um Lohn arbeitete. Für das wirtschaftliche Zusammenwachsen donauschwäbischer Dörfer zu lebenskräftigen Gemeinschaften wurden *Flurzwang* und *Dreifelderwirtschaft* von erheblicher Bedeutung.

In der Gesamtentwicklung des Donauschwabentums darf die *städtische bürgerliche Komponente* nicht übersehen werden. Der Anteil der Deutschen an den wichtigsten Städten des Landes ist bis in die zweite Hälfte des 19. Jahrhunderts beträchtlich. Zu den Städten kamen noch die Marktflecken, die als Mittel- und Unterzentren bestimmte Funktionen in Verwaltung, Verkehr, Wirtschaft, im kulturellen und sozialen Leben ausübten. Der Anteil der deutschen Stadtbewohner und Handwerker dürfte bis zum Ausgang des 19. Jahrhunderts zwischen der Hälfte oder einem Drittel der Donauschwaben betragen haben. Wenn dieses verhältnismäßig zahlreiche deutsche Bürgertum nur unzureichend ihm angemessene Funktionen für die eigene Gruppe erfüllen konnte, dann ist das entwicklungsgeschichtlich bedingt. Die zentralen Funktionen der Städte, der Ober-, Mittel- und Unterzentren, gerieten immer ausschließlicher unter den bestimmenden Einfluß des Ständestaates und der Komitatsverwaltung, denen der madjarische Mittelstand fehlte, wodurch sie eine immer engere Interessensgemeinschaft mit den Trägern dieses Staates, dem Adel und seinen Exponenten, eingingen. Mangels einer ausreichenden Funktion für die eigene Gruppe, entfremdete sich das deutsche Bürgertum der deutschen Dorf- und Lebensgemeinschaft und führte ein Sonderdasein. Man aß in immer stärkerem Maße „Ungarisches Brot“ und war immer mehr bereit, sich den daraus gefolgerten, eigentlich gesetzwidrigen Ansprüchen des ungarischen Staates, sich immer ausschließlicher auch ungarisch ansprechen zu lassen, zu unterwerfen. Die organisierte deutsche Gemeinschaft, die aus ihrer Funktion und Institution den Bürgern hätte eine deutsche Existenz bieten können, gab es nicht oder hat der ihnen „stiefgesinnte“ ungarische Staat verweigert.

In Zeiten der verstärkten zentralistischen österreichischen Herrschaft in Ungarn ist dieses angepaßte bürgerliche Sonderdasein auch herkunftsmäßig bedingt, da die „tonangebende Schicht“ des stadtdeutschen Bürgertums in der Hauptsache aus Österreich kam und einen auffallend wienerischen Einschlag verkörperte. Dieses Bürgertum schuf sich in den Städten Ungarns überall ein „Klein-Wien“, das hier aber nicht tiefer verwurzeln konnte. Auch fand es keinen Brückenschlag zur donauschwäbischen Dorfgemeinschaft. Sein gehobenes Kulturleben war fast hermetisch vom deutschen

Bauerntum abgeschlossen. Aber nicht nur der geistig-kulturelle Kreislauf zwischen dem autarken Dorf und der Stadt war unzureichend, auch der ausgleichende Blutkreislauf war es. Im ersten Jahrhundert blieben die zahlreichen nachgeborenen Bauernsöhne auf dem Land und wurden wieder Bauern, nur selten zogen sie als Handwerker und Studierte in die Stadt. Später aber reichte der Zuzug aus den deutschen Dörfern nicht mehr aus (Ab- und Auswanderung), der inzwischen kulturell und auch herkunftsmäßig überfremdeten Stadt ihren deutschen Charakter zu erhalten und das deutsche Bürgertum mit der Dorfgemeinschaft in engere Verbindung zu bringen. Und doch spielt das deutsche Bürgertum in der volksgeschichtlichen Entwicklung der Donauschwaben eine wichtige Rolle, sowohl im positiven wie im negativen Sinne.

Die Stellung und Leistung der Deutschen in der wirtschaftlichen Entwicklung Ungarns kennzeichnet der ungarische Historiker Michael Horvath 1842 wie folgt: „Einzig und allein die Deutschen waren die Förderer der nationalen Industrie und Zivilisation; nur sie betrieben mit erforderlichem Fleiße jene Handwerke, welche der Natur die Schätze entlocken: der Acker- und Bergbau, die Gewerbe und der Handel waren ihre Hauptbeschäftigung... Die Deutschen waren durch ihren gewerblichen und merkantilen Fleiß die Vorbilder und Führer der Madjaren, um diese zu den Quellen des Wohlstandes zu geleiten".

Verwaltung und rechtliche Stellung

Organisation und Funktion der Gemeinde. Zum Landesaufbau war neben der Grundausstattung der Siedler auch die der Gemeinden als Basis zur Erfüllung ihrer Verwaltungsaufgaben erforderlich. Zur Deckung der Ausgaben standen Erträge aus eigenen Feldern, Weiden, Wiesen oder aus anderem Besitz zur Verfügung. Für Pfarrer, Lehrer und Notar, ferner für den Gastwirt, den Fleischhauer und die Handwerker stellte die Hofkammer entsprechende Felder zur Verfügung und sicherte damit deren materielle Grundlage. Die eigentliche Gründung der Gemeinde erfolgte sogleich nach der Ansiedlung durch die Bestellung des Ortsvorstandes. Die Herrschaft benannte drei Männer, von denen einer zum Richter gewählt wurde. Außer dem Richter gehörten dem Ortsvorstand, je nach Größe des Dorfes, noch Geschworene an. Diese Gemeindevorstehung erfüllte die Aufgaben, die sich aus der damaligen kommunalen und staatlichen Organisation für die Gemeinde ergaben.

Die Selbstverwaltung der deutschen Gemeinde erfaßte auch Kirche und Schule. Die Protestanten wählten ihre Pfarrer selbst, bei den Katholiken ernannte der Bischof den Pfarrer und die Kapläne; die weltlichen Helfer des Pfarrers (Syndikus und Mesner) bestimmte aber die Gemeinde. Auch die Lehrer wählte und entlohnte die Gemeinde; der Kantorlehrer oder Schulmeister wurde gewählt, um eine freie Stelle konnten sich mehrere bewerben, den provisorischen Hilfslehrer durfte der Schulmeister bestimmen. Die Handwerker aber hatten berufliche Selbstverwaltung in ihren Zünften. Die fast autarke Stellung, Funktion und Institution der donauschwäbischen Gemeinden hat am meisten dazu beigetragen, die Donauschwaben als Gemeinschaft mit eigener Lebens-

Ofen war im 18. und 19. Jahrhundert eine mehrheitlich deutsche Stadt

Reschitz im Banat war ein Mittelpunkt österreichischer Schwerindustrie

ordnung zu prägen und zu erhalten. Sie waren in ihren Gemeinden keine Herrschaftsunfähigen, keine Rechtlosen, die Schutz und Schirm anderer in Anspruch nehmen mußten.

Staatsrechtliche Stellung. Der staatsrechtlich festgefügte zentralistische Aufbau Ungarns mußte vom Kaiser umgestaltet werden, um die neben den ungarischen Ständen im Lande existierenden konfessionellen und ethnischen Gruppen zur Geltung kommen zu lassen. Sofern der Kaiser an solchen Gruppen interessiert war, verlieh er ihnen Privilegien, die ihre rechtliche Stellung und Funktion in entsprechenden Institutionen und als Gemeinschaften im ungarischen Ständestaat ermöglichten.

Die deutschen Siedler mit ihren ländlichen und städtischen Gemeinwesen bedeuteten in dem mit ihrer Hilfe in Gang gesetzten Prozeß der staats- und wirtschaftspolitischen Umgestaltung der feudalen Struktur des Landes einen entscheidenden Faktor. Dabei hatten die Städte staatsrechtlich die stärkere eigenständige Position. Ihre Verwaltung war autonom und umfaßte das Recht zur Wahl der eigenen Vorsteher, Würdenträger, Beamten und der Abgeordneten für den Landtag. In den national gemischten Städten besaßen die Deutschen lange Zeit eine durch Privilegien und Gesetze gesicherte eigene Stellung, die in der Stadtverwaltung, in der Kirche, in der Schule und besonders in den Zünften ihren Ausdruck fand. *Die ersten deutschen Abgeordneten kamen bereits im 18. Jahrhundert als Vertreter der Städte in den ungarischen Landtag.*

Die Stellung der ländlichen Siedler. Die deutschen Siedler erhielten in den Kameralgemeinden ihre Stellung als „freie und unmittelbare k. k. Untertanen“. Diese Gemeinden wurden nach den damals fortschrittlichsten Grundsätzen verwaltet. Auch hier - nicht nur in den Städten - erhielten sie Besitzrecht und Eigentum zugeteilt, über das sie unter Aufsicht der Kameralherrschaft weitgehend frei verfügen konnten. Verwaltet wurden diese Gemeinden von Kameralbeamten sowie von selbstgewählten Richtern, Geschworenen und Bediensteten. Die Rechtsgrundsätze waren in den Ansiedlungspatenten und Instruktionen, – für die Bauern im Urbarium, für die Städter im Stadtrecht und für die Handwerker in den Zunftprivilegien –, festgelegt. Die Errichtung der freien Kameralgemeinden mit ihrem freien Bauernfeld stellte eine friedliche soziale Revolution dar, die hier schon vor der Französischen Revolution ein freies Bauerntum entstehen ließ, das nur Gott und dem Kaiser, aber keinem Adeligen untertan war.

Auch die deutschen Siedler in Gemeinden privater Grundherren durften in Ungarn nie ganz leibeigen oder hörig gemacht werden: sie wurden von seiten der Landesgesetzgebung stets als 'Eingeborene', nie als 'Ausländer' betrachtet; sie gehörten zu den 'Haupt-Nationen', deren man nach den ungarischen Landesgesetzen sieben zählte. (Nach H. Schwicker).

Mit den deutschen Siedlern kam in die von den Türken befreiten pannonischen Landschaften ein Element der Stabilität, einerseits durch ihre Leistungen im intensiven Ackerbau, andererseits durch ihre *gewerblich-kommerzielle Betätigung* in den Städten, die aber trotz der zugesicherten Freizügigkeit, nur bei seßhafter Lebens- und Arbeitsweise erfolgreich betrieben werden konnte. Wo deutsche Dörfer unmittelbar neben andersnationalen entstanden, kam es wegen der planmäßigen Anlage sowie Aufteilung

Festung Peterwardein

Esseg/Draumündung; mehrheitlich deutsche Stadt

und Bewirtschaftung der Felder bei den Deutschen öfter zu Schwierigkeiten mit den Nachbargemeinden, was die Deutschen veranlaßte, die Absonderung (Separation) anzustreben. Sie schickten zu diesem Zweck ihre 'Deputierten' mit *Eingaben* zu den zuständigen Behörden, selbst bis *zum Kaiser,* wie es zum Beispiel die Schorokscharer (Ofner Bergland), die Siwatzer (Batschgau), auch die Sathmarer u. a. taten, bis sie ihr Ziel erreichten. So wurde der Kaiser „ein wahrhafter Vater und Erretter" zahlreicher deutscher Gemeinden und ermöglichte durch solche Entscheidungen das deutsche Aufbauwerk, das dort am gedeihlichsten verlief, wo sich die einzelnen ethnischen Gruppen gegenseitig in ihren Lebens- und Arbeitsweisen nicht behinderten.

Volkliches, kirchliches und kulturelles Leben. Um die Pflege des Kultur- und Geisteslebens der ethnischen Gemeinschaften waren seit jeher Kirche, Schule, Presse, Kunst und Wissenschaft bemüht. Seit König Stephan I. des Hl. Zeiten (997-1038), war die Kirche in Ungarn immer eine Stütze des Staates. Bei der starken Stellung der Kirche und der Verwendung kirchlicher Würdenträger in staatspolitischen Funktionen war es den Deutschen weder in vortürkischer Zeit noch nach der Türkenvertreibung für längere Zeit im kirchlichen Bereich möglich, eine übergemeindliche Position und Institution zu erringen. Sobald das Land von den Türken frei geworden war, trat die Kirche wieder auf, machte ihre früheren Besitzrechte geltend und begann sogleich mit dem Aufbau der Kirchenverwaltung, zunächst in den Zentralen des Bistums und dann in den Pfarrgemeinden. Die Neubesiedlung des Landes im 18. Jahrhundert brachte die nationale Gemengelage mit sich. Diese zu ordnen und einer gerechten Verwaltung zum Wohle aller zuzuführen, war das Bestreben des Kaisers. Auch wenn er sich als Schutzherr der katholischen Kirche fühlte, war er dennoch bereit, neben den Madjaren und Serben auch den Deutschen eine eigene Stellung im kirchlichen Bereich zu gewähren. So kam es vor allem unter dem entscheidenden Einfluß von Prinz Eugen zu der staatsrechtlichen *Sonderstellung des Temescher Banates,* die auch im kirchlichen Bereich ihren Ausdruck fand. Mit dem Prälaten *Adalbert von Falkenstein* aus Freiburg/Breisgau (1680-1739) berief der Kaiser für das Banat einen deutschen Oberhirten, der 1731 vier Domherren bestellte und 1736 den Grundstein für den Dombau in Temeschburg legte. Franz Anton Graf *Engl von Wagrain* (1702-1777), der vom Kaiser als Nachfolger von Anton *Graf von Thurn* zum Bischof von Belgrad-Semendria berufen wurde (Graf Thurn ging als Bischof nach Fünfkirchen), kam nach dem Fall Belgrads (1739) als 82. Bischof von Tschanad nach Temeschburg. In seiner Zeit wurde 1754 der nach den Plänen von Emanuel *Fischer von Erlach* erbaute barocke Dom in Temeschburg geweiht, die Zahl der Pfarreien stieg von 39 auf 70, die Zahl der Seelsorger, die er aus Deutschland, Wien u. a. Diözesen gewinnen mußte, weil es noch keine eigene Priesterausbildung im Banat gab, vermehrte sich auf 170; es waren in der Mehrheit Deutsche. Bischof Engl war bemüht, die wirtschaftlichen, organisatorischen und seelsorglichen Grundlagen der katholischen Kirche im kaiserlichen Kronland zu regeln und zu stärken. Nach ihm gab die Kaiserin dem Drängen der Madjaren nach und gliederte die bisherige reichsunmittelbare Kammer- und Krondomäne dem Königreich Ungarn ein, was die Errichtung der ungarischen Komitatsverwaltung und die Aufhebung der kirchlichen Sonderstellung zur Folge hatte. Auch wenn für die nachtürkischen kath. Deut-

Wir Vorsteher und sämentliche Meister des kaiser: königl: privilegirten Handwerks deren bürgerlichen des königl: privil: kamrl: Markts. Apatin in nieder Hungarn bezeugen hiemit, daß gegenwärtiger Gesell Namens von gebürtig 26 Jahr alt Statur, und Haaren, bey uns alhier Jahr Wochen in Arbeit gestanden, sich solcher Zeit verhalten habe. Daher wir unsere sämtliche Mitmeister geziemend ersuchen wollen, diesen Gesellen nach Handwerks Gebrauch aller Orten zu fördern. K: privil: Kameral Markt Apatin den Anno

Ober Vorsteher

Unter Vorsteher

Meister wo der Gesel gearbeitet

Die zahlreichen deutschen Handwerker in den Städten und Gemeinden besaßen in ihren Zünften berufliche Selbstverwaltung. Gesellenbrief der Zunft des priv. Kameral Marktes Apatin 1822

Töpferwaren aus der Schwäbischen Türkei

Geschlossener Giebel

Offener Giebel

Hauptfassade der Domkirche und die Dreifaltigkeitssäule in Temeschburg

schen in Ungarn auf Dauer keine kirchliche Eigenständigkeit auf höherer Ebene entstehen konnte, ernannte der Kaiser immer wieder auch deutsche Prälaten zu Bischöfen, die dem kirchlichen Aufbau des Landes dienten. Allein im 18. Jahrhundert wirkten in Ungarn 17 deutsche Prälaten als kirchliche Würdenträger.

Beachtlich war der Anteil deutscher Priester beim Aufbau der bosnisch-syrmischen Diözese: 1744 wurde der Semliner Pfr. Georg Adam *Büttner* für den abwesenden Bischof zum Generalvikar der Diözese ernannt; 1785 war Johann Georg *Wittmann* Dechant von Mitrowitz und wurde später Kapitelvikar in Djakowa; an der Ausbildung des Klerus im Bischöflichen Lyzeum waren deutsche Professoren hervorragend beteiligt.

Bischof Adalbert Freiherr v. Falkenstein,
1661–1739
1730 Bischof von Tschanad-Temeschburg

Franz Anton Graf Engl und Wagrein
geb. 1702. Bischof von Belgrad-Semendria
1741–50, dann von Tschanad-Temeschwar
1750–1777

Pfr. Andreas Weber, 1799 Bulkes,
1885 Neu-Pasua.
Sprecher und Bewahrer des
Protestantismus in Syrmien-Slawonien

Protestanten durften im Rahmen der staatlichen Siedlungsaktion erst unter Joseph II. (1780-1790) berücksichtigt werden. Doch haben private Grundherren auch früher bereits protestantische deutsche Siedler herangezogen. So ist vor allem in der Schwäbischen Türkei eine ganze Reihe protestantischer deutscher Gemeinden entstanden, die ihr kirchlich-religiöses Eigenleben gegen manche Bedrängnis von katholischer Seite aufbauen konnten. In der eigenen Pfarrei, Kirche und Schule schuf sich das Gemeinschaftsleben der deutschen Siedler auf der untersten Ebene die Institutionen, die ihren Belangen zunächst genügten. Die übergemeindlichen Behörden der staatlichen und kirchlichen Verwaltung waren auf allen Ebenen dem Ständestaat eingegliedert.

In Ungarn entwickelte sich unter dem Einfluß der deutschen und noch mehr der Schweizer Reformation eine eigenständige Kirchenstruktur, die sich wesentlich von der evangelischen Kirchenverfassung in deutschen Landen unterschied. Dieses Kirchenprinzip, das dann auch in den Siedlergemeinden der evangelischen Deutschen zur Geltung kam, hatte eine synodale und presbyteriale Struktur. Danach ruhte alle kirchliche Macht auf der Kirchengemeinde. Die Laien waren gleichberechtigt mit den Geistlichen an der Leitung der Kirche beteiligt. Der ungarische Protestantismus mußte in opfervollen Kämpfen gegen den gegenreformatorischen Kaiser und Staat seine Freiheit und Gleichberechtigung als Religion und Kirche erwirken. Eine Kirche mit dieser Organisation, Struktur und Erfahrung, eröffnete den deutschen Siedlern ungewohnte Möglichkeiten der religiös-kirchlichen Selbstbehauptung, sowohl in der Gemeinde, auf der übergemeindlichen Ebene als auch in der Wahl und Ausbildung eigener geistlicher und weltlicher Führungskräfte. Alles blieb allerdings abhängig vom maßvollen Verhalten der Machthaber, der Mehrheit in dieser Kirche. Die ungarischen Protestanten standen Österreich und dem Kaiser aus ständisch-nationalen und konfessionellen Gründen mißtrauisch gegenüber. Die deutschen Protestanten in Ungarn brauchten dem Kaiser und Österreich freilich nicht aus nationalen oder ständischen Befürchtungen abzulehnen, höchstens aus religiösen, sofern er diese konfessionelle Gleichberechtigung zu gewähren nicht bereit war. Für die Entwicklung der Deutschen in Ungarn mußte sich die Tatsache verhängnisvoll auswirken, daß dem madjarischen Glaubensbruder und ungarischen Nationalismus mehr Vertrauen entgegengebracht wurde als dem Kaiser

Fünfkirchen – Mittelpunkt der Schwäbischen Türkei

und Österreich. Es gab aber dennoch frühzeitig einige Fälle, in denen übergemeindliche kirchliche Belange wahrgenommen werden konnten. Beim ersten Senioratskonvent 1725 unter dem Schutz des Grafen Claudius Florimund *Mercy* in der Schwäbischen Türkei fand die sprachlich-nationale Frage dergestalt ihre Regelung, daß der dazu bestimmte Wahlkonvent abwechselnd einen Deutschen oder Madjaren zum Senior oder Konsenior wählte. Diese Praxis wurde in gemischtnationalen Gebieten in der protestantischen Kirche lange Zeit beibehalten, auch in Oberungarn und im Batscherland. In Syrmien hat sich Pfarrer Weber um die eigenständige Stellung seiner Kirche bemüht. Der Liberalismus schaffte diese Regelung ab und erwies dadurch der Gleichberechtigung keinen guten Dienst.

Bei der Ansiedlung und auch im 18./19. Jahrhundert galt der Grundsatz der muttersprachlichen Seelsorge in allen donauschwäbischen Gemeinden und Siedlungsgebieten. In den gemischten Diözesen erfolgte die *katechetische Mission* bei ihrer Einrichtung nach der Volkszugehörigkeit abgegrenzt, die je ein madjarischer, deutscher und slawischer Jesuit übernahm. So erhielten die katholischen deutschen Siedlergemeinden doch noch eine gewisse sprachliche Eigenstellung.

Die Versorgung der donauschwäbischen Gemeinden mit eigenen Seelsorgern war nicht einfach. Aus der alten Heimat waren nur wenige Priester den Siedlern gefolgt. Andere kamen aus älteren deutschen Siedlungen Ungarns, aus dem Burgenland und der Zips. Bald erfolgte auch Nachschub aus den eigenen Reihen, zuerst aus den Städten, dann aber auch vom Lande. Das für Bildung und geistige Berufe aufgeschlossene Bürger- und Bauerntum stellte bald soviele seiner Söhne für den Priesterberuf zur Verfügung, daß der Anteil der schwäbischen Priester den schwäbischen Anteil an der Bevölkerung überstieg, später auch unter den Bischöfen, Prälaten und Professoren. Nachteilig wirkte sich aus, daß es mangels einer eigenen Stellung auf höherer kirchlicher Ebene für die Deutschen keine deutsche Priesterausbildung gab. Ansonsten widmeten sich die Oberhirten der nach der Türkenverdrängung wiedererstandenen Bistümer tatkräftig dem Anliegen der Priesterausbildung. So wurden bereits 1687 in Ofen, 1699 in Erlau, 1712 in Waitzen, 1715 in Weißbrunn, 1733 in Kalotschau, 1740 in Großwardein und 1746 in Fünfkirchen Priesterseminare eröffnet, die zumeist unter der Leitung von Jesuiten oder Piaristen standen. 1802 bekamen Stuhlweißenburg, 1804 Sathmar, 1806 Temeschburg, 1810 Djakowa ihre Diözesanseminare. Die Unterrichtssprache in den Priesterseminaren war bis zum Ersten Weltkrieg fast ausschließlich das Latein, die Amtssprache der Kirche. Es mußten aber auch die Volkssprachen der in den Diözesen vertretenen Nationen gepflegt werden. Eigene Seminare für die einzelnen Volksgruppen bestanden nicht. Die Ausbildung der donauschwäbischen protestantischen Priester war dadurch gekennzeichnet, daß sie, obwohl der ungarischen Landeskirche eingegliedert, zumeist einige Semester an deutschen Hochschulen studieren konnten.

Kirchliche Orden und Ordenstätigkeit. Klöster gab es in der vortürkischen Zeit viele. In der Maroschgegend allein bestanden 24 Benediktiner-Abteien, die alle während der Türkenzeit eingingen. Mit der Besiedlung und dem Wiederaufbau des kirchlichen Lebens gewannen die Orden wieder ihre Bedeutung. So gründeten die *Jesuiten* Niederlassungen in Ofen 1687, in Großturwall bei Ofen 1695, in Fünfkirchen 1694, in Etyek

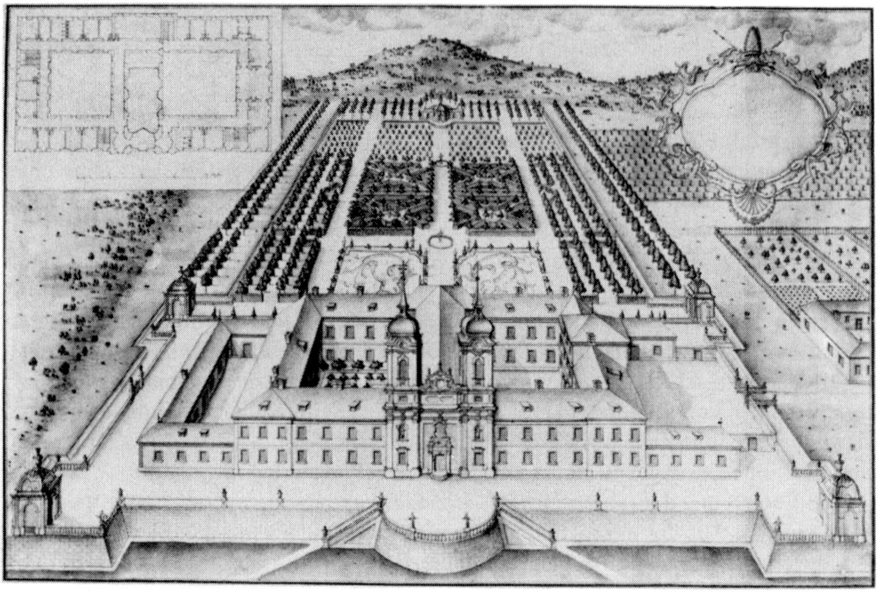

Die Abtei Telki im Ofner Bergland unter den Wiener Schotten 1702–1881

(Weißenburger Komitat) 1722, in Temeschburg, Kraschowa u. a. O. Die *Kapuziner* gründeten Klöster in Ofen 1692, in Moor 1695, in Esseg und Waraschdin 1703. Auch die *Franziskaner* folgten den Befreiungsheeren: 1685 sind sie in Gran zu finden, 1697 in Fünfkirchen, 1688 in Stuhlweißenburg, 1690 in Pest, 1693 in Maria Theresiopel, später in Temeschburg, Winga und Radna. Die *Franziskaner* aus Bosnien ließen sich 1688 in Batsch, 1691 in Ofen und 1705 in Esseg nieder. Die *Minoriten* hatten in Arad, Lugosch und Pantschowa, die *Piaristen* in Neusanktanna, Groß-Betschkerek und Temeschburg, die *Pauliner* 1688 in Pest, 1698 in Fünfkirchen, die *Dominikaner* 1699 in Waitzen, 1700 in Pest ihre Niederlassungen. Die Jesuiten betätigten sich vor allem im höheren Schulwesen und als geschätzte Exerzitienmeister.

Das *kirchlich-religiöse Leben* der donauschwäbischen Gemeinden wurde in der Hauptsache von den Seelsorgern geprägt, aber auch von der Tradition des aus der alten Heimat mitgebrachten Erbes. Die Seelsorger wirkten im Sinne ihrer Ausbildung und der Geistesströmungen, die in ihrer Zeit gerade bestimmend waren. Bei der Ansiedlung wirkte im Kirchenbau und im religiösen Leben die Barock-Frömmigkeit bestimmend. Der in der frühen Ansiedlungszeit gerade heiliggesprochene *Johannes von Nepomuk* erfreute sich besonderer Verehrung; er wurde zum Landespatron des Banates erhoben. Unter dem Einfluß der Aufklärung und des Josefinismus löste sich die bisherige Gebundenheit. Die Freiheit wurde das große Ziel der Volksbeglücker. Der neue Zeitgeist wirkte sich auch im religiösen Leben aus, besonders in den Städten, weniger in den donauschwäbischen Dörfern, deren religiöses Leben und Brauchtum noch lange die barocke Frömmigkeit bestimmte.

Das Schulwesen in der Ansiedlungszeit. In der Einwanderungszeit kamen die deutschen Siedler in schulischer Hinsicht nicht mit leeren Händen. Die Errichtung von Schulen war eine der Begünstigungen, die den Siedlern von der Hofkammer gewährt wurde. Die Lehrer der ersten deutschen Schulen befanden sich vielfach bereits unter den Einwanderern. Der Lehrer war Angestellter der Gemeinde, der seine Tätigkeit unter kirchlicher Aufsicht entfaltete. Er wurde ebenso wie der Pfarrer von der Gemeinde in Natura und Geld entlohnt. Außerdem gab es das Schul- und Lehrerfeld und das Schulhaus, in dem der Schulmeister auch wohnte. Unterrichtet wurde im 18. und lange Zeit im 19. Jahrhundert in den donauschwäbischen ebenso wie in den andersnationalen Gemeinden nur in der Muttersprache der Schüler.

In der zweiten Hälfte des 18. Jahrhunderts gewann der Staat entscheidenden Einfluß auf die Organisierung der Schulen. In Österreich wurde unter Maria Theresia (1740-1780) der Abt von Sagan/Schlesien, Johann Ignaz von *Felbiger,* mit der Reform des Schulwesens betraut. Das von ihm entworfene Schulgesetz erschien 1774 unter dem Titel *„Allgemeine Schulordnung* für die deutschen Normal-, Haupt- und Trivialschulen in sämtlichen kaiserl. königl. Erbländern". Für Ungarn wurde diese Schulordnung als *„Ratio educationis"* 1777 erlassen. Nach der neuen Schulordnung gab es drei Arten von Schulen: die Trivialschulen in allen Landgemeinden, die Hauptschule in jedem Kreis, die Normalschule, die auch die Ausbildungsstätte für die Lehrer war, in der Hauptstadt jeder Provinz. Es wurde die „Einförmigkeit der Lehrart" und der verpflichtende Gebrauch der neuen Schulbücher gefordert. Die Schulen einer Provinz unterstanden unter österreichischer Verwaltung der Schulkommission mit einem Schuldirektor an der Spitze, unter ungarischer Verwaltung einem Oberstudiendirektor und dem ungarischen Statthaltereirat. Deutsche Normalschulen, die auch Lehrer ausbildeten, entstanden in Temschburg und Fünfkirchen. In Ofen wirkten eine städtische Haupt-Normalschule in der Festung, zwei städtische Normalschulen in der Wasserstadt und je eine städtische Normalschule auf der Landstraß, im Neustift und in der Christinenstadt, in denen bis 1832 ausschließlich deutsch unterrichtet wurde. Der Militärgrenzbereich erhielt Normalschulen in Weißkirchen, Pantschowa und Winkowzi, die in der Lehrerausbildung tätig waren.

Während in den Trivial-,Haupt- und Normalschulen die Muttersprache der Schüler vorherrschte, war die höhere Schule eine ausgesprochene Lateinschule, in der hauptsächlich Jesuiten unterrichteten, später auch Piaristen, Benediktiner, Pauliner und Franziskaner. In Ofen eröffneten die Jesuiten bereits 1687 ein Gymnasium, in Temeschburg 1725, in Belgrad 1728. Die älteste höhere Schule mit deutscher Unterrichtssprache in Ofen wurde 1770 von den Englischen Fräulein eröffnet.

Die unter Maria Theresia eingeleitete Schulreform des aufgeklärten Absolutismus, die in Ungarn allen Nationalitäten zugute kam, hat im donauschwäbischen Bereich einen merkbaren pädagogischen Aufschwung bewirkt. Aus einer Aufstellung von 50 deutschen Gemeinden des Banates im Jahre 1792 ist der schulische Vorsprung ersichtlich, der sich im Vergleich zu den Nichtdeutschen ergibt. Bei 57 393 deutschen Bewohnern hatten diese Gemeinden eine Schülerzahl von 6 793, von denen 4 950 Schüler regelmäßig die Schule besuchten. Gegenüber einem Landesdurchschnitt von 4 v. H. betrug die Zahl der Schüler in den deutschen Gemeinden demnach 11,8 v. H. der Bevöl-

Säulen stützen das Dach und zieren den „geweißelten" Hausgang

Donauschwäbische Dorfstraße

Donauschwäbische Muttergottesmädchen und Herrgottsburschen

Donauschwäbische Jugend im Kirchweihzug

Donauschwäbische Tracht Zeichnung von Stefan Jäger

kerung. Von den schulpflichtigen Kindern der Deutschen besuchten 73,2 v. H. die Schule, bei den nichtdeutschen Gemeinden Ungarns betrug dieser Hundertsatz nur 36,7; in Böhmen 39,4 (im Jahre 1780).

Kaiser Joseph II. (1780-1790) verfügte erstmals die allgemeine Schulpflicht und verordnete anstelle von Latein, der Amtssprache der Kirche, das Deutsche als Staats- und Unterrichtssprache. Aus der nationalen Reaktion der Madjaren gegen die Bestrebun-

Deutsches Theater in Ofen

gen des Kaisers erwuchs eine machtvolle geistig-politische Bewegung, die in den nächsten Jahrzehnten ungeahnte Auswirkungen auf das sprachlich-kulturelle und politische Leben in Ungarn hervorrief.

Volkskultur und Geistesleben. Nach dem Literaturhistoriker Josef *Nadler* stellen die deutschen Stämme und Volkssplitter Anpassungsorganismen des deutschen Volkes an den jeweiligen Raum, seine Aufgabe und Geschichte dar. Auch die Donauschwaben als deutscher Neustamm sind so entstanden. Sie paßten sich dem Raum an, in dem sie sich ansiedelten, und der Raum paßte sich ihnen an, weil sie ihn nach ihrer Art gestalteten. Da sie in diesem Vorgang der Raumanpassung die gleiche Aufgabe verfolgten und das gleiche Geschehen ertrugen oder gestalteten, darum wuchsen sie zu einer Einheit zusammen, die zuerst von den Nachbarn, dann aber auch von ihnen selbst als Stammeseinheit erkannt wurde - sie nannten sich Schwaben oder Donauschwaben.

Im Prozeß der Raumgestaltung des Pannonischen Beckens wirkte zunächst das mitgebrachte schwäbische, fränkische, pfälzische und bajuwarische Erbe der deutschen Siedler mit. Die Raumenge der alten Heimat wurde überwunden, die Weite der Landschaft erlaubte breite Straßen, große Dörfer und Höfe anzulegen. Ingenieure der Hofkammer steckten die Gassen aus, die Hausplätze, die Felder, die Hutweide, alles nach den amtlichen Vorschriften der 'Impopulations-Hauptinstruktion' und nach der „teutschen Manier". Alle Häuser wiesen ursprünglich die gleiche Gestalt auf, die Giebelseite der Straße zugekehrt. Dieses in seinen Grundzügen fränkische Bauernhaus der Ansiedlungszeit entwickelte sich zum Vorlaubenhaus mit Sommerküche, Maisspeicher usw. In der Mitte des Dorfes standen die Kirche, Schule und das Herrschaftswirtshaus. Die Kirchen entstanden ebenfalls nach einheitlichen Plänen der Hofkammer im barocken Stil mit behelmten hohen Türmen. Diese Bauweise der Dörfer, Kirchen und Häuser ist später in den nichtdeutschen Siedlungen ebenso zu finden wie in den deutschen, weil dort von deutschen Baumeistern und Maurern nach den gleichen amtlichen Vorschriften und Vorlagen gebaut wurde. Und doch hebt sich das schwäbische Dorf immer durch seine größere Sauberkeit und Ordnung merklich von seiner andersnationalen Umgebung ab. Die einheitliche Dorf- und Hausanlage erweiterte sich in der für die Donauschwaben typischen Gestaltung der Straßen, Fluren, Raine, Grenzsteine, Hotterhügel und Baumpflanzungen. Der Maulbeerbaum als Straßenbaum wurde auf amtliche Anordnung überall angepflanzt und ist bis in die Gegenwart zu finden. Holz- und Steinkreuze an Straßenkreuzungen und Feldwegen sind Zeugnisse ihrer Gesinnung und ihres Gottvertrauens, die ihre Lebensgestaltung durchdringen.

Die Volkskultur der Donauschwaben offenbart sich darin, daß sie über das Notwendige hinaus Gegenstände und Gepflogenheiten hervorbrachte, die das Alltägliche ausschmücken und zwar in ursprünglichen, ererbten Grundformen. Sitte, Brauch, Tanz, Liedgut, Tracht, Volksschauspiel und die anderen volklichen Überlieferungen kamen je nach der stammesmäßigen Zusammensetzung der Siedler aus mannigfacher Wurzel, doch erhielten sie durch Anpassung und Ausbreitung der gängigen und höher bewerteten Formen ständig stärkere Gemeinschaftszüge. Zu jeder Lebens- und Jahreszeit der donauschwäbischen Lebensgestaltung war noch ein festgefügtes, lebendiges Brauchtum in den Dörfern vertreten. Zu den Festen des Kirchenjahres gesellten sich die Feiern des Arbeitsjahres. Im Jahresablauf stand die Kirchweih im Mittelpunkt, die Hochzeit bildete den Höhepunkt der Brauchtumsformen im Kreislauf des Lebens. Sehr verbreitet waren die Volksschauspiele, die sich in vielen Gemeinden bis in die Gegenwart herein erhielten. Überall war das Volkslied lebendig und wurde gern gesungen. Der donauschwäbische Volksliedforscher Konrad Scheierling konnte selbst nach 1945 noch eine reiche Sammlung dieses ererbten geistlichen und weltlichen Volksliedgutes bergen u. z. T. herausbringen. Als nach der Vertreibung der Türken das Land an der mittleren Donau ein Vierteljahrtausend lang von den Habsburgern so regiert wurde, daß Krieg und äußere Feinde von ihm fast die ganze Zeit ferngehalten werden konnten, da erblühte unter den Madjaren, Deutschen, Slawen und Rumänen neue Kultur unter dem Einfluß der Reichshauptstadt. *Wiener Lebensweise* und Anschauung in Fragen der Bildung, Kunst und Mode bestimmten das Gesellschaftsleben der Provinzstädte in Ungarn, die ja noch überwiegend deutsch waren. Barocke Frömmigkeit und Gedanken der Aufklärung suchten nach Ausdruck in den kulturellen Äußerungen der Zeit in *Theater, Kunst, Musik, Literatur* und Presse. Fast bis zum Ausgang des 19. Jahrhunderts konnte sich dieser Wiener Einfluß ungestört verströmen und alle geistigen Regungen der Donauschwaben befruchten. Die *Theater* in Pest, Temeschburg, Orawitza, Esseg, Fünfkirchen waren deutsche Theater. Mozarts Zauberflöte wurde 1796 in Temeschburg aufgeführt, zur Einweihung des neuen deutschen Theaters in Pest – mit 3 000 Sitzplätzen lange Zeit das größte Schauspielhaus der Welt –, schrieb L. van Beethoven die Festmusik. Der Verleger Gustav *Heckenast* (1811-1878) in Pest brachte die Werke Adalbert Stifters heraus.

Viele der überragenden deutschen geistigen Kräfte aus Ungarn zogen nach Wien und weiter nach dem Westen. Der im Banat geborene Dichter Nikolaus *Lenau* (Franz Nimbsch Edler von Strehlenau), 1802-1850, entfaltete sich in Wien und Stuttgart zum Dichter des Weltschmerzes. In Wien studierte und wirkte der Ofner Bürgersohn Ignaz Philipp *Semmelweis* (1818-1865), wo ihm auch seine große medizinische Entdeckung gelang, die ihn als „Retter der Mütter" in die Walhalla der Großen der Nation eintreten ließ. Noch viele wären zu nennen, die als Künstler und Wissenschaftler in der von Kaiser und Reich getragenen übernationalen Ordnung erst im deutschen Binnenraum zur vollen Entfaltung gelangten. So z. B. die Musiker und Komponisten: Franz Liszt (1811-1886), Josef Gungl (1809-1889), Adolf Müller (1801-1886), die Kanalbauer Adalbert Gerster (1850-1923) und Stefan Türr (1825-1908), der Geograph Karl Sonklar von Innstädten (1809-1885) u. a. Der Literatur verschrieben sich: Johann Ladislaus *Pyrker* (1772-1847), der Erzbischof von Erlau, Patriarch von Venedig und Freund Franz Grillparzers; Karl Wilhelm Ritter von *Martini* (1821-1885) aus Lugosch, der Schöpfer des donauschwäbischen Romans, der seit 1853 in Graz, wo er auch Abgeordneter des steirischen Landtags war, und in Wien lebte und seine Werke in Österreich herausbrachte.

Die Feststellung des Germanisten Jakob *Bleyer,* die dieser aufgrund seiner kulturgeschichtlichen Forschungen über den einheitlich geprägten Zustand der Monarchie treffen konnte, entsprach der historischen Wirklichkeit: In der Zeit vom Regierungsantritt Maria Theresias um 1740 bis zur Revolution des Jahres 1848, vereinzelt sogar darüber hinaus, bildeten die Länder der Donaumonarchie nicht bloß eine geographische und politische, sondern ebenso eine wirtschaftliche und kulturelle Einheit, eine eigene „Kulturprovinz" im Rahmen Europas. Städte wie Wien und Prag, Budapest und Agram (auch Esseg, Fünfkirchen, Neusatz und Temeschburg) unterschieden sich in ihrem Lebensstil weniger voneinander als München und Berlin, Stuttgart und Hamburg.

Geschichtliche Ereignisse

Während die Donauschwaben in friedlicher Arbeit das Land gestalteten und von Geschlecht zu Geschlecht immer mehr zu einem neuen Volksstamm zusammenwuchsen, trugen sich geschichtliche Ereignisse von bedeutender Wichtigkeit zu. Diese Vorgänge hatten ihre Auswirkungen auch auf die Donauschwaben, sobald das Land und Reich, in dem sie wohnten, in Mitleidenschaft gezogen wurde.

Der österreichisch-türkische Krieg spielte sich in den Jahren 1737-1739 in donauschwäbischer Heimatlandschaft an der Südostflanke der Monarchie ab. Die Türken drangen über die Donau in das Banat ein und vernichteten zahlreiche deutsche Ortschaften, die von Graf Mercy angelegt worden waren. Aus verkehrspolitischen Gründen war ein Großteil der ersten deutschen Siedlungen gerade entlang der Donau errichtet worden. Bei diesem Einbruch der Türken wurde das für die Gemeinden zum Verhängnis. Während sich das kaiserliche Heer unter der Wucht der türkischen

Num. IV.
Donnerstags, den 9 May, 1771.

Temeswarer Nachrichten.

660

Temeswarer Nachrichten. Erschienen wöchentlich seit 18. April 1771 und gehören zu den ältesten deutschen Zeitungen im Donauschwäbischen Raum

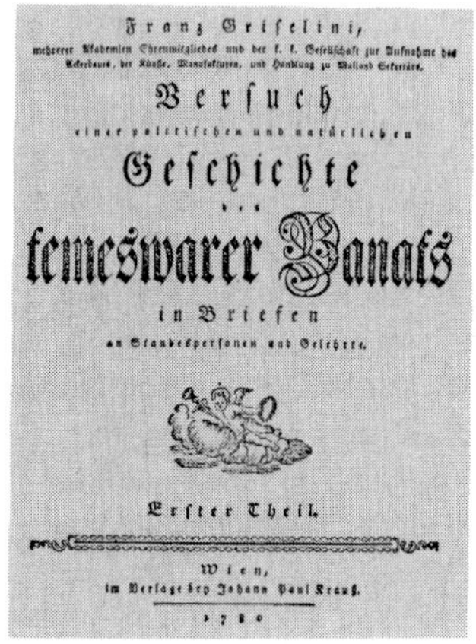
Franz Griselini,
mehrerer Akademien Ehrenmitgliedes und der k. k. Gesellschaft zur Aufnahme des Ackerbaues, der Künste, Manufakturen, und Handlung zu Mailand Sekretärs.
Versuch
einer politischen und natürlichen
Geschichte
des
temeswarer Banats
in Briefen
an Standespersonen und Gelehrte.
Erster Theil.
Wien,
im Verlage bey Johann Paul Krauß.

Franz Griselini, Geschichte des Temeswarer Banats. Wien 1780

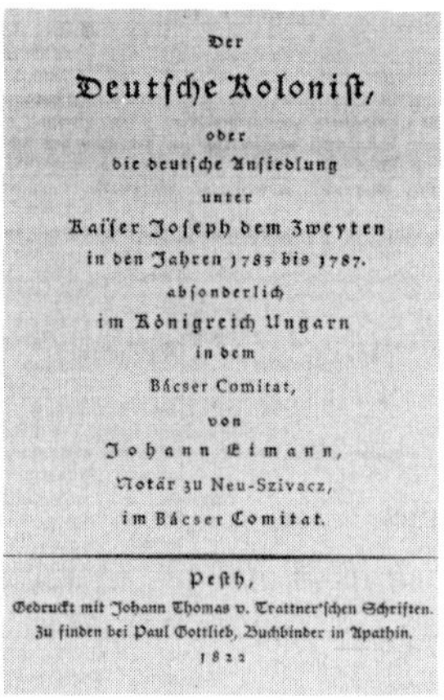
Der
Deutsche Kolonist,
oder
die deutsche Ansiedlung
unter
Kaiser Joseph dem Zweyten
in den Jahren 1783 bis 1787.
absonderlich
im Königreich Ungarn
in dem
Bácser Comitat,
von
Johann Eimann,
Notär zu Neu-Szivacz,
im Bácser Comitat.
Pesth,
Gedruckt mit Johann Thomas v. Trattner'schen Schriften.
Zu finden bei Paul Gottlieb, Buchbinder in Apathin.
1822

Johann Eimann, Der Deutsche Kolonist… in dem Bácser Komitat. Pesth 1822

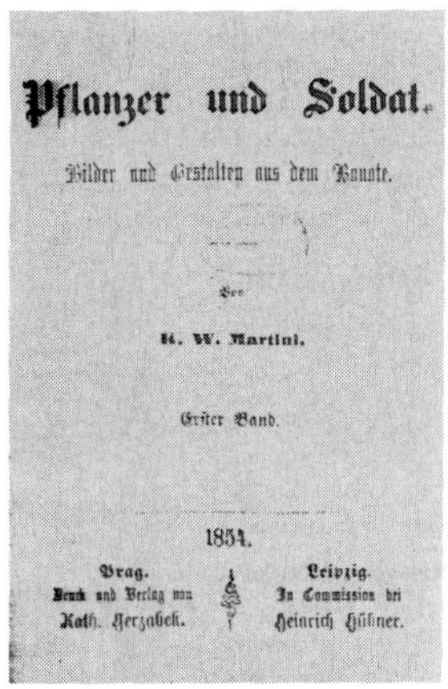
Pflanzer und Soldat.
Bilder und Gestalten aus dem Banate.
Von
K. W. Martini.
Erster Band.
1851.
Prag.
Druck und Verlag von
Kath. Herzabek.
Leipzig.
In Commission bei
Heinrich Hübner.

K. W. Martini, Pflanzer und Soldat. Prag-Leipzig 1851. Bilder und Gestalten aus dem Banate.

Angriffe zurückziehen mußte, blieben die deutschen Siedlungen schutzlos den Zugriffen der Türken preisgegeben. Was von den Siedlern nicht entkommen konnte, wurde niedergemacht oder in die Sklaverei verschleppt. Die Aufbauarbeit einer ganzen Generation war vernichtet. Ihre Siedlungen wurden zerstört. Wüste und Wildnis zeichnete das Vorgehen der Türken.

Als Begleiterscheinung brachte dieser Krieg die Pest, Hungersnot und ein zügelloses Räuberleben mit sich. Als es nach Friedensschluß gelang, die Grenze an der Donau zu festigen, mußte mit der Aufbauarbeit von vorne begonnen werden.

Das Urbarium. Bei der Ansiedlung der Donauschwaben hatten die Untertanen in der Hauptsache nur mit der Grundherrschaft zu tun. Der Staat übte in Verwaltung, Rechtssprechung und Gesetzgebung nur die höheren Funktionen aus. Die Herrschaft wählte in jeder Gemeinde einige Personen aus, die die Anordnungen durchführen und die Ordnung aufrechterhalten mußten. Der Richter stand an der Spitze der Gemeinde und wurde aus dem Kreise der angesehensten Dorfbewohner gewählt und durch die Herrschaft ernannt.

Unter Maria Theresia wurde im Jahre 1767 das Urbarium erlassen, das das Höchstmaß der Pflichten der untertänigen Bauern ihren Grundherren gegenüber regelte. Die Lage der Bauern wurde durch das Urbarium wesentlich verbessert. Auch die Abgabepflicht der schwäbischen Bauern ihren Grundherren, dem Staate, der Kameralverwaltung gegenüber, bestimmte das Urbarium.

Das Urbarium war ein Statut des Bauernstandes. Gleichzeitig wurde mit ihm die Gemeindeorganisation moderner entwickelt. Die Gemeinde übte ihre Funktionen im Auftrage der Herrschaft aus. Erst die Revolution im Jahre 1848 machte das Volk zur Quelle und zum Träger des Rechtes. Die Gemeinde wurde jetzt eine Körperschaft von gleichberechtigten Mitgliedern, die ihren Gemeinderat und Gemeinderichter selbst wählten.

Das 'Temscher Banat' und seine Einverleibung an Ungarn 1778. Der Kaiser und seine Hofstellen versuchten immer wieder durch politische Maßnahmen staatsrechtliche Positionen für eine Neugestaltung in Ungarn aufzubauen. Ein solcher Versuch, die gesamtstaatliche Konzeption Wiens in die Praxis umzusetzen, bildete die Errichtung des kaiserlichen Kronlandes 'Temescher Banat'. Dieser zuletzt von den Türken befreite Landesteil war durch seine Grenzlage besonders wichtig. Es wäre leichtfertig gewesen, ihn dem ungarischen Komitatsadel, den es hier überhaupt nicht mehr gab, auszuliefern, der doch kurz vorher dem Rebellen gegen den Kaiser, Rákóczi, noch sein Aufgebot bereitgestellt hatte. „Dieses neugewonnene Land sollte nach der Absicht des Prinzen Eugen ein Kraftzentrum des Wiener Zentralismus im Südosten der Habsburgermonarchie gegen die Türken und, wenn es die Verhältnisse erforderten, auch gegen ein aufständisches Ungarn oder Siebenbürgen sein".

Für die Eigenständigkeit des Temescher Banats setzten sich nicht minder die finanziellen Ratgeber des Kaisers ein, die sich dabei auf die Erfahrungen beim Vorgehen der Hofstellen vor und nach dem Karlowitzer Frieden (1699) stützen konnten. Damals wurde ein Großteil des befreiten Landes alten und neuen weltlichen und geistlichen Grundherren überlassen, die die Besiedlung ihrer menschenleeren Ländereien vornahmen. Den Nutzen dieser Aufbauarbeit strichen dabei die privaten Grundherren ein, die ja „steuerfrei" waren, während die staatlichen Einkünfte gering blieben. Im Banat sollte daher eine andere Lösung angestrebt werden. Hier sollte es keine privaten Grundherren geben, der Nutzen des reichsunmittelbaren Landes sollte allein dem Staat gehören. Im Banat war die Wiener Hofkammer nicht nur für die staatlichen Hoheitsrechte zuständig, die in Ungarn die Zentral-und Komitatsbehörden ausübten, sondern auch für die Besitz- und Hoheitsrechte, die in den übrigen Ländern bei den Grundherrschaften lagen.

Für die Selbständigkeit des Banats setzte sich besonders nachdrücklich der von Prinz Eugen zum ersten Statthalter vorgeschlagene Claudius Florimund Graf *Mercy* (1666–1734) ein, indem er betonte, daß „alle Einkünfte und Regalien zusammen mit dem Boden dem Kaiser gehören und daß alles das kameralisch sei". Der Kaiser war im Banat der einzige Träger der Staatsgewalt. Das Banat sollte eine Schutzfunktion des Gesamtstaates gegen äußere und innere Feinde übernehmen. Dazu mußte es nicht nur militärisch, sondern auch wirtschaftlich in die Lage versetzt werden.

Für die Sonderstellung des Banates trat nicht zuletzt der Kaiser im Sinne seines politisch-militärischen Auftrages ein. Er fühlte sich für die christlich-europäische Ordnung sowie für den Schutz des Gesamtstaates und dieses Landes verantwortlich. Es sollte daher aus dem aus langer Türkenherrschaft befreiten Banat eine „Vormauer der Christenheit" gegen die noch immer gefährlichen Türken unter seinem direkten Schutz aufgebaut werden.

Nach der Abtrennung von Ungarn verstärkten eine Reihe von Gegebenheiten die staatsrechtliche Sonderstellung des Temescher Banates, das 60 Jahre lang, von 1718–1778, einen eigenen „Kammerstaat" darstellte, der von nicht zu unterschätzender Bedeutung für das Ausmaß und den Verlauf der staatlichen Siedlungstätigkeit in Ungarn, und damit für Entstehen und Entwicklung des donauschwäbischen Neustammes, betrachtet werden muß.

Zusammenfassend lassen sich als Merkmale der staatsrechtlichen Sonderstellung des „Temescher Banates" festhalten:

1. Der Kaiser führte hier den Titel eines Landesfürsten. Ihn vertrat im Lande ein Statthalter/Gouverneur, der an der Spitze der Landesregierung stand.

2. Der Kaiser als Landesfürst war der einzige Eigentümer und Grundherr des Landes; er hatte das Patronatsrecht in allen kirchlichen Angelegenheiten, auch bei der Ernennung des Bischofs und der Domherren.

3. Der Landesregierung unterstand die Verwaltung und Gerichtsbarkeit, die durch Beamte des absolutistischen Zentralstaates ausgeübt wurden; ständische Vertretungen und Einrichtungen gab es hier nicht.

5. Es gab eine beschränkte kommunale Selbstverwaltung in den Städten und die berufsständische in den Zünften.

6. Der „Kammerstaat" hatte eigene Landesgrenzen und stellte ein eigenes Hoheitsgebiet mit Regierung und Verwaltung dar.

7. Wirtschaftspolitisch und wirtschaftstechnisch wurden hier die entsprechenden Grundsätze des österreichischen Gesamtstaates beachtet; Geld, Maße und Gewichte waren die gleichen wie in den österreichischen Ländern.

8. Das Militär und die militärischen Angelegenheiten unterstanden dem Hofkriegsrat; sie dienten nicht nur dem Schutze des Landes, sondern auch des Reiches und der abendländischen Christenheit. Die militärischen Auslagen sollten aus den Einkünften des Landes fließen, die Ausrüstung im Lande erfolgen (Bergbau, Montanindustrie).

9. Der Landesfürst war als Kaiser weltliches Oberhaupt und Schutzherr der römisch-katholischen Kirche. Darauf ist seine besondere Einstellung zur Katholizität zurückzuführen.

10. Die konfessionelle, staats- und wirtschaftspolitische Einstellung des Landesfürsten und seiner Regierung bedingte Art und Weise der zum Wiederaufbau des Landes durchgeführten Siedlungs- und Bevölkerungspolitik, die neben anderen Volksgruppen den Donauschwaben eine eigene Position und Funktion sicherte, die im eigenen „Kammerstaat" auch ohne besondere Institutionen für die Deutschen des Landes wahrgenommen werden konnte.

11. Die Zeit der Eigenständigkeit des Temscher Banates fand kulturell ihren Ausdruck in der Stilform des Barocks, in den Bauten ebenso wie in der Lebensweise der Menschen. (Nach Diplich).

7. Die Verteidigung der Heimat und Freiheit

Die feindlichen Naturkräfte, auf die die Siedler in der neuen Heimat trafen, bedrohten oft die Entwicklung und den Bestand unseres Volkes. Das veränderte Klima, die Wildnis mit ihren vielen Sümpfen und Morästen, das im Lande verbreitete Sumpffieber, die Cholera und Pest machten den Spruch zur Wahrheit:

„Die Ersten den Tod,
Die Zweiten die Not,
Die Dritten das Brot".

Tausende und Abertausende Siedler sanken im besten Alter dahin, gefällt von diesen feindlichen Naturkräften der neuen Heimat. Trotz dieser Bedrängnis ließen sie sich nicht unterkriegen. Angehörige anderer Völker (Spanier, Italiener) wurden von diesen Gefahren vertrieben oder von ihnen zermürbt. Die Deutschen hielten stand.

Verteidigung der Heimat gegen die Überschwemmungen. Großartiges leisteten die deutschen Siedler in der Verteidigung der Heimat gegen die Fluten der Donau, Theiß und anderer Flüsse. Viele deutsche Gemeinden liegen an den Ufern dieser Flüsse. Es sind aber die Felder, entlang diesen Flüssen, oft von Hochwasser und Überschwemmungen bedroht. Gegen die Fluten dieser Flüsse wurden mit der Zeit überall Dämme errichtet. Aber oftmals in der Vergangenheit geschah es, daß sie nicht standhielten. Was in jahrelanger mühsamer Arbeit aufgebaut war, zerstörten die Fluten der Überschwemmungen. Ganze Dörfer wurden vernichtet, der schwer bezwungene Heimatboden verwilderte und versandete wieder. Wenn die Elemente siegten, mußten die Menschen eben wieder mit dem Neuaufbau beginnen. Und die Schwaben begannen jedesmal. In diesem Kampf waren sie nicht zu besiegen.

Wenn heute ein wohlaufgebautes Dammnetz mit Entwässerungsanlagen die pannonische Heimat vor den jährlichen Überschwemmungen beschützt, so ist das nicht zuletzt der Erfolg der Arbeit der donauschwäbischen Vorfahren. Erst durch die Urbar-

Überschwemmung Zeichnung von Sebastian Leicht

Kanalbrücke Zeichnung von Sebastian Leicht

machung und Kultivierung dieser Gebiete, an der diese mit ihrem Fleiß und ihrer Ausdauer hervorragend beteiligt waren, wurden die finanziellen Voraussetzungen für den Aufbau und das Instandhalten eines solchen Abwehrsystems geschaffen. Die hohen Ausgaben waren nur durch einen entsprechenden Nutzen zu rechtfertigen. Ohne die Ansiedlung der Deutschen und ihre Arbeit wäre eine solche Vorbedingung nicht vorhanden gewesen.

Verteidigung der Heimat gegen das Grundwasser. Gleich bei der Landnahme wurden die Siedler auch häufig von der Grundwassergefahr bedroht. Häuser stürzten ein, die Ernte ertrank und so kamen sie um die Früchte ihrer Arbeit. Durch den Ausbau eines umfangreichen Kanal- und Grabennetzes wurde auch diese Gefahr nach und nach verdrängt. Auch der Ausbau solcher Entwässerungsanlagen war erst möglich, nachdem die wirtschaftliche Tüchtigkeit der Ansiedler die Gewähr bot, daß sich eine solche Geldanlage bezahlt machen wird.

Es kann daher gesagt werden, daß die Donauschwaben im Kampf um die Bezwingung der feindlichen Naturkräfte unseres Heimatbodens Hervorragendes geleistet haben. Durch ihren Kampf und ihre ausdauernde Arbeit gaben sie der pannonischen Heimat ein neues Gesicht.

Die Deutschen in der Militärgrenze. Das friedliche Aufbau- und Verteidigungswerk der Donauschwaben gelang nur deshalb, weil ein planmäßiges Verteidigungssystem

Die Militärgrenze um 1815

vor feindlichen Angriffen schützte. Als Kaiser und Reich nach der Befreiung Wiens und des Donauraumes die Türken nicht endgültig aus Europa verdrängen und nach größten Anstrengungen und langwierigen Türkenkriegen das Land nur bis zur Donau und Sawe halten konnten, erweiterte der Kaiser zum Schutze des befreiten Landes die ab 1522/26 errichtete Militärgrenze. Sie erstreckte sich von der Adria, entlang der Flüsse Kupa, Sawe, Donau, Theiß und Marosch bis zu den Karpaten. Wer in der Militärgrenze siedelte, war wehr- und kriegspflichtig. Unter der Leitung kaiserlicher Offiziere sicherte deutscher Verteidigungs- und Führungswille das Reich, das ganze deutsche Volk und Mitteleuropa vor Vorstößen und Gefahren aus dem Osten. Die Bevölkerung des Grenzgebietes bestand hauptsächlich aus Serben, die sich durch Flucht der türkischen Knechtschaft entzogen und in Österreich Heimat und Schutz fanden. Unter den Bauernsoldaten der Militärgrenze, die als des Reiches Hofzaun bezeichnet wird, befanden sich auch deutsche Kolonisten.

In den Jahren 1761–1766 wurde die Banater Militärgrenze organisiert. In dieser wurde neben dem Illyrischen Regiment auch ein Deutsches Regiment in der Pantschowaer Gegend aufgestellt. Im Bereich dieses Deutschen Regimentes siedelten zahlreiche Deutsche. Dienst- und Unterrichtssprache in der Schule war bei diesem Regiment die deutsche Sprache. Im Laufe des 19. Jahrhunderts, bis 1870, wurden in der Militärgrenze noch 12 deutsche Gemeinden angelegt. So haben die Donauschwaben auch hier in der Militärgrenze Heimat, Volk und Reich beschützt und verteidigt. Pflichtbewußt erfüllten sie Schulter an Schulter mit den anderen Völkern ihres Heimatlandes ihre Aufgabe.

Neben der militärischen Bedeutung hat die Besiedlung der Militärgrenze auch einen wirtschaftlichen Wert: fruchtbare Gebiete wurden dadurch urbar gemacht und der Bewirtschaftung zugeführt. Dämme wurden erbaut, Flüsse schiffbar gemacht, zahlreiche Kanäle errichtet und Sümpfe trockengelegt. In Karlowitz legten die Serben, in Werschetz und Weißkirchen die Deutschen ertragreiche Weingärten an. Die großen Kohlen- und Erzlager bei Orawitza und Reschitz, die weltberühmten Schwefelquellen von Herkulesbad wurden vom rumänisch-banater Grenzregiment erschlossen. Von großer Bedeutung für ganz Europa war die sanitäre Aufgabe der Militärgrenze. Durch Errichtung des Sanitätskordons wurde die asiatische Beulenpest, der Schwarze Tod, erfolgreich abgewehrt. Bei Pestgefahr wurde die Grenzwacht verdreifacht, Menschen, Tiere und Wagen festgehalten und Kleider und Briefe desinfiziert. So war dank der Militärgrenze die Pest im Abendland erloschen. Im 19. Jahrhundert entstanden vor den Grenzen Österreichs kleine Staaten, die sich vom Türkenjoche befreit hatten. Die Militärgrenze wurde als überflüssig befunden und dem Drängen der Madjaren geopfert. Nach fast 350jährigem Bestehen wurde dieser Hofzaun des Abendlandes und Schutzwall Europas aufgelöst, 1873 die Banater, 1881 die kroatisch-slawonische Grenze. Die Grenzer waren gegen die Auflösung. Kaiser Franz Joseph mußte selbst nach Weißkirchen kommen und sie zum Nachgeben bewegen. Die Gebiete der aufgelösten Militärgrenze schlossen sich Ungarn und Kroatien an. Mit ihr zerbrach eine starke Klammer der Monarchie.

Bei der Seßhaftmachung der angeworbenen deutschen Siedler ebenso wie bei der Verwendung der geflüchteten Serben als Soldatenbauern im Militärgrenzbezirk, nahm

Hennemann-Wappen vom Kaiser 1792 verliehen

Johann Jakob Hennemann, Verteidiger der Heimat 1788 1744–1792

der Kaiser zum Wohle der Betroffenen und im Interesse des Gesamtstaates eine Aufgabenteilung vor: die Donauschwaben „eroberten das Land mit der Pflugschar als Kinder des Friedens", während die Serben als Bauernsoldaten mit dem Schwerte für Kaiser und Gesamtstaat Kriegsdienst leisteten. Dabei ist zu erkennen, daß sich das Werk der Donauschwaben in ihren Kameral- und Freibauerngemeinden und im kaiserlichen Kronland einerseits, die Leistung der Serben als Bauernsoldaten in der Militärgrenze andererseits gegenseitig bedingten und ergänzten.

Johann Jakob Hennemann. Eine äußere Bedrohung erwuchs für die Donauschwaben, für ihr Werk und Leben, durch die bedrohliche Nachbarschaft der Türken. Im Anschluß an die Befreiungskriege war eine endgültige Vertreibung der Türken aus Europa nicht gelungen. Erst dadurch wäre dem Ansiedlungswerk der Habsburger im Donauraum ein ungestörter Verlauf beschieden gewesen. Weil aber das christliche Frankreich dem Kaiser und dem deutschen Volke in den Rücken fiel, mußte mit den Türken im Friedensschluß ein Ausgleich gefunden werden. Dieser brachte für das Aufbauwerk im Donauland Gefahrenmomente. Die Militärgrenze sollte die Sicherung gegen den Angriffsgeist der Türken darstellen. Aber auch diese vermochte einige Male den Vorstoß der Türken nicht aufzuhalten. Der erste Durchbruch gelang in den Jahren

1738/39. In einer ähnlichen Situation befand sich die Heimat der Donauschwaben mit ihren Siedlern auch bei dem zweiten Vorstoß der Türken.

Im Jahre 1788 kam es zwischen Österreich und den Türken wieder zu einem Krieg. Dem österreichischen Heere fehlte diesmal der Schwung aus der Zeit der Befreiungskriege. Es gelang den Türken, über die Donau in das Banat vorzustoßen. Wieder zog sich das kaiserliche Heer in das Innere des Landes zurück und überließ die schwäbischen Siedlungen im Südbanat ihrem schrecklichen Schicksal. Vor den Greueln des Krieges flohen 40 000 Familien, größtenteils Deutsche, nach Norden, 147 Ortschaften, unter ihnen Weißkirchen und Pantschowa, gingen in Flammen auf und wurden von den Türken und Rebellen ausgeplündert und vernichtet. In Temeschwar sammelte sich das kaiserliche Heer und erwartete die Belagerung. Selbst in Wien war die Angst vor einem Türkeneinfall groß. Diesmal lebte aber in den donauschwäbischen Siedlern schon soviel Selbstbehauptungswille und Verbundenheit mit Heimat und Werk, daß sie sichtbaren Ausdruck in der Gestalt Johann Jakob Hennemanns und seiner Mithelfer fanden. Hennemann stellte sich freiwillig mit 70 deutschen und 5 serbischen Männern dem Feinde, den Mächten der Vernichtung. Als die Ansiedler, der behördlichen und militärischen Aufforderung gemäß, dem zurückflutenden kaiserlichen Heere nachziehen, bleibt er mit seinen 75 Getreuen zurück, um den Versuch zu wagen, die Heimatstadt gegen den vordringenden übermächtigen Feind zu verteidigen und zu retten.

Hennemann entwirft eine kluge und listenreiche Verteidigung. Er täuscht dem Feinde vor, daß sich das ganze kaiserliche Heer noch in den Mauern der Stadt Werschetz aufhalte. Er selbst leitet, Tag und Nacht, vom Turm der Werschetzer Kirche aus, die Verteidigung. Von hier aus kann er alle Bewegungen des Feindes, bis weit hinein in das Vorfeld der Stadt, genau verfolgen, um rechtzeitig seine Gegenmaßnahmen wirksam werden zu lassen. Die Befestigung der Stadt, die Wälle, die sie umgeben, werden ausgebaut und ständig bewacht. Kleine Abteilungen seiner Leute bewegen sich fortlaufend unter Trompeten und Trommelschlag durch die Stadt und über die Wälle, um dem Feind den Eindruck eines großen Heerlagers vorzutäuschen. Kam ein Erkundungstrupp des Feindes zu nahe an die Stadt, mußte er rechtzeitig vertrieben, abgefangen und unschädlich gemacht werden. Nach und nach sammelte sich ein Heer von mehr als 30 000 Türken vor der Stadt und wagte nicht den weiteren Vorstoß in das Innere des Landes, dem kaiserlichen Heere nach. Fünf Wochen hielt Hennemann mit seiner tapferen Schar den Feind zum Narren, unter unsäglichen Anstrengungen und Gefahren, nur das eine Ziel vor Augen: die Vernichtung zu vereiteln und die Heimat zu retten. In dieser Zeit aber konnte sich das kaiserliche Heer von seiner Unentschlossenheit erholen und zum Gegenangriff ausholen. Als der lang erwartete Gegenangriff der Kaiserlichen endlich kam und die Stadt Werschetz, Hennemann und seine tapferen Kampfgenossen befreite, da erst zeigte sich, welch großartige Heldentat die einfachen donauschwäbischen Bauern vollbracht hatten. So war nicht nur die Stadt Werschetz vor der Vernichtung gerettet, auch ihre ganze nähere und weitere Umgebung war vor Verwüstung und Plünderung der Türken und Aufständischen bewahrt worden. Das kaiserliche Heer konnte in der wohlbehaltenen Stadt und ihrer Umgebung günstige Winter-

Josef Ferger, 1783–1816
mit seinen Getreuen gegen grundherrliche Willkür in Bleyersdorf/Tscheb 1812

quartiere beziehen und im nächsten Frühjahr mit Erfolg diesen unrühmlichen Türkenkrieg beenden.

Der Kaiser zollte nachträglich dem tapferen und heldenmütigen Johann Jakob Hennemann seine Anerkennung. Für seine Heldentat wurde er in den Adelsstand erhoben, seine Familie erhielt 80 Joch Feld und seine Kinder und Kindeskinder führten mit Stolz den Adelstitel ihres Heldenahnen: „Edler von Hennemann".

Die Donauschwaben verehren Hennemann nicht allein seiner heldenmütigen Tat wegen, sondern wegen seiner Treue und Tapferkeit, wegen seiner Verbundenheit der Heimat gegenüber, wegen seiner Bereitschaft, das selbstgeschaffene Werk friedlicher Arbeit vor aller Bedrohung und Gefahr durch feindliche, zerstörende Mächte zu bewahren und zu retten.

Gegen herrschaftliche Willkür. Im Batscherland, wo Deutsche in Dörfern privater Grundherrn eigentlich nicht sehr zahlreich siedelten, erwarb sich die adelige Familie Marffy im Jahre 1791 die Gemarkung Tscheb, die hierauf von seit 1730 in der Gemeinde ansässigen Serben wegen der Willkür des Grundherrn auf eigenen Antrag verlassen wurde. Anstelle der Serben gewann der Grundherr aus umliegenden deutschen Gemeinden siedlungswillige Bauern, die sich aufgrund der üblichen Kontrakte in Tscheb niederließen. Der inzwischen 1802 als Vertreter des Batscher Komitates in den Landtag delegierte Leopold Marffy änderte sein willkürliches Verhalten auch seinen deutschen Bauern gegenüber nicht. Laufende Willkürakte und Grausamkeiten empörten die deutschen Siedler derart, daß sie 1802 das Schloß des Grundherrn stürmten. Als die Komitatsbehörde daraufhin den Klage führenden Gemeinderichter absetzte, gegen den Grundherrn aber nichts unternahm, griff der Bauer Josef *Ferger* mit zwölf entschlossenen Männern zur Selbstverteidigung. Der aus Pest heimkehrende Marffy fiel unter den Kugeln der Verschwörer. Erst nach Jahren konnten die Täter ausfindig gemacht und verurteilt werden. (Nach Anton Scherer)

Verteidigung gegen nationale Gefahren. Einmal zur nationalen Selbstbesinnung erwacht, war den nationalen Bestrebungen der Südostvölker kein Einhalt mehr zu gebieten. Eine ungeahnte Stärkung ihrer nationalen Stellung gewannen diejenigen unter ihnen, die ihre nationalen Forderungen mit der Sonderstellung eines ihrer Siedlungsgebiete verbinden konnten. Das war besonders bei den Madjaren und Kroaten der Fall. Die einen betrachteten das Stephansreich als ihr nationales Territorium, die anderen das ehemals selbständige Königreich Kroatien. Beide lehnten einen gesamtstaatlichen Zentralismus ab, strebten aber einen viel strafferen Landeszentralismus an. Es waren aber diese Gebiete schon längst nicht mehr von einem nationalen Element allein besiedelt. Es brachte ein solcher Landeszentralismus auch nicht die wirkliche Gleichberechtigung der Nationalitäten, sondern die Herrschaft des sich bevorrechtet dünkenden Staatsvolkes über andersethnische Minderheiten.

Die nationalpolitische Aktivität des Madjarentums bewegte sich in drei Richtungen:

1. In einer Abwehr der absolutistischen Bestrebungen Wiens, gekoppelt mit der Forderung, die ständischen Rechte zu erweitern;
2. In der Durchführung von Reformen, die aber immer in erster Linie den privilegierten Ständen zum Vorteile gereichen sollten;
3. In der Ausbreitung der madjarischen Sprache, die unter dem Deckmantel des Hungarismus (Patriotismus) in dieser Zeit erfolgte.

Widerstand gegen sprachlich-nationale Überfremdung. Als Reaktion auf die mißverstandene Reformtätigkeit Kaiser Josefs II. meldeten die Madjaren ihre Ansprüche an. Bereits seit dem Landtag 1790/91 kam die Madjarisierung auf literarischem und kulturellem Gebiete in Gang. Den gewaltigen Anstrengungen des ungarischen Nationalismus gelang es, die ungarische Sprache, Tracht, Erziehung und Lebensweise noch vor 1848 modern zu machen. Die ungarischen Städte madjarisierten sich auch gleichsam aus Mode, etwas Gewalt war freilich auch dahinter. Die Komitate erfaßten mit ihren Madjarisierungsmaßnahmen fast alle Bereiche des politischen, kulturellen, kirchlichen und wirtschaftlichen Lebens. Madjarisch wurde die Verhandlungs- und Verkehrssprache der Komitate, bei den Zünften, in Gemeinden, Kirchen und Schulen. Schon 1792 verlangte man die Kenntnis der madjarischen Sprache von allen ungarischen Beamten, ordnete an, alle Matrikel madjarisch zu führen, ersetzte 1836 die lateinische Staatssprache durch das Madjarische, schrieb 1840 den Geistlichen die Erlernung der madjarischen Sprache vor und führte 1844 die madjarische Sprache als ordentlichen Unterrichtsgegenstand in allen Schulen des Landes ein.

Die Folgen dieses nationalistischen Eifers der Madjaren waren beachtlich. Ein Großteil des städtischen deutschen Bürgertums wechselte aus der Haltung des ungarischen Patrioten (Hungaristen) in das Lager der national überzeugten Madjaren. Die rücksichtslose Madjarisierung bremste etwas das Festhalten am Hergebrachten im madjarischen Lager, aber auch der Widerstand der Nationalitäten verhinderte das erstrebte madjarische Ziel. Ein solcher Widerstand ist auch bei den Deutschen des Landes in mehreren Städten und auf dem Lande zu verzeichnen.

Die Beseitigung der gesamtstaatlichen territorialen Sonderstellung des kaiserlichen Kronlandes Temescher Banat im Jahre 1779 durch Maria Theresia erbrachte hier drei Ungarn einverleibte adelige Komitatsverwaltungen, die die Madjarisierung auch des selbstbewußten deutschen Bürgertums und des ganzen gesellschaftlichen Lebens in Temeschburg, dem Vorort dieser Landschaft, als eine ihrer Hauptaufgaben ansahen. Dabei hatten sie es vor allem auf die deutsche Normalschule/Lehrerbildungsanstalt und deren Direktor Albert *Karlitzky (1747–1803),* der gleichzeitig auch Landesschuldirektor war, abgesehen. Obwohl vom Kameralfonds errichtet und erhalten, maßten sich die Komitatsbehörden an, über die Anstalt zu verfügen. Gegen die Aufhebung richtete Karlitzky am 2. Mai 1790 eine Eingabe an den Kaiser. Darin protestierte er gegen die „dermal in Ungarn herrschende“ Grundsätze, „nämlich alles, was mit einer deutschen Verfassung eine Verwandtschaft hat, ohne zu untersuchen, ob es schlecht, oder ob es gut seie, zu vernichten“. Der wackere Schulmann bat auch den „gnädigsten Monarchen“, die „gränzlose Herrschsucht und die Zügellosigkeit“ der Komitatsbehörden in die gehörigen Schranken zu verweisen. Die ungarischen Behörden gaben aber den Kampf gegen das mittels eines Hofdekretes neuerlich bestätigte Schulinstitut nicht auf. Karlitzky erreichte in einer neuen Eingabe, daß er solange in seinem Amte bleiben konnte, bis sich eine seinen Verdiensten entsprechende Verwendung fand. 1793 wurde er trotz seiner Unkenntnis der ungarischen Sprache auch als Banater Proinspektor bestätigt. Damit war die Gefahr der überhasteten Einführung der ungarischen Sprache vorläufig beseitigt, der ungarische Sprachunterricht fand in der Normalschule stufenweise Eingang.

Als Karlitzky 1803 in Temeschburg starb, hinterließ er testamentarisch sein ganzes Vermögen der Banater katholischen Lehrerschaft. Sein über 25jähriges Wirken für die deutsche Schule ist von großer Bedeutung, seinen Protest gegen die Madjarisierung unterstützten auch der Magistrat der Stadt Temeschburg und das „Festungs Commando“. In vielen donauschwäbischen Gemeinden wurde bereits in dieser Zeit madjarischer Sprachunterricht eingeführt und durch die Erziehung den schwäbischen Kindern eine madjarische Gesinnung beigebracht. Nicht nur in den schwäbischen Gemeinden des Gebietes Sathmar, auch in anderen donauschwäbischen Siedlungsgebieten ist dieser Vorgang zu beobachten. Allerdings meldete sich auf dem Lande auch bald die donauschwäbische Abwehr gegen diese nationalistischen Übergriffe. Vom Tolnaer Dechantpfarrer Josef *Puksch (1755–1810)* stammt eine Denkschrift, in der er zu Beginn des 19. Jahrhunderts die Nachteile der Madjarisierung aufzeigte. Er verlangte, die höchste Regierung müsse die verschiedenen Nationen öffentlich in Schutz nehmen, es müßten alle Staatsbürger gleichberechtigt behandelt werden, der Staat habe in allen seinen Behörden den Untertanen in ihrer Muttersprache entgegenzutreten.

Als Ergebnis dieser gewaltigen Madjarisierungswelle stieg der Anteil der madjarischen Bevölkerung in der Zeit von 1784 bis zum Jahre 1842 von 29 v. H. auf 46 v. H., während sich der Anteil der Nichtmadjaren von 71 v. H. auf 54 v. H. verringerte. Dabei war die Fruchtbarkeit der Madjaren geringer als die anderer in Ungarn lebender Völker.

Kulturelle Selbstbesinnung. Der erstarkende Nationalismus des 19. Jahrhunderts brachte zuerst das deutsche Bürgertum in den Städten in nationale Bedrängnis. Die nationale Überfremdung und Verdrängung des deutschen Elementes erzeugte eine kulturelle Selbstbesinnung. Träger dieser deutschen Selbstbesinnung ist in Budapest Eduard *Glatz,*)* der Herausgeber der *„Pester Zeitung".* Um ihn sammelt sich ein ganzer Kreis hochgebildeter deutscher Männer. Allen diesen Männern geht es um die Rettung der bisherigen Kultur des deutschen Bürgertums, um den Bestand und die Zukunft, um die menschliche und sittliche Aufgabe dieser bürgerlichen deutschen Kultur. Sie lehnen politisch die nationalen Bestrebungen der Madjaren gar nicht ab. Sie glauben an die Möglichkeit und die Notwendigkeit des Fortbestandes deutscher Kultur auch in einem nach nationalen Grundsätzen geleiteten Staate.

In der Schrift „Das deutsche Element in Ungarn" brachten Glatz und seine Freunde ihre Ansichten zum Ausdruck. Dieser Vorstoß blieb vorläufig noch ohne praktische nationale Bedeutung für die Donauschwaben. Aber die Wirksamkeit von Eduard Glatz war eine notwendige Stufe in der Entwicklung zur nationalen Selbstbesinnung der Donauschwaben.

Die Donauschwaben als Verteidiger. Die Donauschwaben haben im ganzen Verlauf ihrer Geschichte einen Verteidigungskampf führen müssen. Sie mußten das unterworfene Donauland befreien; sie mußten nach der Ansiedlung die Wildnis bezwingen und sich gegen die Bedrohung eines unwirtlichen Landes verteidigen; sie mußten sich wirtschaftlich und biologisch in einem Völkermeer behaupten; und sie mußten in kultureller und nationalpolitischer Abwehr den Übergriffen anderer Völker standhalten. In diesem friedlichen Kampfe erbrachten sie viel Opfer an Gut und Blut. Gegen die drohenden Kräfte blieben sie letzten Endes immer siegreich. Sie gingen aus diesen Behauptungskämpfen gestärkt und gereift hervor. Die Leistungen aber, die sie durch Arbeit und Kampf hervorbrachten, dienten nicht nur ihnen allein, sie kamen auch den anderen Völkern, dem ganzen Lande und Staate zugute. Sie bezwangen die materielle Not und schufen sich eine Heimat, in der sie in Kirche, Schule und Gemeindeverwaltung die Muttersprache bis nach dem Ausgleich (1867) fast ungestört gebrauchen konnten. Sie wehrten auch die geistig-kulturelle Gefahr ab und waren dabei, sich eine eigene Kultur mit den erforderlichen Einrichtungen zu schaffen. Welche Kräfte sie in dieser Hinsicht einzusetzen vermochten, verdeutlichen uns der Dichter Nikolaus Lenau und der Arztforscher Ignaz Philipp Semmelweis. Alles das war möglich, weil die Monarchie in dieser Zeit sich nach der vom Kaiser und seiner Regierung geschützten Gerechtigkeit richtete.

*) Sein Bild Seite 156

Ignaz Philipp Semmelweis
Retter der Mütter (1818–1865)

Nikolaus Lenau (1802–1850)
ein Dichter der Weltliteratur

Das Haus in Lenauheim (Tschatad)/Banat, in dem Lenau 1802 geboren wurde

Nikolaus Lenau wurde 1802 in dem Banater Dorf Csatad/Lenauheim geboren und starb 1850 in Oberdöbling bei Wien. Der unstete Flüchtling und ewige Wanderer hatte eigentlich keine irdische Heimat, er bewegte sich in der Jugend in den pannonischen Heidelandschaften an der mittleren Donau, in seinen Mannesjahren von Wien bis ins Schwabenland am Neckar und versuchte sein Glück auch in der Neuen Welt, damit das Heimatsucher-Schicksal seiner vertriebenen donauschwäbischen Landsleute 100 Jahre später vorwegnehmend. Er gehört zu den größten lyrischen Dichtern der Weltliteratur. In seinen Schilf-, Wald- und Heideliedern hat er zuerst die Schönheiten der weiten pannonischen Tiefebene entdeckt, besungen und in die deutsche Literatur eingeführt. Die Internationale Lenau-Gesellschaft, deren Gründer und langjähriger Generalsekretär der donauschwäbische Schriftsteller und Kulturpolitiker Nikolaus *Britz* (1919–1982) war, bewahrt und pflegt das Werk dieses großen deutschen Dichters.

Geburtshaus des Arztforschers Ignaz Philipp Semmelweis (1818–1865) in Ofen

Ignaz Philipp Semmelweis, der Retter der Mütter. Als Sohn deutscher Eltern ist Semmelweis in der damals noch deutschen Stadt Ofen geboren. Nach seiner Ausbildung zum Arzt wirkte er in Wien und später in seiner Heimatstadt. Durch seine Entdeckung des Kindbettfiebers in Wien wurde er zum „Retter der Mütter“ und einem der größten Wohltäter der ganzen Menschheit. Seine Entdeckung war eine bahnbrechende Tat in der medizinischen Wissenschaft. Sie wurde erkauft durch schwerste Arbeit, Fleiß, Zähigkeit und Mut sowie in der Verteidigung des einmal als richtig Erkannten. Denn von der Richtigkeit seiner Entdeckung war man nicht sogleich überzeugt. Hervorragende Ärzte und Wissenschaftler waren dagegen und verlachten und verhöhnten Semmelweis. Er ließ sich aber nicht irre machen. Er suchte und arbeitete weiter, bis sich der zwingenden Logik seiner Darlegung und dem noch zwingenderen Beweis seiner Erfolge in der Heilung der Krankheit niemand mehr verschließen konnte. Der großen Tat folgten nachträglich auch die Anerkennung.

In Budapest errichtete ihm sein Heimatland ein Denkmal, ebenso die Donauschwaben nach ihrer Vertreibung im Hof der Universität Heidelberg 1971 auf die Initiative der Semmelweis-Vereinigung donauschwäbischer Heilberufler, geschaffen durch den donauschwäbischen Bildhauer Friedrich Müller (Torschau/München).

8. Staatliche Neugestaltung durch revolutionäre politische und militärische Aktionen

Aus den Kriegen gegen *Napoleon* und dem anschließenden Wiener Kongreß (1815) ging Österreich als Großmacht gestärkt hervor. Die Staatsführung lag weiterhin in den Händen des Herrschers und seiner Staatsmänner, das Volk hatte nichts zu sagen. Fürst *Metternich* gestaltete als maßgebender Politiker 30 Jahre lang die Außen- und Innenpolitik Österreichs. Alle neuen politischen Strömungen wurden unterdrückt und als staatsgefährlich bekämpft. In den ersten Jahren nach den Napoleonischen Kriegen sehnte sich das Volk nach Ruhe und erfreute sich des lange herbeigesehnten Friedens.

Clemens Fürst von Metternich 1773–1859, österr. Staatskanzler bis 1848

Felix Fürst zu Schwarzenberg 1800–1852, österr. Ministerpräsident seit 1848

Alfred Fürst zu Windischgrätz 1787–1862, österr. Heerführer

Gesellschaftliche Zustände vor der Revolution. Die Bürger legten in dieser Zeit großen Wert auf ein behagliches Leben im Familienkreis, doch pflegten sie auch die Geselligkeit. In dieser gesellschaftlichen Atmosphäre entfaltete sich eine eigenartige Kultur mit einer angenehmen Musik (Beethoven, Schubert, Lanner, Strauß), Malerei (Schwind, Spitzweg, Ferd. Waldmüller), Dichtung und Theater (Franz Grillparzer, Ferd. Raimund, Nestroy). Dieser Zeitabschnitt der Kulturgeschichte ist unter dem Namen Biedermeier bekannt.

Wirtschaftlich-technisch hat das Zeitalter der Aufklärung eine Entwicklung eingeleitet, die seit dem Ende des 18. Jahrhunderts zu gewaltigen Veränderungen führte. Aufgrund umwälzender Erfindungen vollzog sich eine industrielle Revolution, die auch heute noch im Gange ist. Mit der Erfindung der Dampfmaschine durch den Engländer James Watt um 1770 nahm dieses Zeitalter seinen Anfang. Sie rief eine Umstellung der bisherigen Arbeitsprozesse und Verkehrsverhältnisse hervor. In England und Westeuropa bestimmten Unternehmer mit Fabriken und Maschinen immer mehr die wirtschaftliche Erzeugung, die große Mengen von Gebrauchsgütern für die steigende Bevölkerung hervorbringen mußte. Männer, Frauen und Kinder in großer Zahl arbeiteten in den Fabriken bei geringem Lohn, oft bis zu 16 Stunden täglich, um ihren Lebensunterhalt zu verdienen. Die Not und Ausbeutung dieser Menschen schuf den Arbeiterstand als eine neue soziale Gruppierung, der seine trostlose Lage im Kampf gegen die mächtigen Unternehmer und die herrschenden staatlichen und kirchlichen Mächte zu verbessern trachtete.

Im politisch interessierten Bürgertum fanden die liberalen Ideen der Freiheit, Gleichberechtigung und Mitbestimmung wieder ihre Anhänger, die mit der herrschenden Regierungsform immer unzufriedener wurden, je länger sie anhielt. Doch nicht nur die Einzelmenschen und die erstarkenden neuen Berufsstände erstrebten die in der Französischen Revolution verkündeten Ideen, auch Völker und Volksgruppen glaubten sich berechtigt, in eigenen nationalen Bewegungen dieses Ziel anzustreben. Ihre Unterdrückung durch die absolute Regierung rief Unzufriedenheit hervor, die über das Bürgertum und die ewig aufbegehrenden Studenten auch auf die Bauern und Arbeiter übergriff, die wieder weniger an politischen Fragen als an einer Verbesserung ihrer wirtschaftlichen Verhältnisse interessiert waren. Den Bauern ging es darum, die Leibeigenschaft zu beseitigen, die Arbeiter wollten kürzere Arbeitszeit und höhere Löhne für ein menschenwürdiges Leben erreichen. So breitete sich bei Bürgern, Bauern und Arbeitern, aber auch bei Völkern und Volksgruppen, ein wachsender Unmut gegen *Metternich* und seine Regierung aus, die für alle Mißstände verantwortlich gemacht wurden. Mit Pressezensur und einer lästigen Polizei bekämpften sie alle liberalen und nationalen Regungen aufs schärfste, was zu Spannungen und Unruhen führte. Die politische Lage wurde noch gespannter, als nach dem Tode Kaiser *Franz I.* (1835) sein kränklicher und unfähiger Sohn *Ferdinand I.* die Herrschaft übernahm.

Die Neuordnung Europas. Das Erwachen der Völker und das Verlangen nach Mitbestimmung, durch die Ideen Johann Gottfried *Herders* und die Französische Revolution angefacht, war nicht mehr aufzuhalten. Die alte Ordnung der Fürsten und Staaten mußte dem revolutionären Willen der erwachten Völker nachgeben oder weichen. In der Habsburger Monarchie wurde der nationale Kampf der kleineren Völker immer mehr ein Streben, sich von der deutschen Führung und von Österreich zu lösen.

Das Jahr 1848 brachte Wirren und Unruhe über ganz Europa. In allen Ländern gärte es, das Volk verlangte nach Freiheit, es forderte seine Rechte. Die revolutionären Bewegungen, Forderungen, Ereignisse, Erfolge oder Mißerfolge in den einzelnen Ländern blieben nicht ohne Auswirkung aufeinander, sie wurden zu entscheidenden Faktoren der staatspolitischen Neuordnung, die das staatliche und politische Leben aller Staaten und Völker in Europa in ihrer Entwicklung bestimmten, auch das Leben und die Entwicklung der Inselgruppen des Volksstammes der Donauschwaben in seinen sechs Siedlungsgebieten im pannonischen Becken. Es gilt daher zu beachten: Das Verhalten und Handeln der Deutschen, Österreicher, der Madjaren, der Kroaten und Serben, vor allem aber auch das Verhalten und Handeln der Donauschwaben selbst, auch wenn es eines gemeinsamen Programmes entbehren sollte, das in seinen Grundsätzen aber doch einer einheitlichen Anschauung und Stellung entsprang, auch wenn es sich nur in vereinzelten Aktivitäten deutscher Kommunen oder Personen ausdrückte.

Das Streben nach deutscher Einheit. Die Februarrevolution in Frankreich griff auch nach Deutschland und Österreich über, es kam zu Demonstrationen und Kämpfen in Berlin und Wien, in Italien und Ungarn. In dem Drängen nach Neuordnung des staatlichen Lebens ging es neben sozialen und politischen Fragen in deutschen Landen vor allem auch um die Schaffung des deutschen Nationalstaates, in dem Könige, Großherzöge, Herzöge und Fürsten der deutschen Mittel- und Kleinstaaten aufgehen sollten. Die in Gang gesetzten Vorgänge, die deutsche Einheit zu erwirken, führten zu Entwicklungen, die bestimmte Verhältnisse und Zustände für alle Deutschen, auch für die in den österreichischen, böhmischen und ungarischen Erbländern, entstehen ließen.

In den Massenversammlungen ging es um die „Märzforderungen" der bürgerlichen Ideale: Bürgergarde, Presse- und Vereinsfreiheit, Geschworenengerichte, Verfassung und Gesamtvertretung der Nation. Die Regierungen in den Ländern gaben zunächst überall nach. Nach den ersten Erfolgen verlangten führende deutsche Gelehrte, Dichter und Persönlichkeiten eine deutsche Nationalversammlung, die über das weitere Schicksal des Deutschen Bundes entscheiden sollte. Sie wollten einen einheitlichen deutschen Staat schaffen, sie waren sich aber nicht über den Weg zur Erreichung der Einheit einig, und ebensowenig der machtpolitischen Schwierigkeiten bewußt, die sich bei der Verwirklichung dieses Vorhabens ergeben mußten. Am 18. Mai 1848 trat zu Frankfurt am Main, in der Paulskirche, ein deutsches Parlament zusammen. Die Österreicher waren mit 115 Abgeordneten vertreten, darunter auch die Vertrauensleute der Grenzlanddeutschen aus Böhmen, Mähren, Krain, Kärnten und der Steiermark, aber nicht die Inseldeutschen aus Ungarn (über 1 Million) und die Nichtdeutschen (Tschechen, Kroaten, Ungarn u. a.). Heinrich von *Gagern* übernahm das Amt des Vorsitzenden, *Erzherzog Johann* von Österreich sollte als Reichsverweser amtieren. Neben der Rivalität zwischen Österreich und Preußen kam im Parlament auch der Gegensatz zwischen „Großdeutschen" und „Kleindeutschen" zum Ausdruck, die sich fast gleich stark gegenüberstanden. Die Madjaren versuchten über einen eigenen Vertreter in Frankfurt/M. nicht nur die Deutsche Nationalversammlung, sondern auch die Westmächte Frankreich und England für sich und gegen Österreich zu beeinflussen. Die „Großdeutschen" wollten ein mächtiges Kaiserreich unter der Führung der Habsburger. Dabei erstrebten die Föderalisten unter ihnen ein föderatives Staatsgebilde, das Raum für die beiden deutschen Großmächte bieten sollte; den nichtdeutschen Gebieten sollte nationale Autonomie gewährt werden. Hingegen wollten die deutschen Republikaner einen demokratisch-republikanischen deutschen Einheitsstaat, der aus dem habsburgischen Länderverband die Deutschen herauslösen und sich einverleiben sollte. Das hätte allerdings die Zerreißung des Habsburgerreiches bedeutet. Die „Kleindeutschen" wollten Österreich aus seiner deutschen Stellung verdrängen und Preußen die führende Rolle im Deutschen Reich übertragen. Im Deutschen Zollverein (1833) hatte Preußen diese Stellung wirtschaftspolitisch bereits erlangt. Als die Nationalversammlung am 27. März 1849 mit einer kleinen Mehrheit, 267 gegen 262 Stimmen, für die kleindeutsche Lösung stimmte, rief Österreich am 5. April alle seine Abgeordneten aus Frankfurt zurück. Hierauf lehnte der König von Preußen die deutsche Kaiserkrone ab und berief auch die preußischen Abgeordneten aus der Paulskirche ab. Der Rest der Nationalversammlung wurde aufgelöst, der Deutsche Bund aber in der gleichen Form wie vor der Revolution unter dem Vorsitz Österreichs wieder hergestellt. Österreich blieb freilich mißtrauisch gegenüber Preußen. Das staatliche Leben wurde weiterhin von der Monarchie, dem Militär und der Bürokratie gestaltet, das Volk in seinen neuen Berufsständen gewann nur langsam Macht und Einfluß.

Die österreichische Revolution. In Wien demonstrierten am 13. März Studenten und Arbeiter und verlangten die Aufhebung der Zensur, eine Verfassung für ganz Österreich, Wahlen zu einem demokratischen Parlament und die Abdankung Metternichs. Es kam zu Zusammenstößen und es gab mehrere Tote (Märzgefallene). Kaiser Ferdinand I. versprach, die Wünsche der Demonstranten zu erfüllen. Ende April wurde die erste Verfassung verkündet. Darin war nur ein begrenztes Wahlrecht vorgesehen, das erst nach neuerlichen Unruhen erweitert wurde.

Die österreichische Revolution wurde getragen von dem josephinischen und liberal gesinnten Bürgertum der Städte, das verfassungsmäßig gesicherte Freiheiten forderte. Dieses deutsche Bürgertum übersah die Vielfalt der nationalen Zusammensetzung der Bevölkerung der Monarchie. Alle ethnischen Gruppen wollten jetzt zu den verkündeten Rechten und Freiheiten gelangen, aber auch bei der Ausübung der Herrschaft mitbestimmen. In den italienischen Provinzen und in Ungarn dachte man daran, sich von Wien unabhängig zu machen. Die slawischen Völker verlangten zumeist nur die Autonomie und waren sonst bereit, den gemeinsamen Staat mit dem Kaiser zu behalten.

Am 22. Juli trat der gewählte Reichstag in Wien zusammen. Auf Antrag des Bauernsohnes und Studenten Hans *Kudlich* beschloß er das wichtige Gesetz über die *Bauernbefreiung.* Damit hatten die Bauern ihr Ziel erreicht, für sie war die Revolution nicht mehr interessant.

Im Reichstag tauchte die Sprachenfrage auf. Die meist bäuerlichen 383 Deputierten gehörten neun Sprachgemeinschaften an,und unter ihnen gab es welche, die der deutschen Sprache nicht mächtig waren. Es zeigte sich, daß die Vertreter der verschiedenen slawischen Gruppen wohl die Mehrheit hatten, daß diese sich untereinander aber nicht in der eigenen Sprache verständigen konnten. Die Tschechen protestierten gegen die Behauptung, „es müsse eine Staatssprache geben und es gebe ja auch eine solche". Ihr Vertreter Rieger erklärte im Reichstag, er werde „ein solches Privilegium einer Nation nie anerkennen", ebensowenig wie er als freisinniger Mann eine privilegierte Religion anerkenne. Auch erklärte er, Österreich werde nur solange bestehen, wie die Slawen wollten. Mit der Frage der Staatssprache und der politischen Neuordnung warf sich in aller Eindringlichkeit das Problem des weiteren Zusammenlebens verschiedener Völker in einem multinationalen Gesamtreich auf. Bei der Behandlung dieser Existenzfrage mußten Machtproben ausgetragen werden, bei denen es um Sein oder Nichtsein des Vielvölkerstaates ging.

In der Auseinandersetzung um die deutsche Einheit mußte Österreich auch auf seine slawischen Völker Rücksicht nehmen. Diese waren für das Fortbestehen Österreichs als Großmacht. In seinem Absagebrief an das Frankfurter Vorparlament führte der tschechische Historiker Franz *Palacky* aus: „Wahrlich, existierte der österreichische Kaiserstaat nicht schon längst, man müßte im Interesse Europas, im Interesse der Humanität selbst sich beeilen, ihn zu schaffen ..."

Mit dem Zusammenbruch der alten Ordnung stellte sich eine Fülle von Fragen, die eine Antwort verlangten, von der Dynastie ebenso wie von den bestimmenden politischen Faktoren. Anstelle der bisherigen privilegierten verlangten bisher unterbewertete neue Stände, aber auch die bisher „unhistorischen" Völker und Volksgruppen ihre Existenz- und Zukunftssicherung. Entscheidend für die weitere Entwicklung und Gestaltung der ins Wanken geratenen Zustände wurden die maßgebenden politischen und militärischen Ratgeber und Helfer des Kaisers, aber auch die politischen Sprecher und Aktivisten der Stände und Völker, sowie das politische Konzept und die politische und militärische Macht, die sie für die Ordnung des Gesamtstaates sowie des nationalen Eigenlebens im Zusammenwirken mit den betroffenen andersnationalen Mitbewohnern einsetzen konnten. Die in Bewegung geratenen liberalen, sozialen und nationalen Kräfte, die mit ihren Ansprüchen zumeist gegeneinander standen, verlangten eine verstärkte Funktion des Kaisers in seiner Schiedsrichterstellung, die allerdings von dem unfähigen „Ferdinand dem Gütigen" nicht zu erwarten war. Es kam daher auf die Ratgeber und Helfer des Kaisers an, welche Funktion die zentrale politische Kraft im Staate ausüben konnte.

Drei Persönlichkeiten standen zur Verfügung, die die Entwicklung zu lenken und zu gestalten in der Lage gewesen wären: Windischgrätz, Radetzky und Franz Graf *Stadion.* Fürst Windischgrätz hätte die Fähigkeit gehabt, sich der Revolution entgegenzustellen. Der Hof hatte aber nicht den Mut, ihn schon zu Beginn der Unruhen mit den Vollmachten eines Diktators auszustatten. Feldmarschall *Radetzky* leistete in der Lombardei und in Venetien der Revolution erfolgreichen militärischen Widerstand und hielt die Soldaten aller Nationalitäten des Reiches unter den Fahnen. Franz Graf *Stadion* wahrte als Gouverneur in Galizien die Autorität des Beamtenkörpers, hielt den Umbau des Staates für erforderlich und suchte die nationalen Kräfte für die Erneuerung des Staates fruchtbar zu machen. *Jellačić (Jellatschitsch),* der zum Befehlshaber der Militärgrenze ernannte und zum Banus von Kroatien gewählte Helfer des Kaisers, war der Verfechter der Gleichberechtigung der Nationalitäten. Er verschrieb sich der nationalen Idee als einem neues Recht schaffenden Prinzip. Wien konnte er dafür nur gewinnen, wenn er damit zugleich „glückliche Chancen für die Gesamtmonarchie" brachte.

Es ging den revolutionären Kräften und den Regierenden in Wien um neue Grundlagen zu einem besseren Herrschaftssystem, in dem den Menschen und Völkern Freiheit und Mitbestimmung gesichert werden sollten. Diese Neuordnung zu erreichen, bemühte sich die Regierung, die in Ausschüssen und über Vertrauensleute sich Entwürfe ausarbeiten oder Denkschriften vorlegen ließ. Am meisten bereitete die Entwicklung in Ungarn Sorge. Sie in den Griff zu bekommen, mußte mit allen Mitteln unternommen werden. „Das Bestreben, Ungarn zu madjarisieren und als ganz selbständig von den übrigen österreichischen Ländern zu trennen, hat in erster Linie die Kraft, ja den Bestand der Gesamtmonarchie erschüttert und bedroht, in zweiter Linie Ungarn selbst."

Die österreichische Revolution. Die Niederwerfung des Oktoberaufstandes in Wien durch Fürst *Windischgrätz* ermöglichte die Aufnahme der militärischen Auseinandersetzung mit Ungarn. Auch ein neues Ministerium unter Fürst *Schwarzenberg* bemühte sich um die Durchsetzung der staatlichen Neuordnung, darin besonders als Innenminister Franz Graf *Stadion,* auf den große Hoffnungen gesetzt wurden. Diese drei Persönlichkeiten bestimmten jetzt für den Gesamtstaat die weitere Entwicklung. Leider waren sie sich nicht ganz einig über die Grundsätze der Regelung der staatspolitischen Probleme. Nach der Niederwerfung der madjarischen Rebellion sollte nach Windischgrätz die vormärzliche Lage hergestellt, nach Stadion der Karpatenraum im Rahmen der Reichseinheit unter Gleichberechtigung der Nationalitäten neu geordnet werden. Er wollte *den Länderverband* Österreich *in einen Völkerverband umwandeln.* Bei einer Beratung zwischen Schwarzenberg und Stadion mit Windischgrätz kam es zu Gegensätzen über die Vorstellung, die ungarischen Erbländer nach Nationalitäten in Distrikte zu gliedern, die mit den österreichischen Erbländern in den allgemeinen Verband des Kaiserreiches treten sollten. Die ungarischen Ratgeber von Windischgrätz lehnten ein solches Programm ab, auch *Jellačić* verhielt sich ausweichend. Stadion gelang es nicht, Windischgrätz für den vom Ministerrat genehmigten Entwurf zu gewinnen, auch im Verhalten zum Reichstag traten Unterschiede auf: Schwarzenberg betonte absolutistische Bestrebungen stärker, Stadion aber hielt weiterhin am konstitutionellen Programm fest. Stadion mußte sich anpassen, von der Bildung eines slowakischen Verwaltungsbezirkes Abstand nehmen, doch setzte er sich weiterhin bei Windischgrätz dafür ein, *„das in Ungarn ohnehin schwache deutsche Element zu kräftigen und ihm einen festeren Halt zu geben."*

Vor den Oktoberunruhen in Wien, denen der Kriegsminister Graf *Latour* zum Opfer fiel, begab sich der Hof nach dem festen Olmütz, der Reichstag zog sich aber nach Kremsier zurück. Hier widmete er sich ein Vierteljahr lang mit viel Sachkenntnis der Aufgabe, die Forderungen der Revolution für die Staatspraxis zu verwirklichen. Nach dem Vorbild der amerikanischen, englischen, französischen und belgischen freiheitlichen Verfassung kam ein Verfassungsentwurf zustande, der die grundlegenden Ideen des späteren politischen Lebens enthielt. Dabei berücksichtigte man eigene österreichische Probleme, die es sonst nirgends gab. Als revolutionär erwies sich der grundsätzliche Gegensatz zur bisherigen absolutistischen Staatsauffassung, ausgedrückt in dem Leitgedanken: „Alle Staatsgewalt geht vom Volke aus", und in der Bestimmung „vor dem Gesetz sind alle Staatsbürger gleich, nur im Gesetz kann die Freiheit ihre Schranken finden". Schwieriger als die Festlegung der Grundfreiheiten war die konstruktive Gestaltung des Staatsganzen in der Verfassung. Dabei mußte die Vielfalt des nationalen Zustandes und der historischen Entwicklung der Länder und Völker in Einklang gebracht werden. Der Kaiser als Klammer des Gesamtstaates und seiner Länder und Völker mußte in seiner Autorität und Funktion erhalten bleiben. Der Kremsierer Verfassungsentwurf sieht eine zwischen Kaiser und Parlament geteilte Zentralgewalt vor. Die gesamtstaatliche Einheit sollte eine Volkskammer mit 360 direkt gewählten Abgeordneten zum Audruck bringen, die Länder sollten in der Länderkammer vertreten sein, je Land durch sechs, je Kreis durch einen Abgeordneten. Die demokratisch abgestufte Selbstverwaltung war in den Kronländern (z. T. national gemischt), in den national abgegrenzten Kreisen und in den Gemeinden vorgesehen. Mit dieser Entscheidung für den Föderalismus der historischen Länder wurden die Weichen gegen die nationale Selbstverwaltung gestellt. Wenn auch der Grundsatz der Länderautonomie keine vollwertige Grundlage zur Lösung des Nationalitätenproblems bot, weil die sog. unhistorischen Völker nicht zu ihrem Recht kamen, so hätte die Realisierung der Kremsierer Verfassung den Staat der Habsburger politisch und wirtschaftlich zum modernsten seiner Zeit gemacht. Der Kaiser verweigerte seine Zustimmung. Die Demokratie erwies sich in ihrem Streben während der Revolution als reichsfeindlich und zerstörend, die Armee aber hatte den Staat gerettet, sie war der einzige sichere Faktor. Auch waren im Kremsier Reichstag und in seiner Verfassung die ungarischen Erbländer nicht einbezogen, die durch ihren Abfall die ihnen 1848 gewährte Sonderstellung verwirkt hatten. Schwarzenberg lehnte nicht nur die Verfassung ab, er löste auch den Reichstag auf.

Da Fürst Schwarzenberg als Großösterreicher an einer Neukonstituierung Deutschlands nur teilnehmen wollte bei der „Festhaltung der Idee, daß die sämtlichen zur österreichischen Monarchie gehörenden Provinzen untrennbar zu einem großen Reich vereinigt bleiben sollten", drängten ihn die Ereignisse in Frankfurt und in Ungarn zur Zusammenfassung aller Energien und zur Schaffung eines von dem einheitlichen Willen gelenkten Staates. Die von Alexander *Bach* im Auftrag der Regierung entworfene „Reichsverfassung", die am 4. März verkündet wurde, sollte die formelle Grundlage dieses Gesamtstaates sein. Die Verfassung enthielt so manche Anregung aus dem Kremsier-Entwurf und manchen demokratischen Gedanken. Der Grundsatz der Gemeindeautonomie: *„Die freie Gemeinde ist die Grundlage des freien Staates",* stand im Gemeindegesetz, das die Verfassung ergänzte.

Die Idee der Autonomie fand Eingang in den Landesverfassungen, die bis zum Zerfall der Monarchie wirksam blieben. Die „Reichsverfassung" anerkannte zum Teil ein politisches Recht des Volkes, aber weder gleiches Stimmrecht noch geheime Wahl. Der Staat stützte sich auf das Bürgertum. Es gab einen Reichstag mit einem Oberhaus und einem Unterhaus. Das Oberhaus ist eine Vertretung der Länder, das Unterhaus wird durch direkte Volkswahl gebildet. In einer Mischung von fortgeschrittenem Autonomismus und betontem Zentralismus sollte mit liberalen und konservativen politischen Kräften die Macht des Gesamtreiches und die freie Entfaltung der Einzelkräfte gesichert werden. Der Verfassung fehlte die Einrichtung der national abgegrenzten autonomen Kreise und es fehlte ihr vor allem die Zustimmung der Völker; besonders die Madjaren waren unter keinen Umständen bereit, sich mit dem Status einer Provinz wie jede andere abzufinden. Die Märzverfassung trat aber auch nicht in Kraft, sie wurde im Silvesterpatent 1851 wieder aufgehoben.

Die Revolution in Ungarn. Auf die Nachricht von der Revolution in Paris und Wien reagierte Ludwig *Kossuth* (1802-1894) sofort und forderte im ungarischen Landtag in Preßburg eine gemeinsame Verfassung, die allgemeine Steuerpflichtigkeit auch für den Adel, die Bauernbefreiung, die Pressefreiheit, ein liberales Wahlrecht und ein der Volksvertretung verantwortliches ungarisches Ministerium. Ferdinand I., von den Unruhen überrascht, erfüllte die Forderungen Kossuths. Am 22. März 1848 bildete der liberale Ludwig Graf *Batthyány* die erste ungarische Regierung, der aber keine Vertreter der Bauern und Nationalitäten angehörten. In aller Eile wurden Gesetze, die den

Ungarische Aufständische ermordeten österreichischen Feldmarschalleutnant Graf Lamberg 1848 in Pest

ungarischen Ständestaat in eine Demokratie verwandeln sollten, ausgearbeitet und am 11. April von Ferdinand V. sanktioniert. Dabei konnte in dieser kurzen Zeit das Verhältnis Ungarns zur Gesamtmonarchie und seine innerstaatliche Neuordnung, insbesondere auch die staatsrechtliche Stellung der Nationalitäten nicht in allen Einzelheiten geklärt werden. Kossuth setzte sich über lebenswichtige Interessen der Monarchie und der Nationalitäten bei der Durchsetzung seiner nationalistischen Absichten diktatorisch hinweg. Autonomiebestrebungen der Nichtmadjaren faßte man als Hochverrat gegen den ungarischen Staat auf. In Wien erkannte man die Gefährlichkeit der einseitigen ungarischen Reformen, die die Großmachtstellung und Einheit der Monarchie gefährdeten. Gemäßigte ungarische Kräfte, die einen Interessenausgleich anstrebten, um die Katastrophe abzuwenden, scheiterten an der Machtstellung Kossuths, die er sich unter dem Beifall einer radikal-revolutionären Minderheit aufbauen konnte. An die Trennung von Österreich und Absetzung der Dynastie dachte ursprünglich in Ungarn niemand, am wenigsten die auf die ungarische Verfassung vereidigte Armee. Als König *Ferdinand V.* am 3. Oktober den ungarischen Reichstag auflöste, erklärte dieser unter dem Einfluß Kossuths das königliche Manifest für ungesetzlich und sich selbst für unauflösbar. Er stellte eine ungarische Nationalarmee auf und ließ ohne Genehmigung Banknoten drucken. Nach der Abdankung Ferdinands V. am 2. Dezember 1848 zugunsten *Franz Josephs I.*, der durch den Krönungseid nicht gebunden war, hielt Arthur *Görgey*, der Oberkommandierende der ungarischen Armee, an der Legalität der von König Ferdinand V. sanktionierten Verfassung fest. Kossuth aber anerkannte den neuen Kaiser Franz Joseph I. nicht als König von Ungarn. Es begann jetzt eigentlich der ungarische Revolutionskrieg, in dem die Habsburger um die Legitimität ihrer Herrschaft und um den Bestand der Monarchie kämpften. Zunächst waren die kaiserlichen Truppen unter Fürst Windischgrätz und Jellačić (Jellatschitsch) erfolgreich, sie besetzten am 5. Januar 1849 sogar Ofenpest. Als aber am 4. März der österreichische Ministerpräsident Fürst Felix von Schwarzenberg eine gesamtstaatliche Verfassung erließ und darin Ungarn den übrigen Kronländern gleich behandelte, gelang es den empörten Ungarn unter Görgey, die kaiserliche Armee zurückzudrängen. Der ungarische Reichstag erklärte am 14. April 1849 in Debrezin das Haus Habsburg-Lothringen entgegen der Pragmatischen Sanktion für abgesetzt, proklamierte die Republik und Kossuth zum Reichsverweser. Diese Unabhängigkeitserklärung wurde sowohl von der Armee wie von der Mehrheit des Parlamentes wie des Volkes mit mehr Unbehagen als Begeisterung aufgenommen. Auch die monarchischen europäischen Westmächte lehnten eine solche Entwicklung in Ungarn ab. Görgey entsetzte die von den Kaiserlichen belagerte Festung Komorn und nahm am 21. Mai auch die Festung Ofen ein. Auf einem Treffen in Warschau vereinbarte Franz Joseph mit Zar Nikolaus I. von Rußland einen Beistandsvertrag, wonach russische Truppen zur Niederwerfung der Aufständischen nach Ungarn einmarschierten.

Von Westen her drangen die Österreicher unter General *Haynau* nach Ungarn vor, im Osten die russische Armee. Der Widerstand des tapfer kämpfenden ungarischen Heeres brach zusammen. Am 11. August 1849 dankte Kossuth ab und flüchtete in die Türkei, mit dem Rest der Armee kapitulierte Görgey am 13. August 1849 bei Hellburg (Világos) vor den Russen.

Das revolutionäre Verhalten der Serben. Am unmittelbarsten wirkte sich das Verhalten und Vorgehen der Serben auf die Donauschwaben aus, lebten sie doch in engster Nachbarschaft mit diesen. Über ihre Vertreter im Preßburger Parlament erfuhren die Serben von den revolutionären Bestrebungen der Madjaren aus erster Hand. Die Ereignisse der Revolution forderten die Serben zu eigenständiger Meinungsäußerung und politisch-militärischer Verhaltensweise und Aktivität heraus. In Versammlungen in Neusatz und Karlowitz verlangten sie vom ungarischen Parlament und der ungarischen Regierung die Anerkennung als eigene Nationalität, der ein eigenes Territorium mit eigener Hoheit und Regierungsgewalt zustehen sollte. Die Ausweitung der Zuständigkeit der ungarischen Regierung auf die Militärgrenze, vom Kaiser am 7. Mai verfügt, lehnten sie ab. Auf der illegal am 13. Mai in Karlowitz abgehaltenen Nationalversammlung forderten sie neben der Serbischen Wojwodschaft noch die Erhöhung des serbischen Erzbischofs zum Patriarchen und die Bestellung eines weltlichen Spitzenvertreters, eines Wojwoden. An die Spitze der serbischen Bewegung stellten sich Erzbischof *Rajačić (Rajatschitsch)*, der zum Patriarchen gewählt wurde, Georg Stratimirovic (Stratimirowitsch) und Miletic (Miletitsch). Zum Wojwoden wurde der Grenzeroberst Stefan *Schupljikatz* vorgeschlagen. Obwohl der Kaiser die Serben als seine Verbündeten

Ludwig Kossuth 1802–1894, Führer des Ungarn-aufstandes 1848

Josef Rajatschitsch (Rajačić) 1785–1861, Patriarch, Führer des serbischen Aufstandes 1848 gegen die Madjaren

Johann Nepomuk Preyer 1805–1888, Schriftsteller, Bürgermeister v. Temeschburg, bürgerlich-liberaler Demokrat

gegen das einseitige Vorgehen und die Übergriffe der Madjaren erkannte, mußte er der serbischen Deputation unter Patriarch *Rajačić (Rajatschitsch),* die ihm am 19. Juni 1848 in Innsbruck die Karlowitzer Beschlüsse vortrug, antworten: „Ich kann die Beschlüsse illegaler Konvente meiner orthodoxen Untertanen und eines Haufens Zugereister aus Serbien nicht bestätigen. Doch bin ich bereit, alle loyalen Wünsche, die mir auf legalem Wege unterbreitet werden, zu erfüllen. Nur der ungarische Landtag, die ungarische Regierung und Euer gesetzlicher Kongreß sind die Organe, über die Eure Wünsche geäußert werden können."

Da der Kaiser die serbischen Maßnahmen nicht anerkannte, waren selbstverständlich auch die Madjaren nicht bereit, das Vorgehen der Serben hinzunehmen: in ihren Augen waren die Serben ein Haufen rebellierender Haiduken (Räuber), denen sie keineswegs die Freiheiten zuzubilligen bereit waren, die sie für sich selbst in Anspruch nahmen. Nachdem die Serben ihre Forderungen mit militärischer Gewalt illegal gegen die Madjaren verwirklichen wollten, wurden sie in ihrem eigenen Vaterlande zu Rebellen und Vaterlandsverrätern. Was sich die Serben herausnahmen, ist mit Loyalität von Staatsbürgern nicht zu vereinbaren. Sie lehnten sich gegen Ungarn auf, bildeten eine eigene nationale Regierung (Narodni odbor) und ein eigenes militärisches Oberkommando, organisierten und bewaffneten eigene militärische Verbände, nahmen Waffen, wo sie sie fanden, auch vom benachbarten Serbien, von dessen Regierung sie auch finanzielle und militärische Hilfe in Form von Freiwilligen-Verbänden unter dem Kommando ausländischer Offiziere erhielten. Sie bildeten regierungsähnliche Organe und maßten sich Hoheitsrechte gegen andersnationale Staatsbürger an, die sie als Feinde betrachteten und behandelten, wenn diese sich ihnen nicht unterwarfen, die sie beraubten und ausplünderten, deren Gemeinden und Häuser sie niederbrannten. Sie kämpften unter serbischer Fahne und führten das serbische Wappen, sie erstrebten die Lostrennung des geplanten eigenen Territoriums von ihrem bisherigen Vaterland, seine Verselbständigung oder seinen Anschluß an Serbien oder an einen anderen Staat.

Josef Graf Jellatschitsch (Jellačić) 1801–1859, Banus von Kroatien und Verbündeter des Kaisers 1848

Stefan Schupljikatz (Schupljikac) 1786–1848, Grenzeroberst, Führer des Aufstandes der Serben

Franz Maderspach, † 1849, verteidigte Weißkirchen mit ung. und städtischer Miliz gegen die aufständischen Serben

Josef Schweidel 1796–1849, in Sombor geboren, General, unter den 13 hingerichteten ungarischen Heerführern in Arad 1849

Die Revolution bei den Kroaten. Auf die Entwicklung der staatsrechtlichen, nationalen und militärischen Verhältnisse während und nach der Revolution hat sich auch das Verhalten der Kroaten ausgewirkt. Als Vertreter der Kroaten kam zunächst Baron Franz Kulmer nach Wien. Auf seinen Vorschlag ernannte der Kaiser und König am 23. März 1848 den Grenzerobristen Josef Jellačić (Jellatschitsch) zum Banus von Kroatien und zum kommandierenden General der kroatischen Militärgrenze. Im neuen ungarischen Ministerium war kein kroatischer Minister vertreten, die Kroaten faßten das als Ablehnung ihrer staatsrechtlichen Existenz auf. Die Beziehungen zu Ungarn wurden abgebrochen und für den 18. Mai Neuwahlen ausgeschrieben. Die kroatische Nationalversammlung (Sabor) trat am 5. Juni zusammen, wobei der serbische Patriarch

Rajačić (Rajatschitsch) die Installation *Jellačićs* zum Banus vollzog. Die Kroaten übernahmen nicht die neuen ungarischen Gesetze, sondern erließen eigene Gesetze über die Aufhebung der Leibeigenschaft und der Privilegien der Adeligen. Zur gesamtstaatlichen Neuordnung vertraten die Kroaten einen föderalistischen Standpunkt. Ihr Konzept wollte die Monarchie nach dem Vorbild der Schweiz ordnen, mit eigenen Volksregierungen für die Länder, aber auch mit einem zentralen Parlament und einer Gesamtregierung in Wien für Außenpolitik, Heer, Finanzen und Handel. In Verhandlungen mit Ungarn verlangte Jellačić (Jellatschitsch), das ungarische Heeres- und Finanzministerium müsse sich mit dem entsprechenden Zentralministerium in Wien vereinigen. Andere ungarische Ministerien wollten die Kroaten nur anerkennen, wenn ihnen innere Unabhängigkeit und der allgemeine Gebrauch der kroatischen Sprache auch im ungarischen Reichstag garantiert werde. Als die Ungarn diese Bedingungen nicht annahmen, erklärte der Banus am 7. Sept. 1848 Ungarn den Krieg und verkündete: Wir wollen die Gleichheit und Gleichberechtigung aller Völker und Volksgruppen in den Ländern der ungarischen Krone. Bevor sich Jellačić (Jellatschitsch) zur Armee begab, bildete er noch die kroatische Regierung mit fünf Ministerien: für Justiz, Inneres, Kultus und Unterricht, Heerwesen, Wirtschaft und Finanzen. Mit einer Armee von 40 000 Mann überschritt er die Drau und bewegte sich in Richtung Ofen. In dieser Zeit trat der ungarische Ministerpräsident, Graf Batthyány, von seinem Amt zurück, worauf das ungarische Parlament Kossuth am 16. Sept. 1848 zum Präsidenten der Landesverteidigung ernannte. Am 29. Sept. kam es zwischen Jellačić (Jellatschitsch) und dem ungarischen Heer zum Kampf. Ohne die militärische Entscheidung herbeizuführen, setzte er sich gegen Wien ab, das er mit den Kaiserlichen unter Fürst Windischgrätz aus den Händen der Aufständischen befreite. Der neue Kaiser Franz Joseph I., der in seiner Proklamation vom 2. Dezember 1848 erklärte „aufgrund der Gleichberechtigung aller Volksstämme der Monarchie, der Gleichheit aller Staatsbürger vor dem Gesetz und unter Mitwirkung der Volksvertretung bei der Gesetzgebung" regieren zu wollen, ernannte Jellačić zum Gouverneur aller kroatischen Länder und den Kroaten Baron Franz Kulmer zum Minister in der Regierung Schwarzenberg, die für die ganze Monarchie zuständig war. Da Ungarn die Maßnahmen des neuen Kaisers nicht anerkannte, drang das kaiserliche Heer unter Windischgrätz und Jellačić nach Ungarn vor. Der Rückzug des ungarischen Heeres nach Ostungarn führte am 4. März zur Bekanntgabe der neuen Reichsverfassung, die vom Ministerium Schwarzenberg ohne Mitwirkung des Reichstages erlassen (oktroyiert) wurde. Die neue Reichsverfassung garantierte auch in Ungarn durch geeignete Einrichtungen die Gleichberechtigung aller Nationalitäten und Sprachen in allen Angelegenheiten des öffentlichen und bürgerlichen Lebens. § 72 sah eine eigene *Serbische Wojwodschaft* – von Ungarn und Kroatien getrennt – vor. Mit der Reichsverfassung waren die Kroaten auch unzufrieden, weil sie ihnen nicht die Sanktion ihrer verfassungsmäßigen Beschlüsse vom Juni 1848 brachte.

Das Verhalten der Deutschen in Kroatien. Auch in Kroatien waren die Deutschen für die Forderungen des liberalen Bürgertums und den Ausgleich der Gegensätze, aber gegen Krieg und Gewalt. So heißt es in dem Manifest der deutschen Bürger der königlichen Freistadt Esseg vom April 1848: „... Erstens wollen wir mit Kroatien wie bisher vereint bleiben, ohne jedoch den Verband mit Ungarn aufzulösen. Zweitens: Wir nehmen die Einführung der slawonischen Sprache und Protokolle in allen städtischen Angelegenheiten im Grundsatz freudig an, jedoch fordern wir, daß dieses Statut die deutsche Sprache nicht ausschließe, sondern so, wie selbe bisher in ökonomischen und politischen Verhandlungen im Gebrauch war, nunmehr auch in allen anderen Angelegenheiten, insoweit sie zur Öffentlichkeit gehören, beibehalten werde; dieses ist jedoch so verstanden, daß die deutsche Sprache in den Debatten gleichberechtigt sein soll... Wir verlangen nichts Unbilliges und reichen vertrauensvoll unseren slawonischen Brüdern die Hand zum Unterpfand der Freiheit, Gleichheit und Bruderliebe..."

Die Kroaten waren allerdings zu keinem Entgegenkommen bereit. Für sie bestand die Gleichberechtigung darin, auf dem von ihnen beanspruchten Territorium keine andere Sprache und keine andere Volksgruppe als die eigene anzuerkennen. In der Auseinandersetzung um die Neuordnung des Staates stellte sich das liberale Bürgertum der Stadt Esseg auf die Seite der Madjaren, da Kossuth verfassungsmäßige Einrichtungen für den ganzen österreichischen Staat forderte, der Kaiser aber die ungarische Verfassung, Regierung und die von dieser erlassenen ungarischen Gesetze anerkannt hatte. Am 30. Mai 1848 fuhr eine Abordnung unter Bürgermeister Alois *Schmidt* aus Esseg nach Ofenpest, um dem ungarischen Ministerium die Ergebenheit der Esseger Bürgerschaft zu erklären. Die Ernennung Jellačićs zum Banus von Kroatien wurde hingegen vom Esseger Stadtrat nicht anerkannt, bei der Einführung des Banus im Agramer Landtag nahm keine Vertretung aus Esseg teil. Als Jellačić später die Stadt durch seine Truppen einnahm, entzog er dem Großteil der Esseger Bürger das Wahlrecht. Erst 1850 gelang es in Wien, diese Zurücksetzung der Deutschen zu beseitigen, nachdem Jellačić auf ihre Bitte entgegnet hatte, wenn es ihnen nicht passe, könnten sie alle nach Amerika auswandern.

Die Stellung der Donauschwaben. Die Deutschen waren im ungarischen Erbland des Kaisers zumeist die stillen Wegbereiter der Freiheit und der friedlichen Umgestaltung der staatlichen Herrschaft. Man hat die Donauschwaben charakterisiert als „Kinder des Friedens und Helden der Arbeit" (Stephan Augsburger). Sie waren bereits im Wiederaufbau des Landes nach der Befreiung von der Türkenherrschaft die stärksten Stützen der k. k. Aufbauarbeit und der Reformen des aufgeklärten Absolutismus unter Maria Theresia (1740-1780) und Joseph II., in der Hebung und Befreiung des Bauernstandes sowie in dem Bestreben nach Gleichbehandlung aller Stände in der Beteiligung an den staatlichen Lasten und Wohltaten. Sie brachten den wirtschaftlichen und geistigen Fortschritt ins Land, dessen Träger das deutsche Bürgertum in den Städten war, das über eigene Druckereien und Zeitungen verfügte, die zur Übernahme und Verbreitung freiheitlich-fortschrittlicher Ideen aus dem Westen beitrugen. Auch in Zeiten der Reaktion gab es in ihren Reihen immer Kräfte, die sich für wirtschaftliche, soziale, nationale und politische Freiheit und Gleichberechtigung einsetzten. In allen Städten, in denen es deutsche Zeitungen gab, vor allem in Preßburg und Ofen, setzten diese sich für Freiheit und Fortschritt aller ein. In Temeschburg forderte der Schriftsteller Johann Nepomuk *Preyer,* der auch Bürgermeister der Stadt war, im Jahre 1838 in einem Buch für die soziale Gleichberechtigung die Befreiung von der Leibeigenschaft und eine gerechtere

Verteilung des Grundbesitzes. Doch waren es gerade auch wieder deutsche Vertreter, die sich gegen Übertreibungen und Übergriffe im geistig-ideologischen und nationalen Bereich zur Wehr setzten (Karlitzky, Puksch, Glatz, Nowak).

Zur Stellung der Deutschen heißt es in einem ungarischen, an den österreichischen Minister Bach gerichteten Memorandum: „Die Deutschen sind gewiß nicht res nullius, denn sie sind durch das kaiserliche Wort berufen, sich in diesem Lande niederzulassen. Sie baten nicht um Duldung auf ungarischem Boden wie die Serben, die als Flüchtlinge ins Land zogen, und doch soll dieses herrliche Element des Deutschtums Opfer werden einer anmaßenden, ungesetzlichen Macht und Autorität..."

Freilich war es für die Donauschwaben nicht einfach, ihre Stellung zu behaupten, da sie staatsrechtlich nicht ausreichend gesichert, in einer umkämpften Staatsordnung daher besonders bedroht waren. Aus ihrer als Gemeinschaft nicht ausgebauten Position und Funktion gerieten sie in dieser Zeit der Umwälzung und Neuordnung in das Kraftfeld der Völker und Volksgruppen, die in ihren Bereichen eigene freiheitlich-demokratische Bewegungen entwickelten und damit gewisse Forderungen aufstellten und Ergebnisse erzielten.

Die Weißkirchner verteidigen ihre Stadt. Nach dem Ausbruch der Revolution ging es um die Legalität der vom Kaiser und König getroffenen Entscheidungen. Die vom ungarischen Parlament geforderte ungarische Verfassung und Regierung wurden von König Ferdinand V. bestätigt. Hierauf leistete das auf ungarischem Boden stehende Heer den Eid auf die ungarische Verfassung, die Militärgrenze kam unter die ungarische Regierung. Das jetzt einsetzende einseitige Vorgehen der Madjaren drängte die Nationalitäten in den Widerstand, sie protestierten dagegen und verlangten vom Kaiser Schutz und Gleichberechtigung, die dieser ihnen auch zusicherte. Die Slowaken bekannten sich am 11. Mai 1848, die Serben unter Erzbischof Rajatschitsch (Rajačić) am 13. Mai in Karlowitz, die Rumänen am 15. Mai in Blasendorf zur Dynastie und zum österreichischen Gesamtstaat, die *Deutschen erwarteten,* die aus Weißkirchen im Banat verlangten sogar im Mai in einer Denkschrift *kaiserliche Direktiven für ihr Verhalten.* Nachdem der Kaiser und die Wiener Regierung die revolutionären madjarischen Forderungen bestätigt hatten, gab es für die Donauschwaben überhaupt keine direkte Verbindung mehr zum Kaiser und seinen Regierungsorganen. Sie anerkannten die Zuständigkeit Ungarns und fügten sich seinen gesetzlichen Anordnungen. Wenn die Serben und Kroaten sich in ihrem Vorgehen auf den Kaiser beriefen und mit kaiserlichen Offizieren und militärischen Einheiten gemeinsame Sache machten, fühlten die Donauschwaben sich nicht mehr wohl in ihrer Haut. Klar brachten ihren Gewissenskonflikt die Weißkirchner Bürger zum Ausdruck, die das brutal feindselige Vorgehen der Serben in Kriegszeiten aus Erfahrung kannten und sich gegen deren böse Übergriffe, die sie angeblich im Namen und gegen die Feinde des Kaisers verübten, zur Wehr setzen mußten.

Die Deutschen waren bestrebt, für Recht, Freiheit und Ordnung einzutreten, dem Kaiser und der Heimat die Treue zu halten. Sie standen ratlos da, als auf einmal gegensätzliche Parteien sich auf den Kaiser beriefen. In ihrer Ausweglosigkeit fertigten die Weißkirchner Bürger eine Denkschrift, die ihre Deputierten Johann *Schmitz,* Franz

Marquard und Gregor *Radulovics* dem Kaiser im Mai in Innsbruck überreichten. Darin heißt es: „...Diejenigen, welche den Aufstand leiten und organisieren, berufen sich ebenso auf den Willen E. Majestät, wie diejenigen, welche die Autorität allerhöchst Ihres ungarischen Ministeriums anerkennen. Eurer Majestät heiliger Name muß also von einer Seite mißbraucht werden, denn nur auf eine Art kann dem wahren Willen E. Majestät Genüge geschehen...In der Beantwortung dieser Frage liegt die Entscheidung für unser Verhalten, die gesetzmäßige Basis unserer politischen Existenz... Es bedarf nur eines einzigen kaiserlichen Wortes und die Ungewißheit, welche der Quell aller Wirrnisse ist, hat aufgehört..."

Sie erhielten aber keine richtige Antwort. Im Beisein Jellačić soll Ferdinand geäußert haben, daß er für die Weißkirchner speziell nichts tun könne, da ja auch die Grenzer seine getreuen Untertanen wären! So blieben mit den Weißkirchnern alle Donauschwaben, außer denen in den Festungsstädten, auf sich allein gestellt. Die Weißkirchner waren entschlossen, sich selbst zu helfen. Vom Generalkommando in Temeschburg erhielten sie den k. k. Hauptmann Franz *Maderspach* zugeteilt. Dieser organisierte aus der Nationalgarde und den Bürgern der Kommunität ein Bataillon mit sechs Kompagnien und 1800 Mann zum Schutze der Stadt. Diese städtische Bürgermiliz stand unter ungarischer Nationalfahne, da die Stadt sie ja aufgrund der gesetzlichen Anordnung der ungarischen Regierung errichtet hatte.

Die serbischen Streitkräfte hatten sich in mehreren Abteilungen organisiert. Sie kämpften sowohl unter kaiserlicher als auch serbischer Nationalfahne und verlangten die Übergabe der Stadt. Der Kommandant des Banater-Illyrischen Regiments in Weißkirchen, Oberstleutnant Dreihann, riet den Bürgern, sich den serbischen Forderungen zu fügen. Die Weißkirchner wiesen diesen Rat als Zumutung zurück. Die Offiziere des Banater-Illyrischen Regiments übergaben Waffen, Munition und Vorräte und verließen die Stadt. Maderspach übernahm am 1. August das Regiments- und Stadtkommando. Die Serben verlangten Antwort auf die Frage, ob die Weißkirchner Bürger als Freunde oder Feinde zu betrachten seien. Am 1. August antwortete der Weißkirchner Magistrat: „Wir sind bereit, Räuber und Rebellen so zu empfangen, wie das Gesetz es vorschreibt... Alle weiteren Verhandlungen hören auf und jeder Abgeordnete von Eurer Seite wird als Teilnehmer der Rebellion gefangen genommen und nach dem Strafgesetze behandelt."

Der kaiserliche Kommandant von Werschetz, Oberst Friedrich von Blomberg, schickte den Weißkirchnern auf Verlangen beträchtliche Hilfe, zog sich aber am 4. August bereits wieder zurück. Als Ersatz erhielten sie 750 Nationalgardisten vom Temescher Komitate. Am 19. August griffen die Serben mit 6000 Mann vor Tagesanbruch an. Auch Knićanin mit seinen Serbianern war unter den Angreifern. Einige Serben hatten sich schon am Tag vorher in die Stadt eingeschlichen und bei serbischen Familien Unterschlupf gefunden. Der Kampf dauerte 13 Stunden. Die Serben zündeten die Häuser an, plünderten und verschonten auch die schutzlosen Greise, Weiber und Kinder nicht. Wenn die Weißkirchner vor dem schrecklichen Blutbad und den Greueltaten des Feindes nicht zurückwichen, sich immer wieder aufrafften und angriffen, um ihre Familien und Heimat vor der Unfreiheit und Vernichtung zu bewahren, „dann gebührt das Hauptverdienst dem tapferen Maderspach, der durch seine Kaltblütigkeit und Klugheit, durch seine energische, zu allen Opfern bereite Haltung und seltene Ehrenhaftigkeit das Vertrauen seines von ihm befehligten Volkes in so großen Maße besaß, daß er es den ganzen Tag hindurch in unverzagtem Kampfe zu erhalten wußte."

Als der Kampf aus war, erschien Oberst Blomberg mit kaiserlichen Einheiten aus Werschetz, sie brauchten aber keinen Schuß mehr zu tun. In Verbindung mit den Vorgängen am 19. und 20. August in Weißkirchen verdient anerkannt zu werden, daß mehrere Serben sich der gefangenen Deutschen annahmen, tags darauf viele Deutsche verfolgte Serben bei sich versteckten und retteten. Den Sieg der Weißkirchner in der Schlacht um ihre Heimatstadt begrüßte der „Verein der Deutschen in Österreich" in einer Grußbotschaft vom 13. September 1848. Darin heißt es: *„Brüder!* Im heiligsten Kampfe habt ihr die Bürgerkrone erkämpft! Nicht schnöder Sold, nicht räuberischer Länderdurst, nicht knechtischer Gehorsam führte Euch dem Feind entgegen. Für das Theuerste habt ihr geblutet, Euer Leben eingesetzt, Weib und Kind zu retten, Haus und Hof zu schützen, und im Kampfe für eine vernünftige Freiheit, für eine rechtmäßige Regierung ist es Euch gottlob gelungen, die frechen Räuber zurückzuschlagen. Auf den rauchenden Trümmern Eurer eingeäscherten Häuser, inmitten der Opfer, die durch eine entmenschte Horde gefallen sind, sehen wir Euch gegen rohe Übermacht und serbischen Verrath fest ausharren und sind stolz auf Euch Brüder, die Ihr die Ehre des deutschen Namens auf fremdem Boden aufrecht erhaltet!... Wir werden unsere ganze Kraft anwenden, das düstere Schicksal der Deutschen an den Grenzen der zivilisierten Menschheit zu wenden, und rufen Euch zu: Verzweifelt nicht, haltet aus im gerechten Kampfe, denn Gott verläßt die Seinen nicht!"

Was der Kaiser nicht tat, vielleicht auch nicht tun konnte, die heldenmütige Verteidigung ihrer Heimatstadt und Familien vor Raub und Vernichtung anzuerkennen, die Verteidiger zu würdigen und zu ehren, die freiheitlich-demokratisch und deutsch gesinnten Bürger des Vereins der Deutschen in Österreich sprachen es stellvertretend für das deutsche Volk aus, indem sie auf den Sinn, die Bedeutung und Folgen des Kampfes in dieser Zeit und in diesem Raum hinwiesen. Wenn die Deutschen in Ungarn nicht auch andernorts klarer für den Kaiser und die Heimat Stellung bezogen, für Freiheit, Gleichberechtigung und die rechtmäßige Regierung, nicht nur gegen die Serben, sondern auch gegen andere unrechtmäßige Rebellen und Gefährdungen des gemeinsamen Staates, dann ist das vor allem darauf zurückzuführen, daß der Kaiser mit seinen Ratgebern die Donauschwaben tatsächlich nur ganz und gar unzulänglich als Faktor der Selbstbehauptung und Stärkung der Monarchie berücksichtigte. Er stützte sich mehr auf Kroaten und Serben, auf die ewig unzufriedenen Madjaren, sogar auf Slowaken, Rumänen und Ruthenen, überließ aber die über eine Million zählende Gemeinschaft der Donauschwaben sich selbst, ohne sie durch erforderliche Institutionen in eigener Position für ihre staatserhaltende Funktion zu stärken. Wie die Weißkirchner, waren die Donauschwaben insgesamt Faktoren des Rechts, der Ordnung, der Freiheit und Gleichberechtigung. Es fehlten ihnen zumeist nur die Maderspachs, die führenden Vertreter, Verteidiger und Beschützer mit klarem Auftrag und gesetzmäßiger Vollmacht. Dann wären sie noch mehr imstande gewesen, Kräfte der Zerstörung wirksam zu besiegen.

Die Schlacht um Pantschowa. In ihrem Bemühen, mit den rebellierenden Madjaren fertig zu werden, stützte sich die österreichische Staatsführung auf die Kroaten und Serben, deren Potential ihr in der Militärgrenze zur Verfügung stand. Noch bevor der Kaiser die serbischen Beschlüsse anerkannte, versuchten die Serben mit allen Mitteln, diese zu verwirklichen. Sie organisierten ihre militärischen Kräfte, die sich aus Einheiten der Militärgrenze, aus freiwilligen Verbänden aus Serbien und aus freiwilligen Bürgerwehren zusammensetzten. Insgesamt verfügten die Serben über 24 000 Soldaten und 100 Kanonen, die 40 000 Soldaten mit 100 Kanonen der Ungarn gegenüberstanden. Am 1. Nov. 1848 formierte der Patriarch mit dem Wojwoden die nationale Verwaltung, die aus drei Abteilungen bestand, aus einem Volks-, Rechts- und Finanz-ökonomischen Ausschuß. Es wurde eine totale Mobilmachung aller Wehrfähigen und aller finanziellen Mittel aus den Kirchen-, Gemeinde-, Zunft- und Schulkassen beschlossen. An der Spitze des Nationalkomitees stand der Patriarch und der Wojwode, Stellvertreter war Stratimirovitsch.

Der neue Kaiser Franz Joseph erließ am 15. Dez. 1848 ein Manifest an die serbische Nation, worin er die Wahl des Patriarchen und des Wojwoden vom Mai bestätigte und die Regelung der nationalen inneren Verwaltung gemäß der Gleichberechtigung aller Völker nach der Herstellung des Friedens in Aussicht stellte. Die serbischen Würdenträger erhielten die höchsten kaiserlichen Orden.

Pantschowa, der Sitz des Deutsch-Banater Grenzerregimentes, war ein Zentrum der serbischen Aufständischen. Mit diesen vereinigten sich die Hilfstruppen aus Serbien. Als der serbische Wojwode bei deren Begrüßung unerwartet einem Herzanfall erlag, übernahm Oberst Ferdinand *Mayerhoffer,* der auch österreichischer Konsul in Belgrad war, das Kommando über die österreichisch-serbischen Truppen. Das ungarische Heereshauptquartier entschloß sich zu diesem Zeitpunkt nach Pantschowa vorzustoßen. Es gelang den ungarischen Verbänden Neudorf, Franzfeld und Zrepaja einzunehmen und Pantschowa, auf das sie am 2. Januar 1849 vorrückten, unmittelbar zu bedrohen. Die kaiserlich-österreichische Führung hat sich zunächst auf die Verteidigung von Pantschowa eingestellt. Die Angreifer konnten nur mit Mühe zum Stehen gebracht werden. Durch überlegte Maßnahmen gelang es Mayerhoffer, die Ungarn zurückzudrängen und sie zu einem fluchtartigen Rückzug über Werschetz, Weißkirchen und Großbetschkerek zu zwingen. Am 3. Januar räumten sie das ganze Gebiet des Deutsch-Banater und des Illyrisch-Banater Regiments. Als Befreier der Stadt wurden *Knićanin* und *Mayerhoffer* zu Ehrenbürgern von Pantschowa ernannt, Mayerhoffer zum Generalmajor befördert, für seinen Sieg geadelt und ihm das Prädikat von Grünbühel verliehen. Der Patriarch verlegte seinen Sitz nach Betschkerek und erließ am 27. Januar im Namen der Verwaltung der Wojwodschaft an alle Distrikts-Komitees den Befehl, ohne daß hierzu die gesetzliche Basis gegeben war, daß Serbisch als ausschließliche Amtssprache eingeführt werde. Mayerhoffer beschwerte sich in seinem Bericht an Windischgrätz über das Benehmen der serbischen Führer und das Verhalten des serbischen Militärs, das Gewalttaten und Plünderungen vollführte und zu einer Geißel des Landes geworden sei.

Mit der am 4. März 1849 eingeführten Reichsverfassung waren die Serben unzufrieden, obwohl der Patriarch zum kaiserlichen Kommissar in den von serbisch-österreichischen Truppen besetzten Gebieten, Generalmajor Mayerhoffer aber zum Befehlshaber des 7. Militär-Distriktes ernannt wurde. In ihrer Unzufriedenheit erhoben die Serben Anklage gegen die in den Städten und Gemeinden der Wojwodschaft lebenden Deutschen, die sie als ihre Feinde und Gegner, ja sogar als Verräter ihres Kaisers und Königs hinstellten, weil sie in der Angst vor serbischen Greueltaten oder diese abwehrend, sich den Ungarn anschlossen und von diesen Schutz erhofften.

Inzwischen griffen die ungarischen Truppen unter General Perczel die Serben im Batschgau an und drängten sie bis Titel zurück. Im April rückten sie ins Banat und vereinigten sich mit dem aus Siebenbürgen anrückenden General Bem bei Hatzfeld. Betschkerek, Pantschowa und das übrige Banat wurden von den Ungarn wieder eingenommen, die Serben überschritten die Donau, die deutschen und rumänischen Grenzer blieben aber zurück. Eine deutsche Grenzereinheit unter einem Glasermeister *Johann Hübsch,* der sich den Titel *Wojwode* zulegte, kämpfte unter kaiserlicher Fahne gegen plündernde und mordende serbische und rumänische Rebellen. In Pantschowa bestellten die Deutschen auf Weisung der Ungarn im Mai 1849 einen Magistrat, der in deutscher Sprache amtierte. Der Aufenthalt der Ungarn in der Stadt war aber nur von kurzer Dauer, im August rückten die serbischen Grenzer wieder ein. Der deutsche Magistrat wurde von den Serben verhaftet, worauf im September der frühere Magistrat wieder seine Tätigkeit aufnahm.

Im Verlauf der revolutionären Kämpfe verfügten die aufständischen Serben mancherorts auch über die Deutschen und verlangten von ihnen Dienstleistungen. Zu Beginn der Kämpfe am 22. Mai 1848 erließ die serbische Führung Aufrufe an die mitwohnenden andersnationalen Nachbarn, auch an die Deutschen, und versicherte darin: „*Die serbische* Nation kämpft nicht gegen deutsche Mitbrüder um ihr Heiligthum, Religion und Nationalität und Sitten zu verletzen, ihr Leben, ihr Hab und Gut, ihr mit Mühe erworbenes Eigenthum zu zerstören, zu plündern oder zu rauben, denn diese Greuelthaten sind dem serbischen Nationalcharakter fremd und nicht angemessen ...“ Der Aufruf schließt: *„Hoch lebe unser Kaiser und König Ferdinand! Hoch lebe die Deutsche und Serbische Nationalität; hoch lebe unser Bruderbund!“*

Die Serben konnten aber trotz dieses Aufrufs nicht das Vertrauen der mitwohnenden Nationalitäten gewinnen. Überall entstanden Gegensätze und Reibereien, weil die Serben nur die eigenen Forderungen im Auge behielten und übersahen, daß sie mit ihren Ansprüchen in Gegensatz zu den anderen gerieten. Sie vergaßen, daß die ihnen benachbarten ethnischen Gruppen, die Deutschen, Rumänen, Slowaken, Ruthenen, selbst die katholischen Bunjewatzen und Schokatzen, nicht zu ihnen hielten, sondern viel mehr mit der Herrschaft der Madjaren einverstanden waren, weil diese die Legalität der Herrschaft auf ihrer Seite hatten und weil sie eine Neuordnung in Freiheit und Gleichberechtigung für alle in Aussicht stellten.

Aus der Sympathie der Deutschen für die revolutionäre Bewegung der Madjaren kam es in mehreren Gemeinden zu deutschem Widerstand gegen anmaßende serbische Verfügungsgewalt; so z. B. unter Tischlermeister Franz *Schmidlin* in Kamenitz und Pfr. *Götzer* in Tscherewitsch. Dadurch wuchs aber der Gegensatz zu den Serben. Im Sommer 1848 bildeten die Madjaren in der Komitatsversammlung in Wukowar einen „Zentralausschuß“, an dessen Spitze *Hugo Graf Eltz* stand, und dem kroatische und deutsche Vertreter aus den Gemeinden Sotin, Erdewik, Ilok, India u. a. angehörten. Als die Zusammenarbeit der Serben mit den Kaiserlichen zunahm, verschlimmerten sich die Verhältnisse für die Deutschen: Plünderungen, Raub und Mord gehörten nun zur Tagesordnung. Am 28. Oktober wurde in Wukowar Hugo Graf Eltz ermordet. Am stärksten kam der Gegensatz zwischen Serben und Deutschen in den Kämpfen um die Stadt Weißkirchen zum Ausbruch.

Die Revolution und die Donauschwaben. Für die Deutschen in Ungarn ging es in den Auseinandersetzungen der Revolution weniger um nationale Forderungen und Gegensätze, als vielmehr um Freiheit und Liberalismus, um Recht, Ordnung und Gerechtigkeit in Stadt und Land. Der etwas bessere wirtschaftlich-soziale Zustand des schwäbischen Bauerntums in Kameralgemeinden und des deutschen Bürgertums in den Städten mag dazu beigetragen haben, revolutionären Forderungen und Bewegungen bei ihnen weniger aufkommen zu lassen. Ihr Zustand als nationale Gemeinschaft hätte freilich Anlaß genug sein können, sich benachteiligt zu fühlen und durch Aufbegehren eine Änderung herbeizuführen. Da es für sie keine entsprechenden übergemeindlichen Gremien und Funktionen gab, fehlte es für solche revolutionäre Aktionen an der erforderlichen Plattform und Vertretung. Hingegen erzeugten die revolutionären Ausschreitungen der andersnationalen Nachbarn Vorwände genug, die Donauschwaben im Interesse der eigenen Sicherheit und Zukunft zu eigenen Handlungen herauszufordern. Die Reformen der bürgerlich-demokratischen Revolution brachten in den Kameralgemeinden und Städten für die deutschen Bürger und Bauern keine umwälzende Erneuerung und Freiheit. Hier gab es keine Hörigen ohne Eigentum und Freizügigkeit, es gab keinen Feudalbesitz, der sich der Durchführung einer Agrarreform angeboten hätte. Die Reformen Maria Theresias und Josephs II. hatten hier bereits vieles vorweggenommen, was anderswo erst durch die Revolution erreicht werden sollte. Die Selbstverwaltung in den Städten und Kameralgemeinden, die Urbarial- und Zunftverfassung sicherte ihnen auf der untersten Ebene ein gewisses Maß politischer und berufsständischer Freiheit und Selbstverwaltung: Sie wählten ihre Vertreter und Amtsträger in ihren Gemeinden, in den Komitaten und auf Landesebene bestimmten die bevorrechteten Stände allerdings allein.

Bei der Vielfalt der wirtschaftlich-sozialen, politischen und nationalen Aspekte der Verhältnisse in Ungarn weist die Revolution kein einheitliches Gesicht auf: Es gab eine liberale Revolution, die eine Volksvertretung mit demokratischer Verfassung erstrebte; es gab eine soziale, eine bäuerlich-agrarische und eine ganze Reihe von nationalen Revolutionen. Am stärksten beteiligten sich die historischen Völker, die staatsrechtlich auch bisher schon bei der Gestaltung des staatlichen Lebens ihre Position und Funktion besaßen. Jetzt sollte die ständische Staatsmacht umgeformt und in die Hände breiterer Volksschichten der Bürger, Bauern und Arbeiter überführt werden.

Doch auch die nichthistorischen Nationalitäten nahmen an der Revolution aktiv oder passiv teil, nicht zuletzt auch die Deutschen in Ungarn, die zahlenmäßig mit 1,2 Millionen nach den Madjaren mit 4,8 Millionen, den Rumänen mit 2,2 Millionen und den Slowaken mit 1,6 Millionen an vierter Stelle kamen, während die Serben mit 324 000 in Ungarn erst an sechster Stelle erschienen. Die Schwaben setzten sich für die Freiheit und Heimat ein, sie standen daher zumeist an der Seite der Madjaren. Doch kämpften sie auch für den Kaiser und den Gesamtstaat der Monarchie, in dem alle Nationalitäten und Konfessionen geschützt leben konnten. Sie erfüllten als Angehörige der Nationalgarde und als freiwillige Soldaten hervorragend ihre Pflicht im Rahmen von hauptsächlich ungarischen, in der Militärgrenze auch in kaiserlichen Truppeneinheiten, oft gegen plündernde und Greueltaten verübende serbische Verbände, denen sie auch in eigener Verantwortung entgegentraten. Das Deutschtum kämpfte nicht für eigene politische oder nationale Ziele, es fühlte sich unter dem Schutze des Kaisers und des Gesamtstaates geborgen, es war in seiner bäuerlichen Masse auch nicht bereit, für andere Ziele zu kämpfen, sondern wehrte sich seiner Haut und wahrte, soweit es ging, im eigenen Lebensbereich Recht, Ordnung und Frieden.

Deutsche kämpfen in Stadt und Land. Bezeichnend ist das Verhalten einer Reihe von deutschen Offizieren, die von der Revolution auf ungarischem Boden mit ihren Einheiten überrascht, den Eid auf die ungarische Verfassung leisteten, in die ungarische Revolutionsarmee übernommen wurden, in der sie bis zum bitteren Ende blieben: Aulich, Lahner, Leiningen, Pöltenberg, Stein, Vetter, der Generalstabschef der Honved, Oberst Burger, der aus Sombor stammende *Josef Schweidel* u. a.

Zum Verhalten der Deutschen in den Städten stellt Bela von Pukánszky in seinem Buch „Das deutsche Bürgertum in Ungarn" fest, daß sich der Großteil des traditionsgebundenen Bürgertums kaisertreu verhielt. Das bedeutete aber nicht, daß es die freiheitlichen Bestrebungen der madjarischen Revolution nicht fördern durfte. Hat doch auch der Kaiser die ungarische Regierung mit Kossuth als Minister bestellt, die Wiener Studentenschaft und das freiheitliche deutsche Bürgertum aber begrüßten die ungarische Revolution. Als aber Kossuth mit seiner Bewegung sich dann vom Kaiser und Gesamtstaat trennte, kam die Kaisertreue der Deutschen in Ungarn vielerorts zum Ausdruck. Das zeigte sich im Verhalten der Temeschburger. Mit Bürgermeister *Preyer* an der Spitze, begrüßten die Temeschburger deutschen Bürger im März 1848 die Ideen der Revolution. In dieser Zeit stand allein der Stadtkommandant, Baron *Rukavina,* mit seinen Offizieren und Einheiten zu Wien und zum Kaiser.

Der Umschwung der Revolution im Oktober bewirkte die Selbstbesinnung der Temeschburger, selbst Preyer trennte sich von Kossuth und bekannte sich zum Kaiser, der das ungarische Parlament auflöste, die revolutionären Gesetze für nichtig erklärte und das Land unter Kriegsrecht stellte. Die „Rebellen" von Temeschburg verließen die Stadt, das Bürgertum stand seither bis zum Schluß im Lager der „Gutgesinnten."

In den Reihen der madjarischen Rebellen kämpften die zahlreichen Nationalgarden der deutschen Landgemeinden, die unter madjarischem Kommando beachtenswerte Erfolge erzielten. Viele schwäbische Nationalgardisten kämpften bei der Einnahme von Arad mit. Das Bataillon *Bergmann* bestand größtenteils aus Schwaben. Die Armee General *Damjanichs* zählte viele Schwaben, die sich in vielen Kämpfen auszeichneten. General Georg *Klapka* lobte die Schwaben, die unter ihm die Stadt Komorn verteidigten, die erst am 2. Oktober 1849 kapitulierte. Im Mai 1849 kam es unter General Bem zur Aufstellung des „Banater deutschen Honved-Bataillons", das sich in mehreren Schlachten bewährte. Der treue Einsatz der Donauschwaben in den Nationalgarden und Honvedeinheiten erfuhr durch Kossuth und in der Revolutionsliteratur eine überschwengliche Anerkennung: er sprach sogar von „Halbgöttern" und es bildete sich der 1848er Mythos von den Donauschwaben.

Soziale oder nationale Spannungen entwickelten sich auf dem Lande am ehesten in ethnischen Mischgemeinden. Diese Spannungen ergaben sich aus der unterschiedlichen Wirtschafts- und Lebensweise, besonders aber aus dem Anspruch und Recht des geregelten Gebrauchs der Muttersprache in Gemeinde, Kirche und Schule. Besonders im kirchlichen Bereich waren einmal getroffene sprachliche Regelungen nur sehr schwer veränderten Gegebenheiten anzupassen. Revolutionäre Umschichtungen boten Gelegenheit, alte Gegensätze zu beseitigen.

In der Batschgauer Gemeinde *Weprowatz-Ebersdorf* hat sich durch Ansiedlung und Zusiedlung der Anteil der deutschen Bevölkerung am Ende des 18. Jahrhunderts so gesteigert, daß das Übergewicht der madjarischen Sprache in der Kirche zur Streitfrage wurde. Die Deutschen bildeten die Hälfte der Bevölkerung und bei einer Überprüfung durch die obere kirchliche und Verwaltungsbehörde wurde eine entsprechende Sprachordnung des Gottesdienstes festgelegt. An diese Regelung hat sich aber der madjarische Ortspfarrer weitere 30 Jahre nicht gehalten. Da besetzten am Karsamstag 1849 Kaiserliche den Ort. Der Sprecher der Deutschen, der Schmiedemeister Michael *Urnauer* trug dem kaiserlichen Hauptmann die Forderung nach sprachlicher Gleichberechtigung in der Kirche vor. Dem energischen Auftreten des kaiserlichen Offiziers gab der Ortspfarrer nach und bewilligte den Gottesdienst zu Ostern in deutscher Sprache und mit deutschen Kirchenliedern. Als bei dieser Gelegenheit die Deutschen die gleichberechtigte Benützung des Chorgestühls, die ihnen bisher verwehrt war, bereinigen wollten, leisteten die Ungarn in der Kirche Widerstand. Urnauer erhielt mit einem Stockbeil einen Hieb auf den Kopf, worauf er mit blutendem Haupte und einer Fahnenstange auf die ihn bedrängenden Ungarn einschlug. Es gab drei Tote. Der Pfarrer erklärte die Kirche als entweiht und sperrte sie ab. Der kaiserliche Hauptmann nahm Urnauer in Haft. Als aber die Kaiserlichen bald wieder abzogen, kam Urnauer vor ein ungarisches Gericht, das ihn zu lebenslänglichem schweren Kerker verurteilte. Nach drei Jahren kam er schwer lungenkrank nach Hause und verstarb einige Wochen nachher. Es mußte also zur Gewaltanwendung und zu Menschenopfern kommen, bis es in Ebersdorf möglich wurde, die Bestimmungen der kirchlichen Obrigkeit über den gleichberechtigten Sprachgebrauch in der Kirche zu befolgen.

Ergebnisse der Revolution. Die Revolutionen erzielten in den europäischen Staaten nirgends den angestrebten Erfolg, auch in Österreich und Ungarn nicht. Überall siegte zum Schluß die Übermacht der herrschenden politischen und militärischen Kräfte: Frankreich blieb ein Kaiserstaat, in Preußen und Österreich behielt der Absolutismus das Heft in der Hand, die nationalen Erwartungen der Deutschen, Madjaren, Italiener, der Serben, Kroaten, Slowaken und Rumänen, auch der Deutschen in Ungarn, erfüllten sich nicht. Die Versuche zur Neuordnung des Donauraumes mißlangen alle, die gesamtstaatlich-zentralistische Lösung Österreichs ebenso wie die zentralistisch-großmadjarisch-nationalistische Ungarns. Am verhängnisvollsten für die weitere staatliche Entwicklung erwies sich das Problem der Nationalitäten, für das auch bis zum Ausbruch des Ersten Weltkrieges keine befriedigende demokratische Lösung gefunden werden konnte. Die Pressefreiheit wurde wieder eingeschränkt, das Wahlrecht und die Verfassung nicht durchgeführt.

Das ungarländische Deutschtum erkannte sich in der Zeit des Ablaufs des Bürgerkrieges und der Revolution wohl mehrheitlich in seiner volklichen Eigenart. Es schloß sich aber in seiner Begeisterung für die vom Madjarentum am aktivsten vertretenen Ideen der Menschen- und Völkerfreiheit zumeist diesem an, ohne eigene nationale Zielsetzungen zu verfolgen. Nur den wenigsten wurde dabei die enge Verflechtung zwischen Ideologie und nationaler Selbstbehauptung bewußt, daß das Aufgehen im Ideengut eines anderen Volkes den ersten Schritt zur nationalen Selbstaufgabe bedeutete. Eine Trennung von Österreich oder der Dynastie kam für die ungarländischen Deutschen nicht in Frage, sie waren und blieben kaisertreu. In dieser Haltung und im Eintreten für Freiheit, Recht und Ordnung vertraten sie grundsätzlich eine einheitliche Stellung den Ereignissen der Revolution gegenüber.

9. Donauschwäbische Anstöße zur Staatlichen Neuordnung

Die durch die Revolution in Bewegung geratenen liberalen, nationalen, sozialen Kräfte drängten auf einen „Neubau des Reiches". Die neue Ordnung sollte die neuen Bestrebungen mit ihren Vertretern verfassungsmäßig in staatliche Einrichtungen einbauen. Um die Neuordnung bemühten sich im Auftrag des Kaisers die Vertreter der Regierung, aber auch die Wortführer der revolutionären Bewegungen, die in die Landtage gewählten Abgeordneten der Stände und Nationalitäten ebenso wie die zur Beratung der Ministerien herangezogenen Vertrauensleute der Bevölkerungsgruppen.

Für die Bewältigung der Revolution und den Neubau des Reiches entscheidend wurden vor allem drei Vertreter der kaiserlichen Regierung: Feldmarschall Fürst Windischgrätz, Felix Fürst Schwarzenberg als Ministerpräsident und Franz Graf Stadion, der als Innenminister das Geschehen nach nationalitätenpolitischen Überlegungen zu gestalten versuchte. Er unternahm es, die politische Macht der Nationalitäten zu aktivieren und für den Neubau des Reiches einzubringen.

Stadions Nationalitätenplan. In dem von Stadion geleiteten Innenministerium legte Ludwig von Rosenfeld am 27. Dezember 1848 ein Elaborat über die während und nach der militärischen Besetzung Ungarns zu ergreifenden Maßnahmen vor. Der darin enthaltene konkrete Plan fand wohl die Zustimmung Schwarzenbergs, aber Windischgrätz, der seinen Feldzug nach Ungarn bereits begonnen hatte, war schon von ungarischen Magnaten als Beratern umgeben. Nach Rosenfelds Vorschlag, den das Ministerium übernommen hatte, komme es darauf an, „die Hauptnationalgruppen des Landes organisch zusammenzulegen und bezüglich von benachbarten heterogenen Nationalitäten in administrativer und politischer Beziehung abzulösen und so aus ihnen Provinzen zu bilden, welche, voneinander unabhängig, ihre inneren Angelegenheiten auf nationaler Grundlage zu regeln berechtigt, zugleich aber in administrativer Hinsicht dem Zentrum der Monarchie organisch eingereiht werden". Der Vorgang soll sich nach Rosenfeld in fünf Stufen vollziehen. Zuerst sollte die neue „Provinzbildung auf ethnographischer und teilweise topographischer Grundlage" erfolgen. Als politische und militärische Regierungschefs der neuen Provinzen sollten dann höhere Offiziere eingesetzt werden. Zur Bildung der Landesadministration sollte Personal aus den Provinzen, aber auch aus den Wiener Ministerien zur Verfügung gestellt werden. Die natürliche Entwicklung sollte dann die „Herausbildung des abgesonderten Provinzialismus selbst dort, wo er noch nicht erwacht zu sein scheint", zuwege bringen. Als Abschluß sollten eigene Provinziallandtage entstehen mit Anschluß an den gemeinsamen Reichstag in Wien.

Die gegen den Stadion'schen Nationalitätenplan stärker werdenden Widerstände blieben auf die Haltung des Ministerpräsidenten Schwarzenberg nicht ohne Einfluß. Er befürwortete die Hereinnahme eines ungarischen Ministers in die Regierung. Die Frage Kulmers, des kroatischen Vertreters im Ministerrat, nach der Stellung Ungarns zur Zentralregierung wird so beantwortet: „Die Märzzugeständnisse sind verwirkt, die persönlichen Rechte und Freiheiten aber werden in Ungarn die gleichen sein wie in der österreichischen Reichshälfte; zur Zentralregierung aber werde Ungarn in dasselbe Verhältnis wie Kroatien zu bringen sein"; hingegen „ob und inwiefern eine weitere

Scheidung Ungarns nach Nationalitäten einzutreten habe, wolle man jetzt noch nicht aussprechen, da man vor allem die Wünsche der Bevölkerung über diesen Punkt kennenlernen wolle, welche sich erst nach vollendeter Pazifizierung, frei von Terrorismus und störenden Einflüssen werde aussprechen müssen".

Die ablehnende Haltung von Windischgrätz, die Zurückhaltung von Schwarzenberg seinen Plänen gegenüber, zwangen Stadion zu einer notwendigen Anpassung an die allgemeine politische Richtung; von der Bildung eines vorgesehenen slowakischen Verwaltungsbezirkes nahm er zunächst Abstand. In einem Schreiben im Januar teilte er Windischgrätz mit, „das Ministerium wünscht nicht die Nationalitäten, die in Ungarn bisher vereint lebten, zu provozieren und sie zur Absonderung zu drängen, sondern dies der Zeit der Entwicklung ihrer Nationalitätengefühle zu überlassen... Allein in Absicht auf die Deutschen Ungarns würde eine solche Anbahnung vielleicht nicht zweckwidrig sein". Stadion hat also die Gefahr erkannt, die den Deutschen von dem Nationalismus der Madjaren drohte.

Als Stadion die Schwäche seines Konzeptes zum Staatsneubau nach Nationalitäten darin erkannte, daß die Nationalitäten noch zu wenig nationales Bewußtsein mit Verantwortung und Tatkraft an den Tag legten, unternahm er es, Vertreter der Nationalitäten heranzuziehen, die in eigenen Denkschriften und Stellungnahmen zu bestimmten Fragen die eigene nationale Lage beurteilen, Maßnahmen zur Beseitigung nationaler Mißstände und Einrichtungen zur Sicherung der eigenen nationalen Existenz und Zukunft vorschlagen sollten.

Nachdem Schwarzenberg die Bildung einer ungarischen Kommission aus ungarischen Altkonservativen durchsetzte, versuchte Stadion diesem politischen Element ein Gegengewicht zu schaffen. Er berief Persönlichkeiten anderer im Lande lebender Nationalitäten (Slowaken, Deutsche, Serben) in eine Kommission, deren Leitung Minister Karl Kübeck übernahm. Bereits am 22. Februar legte dieser die Grundsätze vor, die geeignet sein mochten, in „die widerstrebenden Richtungen der Zentralisierung der Reichsgewalt und autonomischen Trennungsgelüsten zu vermitteln". Ungarn wird „wie die übrigen Kronländer ein integrierender, unlöslicher Teil des österreichischen Kaiserreiches und ist der Krone und der Zentralgewalt desselben unterworfen. Die Volksstämme Ungarns werden in der Wahrung ihrer Nationalität und ihrer Sprache geschirmt und unter den Schutz der österreichischen Reichsverfassung und Reichsregierung gestellt." Es war sogar vorgesehen: „Ungarn wird in mehrere größere Verwaltungsbezirke mit Rücksicht auf die Volksstämme geteilt und jedem solchen Bezirk ein Statthalter in unmittelbarer Abhängigkeit von der Zentralgewalt vorgesetzt; die Art und Weise, wie die Verwaltungsbezirke in den Landtagen teilzunehmen haben werden, ist näher zu ermitteln und insbesondere anzugeben, ob das Präsidium der Landtage den Statthaltern im Wechsel zuzuweisen oder ob dazu jedesmal einer der Statthalter von der Krone zu ernennen sei."

Auch wenn diese konkreten Überlegungen höchster Regierungsstellen nicht verwirklicht werden konnten, so ist daraus doch ersichtlich, wie eine für das Gesamtreich verantwortliche verfassungsmäßige Neuordnung als Gegenstück zu einer absolutistischen oder nationalstaatlichen Lösung hätte aussehen können.

Da wurde der Reichstag zu Kremsier aufgelöst und am 4. März 1849 eine zentralistische Verfassung verkündet, die die Eingliederung des engeren Ungarn, Kroatiens, Slawoniens, Siebenbürgens als selbständige Kronländer in den Reichsverband aussprach und die Errichtung einer serbischen Wojwodschaft in Südungarn ankündigte. Die ungarische Verfassung sollte weiterhin gelten, soweit sie im Einklang mit der Reichsverfassung und mit der Gleichberechtigung der Nationalitäten stehe.

Die Vorschläge der deutschen Vertrauensleute. Nachdem Baron Kübeck ins Hauptquartier als Berater zu Feldmarschall Windischgrätz abging, fand es Graf Stadion an der Zeit, die Tätigkeit der Vertrauensleute der nichtmadjarischen Nationalitäten in Gang zu setzen. Als deutsche Vertrauensleute gingen Franz Wagner von Vághy und Georg Tretter von Járy nach Wien. Franz von Vághy war Bürgermeister von Ödenburg und vertrat seine Stadt auch im Landtag. Georg Tretter von Járy war ein Kind deutscher Bürger aus dem damals noch überwiegend deutschen Ofenpest. Er brachte es bis zum Stadtrichter und zum beisitzenden Richter beim Wechselgericht. Beide Männer gehörten zu dem Kreis, der sich um Eduard *Glatz* und die Pester Zeitung scharte. Sie waren sich deshalb ihrer Verpflichtung der deutschen Kultur gegenüber bewußt. Auch erkannten sie für das Deutschtum und für die deutsche Kultur in Ungarn noch eine hohe menschliche Aufgabe und Lebensberechtigung. An sie und an den slowakischen Vertreter Hanrich richtete Stadion am 22. März die Aufforderung, sich darüber zu äußern, welche Maßnahmen zum Schutze der deutschen und der slowakischen Nationalität sie für notwendig hielten.

Den beiden deutschen Vertrauensleuten legte Stadion am 22. März 1849 drei Fragen zur Stellungnahme vor:

1. Welche Maßregeln sind augenblicklich notwendig, um die Deutschen zu überzeugen, daß ihre Nationalität mit der madjarischen nicht nur theoretisch, sondern auch praktisch gleichberechtigt ist?

2. Welche Maßregeln sind notwendig, damit die deutsche Nationalität für die Zukunft gegen madjarische Übergriffe gesichert wird? Folglich was ist zu verordnen in bezug auf a) Schulen, b) politische Verwaltung, c) Justiz, d) Geistlichkeit?

3. Wie können die neuen organischen provisorischen Gesetze, die für die Gesamtmonarchie erschienen, mit Berücksichtigung der deutschen Nationalität in Ungarn eingeführt werden? – namentlich: wie kann die Gemeindeordnung, die zur Basis aller nachfolgender Einrichtungen dienen muß, in Ungarn ins Leben treten?

In ihren Vorschlägen waren die beiden Vertrauensleute in ihren Leitgedanken bestrebt, die Madjarisierungsmaßnahmen der letzten Jahrzehnte rückgängig zu machen, zugleich aber die staatsrechtliche Vorrangstellung des Madjarentums anzuerkennen.

Wagner von Vághys Vorschläge. Vághy sieht in seiner *Denkschrift* zur Sicherung der Gleichberechtigung der Deutschen in Ungarn vor:

1. Das angekündigte Nationalitätenstatut und eine neue Einwanderung deutscher Facharbeiter und Siedler auf Kron-und Kameralgüter; 2. Deutsche Elementar-, Bürger- und Fachschulen, deutsche Lehrerausbildung, aber öffentliche Gymnasien madjarisch, private deutsch; 3. Verwaltung der im neuen Gemeindegesetz verankerten Autonomie

der Dorf-, Bezirks- und Kreisgemeinden in der Muttersprache, Trennung gemischter Munizipien in nationale Gemeinden; 4. Bei der Bildung der Bezirke soll Rücksicht auf die Nationalität genommen werden, denn die Vertreter eines ganz oder überwiegend aus deutschen Gemeinden gebildeten Bezirkes werden geneigt sein, die Angelegenheit und das Interesse dieser Nationalität nach Kreisen zu fördern (Kreis ist in der Regel größer als ein Komitat); 5. Die ungarische Kameralverwaltung soll in deutscher Sprache amtieren; 6. Daß in allen unvermischt oder vorzugsweise deutschen Gemeinden der Religionsunterricht in Schule und Kirche, die Predigt, die Spendung des Sakramentes, die Führung der Kirchenbücher ausschließlich deutsch stattfinde, die Ausbildung und Anstellung der deutschen Sprache kundiger Seelsorger in hinlänglicher Anzahl; denn der höhere Klerus, die Kapiteln und Seminarien und die Patronatsrechte der madjarischen Grundherrn haben in jeder Hinsicht im Sinne des Madjarismus gewirkt und damit im Laufe der Jahrhunderte die Madjarisierung eines beträchtlichen Teiles deutscher Siedler und Bürger erreicht.

Tretter von Jarys Vorschläge. In seiner Denkschrift an Graf Stadion über den Schutz der deutschen Nationalität vom 30. März 1849 schlug der Vertrauensmann Georg Tretter vor:

1. Mit der in der Reichsverfassung erklärten Freizügigkeit eine neue Ansiedlung deutscher Menschen auf unbesiedelten Krongütern sowie in den Industrigebieten und Städten zu ermöglichen; für mehrere Millionen wäre hier reichlich Nahrung, die Abwanderung nach Übersee könnte damit eingeschränkt werden; 2. Deutsche Kinderbewahranstalten, Grund- und Normalschulen, Fachschulen, selbst Gymnasien in Orten mit deutscher Mehrheit, auch die Ausbildung deutscher Lehrer, die deutsche Sprache in der philosophischen Fakultät und in einer Reihe sonstiger Fächer zu berücksichtigen; 3. Ortsgemeinden, ganz deutsche Bezirke mit deutscher Mehrheit würden deutsch verhandeln und protokollieren; ein deutscher Kreis wäre in Westungarn und in der Zips, *deutsche Bezirke im Pester, Branauer, Tolnauer, Batschgauer Komitat und im Banat zu bilden;* wegen der Zersprengtheit der deutschen Bevölkerung ist an die Bildung einer eigenen deutschen Provinz nicht gedacht; 4. In den Städten ist nach den gleichen Grundsätzen zu verfahren, in den großen und größten Städten auch die Minderheiten zu berücksichtigen; 5. Bei der Bestimmung der Gerichtssprache ist der für die politische Verwaltung gültige Grundsatz der Mehrheitssprache anzuwenden; 6. Die Kirche hat sich in ihrer Verwaltung, im Glaubensunterricht und bei der Predigt an die Regelung der Verwaltungssprache des Ortes zu halten, auch die Sprachminderheit in der Glaubenslehre zu beachten.

In seinem *Gutachten* an Graf Stadion über die Denkschriften der beiden deutschen Vertrauensleute bescheinigte *Johann Graf Mailath,* daß deren Vorschläge gemäßigt seien. Er warf ihnen aber vor, sie umgingen die kath. Geistlichkeit und den Vorschub, den diese der Madjarisierung leistete. Auch er äußerte sich optimistisch über die Zukunft der deutschen Sprache und des deutschen Elementes „nach dem Verbrausen des Madjarismusschwindels".

Vaghys Vorschläge lassen eine gegliederte Volksgruppe erkennen, in Anlehnung an das System des gesamtstaatlichen Trialismus, das nach der Erkenntnis funktionieren soll, daß das „einzige Heil in der gegenseitigen Angleichung und Aussöhnung der Völker der österreichischen Monarchie liege". Danach sind juristische und staatsrechtliche Funktionen vorwiegend madjarisch, die bürgerlichen Funktionen wie Gewerbe, Industrie und auch die staatliche Finanzverwaltung deutsch gedacht. Darunter lebte das Bauerntum, in seiner organischen Lebensweise und Eigenart geschützt und betreut vom Kaiser und seiner gesamtstaatlichen Regierung.

Es ist bezeichnend für die Vertrauensleute der Deutschen, beide Juristen und hohe Staatsbeamte, wie maßvoll sie in ihren Stellungnahmen und Vorschlägen die Rahmenbedingungen der Reichsverfassung beachteten und darüber hinaus sich mit den staatsrechtlichen und volkspolitischen Gegebenheiten der Deutschen in Ungarn abfanden. Während die anderen Nationalitäten in Ungarn - die Serben, Slowaken, Rumänen, Ruthenen, Siebenbürger Sachsen - den Trennungsstrich zwischen dem zentralistischen ungarischen Einheitsstaat und eigener nationaler Eigenständigkeit zu ziehen wagten. Indem sie die entsprechenden nationalen Forderungen an den Kaiser und seine verantwortlichen höchsten Regierungsstellen herantrugen, begnügten sich die deutschen Vertrauensleute, konservativ in ihrer Einstellung, die Sicherung der Gleichberechtigung der Deutschen in Ungarn nach der Reichsverfassung vom 4. März 1849 unter Beachtung der vorgesehenen verfassungsmäßigen Möglichkeiten zu erreichen und keine Provinz mit eigenständigen Organen, Gremien und Behörden zu fordern.

Diese Vorschläge erwiesen sich allerdings als zu wenig realistisch, weil angenommen wurde, die Position und Funktion der deutschen Volksgruppe werde sich ausbilden, bewahren und den Erfordernissen entsprechend gegen die dynamische madjarische Bedrängung auch ohne eigene autonome Organe und Einrichtungen durchsetzen können. Diese unrealistische Erwartung erfüllte sich freilich weder jetzt und auch später nicht, abgesehen davon, daß der Gesamtstaat mit der Reichsverfassung nicht wirksam wurde. Keineswegs war eine zufriedenstellende Lösung schon dadurch sichergestellt, daß man dem dynamischen Madjarismus alle entscheidenden staatlichen Positionen, Funktionen und Institutionen als Suprematie überließ, ohne für die Volksgruppe entsprechende staatsrechtlich verankerte Freiräume zur nationalen Selbstentfaltung und Identitätsbewahrung zu fordern.

Forderungen der anderen Nationalitäten. Während sich die deutschen Vertrauensleute zur Sicherung der Gleichberechtigung der Nationalitäten nach der Reichsverfassung mit der Beachtung der vorgesehenen verfassungsmäßigen Möglichkeiten begnügten, keine eigene deutsche Provinz mit eigenständigen staatlichen Organen und Einrichtungen forderten, stellten die anderen Nationalitäten im Interesse ihrer nationalen Eigenständigkeit radikalere nationale Forderungen an den Kaiser. So verlangten die Slowaken in ihrer Olmützer Petition an den Kaiser vom 19. März 1849 „solche Institutionen, welche die Slowakei nicht nur in einen unmittelbaren und festen Verband mit den übrigen Ländern der österreichischen Monarchie brächten, sondern zugleich auch ihren nationalen Eigentümlichkeiten Rechnung tragen, daher provinzielle, jährlich wiederkehrende Landtage und eine eigene Administration in sich begreifen würden". Ähnliche Forderungen erhoben auch die übrigen Nationalitäten Ungarns, die alle die Erwartung enthielten, es werde die Monarchie in eine Föderation nicht der historischen Länder, sondern der autonom sich verwaltenden Volkskörper umzubilden sein.

Wenn das in dieser Zeit aber nicht gelang, so ist dafür nicht zuletzt in dem Verhalten der Deutschen in der Monarchie insgesamt der Grund zu suchen. Die Deutschen der österreichischen und böhmischen Erbländer traten wohl auch für ihr Volkstum ein, schon um die deutschen Minderheiten in den historischen, mehrheitlich nicht deutschen Ländern gegen die nationalen Ansprüche der anderen zu schützen. Sie folgten aber mehr übernationalen, rein politischen Überlegungen und wollten vor allem die historisch gewordene Staatseinheit der Monarchie aufrechterhalten, der die historischen nichtdeutschen Nationen zum Teil feindlich, die kleinen Stämme ohne eigenes Land zumeist gleichgültig gegenüberstanden. Die Deutschen vertraten so weniger ein nationales Sonderinteresse als ein gewisses Überwiegen der deutschen Sprache und des deutschen Elements in der Führung und Verwaltung des Staates aus einsichtsvoller Staatsnotwendigkeit. Sie waren aber sonst mehr liberale Parteigänger als nationale Politiker, sie zeigten kein Interesse an Ungarn und Italien, um den dortigen liberalen Verfassungsbewegungen, die eigentlich radikal national bestimmt waren, nicht in den Rükken zu fallen. Das trennte auch die deutschen Liberalen von der Politik des Hofes, der eine Lösung für das ganze Reich, Ungarn inbegriffen, benötigte. Der Wille der Madjaren aber, Ungarn zum souveränen Staat zu machen, der zu den übrigen Ländern bloß in Personalunion stehen sollte und die nichtmadjarische Mehrheit Ungarns entnationalisieren wollte, war nur zu überwinden, wenn man diese nichtmadjarische Mehrheit Ungarns aktivierte und ihr Autonomie auf der Grundlage sich selbst verwaltender Volkskörper zugestand. In Kremsier aber hatten sich auf dem Reichstag die Deutschen mit den Polen für die Erhaltung und die Autonomie der Länder entschieden, weil der Landespatriotismus noch eine lebendigere Kraft darstellte als das nationalpolitische Selbstverantwortungsbewußtsein der kleinen Volksgruppen. Die Deutschen entschieden sich in Kremsier für den dezentralisierten, parlamentarischen Einheitsstaat mit autonomen Gemeinden unter der Aufsicht autonomer und national möglichst einheitlicher Kreise, die sogar gewisse legislative Befugnisse haben sollten. So wären Reich und Kreis zusammenwirkend mit der Zeit wohl stärker geworden als die Länder. Die kleineren Volksgruppen hätten sich auf diese Weise politisch entwickeln können. In diesem Sinne waren auch die Vorschläge der deutschen Vertrauensleute gehalten, sie gingen über den in Kremsier gezogenen Rahmen der Reichsverfassung nicht hinaus.

Die Schwabenpetition an den Kaiser

In der Angst vor einer serbischen Herrschaft nach 1848/49 benötigten die Schwaben die Hilfe jener Macht des Kaisers, die ihnen bei der Ansiedlung als „freien k. k. Untertanen auf ewige Zeiten" ihren Schutz zugesagt hatte. Schon immer fanden sie in Gefahr und Not die Hilfe des Kaisers, wenn sie diese in Eingaben verlangten. Auch in dieser Zeit des Umbruchs und der Neuordnung, der Bedrohung durch fremde Heere und Mächte, richteten daher die Donauschwaben ihre Bittschriften an den Kaiser, aus dem Batschgau ebenso wie aus dem Banat, in denen sie die Wiederherstellung der k. k. Herrschaft und Sicherheit für den Fall verlangen, daß eine neue Herrschaft andersnationaler Nachbarn über Gebiete errichtet werden sollte, die auch Teile der schwäbischen Nationalität erfaßt.

Deutlich haben die Donauschwaben aus dem Banat in ihrer Schwabenpetition an den Kaiser gegen die einseitige Errichtung eines serbischen Herrschaftsgebildes mit einem eigenen Konzept auf eine eventuelle staatliche Neuordnung des südungarischen nationalen Mischgebietes geantwortet. Um die weitverbreitete Unzufriedenheit der Donauschwaben als historischen Vorgang sichtbar zu machen, bedurfte es des schriftlichen Ausdrucks, was für diese nicht einfach war, weil die zusammenhanglosen Inselgruppen deutscher Menschen in ihren weiträumigen Siedlungsgebieten ohne eigene übergemeindliche Gremien, Organe oder Sprecher dastanden. Nur dann, wenn sich aus einer gegebenen politischen Lage ein Sprecher oder Gremium aus ihren Kreisen entschloß, berechtigte donauschwäbische Beschwerden und Anträge bei maßgebenden Stellen vorzutragen, konnte eine staatspolitische Aktion von größerer oder geringerer Bedeutung für ihre weitere Entwicklung daraus werden.

In der Geschichte der Donauschwaben gab es eine Reihe solcher Aktionen, die sowohl von Kreisen des städtischen Bürgertums als auch von schwäbischen Landgemeinden ausgingen, Eingabe der Schorokoscharer Bauern an den Kaiser 1770, Albert Karlitzky 1790, Siwatzer Eingabe an den Kaiser 1796, Josef Puksch 1809, Weißkirchner Delegation 1848. Als historisch am bedeutungsvollsten für Selbstbehauptung und Selbstverständnis der Donauschwaben kann die Bogarosch-Billeder Schwabenpetition an den Kaiser angesprochen werden, die im Herbst des Jahres 1849 unter der Federführung des Dechanten Josef Nowak (1803-1880) zustandekam. In der Zerissenheit und Unausgegorenheit der politischen Kräfte und Meinungen stellt sie einen beachtlichen Beitrag verantwortungsvollen politischen Handelns dar, das den Frieden, die Freiheit und Gleichberechtigung der Nationalitäten ebenso wie die Belange des Ganzen im Auge behielt.

Am 12. August 1849 mußten die noch kämpfenden Madjaren nächst Világos/Hellburg bei Arad vor dem kaiserlichen Heer und seinen russischen Verbündeten kapitulieren. In den letzten Tagen kam es in einer Reihe von Banater Gemeinden zwischen den feindlichen Einheiten noch zu Gefechten. Nach der Waffenstreckung der Madjaren veranstalteten mehrere Gemeinden Siegesfeiern, so auch Tschatad, das spätere Lenauheim. Hier stand als Gutsverwalter Karl von *Arizi,* der zum kaiserlichen Kommissar im Komitat Torontal ernannt worden war, an der Spitze der Kameralverwaltung. An der Siegesfeier in Lenauheim beteiligten sich mehrere kaiserlich gesinnte Geistliche, Lehrer und Notare aus der Umgebung, unter ihnen Josef *Nowak,* Alexander *Bonnaz,* Karl von Arizi u. a., die mit einer Reihe von Richtern und Geschworenen schwäbischer Gemeinden in Gesprächen und Beratungen zu dem Entschluß kamen, eine Denkschrift an den Kaiser zu richten, um darin eigene Vorstellungen und Anträge über die Gleichberechtigung und Freiheit im Rahmen der vorgesehenen staatlichen Neuordnung für die Schwaben im Batscherland und im Banat vorzutragen.

Auf einer Volksversammlung wählten am 2. Oktober 1849 133 autorisierte Vertreter aus 30 schwäbischen Gemeinden, die somit mindestens 50000 Schwaben vertraten, den Dechanten Josef Nowak aus Bogarosch zu ihrem Sprecher.

Es ist mit Sicherheit anzunehmen, daß Dechant Josef Nowak den versammelten schwäbischen Abgeordneten die bevorstehende staatliche Neuordnung und deren einschneidende Bedeutung für die weitere Entwicklung dargelegt hat, um sie dann aufzufordern, gemeinsam ihre Befürchtungen und Wünsche vorzutragen. Die mit mehreren Gesinnungsfreunden bereits vereinbarte Bittschrift an den Kaiser hatte er dabei den versammelten Volksvertretern zur Unterschrift vorgelegt. Diese von Nowak verfaßte Bittschrift an den Kaiser wurde von einem Bürgermeister, 13 Gemeinderichtern und 17 Geschworenen aus 13 deutschen Gemeinden in Vertretung für alle Schwaben unterzeichnet.

Um Josef Nowak als beglaubigten Abgesandten und Sprecher der Schwaben auszuweisen, wurde er mit einer Vollmacht ausgestattet. Diese Vollmacht wurde vom Billeder Notar August Krüner geschrieben und mit dem Ortssiegel der Gemeinde Billed am 2. Oktober 1849 unter Nr. 12786 vermerkt.

Bei der Übergabe der Bittschrift in der Hofburg wurden Nowak in Abwesenheit des Kaisers von dessen Vertreter „der Banater Deutschen Nation“ die „zuversichtlichen Versprechungen des Kaisers übermittelt“.

Zum Inhalt der Denkschrift. Es wird darin zunächst auf die großen wirtschaftlichen und kulturellen Leistungen der im Banat, in der Batscher und Arader Gespanschaft angesetzten deutschen Siedler hingewiesen, die aus einer Wüste eine Kornkammer des Landes geschaffen haben. Nirgends werden im Lande die Steuern pünktlicher entrichtet, die öffentlichen Lasten williger getragen, dagegen gröbere Verbrechen nirgends seltener vorkommen als in den deutschen Gemeinden. Diese Tatsachen aber – so heißt es dann in der Bittschrift weiter – „können uns nie verleiten, vor anderen uns umwohnenden Völkerstämmen einen Vorzug zu beanspruchen, sie verpflichten uns aber, jede andere Nationalität zu achten und zu ehren. Nur den Ruhm wagen wir zu beanspruchen, daß die bei der Ansiedlung verausgabten Kosten nicht nutzlos waren und daß wir keine unnützen Glieder in der großen Völkerkette der österreichischen Monarchie sind. In Frieden und Eintracht mit allen Völkerstämmen durchlebten wir ein Jahrhundert. Arbeit nur war unser Element, das Stückchen Feld das wir bebauten unsere Welt, das einzige Ziel, nach welchem wir gemeinschaftlich strebten, war: Fleißige Bauern und treugehorsame Untertanen zu sein. Der laute Ruf nach Gleichberechtigung aller Nationalitäten erweckte auch uns aus dem Schlummer politischer Untätigkeit. Dabei müssen wir wahrnehmen, wie es für uns als Stammverwandte der großen deutschen Nation bedrückend sei, wie der deutsche Volksstamm hier nicht mit den übrigen als gleichberechtigte Nation, sondern bloß als eine schutzlose Waise im Hause einer anderen Nationalitäts-Fraktion betrachtet werde. Um die unheilvollen Wirren der Zeit nicht noch zu vermehren, verbargen wir anfangs den Drang nach Gleichberechtigung mit den übrigen Nationen des Vaterlandes. Dann aber gewährte die allen getreuen Untertanen der einigen, großen und unteilbaren Österreichischen Monarchie verliehene Reichsverfassung mehr Rechte, als wir nur wünschen konnten. Doch nach der Niederwerfung des Aufruhrs wurde uns erst bekannt, daß die in Ungarn wohnenden Serben noch immer die Errichtung einer eigenen Woiwodschaft verlangen. Wenig würde uns solches Begehren kümmern, wenn nicht eben wir, die Torontaler, die Batscher und ein Teil der im Temescher Komitat wohnenden Deutschen einen integrierenden Teil dieser Woiwodschaft ausmachen sollten...“

Zum Schluß heißt es in der Schwabenpetition: „Wir wünschen nichts sehnlicher, als unter dem Schutze des Kaisers zu stehen; sollten aber die Serben zum Schutze ihrer Nationalität einen Woiwoden, die Rumänen einen Kapitän, die Slowaken Oberungarns ein eigenes Oberhaupt erhalten, so bitten wir im Namen aller deutschen Gemeinden auch uns unter dem Namen eines „Deutschen Grafen“ nach dem Vorbilde des Sachsengrafen in Siebenbürgen ein unmittelbares Oberhaupt einsetzen, unter dessen Schutz unsere Angelegenheiten, Gerichtspflege und öffentliche Verwaltung in deutscher Sprache und nach deutscher Sitte behandelt, gepflogen und geleitet werde.“

In Verbindung mit den in der Schwabenpetition vorgetragenen Erwartungen entstand nach der ersten Audienz in der Hofburg eine zweite Bittschrift, die am 8. Nov. 1849 in Hatzfeld verfaßt, unterfertigt und mit dem Großjetschaer Gemeindesiegel versehen wurde. In der zweiten Petition wird das Bild des vorgeschlagenen schwäbischen Oberhauptes so gezeichnet: „Was die Allerhöchsten Ansprüche an die Individualität unseres zukünftigen Oberbeamten betrifft, darüber ein Urteil zu fällen, steht uns demütigst Gefertigten nicht zu, allein unserer geringer Meinung nach zu glauben, daß H.: Carl v. *Arizi* (1804–1870) auch diesen vollkommen entspräche, denn in Kenntnis der Sprache, des Geschäftsganges, der Individuen nicht nur im Temeser Komitat, wo er durch zwanzig Jahre amtierte, sondern auch im Torontaler Komitat, wo er stets im Interesse der Hohen Regierung an dem politischen Leben den eifrigsten Anteil nahm, kurz in Kenntnis aller Umstände in dieser Gegend, mag ihn vielleicht mancher erreichen, doch keiner übertreffen...“

Aus der Schwabenpetition der Donauschwaben an den Kaiser ergeben sich mehrere Tatsachen zur Beurteilung ihrer Lage.

1. Die Donauschwaben erkennen sich als eigene Gemeinschaft. 2. Sie fühlen sich der großen deutschen Nation stammverwandt. 3. Sie betonen, im Namen aller deutschen Gemeinden in Ungarn zu bitten und zu sprechen. 4. Sie bejahen den einheitlichen Staat Österreich. 5. Sie haben nichts gegen die Verwirklichung der nationalen Forderungen der anderen Völker. 6. Sie können nicht verstehen, wie sie so zahlreich, in Sprache und Abstammung dem Kaiserhaus verwandt, national rechtlos und ungeschützt bleiben sollen. 7. Sie wünschen ihre Muttersprache auch in öffentlichen Geschäften, d. h. nicht nur in Schule und Kirche, sondern auch in der Verwaltung und bei Gericht, gebrauchen zu können. 8. Sie verlangen, um mit den anderen gleichberechtigt zu sein, eine eigene Vertretung, ein eigenes Oberhaupt, einen schwäbischen Grafen. 9. Sie knüpfen damit an die staatspolitische Stellung des *Grafen Mercy* und an die Sonderstellung des Banates an und weisen auf die staatspolitische Aufgabe deutscher Grafen im mittelalterlichen Banater Grenzland hin. 10. Sie anerkennen die Siebenbürger Sachsen als verwandten deutschen Volksstamm und nehmen sich diese in ihrer beginnenden nationalpolitischen Betätigung zum Vorbild.

In der Schwabenpetition finden wir alle Stufen und Elemente des bisherigen donauschwäbischen Lebenswillens abgerundet und vereinigt. Die sprachliche Überfremdung (durch Albert Karlitzky und Josef Puksch aufgezeigt) und die kulturelle Bedrohung (durch Eduard Glatz artikuliert) sollte durch die Schaffung eines donauschwäbischen Territoriums und durch Bildung einer donauschwäbischen Vertretung abgewehrt und beseitigt werden.

St. Gerhards-Kirche in Werschetz

Gerhard von Sagredo, 977–1046
der Patron der Werschetzer Kirche

Da brachte das kaiserliche Patent am 18. Nov. 1849 die gesetzliche Regelung der staatlichen Neuordnung der Monarchie. Weitere Anträge waren deshalb zwecklos. Das zweite Bittgesuch wurde daher gar nicht mehr an die zuständige Stelle in Wien weitergeleitet. Es geriet in Vergessenheit und wurde erst im Jahre 1933 in Billed wieder entdeckt, vorher wußte man nicht, wer für das Amt des „Schwaben-Grafen" ausersehen war.

Die Vorlage der Petition an den Kaiser ist in erster Linie Pfarrer Josef Nowak zu verdanken. Sein Schicksal als Politiker ist bezeichnend für die unzureichende Position der Donauschwaben.

Seine politische Tätigkeit brachte ihm Anerkennung und Enttäuschung. Er wurde zum Ritter des Eisernen Kronenordens und zum Propst und Dechantpfarrer der größten Banater Pfarrei in der „Hennemannstadt" Werschetz ernannt, wo kurz vorher Bischof Bonnaz die neuerbaute Werschetzer Pfarrkirche eingeweiht hat. Sie ist eine der schönsten Kirchen des donauschwäbischen Siedlungsraumes. In einer Zeit, da sich staatsbildende Kräfte der Zukunft erstmals an die Oberfläche wagten und eine Neuordnung der staatlichen Macht und Verwaltung verlangten, erkannte er vorausschauend die Grundlage der Existenz und Zukunft der Donauschwaben. Pfarrer Nowak blieb aber auch die Enttäuschung nicht erspart. Was er für sein Volk erstrebte, wurde von den Madjaren als Verrat bezeichnet. Nach dem Ausgleich wurde er verfolgt und 1878 zur Abdankung gezwungen. Aus Gram über die erlittene Schmach ist er bald darauf verstorben. Mit ihm verlor die Kirche einen ihrer besten Priester im Banat und die Donauschwaben den aufrechten Verfechter ihres Volkstums. Er wollte die Donauschwaben als gesicherte Stammeseinheit zu einem bestimmenden Faktor der universalen übernationalen Monarchie sich entwickeln lassen.

Die Antwort auf die Schwabenpetition. Was die Donauschwaben verlangten, wurde nicht alles erfüllt. Aber auch die nationalen Ansprüche der anderen Nationalitäten verwirklichten sich nicht. Verschiedene Anliegen der Donauschwaben wurden bei der Neuordnung des Staates aber auch beachtet und erfüllt. Vielleicht deshalb, weil ihre Wünsche gut in ein einheitlich regiertes Österreich paßten. Die Sonderstellung des Banates als kaiserliches Kronland wurde in erweiterter Form wiederhergestellt. Das neue Verwaltungsgebiet „Serbische Wojwodschaft und Temescher Banat" umfaßte die donauschwäbischen Kerngebiete im Banat, im Batscherland und in Syrmien. Die deutsche Verwaltung sicherte in diesem Verwaltungsgebiet, dem auch vom Pfarrer Nowak besonders erwähnten donauschwäbischen Kern, die nationale Entwicklung. In Temeschwar residierte an der Spitze dieses Territoriums nicht der als schwäbischer Graf vorgeschlagene Karl von Arizi, aber ein kaiserlicher Statthalter, zuerst Ferdinand Freiherr *Mayerhoffer* von Grünbühel (1798–1869), dann von 1850-1859 Johann Graf von *Coronin-Cronberg* (1794–1880) u. a., die damit die Nachfolge General Mercys in staatspolitischer Hinsicht in erweitertem Umfange antraten. Die in der Schwabenpetition vorgesehene Aufgabe eines schwäbischen Grafen erfüllten sie in nationaler Beziehung freilich nicht ganz, weil auch die Regierungsform dazu nicht angetan war.

10. Das Zeitalter des Absolutismus (1849–1860)

Nach der Revolution. Die weitere Entwicklung Österreichs war entscheidend für Schicksal und Zukunft der Donauschwaben. Je mehr Österreich in Erfüllung seiner Aufgaben die Stellung des Deutschtums stärkte, desto mehr sicherte es auch das Leben der Donauschwaben. Je mehr Österreich seiner deutschen Aufgabe entzogen wurde, desto mehr geriet auch deren nationale Existenz in Gefahr.

Die nationalen Kräfte zu sammeln und die Führung im Ringen um die Einigung Deutschlands zu übernehmen, konnte Österreich sich nicht entschließen. Es war eben nicht nur ein deutscher Staat, sondern ein Reich, in dem zahlreiche Völker in Ordnung und Gerechtigkeit lebten. Ein Deutsches Reich herzustellen, in dem die Deutschen die Erfüllung ihrer nationalen Wünsche sehen konnten, wagte Österreich nicht, weil es den damit verbundenen Aufgaben nicht gewachsen war. Mit Rücksicht auf seine anderen Völker bekämpfte es den deutschen Nationalismus. Nach einer gewissen Zeit des Gleichgewichtes zwischen Österreich und Preußen fiel dann die Führung der Bestrebungen nach deutscher Einigung an Preußen. Dieses setzte sich an die Spitze des deutschen Nationalismus.

Österreich konnte die Revolution niederschlagen. Franz Joseph I. bestieg am 2. Dezember 1848 den Thron. In seinem Manifest bezeichnete er die Einheit und Stärke der Gesamtmonarchie als das neue große Ziel. Um dieses zu erreichen, wäre ein Einbau der nationalen Kräfte in das Wirken des Staates erforderlich gewesen. Die meisten der im Staate lebenden Nationen und Nationalitäten drängten auf eine nationale und staatspolitische Reform, die das Wesen der bisherigen Herrschaft verändert hätte. Es gelang der Regierung aber nicht, die unzufriedenen Kräfte zur Mitarbeit zu gewinnen. Man scheute eine Neuordnung, in der die Völker, Volksgruppen und Stände ihre Freiheit, Mitverantwortung und Selbstverwaltung im Rahmen des Gesamtstaates gefunden hätten. Den im blutigen Bürgerkrieg aktiv gewordenen Volkswillen erkannte man als zerstörende Macht, aber noch nicht als tragende Kraft einer gesamtstaatlichen Neuordnung. Diese beruhte deshalb auf der Autorität des Kaisers und wurde von der Beamtenschaft getragen, vom Heer und von der Kirche, soweit diese nicht schon zur Trägerin nationaler Zielsetzungen geworden war wie bei den Madjaren, Slawen und Italienern. Nach dem Innenminister Bach wird dieser Zeitabschnitt in der Geschichte Österreichs „Bachscher Absolutismus“ genannt.

Der Nachgiebigkeit den nationalen und liberalen Strömungen gegenüber glaubte man, das Unglück der Revolution zuschreiben zu müssen. Die Regierung machte deshalb die meisten bisher gewährten Zugeständnisse rückgängig, besonders wenn sie gegen die Einheit und Autorität des Staates verstießen. Alle historisch überkommenen Gebilde, deren sich die nationalen und liberalen Strömungen bedienten, wurden abgeschafft.

Österreich wurde nun als Einheitsstaat aufgefaßt und nach neuen staatspolitischen Gesichtspunkten gegliedert. Weil man nur nach übervölkischen, autoritativen Grundsätzen regieren wollte, machte man sich alle erwachten nationalen Kräfte zum Gegner.

Die Selbständigkeit Ungarns wurde beseitigt, die Verfassung aufgehoben. Die Komitate verschwanden, und das ganze Land wurde in fünf große Verwaltungsgebiete

Das kaiserl. Kronland „Serbische Wojwodschaft und Temescher Banat”

eingeteilt. Mit einer solchen Lösung waren aber nicht allein die Madjaren unzufrieden. Auch die anderen Völker, die an der Seite des Kaisers gegen die Madjaren gekämpft hatten, erklärten sich dagegen. Sie erhofften als Dank für ihr Eintreten zugunsten des Kaisers die Erfüllung ihrer nationalen Wünsche und politischen Forderungen.

Das Kronland „Serbische Woiwodschaft und Temescher Banat" konstituiert. Am 17. Nov. 1849 legte der Ministerrat dem Kaiser einen Vorschlag für die Organisation eines gemischtnationalen Kronlandes in Südungarn vor. Darin heißt es: „...Es entsteht dadurch ein wohlarrondiertes und abgegrenztes, geschichtlich und geographisch zusammengehörendes, durch gleichförmige Interessen aller Art verbundenes und in nationalökonomischer Hinsicht für das ganze Reich hochwichtiges Territorium...

Die verschiedenen Volksstämme, welche die Bevölkerung bilden, halten sich beinahe das Gleichgewicht und jede Nationalität, für sich allein schon einen namhaften Quotienten der Bevölkerung bildend, wird gegen Übergriffe eines Volksstammes in dem Anschlusse an die bei der Wahrung des Grundsatzes der Gleichberechtigung nicht minder beteiligten übrigen Volksstämme einen zureichenden Schutz finden; und ein suprematisches Auftreten einer Nationalität zur Unmöglichkeit werden... Den Ansprüchen und Bedürfnissen einer nationalen Verwaltung soll bei der Abgrenzung der größeren und kleineren Verwaltungs- und Gerichtsbezirke nach Möglichkeit Rechnung getragen werden."

Der Kaiser stimmte dem Vortrag des Ministerrates zu und unterfertigte das vorgelegte Kaiserliche Patent, das am 18. Nov. veröffentlicht wurde. Darin heißt es: „...Es wird ein eigenes Verwaltungsgebiet gebildet, dessen Administration unabhängig von jener Ungarns durch unmittelbare unterstehende Landesbehörden zu leiten ist. Dieses Gebiet hat die Benennung „Woiwodschaft Serbien und Temescher Banat" zu führen. Wir behalten uns vor, die Landesvertretung in diesem Gebiete, sowie die Teilnahme seiner Bewohner an der Reichsvertretung analog den Einrichtungen anderer Kronländer nach den Grundsätzen der Reichsverfassung durch eine besondere Verfügung provisorisch zu regeln... Um der serbischen Nation in Unserem Reiche, den Uns vorgetragenen Wünschen gemäß, eine ihrer nationalen und historischen Erinnerungen ehrende Anerkennung zu gewähren, finden Wir Uns bewogen, Unserem Kaiserlichen Titel den eines Groß-Woiwoden der „Woiwodschaft Serbien" beizufügen und dem jeweiligen von Uns ernannten Verwaltungsvorstande des Gebietes der Woiwodschaft den Titel eines Vize-Woiwoden zu verleihen."

Umfang und Gliederung des Kronlandes. Das Gebiet des gemischtnationalen kaiserlichen Kronlandes umfaßte aufgrund des kaiserlichen Patents das ganze Banat, den Batschgau und den Illoker und Rumaer Bezirk in Syrmien, es gehörten zu ihm nicht die angrenzenden Teile des Militärgrenzgebietes. Der Flächenraum betrug 531 Quadratmeilen oder 57 566 qkm, die Gesamtbevölkerung 1 426 221, die sich untergliederte in 335 080 Deutsche, 221 845 Madjaren, 386 906 Serbokraten, 400 279 Rumänen, sowie Slowaken, Ruthenen, Bulgaren, Juden und Zigeuner, die einzeln keine 30 000 erreichten. In verwaltungsmäßiger Hinsicht war das Kronland in fünf Distrikte eingeteilt.

Franz Josef, 1830–1916, Kaiser von Österreich seit 1848

Ferdinand Freiherr Mayerhoffer von Grünbühel, 1798–1869. Besiegte am 2. 1. 1849 die Ungarn bei Pantschowa; erster Landeschef des kais. Kronlandes „Serbische Woiwodschaft und Temescher Banat“ 1849

An der Spitze der politischen Verwaltung des Kronlandes stand der Gouverneur als Präsident der Landesregierung mit dem Amtssitz in Temeschwar. Zur Zuständigkeit der politischen Behörden gehörte die Sorge für die Kundmachung und Vollziehung der Gesetze, für die Sicherheit, die öffentliche Ordnung und alle verwaltungsmäßigen, wirtschaftlichen, kulturellen und gesellschaftlichen Angelegenheiten.

Erster Chef des Kronlandes wurde am 18. Nov. 1849 der Militärdistriktskommandant Ferdinand Frh. Mayerhoffer von Grünbühel (1798–1869), sein Nachfolger 1850 Johann A. Graf von Coronin-Kronberg (1794–1880). Stellvertreter des Landespräsidenten waren: Ministerialkommissär Eduard Ritter von Ronse und Viktor Frh. von Schmidburg, Distriktskommissäre Isidor Nikolitsch (Sombor), Ludwig von Ambrozy (Temeschwar), Karl Johann von Arizi (Großbetschkerek), Achill Frh. Deschan von Hannsen (Lugosch), Paul von Jagoditsch (Werschetz) und Karl von Latinowitsch (Neusatz).

Um ein Landesstatut zur Bildung der Landesvertretung für das Kronland auszuarbeiten, bildete die Statthalterei in Temeschwar eine achtgliedrige Kommission unter dem Vorsitze von Viktor von Schmidburg. In dem von der Kommission vorgelegten

Statut heißt es: Die Landesvertretung äußert ihre Wirksamkeit: a) in der allgemeinen Landesversammlung, b) in den Landesausschüssen.

In der vorgesehenen Landesvertretung konnten alle Volksstämme vertreten sein; weil die Mitglieder ja berufen, nicht direkt gewählt wurden, ließ sich sogar ein gleichgewichtiges Verhältnis herstellen. Nachdem aber die Reichsverfassung bereits 1851 aufgehoben wurde, paßte eine Landesvertretung der Bevölkerung überhaupt nicht mehr zum absolutistischen Regierungssystem, das nicht darauf aus war, nationale Vertretungen zu schaffen, sondern vorhandene zu beseitigen.

Mit der Errichtung dieses Verwaltungsgebietes wollte man wohl die Wünsche der Serben, die sich im Verlauf der Revolution aufopfernd für den Kaiser geschlagen hatten, befriedigen. Das gelang aber nicht. Die Serben wußten genau, was sie wollten. Ihnen schwebte ein eigenes nationales Territorium, mit eigener serbischer Verwaltung und mit eigenem serbischen Oberhaupt, vor Augen. Das Verwaltungsgebiet war ein gemischtvölkisches Territorium. Die Verwaltung mußte in einem national so gemischten Gebiete übervölkisch sein. Sie war aber nicht nur im Prinzip übervölkisch, sie war auch antinational und reaktionär. Wohl kam in den Gemeinden, in Kirche und Schule, Verwaltung und bei Gericht die Sprache des Volkes zur Geltung. Deutsch als Staatssprache nahm selbstverständlich eine überragende Stellung ein. Diesem Umstand muß es zugeschrieben werden, wenn die national empfindlichen Madjaren in dieser Zeit von Germanisierung sprechen. Von deutschnationalen Bestrebungen war aber bei der absolutistischen, reaktionären Regierung keine Spur zu finden. Es fand auch der nationale Wille des deutschen Volkes in dieser Regierung keinen Rückhalt.

Fortschrittlicher Aufschwung dieser Zeit. Die Neuordnung des Staates mit der Eingliederung Ungarns brachte politisch keine Entwicklung, sie bedeutete aber in wirtschaftlicher Hinsicht einen großen Fortschritt. Die Zoll- und Handelsschranken fielen, die Verkehrsverhältnisse wurden verbessert. Österreich blieb aus dem Deutschen Zollverein ausgeschlossen und bot deshalb ein sicheres Absatzgebiet für die landwirtschaftlichen Erzeugnisse Ungarns. Gleichzeitig begünstigte das einheitliche Österreich die Schaffung einer einheimischen Industrie. Von den Errungenschaften der Revolution blieb die Bauernbefreiung bestehen. Aber erst in der Bachzeit wurden die damit zusammenhängenden Rechtsfragen geklärt. Die Grundentlastung und die Anlegung von Grundbüchern wurde geregelt.

Durch gesetzliche Verordnungen und Maßnahmen wurde der allgemeine Besuch der Volksschule und die Gleichheit vor dem Gesetze sichergestellt. Damit war eigentlich die mittelalterliche Gesellschaftsordnung erst überwunden. Schulwesen und Wissenschaft erfuhren eine fruchtbare Entwicklung. Die Maßnahmen des österreichischen Unterrichtsministers *Thun* förderten die Hochschulen ebenso wie das Mittel- und Volksschulwesen. Die Schulfrage wurde ohne sprachpolitische Hintergedanken verfolgt. Das zeigt sich darin, daß das Schulwesen aller Nationalitäten gleichmäßig gefördert wurde. Während man in der Priester- und Lehrerausbildung infolge des erstarkenden Nationalismus der Madjaren auf die Bedürfnisse der deutschen und anderen Nationalitäten keine Rücksicht nahm, leitete in der absolutistischen Zeit die Errichtung der deutschen Lehrerbildungsanstalt in Werschetz eine pädagogische Erneuerung ein, mit der das donauschwäbische Schulwesen seine Spitzenstellung weiterhin behaupten konnte. Im Zeitalter der Emanzipation sammelten sich die donauschwäbischen Lehrer nach binnendeutschem Vorbild in Vereinen, und es gelang ihnen mit vereinten Kräften, so etwas wie *„eine donauschwäbische pädagogische Provinz“* aufzubauen. Durch die Hebung der allgemeinen Bildung entwickelten sich auch die Bauernvölker und wurden damit in die Lage versetzt, sich auf nationalpolitischer Ebene gegen die „Adelsnationen“ durchzusetzen.

Die günstigen Bedingungen für die Landwirtschaft wurden ergänzt durch die Schaffung von neuzeitlichen Verhältnissen auf dem Gebiete der Industrie und des Handels. 1850 wurden die Handels- und Gewerbekammern eingerichtet, 1852 das österreichische Bürgerliche Gesetzbuch eingeführt. Zahlreiche Beamte kamen ins Land und bauten eine geordnete Verwaltung auf. 16 österreichische Gendarmerieregimenter rotteten das seit der Türkenherrschaft bestehende Räuberunwesen aus. Das Postwesen und das Telegraphennetz wurde ausgebaut. Das Patentrecht wurde 1852, das Bergrecht 1854, das Forstreglement 1857 eingeführt. Die Gewerbekörperschaften wurden 1859, die Warenbörse 1863, die Handelsfirmen 1864 gegründet. Handelsakademien, Realschulen, Polytechnikum und Bürgerschulen entstanden während des Neoabsolutismus. Nach dem Ausgleich übernahm das ungarische Parlament größtenteils diese gesetzlichen Verordnungen und Einrichtungen. Das Bach-System verwandelte den mittelalterlichen ungarischen Feudal-in einen modernen Wirtschafts- und Rechtsstaat, das war die Großtat Wiens. Die Maßnahmen dieser absolutistischen Verwaltung verzehnfachten die Steuereinnahmen Ungarns bis 1857. Die volle Wirksamkeit dieser Maßnahmen wurde durch das ablehnende Verhalten der Madjaren beeinträchtigt.

Doch selbst nach Serbien strahlte die wirtschaftliche Dynamik der Donauschwaben in dieser Zeit aus, wo es Georg *Weifert* (1850–1937), ein Unternehmer aus Pantschowa, zum Großindustriellen und zum Gouverneur der Nationalbank in Belgrad und zum großen Wohltäter des Landes brachte. Er hat aber auch seine Abstammung niemals vergessen.

Bischof Michael Haas, ein Retter der Sathmarer Schwaben. Wie sich die Zeit des Absolutismus für das national noch unentwickelte Leben der Donauschwaben günstig auswirken konnte, zeigte sich dort, wo für sie aus den nationalen Forderungen, Bestrebungen und Taten der anderen Völker eine Bedrohung entstand. In einer solchen bedrohten Lage befanden sich die Sathmarer Schwaben. Diese waren auf den Gütern der Grafenfamilie Károlyi angesiedelt worden. Die madjarischen Grundherren versuchten immer wieder, sie nicht nur wirtschaftlich, sondern auch politisch zu bevormunden. Das erwies sich beim Aufkommen und Erstarken des madjarischen Nationalismus als nationale Gefahr für die Schwaben. Die politische Macht des Staates lag ausschließlich in den Händen des Adels und der Kirche, die beide im Besitze von Privilegien und Steuerfreiheit waren. Um ihre Stellung zu behaupten, verbanden sich beide Mächte mit dem madjarischen Nationalismus. Es gelang ihnen, Gesetze zur Einführung der madjarischen Sprache in Verwaltung, Schule, Kirche und Gemeinde zu erbringen, Grundherren und Vertreter der Kirche bemühten sich dann um die Einführung der madjarischen Sprache auch dort, wo es sich um deutsche Menschen, Schulen,

Kirchen und Gemeinden handelte. So konnte es in Sathmar bereits um 1850 zu einer weitgehenden Überfremdung der dortigen Schwaben und ihrer Einrichtungen kommen.

Da brachte zur rechten Zeit die Neugestaltung des Staates zur Zeit des Absolutismus die nationale Rettung der Sathmarer Schwaben. Auf den freigewordenen Sathmarer Bischofsstuhl kam 1856 Michael *Haas* (1810-1866) aus Fünfkirchen, der sich hier bereits als Historiker (1840 entstand sein Werk über die Branau, das zu den besten Beschreibungen des Komitates gehört), und seit 1853 als Schulrat des Ofen-Pester Bezirkes einen Namen gemacht hatte. Sein Schulbezirk erfaßte das Gebiet von Stuhlweißenburg, Moor und Ofen-Pest bis Segedin. Um die erforderlichen Lehrer zur Vermehrung der Schulen zu gewinnen, lag ihm die Errichtung von Präparandien besonders am Herzen. In seiner Zeit entstanden Präparandien in Fünfkirchen, Pest (3), Segedin, Erlau, Gran, Kalotscha und Sathmar. Sein Hauptaugenmerk richtete er auf die Hebung der Volksschulen, auch als Begründer der Pußtaschulen. In der Zeit von 1851 bis 1857 vermehrte sich in seinem Schulgebiet die Zahl der Schulen von 592 auf 916, darunter 606 mit madjarischer und 78 mit deutscher Unterrichtssprache. Er förderte auch die Schulschwestern, die sich der Mädchenerziehung aller Schularten widmeten. Die nationale Not seiner schwäbischen Diözesankinder konnte von ihm nicht unbemerkt bleiben, er verhalf der unterdrückten deutschen Muttersprache in Kirche und Schule wieder zu ihrem Rechte. Sein acht Jahre langes Wirken in diesem Sinne von 1858 bis 1866 brachte die Aufhebung oder die Abschwächung der Überfremdung. So wurde Bischof Haas der wirkliche nationale Retter der Sathmarer Schwaben. Er gab deutsche Kirchengesangbücher heraus und pflegte die deutsche Predigt. Den Unterricht der madjarischen Sprache schaffte Bischof Haas in den schwäbischen Schulen nicht ab. Von den Lehrern verlangte er darüber Berichte. Für die Förderung des Schulwesens der madjarischen Gemeinden tat er ebenfalls viel. Er wollte den Ungarn ein Ungar, den Deutschen ein Deutscher sein. Sein Wirken hätte noch erfolgreicher werden können, wenn er für seine deutsche Arbeit unter seiner Geistlichkeit tatkräftige Mitarbeiter gefunden hätte.

Johannes Ladislaus Pyrker 1772–1847, Dichter, Erzbischof von Erlau und Patriarch von Venedig

Michael Haas, 1810–1866, Bischof von Sathmar

Alexander Bonnaz, 1812–1889, Bischof von Tschanad seit 1860

Als nach Beendigung des Absolutismus mit dem Abgang von Bischof Haas die Überfremdung wieder uneingeschränkt ihre Herrschaft antreten konnte, war der Untergang der Sathmarer Schwaben um einige Jahrgänge aufgehalten. Die durch seine Maßnahmen ihrem Deutschtum erhalten gebliebenen Generationen reichten eben aus, um dem auch später wieder arg gefährdeten Sathmarer Schwabentum den Anschluß an die aufkommende nationale Bewegung der Donauschwaben zu Beginn des 20. Jahrhunderts zu ermöglichen.

Die Ungarn wollten Bischof Haas als Germanisator hinstellen. Das kommt daher, weil von einem Bischof in Ungarn verlangt wurde, daß er auch den deutschen Gläubigen nur ein Madjare sei.

Versuch einer Autonomie der deutschen Protestanten im Kronland Südungarn. Das gesamtstaatlich orientierte Verhalten der neoabsolutistischen Wiener Regierung zwischen 1847-1866 schränkte wohl den Nationalismus der Nationalitäten ein, es stärkte aber die Stellung der Kirche und begünstigte sogar die Möglichkeit, die beeinträchtigte kirchliche Stellung der Nationalitäten zu beseitigen. Für die katholische Kirche wurde 1855 das Konkordat abgeschlossen und damit das Verhältnis zwischen Staat und Kirche geregelt. Die protestantischen Kirchen sollten durch ein Protestantengesetz einheitlich für ganz Österreich mit Einschluß Ungarns neugeordnet werden. Am 1. Sept. 1859 erging ein Kaiserliches Patent, betreffend die innere Verfassung, die Schul- und Unterrichtsangelegenheiten und die staatsrechtliche Stellung der evangelischen Kirche beider Bekenntnisse in den Königreichen Ungarn, Kroatien und Slawonien, in der Woiwodschaft Serbien mit dem Temescher Banat und in der Militärgrenze. Der Minister für Kultus und Unterricht erließ am 2. Sept. 1859 eine Verordnung, womit er provisorische Bestimmungen über die Vertretung und Verwaltung der Kirchenangelegenheiten der Evangelischen beider Bekenntnisse in diesen Ländern bekanntgab.

Das kaiserliche Protestantengesetz hatte seine Anhänger und Gegner, es rief daher erbitterte Auseinandersetzungen hervor. Begrüßt wurde das Gesetz zumeist von den Geistlichen, dagegen waren vor allem die weltlichen Adeligen, weil diese nicht nur kirchliche, sondern nationalpolitische Gesichtspunkte im Auge hatten. Die protestantische Kirche Ungarns spaltete sich in „Patentisten" und in „Autonomisten", die gegen das Patent und gegen eine kaiserliche Regelung waren. Mit der Forderung nach einer Synode, die letzte Entscheidungen treffen sollte, sperrten sich die Autonomisten gegen jede Zusammenarbeit mit dem Staate. Denn es war für den absolutistisch regierten Einheitsstaat einfach vom System her unmöglich, den Gegnern der Regierung auf kirchlichem Gebiete zu gewähren, was man ihnen auf politischem Gebiete versagte. Neben den Deutschen Westungarns legten auch die evangelischen Donauschwaben im Batschgau, in Syrmien und im Banat eine patentfreundliche Haltung an den Tag. Das Batsch-Syrmier und das Banater Seniorat, die bisher zum Montanbistum gehörten, sollten nach dem Patent einen eigenen Kirchendistrikt der „Serbischen Woiwodschaft mit dem Temescher Banat", das sogenannte „Neuwerbaßer Bistum" bilden. Zum Administrator desselben wurde der damalige Temeschburger Pfarrer und Banater Senior, Wilhelm *Karner*, ernannt. Nach dem frühen Tode Karners bekleidete der Torschauer Pfarrer Johann *Tessényi* (gest. 1881) das Amt des Neuwerbaßer Bischofs.

Die evangelischen Slowaken waren unbedingt für das Patent, von den Deutschen das Kirchenvolk, die Geistlichen nur zum Teil. Im Verlaufe des Senioratskonvents kam es am 18. Mai 1860 zur Abstimmung, wobei das Patent mit 20 gegen 18 Stimmen abgelehnt wurde. Die anschließende Trennung in ein slowakisches und deutsches Seniorat verhinderte das Eingreifen des ungarischen Bischofs durch die Annahme einer Regelung, wonach alle drei Jahre für das Amt des Seniors und Konseniors abwechselnd Pfarrer aus deutschen bzw. slowakischen Kirchengemeinden gewählt werden sollten. Diese Regelung befriedigte aber weder die Slowaken noch die Deutschen, höchstens die Madjaren, weil diese jetzt im Verein mit den Deutschen ihre Madjarisierung gegen den stärkeren Widerstand der Slowaken durchsetzen konnten. Das Seniorat mußte seine Agenden in drei Sprachen führen. Die Folge war, daß schon bald den Absichten der Madjaren entsprechend alle Erledigungen des Seniorates, weil es einfacher war, nur in ungarischer Sprache erfolgten, zum Unwillen der Slowaken, da sich die Deutschen der Madjarisierung willfähriger fügten.

Eine Kirchenverwaltung auf der Grundlage dieses Gesetzes wäre in der Lage gewesen, den protestantischen Donauschwaben eine erhebliche Stärkung ihrer Stellung, Funktion und Chancengleichheit zu gewährleisten. Das lehrt ein Vergleich mit den Siebenbürger Sachsen, die sich dieses Gesetz bei der Regelung ihrer kirchlichen Selbstverwaltung zu eigen machten und sich im bevorstehenden Wettbewerb nach dem Ausgleich mit den andersnationalen Nachbarn als Deutsche in ihrer Eigenart und Kultur besser behaupten konnten als die Donauschwaben, denen die Organisation als eigener Kirchenkörper versagt blieb.

Besonders günstige Bedingungen schuf die neue Regierung für das Wirken der Schule in allen Bereichen. Ziel des Gesamtstaates war ja - wie bereits unter Maria Theresia und Josef II. - nicht eine unbeschränkte Macht als Selbstzweck, sondern eine neue Form des Staates mit neuen Staatsaufgaben im Dienste des allgemeinen Wohles. Er vertrat - auch in Ungarn - den Fortschritt: einen aufgeklärten Absolutismus mit seinen fortschrittlichen Reformen der Verwaltung und Justiz, der Bauernbefreiung und Gewerbefreiheit, der Entfaltung des Handels und der Industrie, vor allem mit seiner Förderung der Volksbildung und Kultur. Durch gesetzliche Verordnungen und Maßnahmen wurden der allgemeine Besuch der Volksschule und die Gleichheit vor dem Gesetz sichergestellt. Damit wurde eigentlich die mittelalterliche feudale Gesellschaftsordnung erst überwunden. Der schulische Aufbau erfolgte ohne nationalpolitische Hintergedanken. Die schulische Förderung kam dem Schulwesen aller Volksstämme zugute, deren Muttersprache auch in den höheren Schulen Beachtung fand.

Neben Heer und Beamten bildete vor allem die Kirche eine starke Stütze des Staates. Das 1855 geschlossene Konkordat ordnete das gesamte Verhältnis zwischen Kirche und Staat. Es brachte der Kirche die Freiheit der bischöflichen Amtsführung, den verstärkten Einfluß in Erziehung, Unterricht und Presse. In Ungarn machte sich die Kirche traditionsgemäß die nationalen Forderungen der madjarischen Revolution bzw. Opposition zu eigen und unterstützte diese auch aktiv. Die staatliche Neuordnung traf die ungarische Kirche daher hart, die katholische und auch die protestantische. Mehrere Oberhirten verloren ihr Amt, die ungarische Kirche blieb dennoch weitgehend dem nationalen Widerstand gegen den österreichischen Gesamtstaat verbunden. Sie sah in der reichsgesetzlichen Regelung durch das Konkordat eine Verletzung ihrer Sonderrechte. In Österreich kam es in dieser Zeit zur Neuabgrenzung einiger Bistümer nach nationalen Gesichtspunkten (Bistum Lavant), die Rumänen trennten sich kirchlich von den Serben und erhielten ihre Nationalkirche mit rumänischer Hierarchie, eine donauschwäbische Stellung im kirchlichen Bereich zu stärken, blieb auch in dieser Zeit unvorstellbar. Beachtlich sind auch die Vorgänge im donauschwäbischen Bereich, die sich in Verbindung mit dem Protestantengesetz abgespielt haben.

Das Kronland und die Donauschwaben. Auch wenn die Donauschwaben im neoabsolutistischen Großösterreich keine Institutionalisierung und Festigung ihres Volksstammes erfuhren, wurde doch die bereits aufgetretene Gefährdung ihres nationalen Bestandes vermindert oder ganz beseitigt. Die politisch macht- und sorglosen Donauschwaben setzten auf die wirtschaftlich und kulturell günstigen Möglichkeiten dieser Zeit, nicht aber die Siebenbürger Sachsen, gegen die das Wiener Regime rücksichtslos vorging, indem es ihre nationalen Sonderrechte aufhob und ihre festgefügte nationale Körperschaft auflöste. Nachdem ihnen die staatspolitische Lage klar geworden war, stellten sie fest: „Wir können nicht widerstehen ... Es ziemt uns aber zu bedenken, was jenen Schutz der gefallenen äußeren Schranken ersetzen könne, damit wir das hehre Erbteil unseres Volkstums, wie unsere heilige Pflicht, auch den künftigen Geschlechtern erhalten. Die Geschichte lehrt, daß es hierzu nur ein Mittel gebe – allseitige höhere Bildung.

Die neoabsolutistische Epoche des österreichischen Gesamtstaates (1849–1861), von den Donauschwaben als ihr *„goldenes Zeitalter“* bezeichnet, brachte ihnen an Wertvollem und auch für die folgenden Zeiten noch Nachwirkendem: die Verdeutschung der bereits z. T. überfremdeten Schule und Verwaltung; die Stärkung der noch im Wachsen begriffenen donauschwäbischen Einheit im Zusammenhang mit den wirtschaftlichen und kulturellen Möglichkeiten; die Schaffung der bildungsmäßigen Grundlagen zur berufsständischen Sammlung und sozialen Emanzipation der eigenen Kräfte in Vereinigungen der Lehrer, Arbeiter und Bauern als Vorläufer des späteren eigenen nationalpolitischen Zusammenschlusses. Alle diese nachhaltigen Auswirkungen befähigten die Donauschwaben, die auf den Ausgleich (1867) folgenden schweren Zeiten, da sie der Kaiser der Suprematie der Madjaren wehrlos überließ, national zu überdauern.

Die erste Schwächung der Monarchie. Die Lösung der inneren Spannungen in Österreich, wie sie nach der ungarischen Revolution erfolgte, konnte nur eine Zwischenlösung sein.

Mit ihr waren mehr oder weniger alle Völker unzufrieden. Es bedurfte daher nur eines wichtigeren Anlasses, um eine Neuordnung der Staatsverwaltung wieder notwendig zu machen.

Dieser Anlaß ergab sich 1859 durch den Krieg in Italien. Die Italiener strebten nach nationaler Einigung und brachten deshalb die oberitalienischen Gebietsteile Österreichs in Gefahr. Frankreich und Preußen unterstützten die italienischen Einigungsbestrebungen. Österreich hätte jetzt die Kraft seiner unzufriedenen Völker einsetzen müssen gegen den nationalen Freiheitsdrang der Italiener. Das absolutistische Regime

Österreichs bestand diese Kraftprobe aber nicht mehr. Seine Schwäche wurde offenbar. Bei Magenta und Solferino wurde Österreich geschlagen und mußte der italienischen Einigung zustimmen. Die Lombardei wurde abgetreten. Diese äußere Schwächung war letzten Endes eine Auswirkung der Unzufriedenheit seiner Völker mit dem herrschenden Regierungssystem.

Nach dieser Niederlage mußte der Staat eine Stärkung nach innen in die Wege leiten. Der Kaiser suchte wieder die Zustimmung seiner Völker zu gewinnen. Das absolutistische System wurde aufgelockert, die Presse wieder freier. 1860 wurde ein verstärkter Reichsrat nach Wien einberufen. Im Oktoberdiplom wurde der Übergang zu einer verfassungsmäßigen Staatsform verkündet. Die alten Verfassungen sollten überall hergestellt werden. Der noch im Auge behaltenen Einheit des Staates erwuchs gerade in diesen Länderverfassungen und Landtagen eine Gefahr. Im Februarpatent von 1861 wurde deshalb eine zentralistische Gestaltung Gesamtösterreichs betont.

Der ungarische Reichstag trat 1861 zusammen. Er verlangte die volle Herstellung der Gesetze von 1848 und versprach die billigen Wünsche der Nationalitäten zu befriedigen. Die Krone erklärte dagegen, Ungarns Verfassung sei durch die Revolution gebrochen und verwirkt. Von den Gesetzen aus dem Jahre 1848 widersprächen einige der Pragmatischen Sanktion, andere verletzten Rechte der übrigen Länder der Monarchie und anderer Völker und Volksgruppen Ungarns in ihren nationalen Interessen; sie müßten deshalb geändert werden. Da der Kaiser fest blieb, wurde der ungarische Reichstag aufgelöst und Ungarn weiterhin absolut regiert. Die Komitate in Ungarn weigerten sich, die Steuern einzuheben, und die ungarischen Vertreter blieben dem Reichsrat in Wien fern. Die Sachsen sandten ihre Vertreter nach Wien, ihr Sprecher, Konrad *Schmidt,* wurde sogar Vizepräsident des Reichsrates. In diesem Ringen um eine Neuordnung im Staate fehlte den leitenden Männern in Wien die Festigkeit und Klarheit eines staatspolitischen Zieles. Demgegenüber stand die Sicherheit der ungarischen Politiker auf der Grundlage ihrer Privilegien und ihres „Rechtes". Nur der Kaiser und die Deutschen blieben zuverlässige Stützen des österreichischen Gesamtstaates.

Angesichts der wachsenden nationalen Macht der Slawen waren dann die Deutschen bereit, ohne Rücksicht auf den „Reichsgedanken", Ungarn in der Monarchie eine Stellung nach den Gesetzen von 1848 zu gewähren. Der ungarische Politiker *Franz Deak,* der „Weise der Nation", konnte den ungarischen Standpunkt aufrechterhalten und die Hand zur Versöhnung reichen. Der Reichsrat in Wien wurde 1865 geschlossen, der Kaiser reiste nach Ungarn und entließ seinen Kanzler Schmerling. Die Verfassung in Österreich wurde aufgehoben und der Weg beschritten, der „mit Beachtung des legitimen Rechts zur Verständigung führt". In Ungarn wurde der „Krönungslandtag" einberufen, der die Hindernisse der Krönung zu beseitigen und die verfassungsmäßigen Rechte Ungarns mit den Forderungen der Monarchie in Einklang zu bringen hatte.

Die zweite Schwächung der Monarchie. Die zweite Schwächung von außen erfuhr Österreich durch den preußisch-österreichischen Krieg 1866. Dieser Kampf der zwei größten deutschen Staaten entbrannte als letzter Ausweg im Ringen um die Vormachtstellung im Deutschen Bund. Preußen verbündete sich mit Italien, auch eine ungarische Legion stand auf seiner Seite. Der größte Teil der deutschen Staaten hielt zu

Franz Deák, 1803–1876, hat 1867 erfolgreich den Ausgleich für Ungarn mit Österreich abgeschlossen

Ludwig von Benedek,
geb. 1804 in Ödenburg, gest. 1884
österr. Heerführer,
Verlierer bei Königgrätz 1866

Feldmarschall Josef Graf Radetzky, 1766-1858, kämpfte mit Laudon im Türkenkrieg 1788/89, führte mit Fürst Schwarzenberg die verbündeten Armeen 1813 bei Leipzig und besiegt die Italiener 1848/49

Österreich. Dem Kampf auf zwei Schlachtfeldern war Österreich nicht gewachsen. Gegen Italien siegte es bei Custozza und bei der Insel Lissa in der Adria (Sieger Admiral Wilhelm *Tegetthoff*), es unterlag aber gegen Preußen bei Königgrätz. Otto von *Bismarck* gewährte Österreich einen raschen und großzügigen Frieden. Im Prager Frieden verlor Österreich Venetien an Italien. Es mußte eine Neugestaltung Deutschlands ohne sein Eingreifen zulassen. Zahlreiche Donauschwaben kämpften diesmal für Österreich um dessen deutsche Sendung. Ihre Teilnahme und ihr Opfer für Österreichs Zukunft konnte ihre nationale Entwicklung aber nicht mehr sicherstellen.

Die Ausschaltung Österreichs aus der Gemeinschaft der deutschen Länder leitete die kleindeutsche Einigung des deutschen Volkes in die Wege. Diese Entwicklung brachte für die Deutschen in Österreich und für die Donauschwaben böse Folgen. Alles, was außerhalb der deutschen Staatsgrenzen an deutschen Volksangehörigen lebte, wurde nicht mehr als zum deutschen Volke zugehörig betrachtet. Große Not brachte diese kleindeutsche Lösung an allen Ecken und Enden des deutschen Siedlungsraumes mit sich. Auch die Madjarisierung war letzten Endes nur eine Auswirkung dieser deutschen Neuordnung. Das Deutschtum außerhalb der Reichsgrenzen wurde überall in die Verteidigung seiner völkischen Rechte gedrängt. Aus diesem Ringen mußte ein neues Volksbewußtsein entstehen, im Gegensatz zum nationalstaatlichen Denken der Binnendeutschen.

Die zweite äußere Schwächung veranlaßte eine endgültige Regelung der innerstaatlichen Verhältnisse Österreichs. Die Gewichte in der Donaumonarchie verschoben sich. Der Kaiser war genötigt, die alten ungarischen Forderungen, die vor Königgrätz nur als Verhandlungsgrundlage dienten, anzunehmen. Es kam jetzt zu einem überstürzten Ausgleich zwischen der Krone und Ungarn, mit dem die Madjaren allein die Vorherrschaft in einem zentralistischen Ungarn erreichten, der Kaiser aber die Nationalitäten, die mehr als die Hälfte der Bevölkerung ausmachten, der nationalstaatlichen madjarischen Verfügungsgewalt schutzlos auslieferte. Der vom Kaiser bei der Ansiedlung den deutschen Siedlern auf ewige Zeiten als freien und unmittelbaren k. k. Untertanen zugesagte Schutz wurde mit dem Ausgleich vergessen und hinfällig. Diese Entwicklung begann mit der geistig-kulturellen Überfremdung, mit der nationalen Benachteiligung, und endete mit der staatsrechtlichen, materiellen, moralischen, völker- und menschenverachtenden Entrechtung, Unterwerfung, Ausbeutung, Vernichtung und Vertreibung der Deutschen durch die slawischen, aber auch die madjarischen und rumänischen kommunistischen Machthaber nach dem Zweiten Weltkrieg.

11. Der Ausgleich mit Ungarn und seine Folgen für die Donauschwaben

Der Ausgleich. Der im Jahre 1867 geschlossene Ausgleich zwischen dem Kaiser und den Madjaren stellte die Monarchie auf völlig neue Grundlagen. Die Niederlage gegen Preußen verdrängte Österreich aus seiner deutschen Stellung und Aufgabe. Im Ausgleich entsagte die Krone dem deutschen Führungsanspruch in der Monarchie und gewährte den Madjaren die Erfüllung fast aller ihrer Wünsche. Die Neuordnung schwächte die Stellung des Deutschtums, drängte es in die Verteidigung und lieferte zahlreiche Bastionen staatlicher Rechtsordnung dem stärker um sich greifenden unduldsamen nationalstaatlichen Geiste aus. Dieser Geist aber zerfraß das gegenseitige Vertrauen und friedliche Zusammenleben der Völker im Staate.

In dem Wunsche, die herrschende Klasse Ungarns möglichst schnell zu befriedigen, wurde der Ausgleich überhastet und ohne Berücksichtigung der gesamtstaatlichen und übervölkischen Interessen durchgeführt. Den politisch gewandten und in harter Schule erzogenen Führern des Madjarentums stand damals auf österreichischer Seite Baron Ferdinand *Beust* (1809–1886) gegenüber, der als Gegner Bismarcks nach dem preußischen Sieg als Ministerpräsident aus sächsischen Diensten entlassen, 1866 österreichischer Außenminister, 1867 aber Reichskanzler der Monarchie wurde, dem es an genügender Kenntnis der Verhältnisse des Staates und wohl auch an Verantwortungsgefühl fehlte. Die politischen Führer des österreichischen Deutschtums waren von den Verhandlungen um den Ausgleich überhaupt ausgeschlossen. Eine hilfreiche Verbündete fanden die madjarischen Unterhändler auch in der jungen Kaiserin Elisabeth, die die madjarischen Ansprüche beim Kaiser unterstützte. Auf dem Boden dieser unzweckmäßigen Regelung der staatsrechtlichen Verhältnisse der Monarchie erwuchsen aber jene erfolgreichen Bestrebungen des Madjarentums, die auf eine immer weitergehende Lockerung des Staatszusammenhanges abzielten. Die verschiedenen ungarischen Parteien waren sich dabei nur über die Methode und das Zeitmaß, nicht aber über das Ziel uneinig.

Nach dem Ausgleichsgesetz ist Ungarn ein selbständiger Staat, und nach der Pragmatischen Sanktion unter demselben Herrscher aus dem Hause Habsburg-Lothringen mit allen Ländern des Erzhauses zu gegenseitiger Verteidigung verpflichtet. Seine inneren Angelegenheiten ordnet Ungarn selbst, das Ministerium ernennt der König, der durch seinen Krönungseid an die Verfassung gebunden ist. Gemeinsam für beide Reichshälften sind das Außen-, das Kriegs- und das Finanzministerium. Die gemeinsamen Angelegenheiten werden durch gemeinsame Minister verwaltet und jedes Jahr von Delegationen des ungarischen und österreichischen Parlamentes erledigt. Das Quotengesetz der Beiträge zu den Gesamtausgaben des Reiches wird alle zehn Jahre erneuert. Im ersten Jahrzehnt mußte Ungarn 30, Österreich 70 v. H. der Beiträge leisten.

Aus Österreich wurde somit eine Wirtschaftsgemeinschaft, in der zahlreiche Kleinvölker um nationale und politische Gleichberechtigung ringen mußten. Die Doppelmonarchie beruhte auf der Abmachung, alle zehn Jahre einen Vertrag zu schließen und bedeutete „ein sinnreiches System der Auflösung des Staatswillens". Das Übereinkommen des Ausgleichs nahm beiden Partnern die Freiheit, die eigene Verfassung zu entwickeln. Eine Verfassungsänderung hätte als Änderung in der Person des Vertragspartners aufgefaßt werden können, die den Vertrag hinfällig machte. Der Ausgleich brachte nicht nur eine mangelhafte Lösung grundlegender Fragen der Monarchie, sein ärgster Fehler lag in der Unabänderlichkeit des geschaffenen Zustandes.

In der Ausgleichsvereinbarung sprach man von der österreichischen Hälfte des Staates nur mehr als von den „im Reichsrat vertretenen Königreichen und Ländern". In der ungarischen Hälfte aber wurden alle Völker unter dem Begriff einer „unteilbaren, einheitlichen ungarischen Nation" in einem nationalen Einheitsstaat zusammengefaßt. Die von Österreich geschaffene Militärgrenze, von Deutschen, Kroaten, Serben und Rumänen besiedelt, wurde Ungarn einverleibt. Auch die Kroaten wurden zu einem Ausgleich mit Ungarn gezwungen. Sie erhielten zwar eine gewisse Autonomie, dem ungarischen Einfluß blieb aber ein weiter Spielraum eingeräumt. Die Verbindung der Kroaten mit Wien löste sich immer mehr. Der Banus wurde nicht mehr vom Kaiser, sondern vom König ernannt. Über die gemeinsamen Ausgaben wurde in Budapest beschlossen, Kroatien hatte keine Kontrolle darüber. Das ganze Transportwesen wurde nach Ungarn geleitet. Agram blieb eine direkte Bahnverbindung mit Wien versagt. Nur zwei v. H. der Einwohner Kroatiens besaßen das Stimmrecht. Die Hälfte der Stimmberechtigten waren Beamte. Ungarische Beamte, die vorübergehend in Kroatien tätig waren, erhielten seit 1887 in Kroatien Stimmrecht, ohne es in Ungarn zu verlieren.

Auch Siebenbürgen und die Stellung der Sachsen wurden dem Ausgleich geopfert. Ungarn konnte jetzt den sächsischen Königsboden zerschlagen und so in Komitate auseinanderreißen, daß die Sachsen als Minderheit rumänischen oder madjarischen Mehrheiten gegenüberstanden.

Die Auswirkung des Ausgleichs. Außer den Madjaren war mit der Neuordnung des Staates niemand zufrieden. Selbst die Deutschen in der österreichischen Hälfte des Staates fühlten sich als Volk vom Staate benachteiligt. So wurde die Volkstumsfrage ausschlaggebend für den Bestand der Österreichisch-Ungarischen Monarchie. Die Beziehungen der Völker im Staate verschlechterten sich seit 1867 immer mehr. Am 8. Juni 1867 erfolgte die Krönung des Kaisers *Franz Joseph* zum ungarischen König. Der König legte den Eid auf die Verfassung ab und gelobte, die „Einwohner jeglichen Standes, in ihren Vorrechten, Privilegien, Freiheiten, Gesetzen, in ihren alten und genehmigten guten Gepflogenheiten zu erhalten". Da die Gleichberechtigung der Nationen und Nationalitäten nach dem Ausgleich nicht sichergestellt war, strebten diese infolge des nationalstaatlichen Druckes, statt sich zu assimilieren, immer mehr auseinander.

Sofort nach dem Ausgleich mußten die österreichischen Beamten in Ungarn das Land verlassen. Die in der Bachzeit eingeführten Gesetze der staatlichen Verwaltung blieben in der Hauptsache auch weiterhin in Kraft. Der Einfluß des Adels konnte sich in den Komitaten wieder uneingeschränkt festigen. Unter den höheren Beamten und Politikern gab es in Ungarn bis 1890 nur selten Personen bürgerlicher Herkunft. Die adelige Vorherrschaft konnte sich in Ungarn bis zum ersten und zweiten Weltkrieg erhalten.

In der östlichen Hälfte der Monarchie wurden also die Madjaren die alleinigen Herren. Auf die zwei Millionen Deutschen wurde durch diesen Ausgleich ebenso verzichtet wie auf die anderen Völker Ungarns. Er lieferte sie auf Gnade und Ungnade den Madjaren aus. Mit der unnatürlichen Zusammenfassung aller Bewohner zu einer einheitlichen unteilbaren ungarischen Staatsnation, der alle Rechte im Staate zustanden, übersah man die Tatsache des Bestandes der verschiedenen Volksgruppen, die leben und sich erhalten wollten. Das Verhältnis der Volksgruppen zur einheitlichen ungarischen Nation und zum eigentlichen madjarischen Volke fand keine gerechte Regelung. Die Madjaren faßten den unklaren Begriff der einheitlichen Staatsnation ganz im madjarisch-völkischen Sinne auf. Dieser Auffassung zufolge sollten die anderen Völker in Ungarn zu Madjaren werden, um der Idee der einheitlichen Staatsnation gerecht zu werden. Die entrechteten Völker Ungarns, die Serben, Rumänen, Siebenbürger Sachsen, Slowaken und auch die Donauschwaben, mußten entweder auf ihre eigenständige Zukunft verzichten oder aber den ihnen aufgezwungenen Kampf um ihre Volkstumsrechte gegen die Entrechtungsherrschaft der Madjaren aufnehmen.

Der madjarischen Auffassung von der einheitlichen Staatsnation entsprechend entstand dann die Aktion der Madjarisierung. Damit sollte die Einschmelzung anderer Volkstümer und Völker in das Madjarentum erreicht werden. Die Madjarisierung wurde von den Madjaren in alle Bereiche des staatlichen und öffentlichen Lebens getragen.

Das Gesetz über die Gleichberechtigung der Nationalitäten. Um die Gleichberechtigung aller Nationalitäten zu sichern, wurde in beiden Staatshälften je ein Staatsgrundgesetz erlassen.

In der österreichischen Staatshälfte lautet dieses Gesetz: Alle Volksstämme des Staates sind gleichberechtigt, jeder Volksstamm hat ein unverletzliches Recht auf Wahrung und Pflege seiner Nationalität und Sprache. Die Gleichberechtigung aller landesüblichen Sprachen in Schule, Amt und im öffentlichen Leben wird vom Staate anerkannt. Ist ein Land von mehreren Volksstämmen bewohnt, soll jeder Volksstamm die Mittel zur Wahrung und Pflege seiner Sprache erhalten. Auch die Ausbildung in einer zweiten Landessprache soll ohne Zwang ermöglicht werden. Dieser Gesetzartikel blieb bis zur Auflösung der Monarchie in Kraft und war bei den strengen Regeln des Rechtsstaates absolut bindend.

Im österreichischen Parlament waren die einzelnen Völker in angemessener Stärke vertreten. Der Kaiser hatte 1907 (am 26.01.) die Einführung des allgemeinen, gleichen und geheimen Wahlrechtes veranlaßt. Nach den Wahlen von 1911 gab es 185 deutsche Österreicher als Abgeordnete (für 35,7% der Einw.), 82 tschechische (für 23,2% der Einw.), 71 polnische (für 16,5% der Einw.), 37 serbokroatische (für 7,3% der Einw.), 30 ruthenische (für 13,2% der Einw.), 16 italienische (für 2,8% der Einw.) und 5 rumänische (für 0,9% der Einw.) Abgeordnete.

Im Gesetz der ungarischen Staatshälfte wurden alle Bewohner des Landes zur einheitlichen, unteilbaren ungarischen Staatsnation, die madjarische Sprache zur Staatssprache erklärt. Sie sollte die Sprache des Reichstages, der Protokolle bei Gericht, der Eingaben an die Staatsbehörden, der inneren Staatsverwaltung sein. Es wurde gestattet, spaltenweise auch andere Sprachen zu gebrauchen. Bei Gericht sollte es dem einzelnen freistehen, seine Muttersprache oder die Geschäftssprache des Bezirkes oder

der Gemeinde zu gebrauchen und die Erledigung sollte in dieser Sprache erfolgen. Die Grundbücher sollten die Ausfertigung in der Sprache der Parteien geben. Die Kirchengemeinden erhielten das Recht, ihre Sprache und die Unterrichtssprache in ihren Schulen zu bestimmen. Der Staat sollte auch verpflichtet sein, nichtmadjarische Schulen zu errichten. Zur Förderung ihrer nationalen Aufgaben wurde es den Bürgern erlaubt, sich in kulturellen und wirtschaftlichen Gesellschaften und Vereinen zusammenzuschließen. Die Beamtenschaft sollte multinational sein.

Das Gesetz über die Gleichberechtigung der Nationalitäten in Ungarn erhielt zweifellos auch gute Bestimmungen. Sein politischer Fehler lag darin, daß es die sprachlichen Rechte nur den einzelnen Individuen, nicht aber den Nationalitäten als Gemeinschaften zugestand. Wäre der Nationalität das Recht der Pflege ihrer kulturellen und nationalen Interessen auch mit Hilfe des Staates in eigenen Vereinen und Organisationen zugebilligt worden, hätte sich aus dieser Sicherung ihrer Gemeinschaft die politische Entrechtung verschmerzen lassen. Das Nationalitätengesetz hatte eine ähnliche Wirkung wie das Sprachengesetz Josefs II.: es störte die Freiheit, Gleichberechtigung und Gerechtigkeit im Volksempfinden der im Staate lebenden Nationalitäten. Dadurch wurde eine Reaktion ausgelöst, die sich gegen die ungerecht und unterdrükkend wirkende Staatsgewalt richtete.

Im Jahre 1910 waren die madjarischen Parteien, die ungefähr 10 Mill. Menschen vertraten, im ungarischen Reichstag mit 405, die andersnationalen Parteien, hinter denen 11 Millionen Menschen standen, mit 8 Abgeordneten vertreten. Dabei zählten die 12 Abgeordneten der Siebenbürger Sachsen zur Regierungspartei, die über 2 Millionen Donauschwaben und übrigen Deutschen in Ungarn hatten keinen einzigen nationalen Vertreter.

Die Forderungen der Nationalitäten. Die national bewußten Völker Ungarns waren mit der Neuordnung im Staate und mit der Sicherung ihrer Lebensrechte ganz und gar unzufrieden. Sie betonten, die Zumutungen des Gesetzes über die Gleichberechtigung der Nationalitäten müßten alle mit Entrüstung erfüllen, die in der Muttersprache ein unveräußerliches Menschenrecht sehen. Die Wirkung der staatlichen Neuordnung auf die Bevölkerung werde sein zu trachten, „statt der Beschränkung die Freiheit, statt des Unrechts das Recht zu gewinnen". Die Nationalitäten verlangten neben dem freien Gebrauch der Muttersprache die territoriale Selbstverwaltung.

Bei der Behandlung des Gesetzes über die Gleichberechtigung der Nationalitäten im ungarischen Parlament legten die wenigen Vertreter der Volksgruppen einen Entwurf zur Neuordnung des ungarischen Staates vor. Er sah die Gleichberechtigung in nationaler und politischer Hinsicht für die madjarische, deutsche, rumänische, serbische, slowakische und ruthenische Nation vor. Bei der Abgrenzung der Wahlbezirke und Verwaltungsgebiete sollten möglichst einheitliche nationale Gebilde entstehen. Die amtliche Sprache darin sollte sich nach der Bevölkerungsmehrheit richten; den nationalen Minderheiten in Bezirk, Kreis und Gemeinde sollte der Gebrauch der Muttersprache als zweite Amtssprache zustehen. Regierung und Parlament bedienen sich der ungarischen Sprache, die Nichtmadjaren sollten im Parlament und im Verkehr mit den Ministerien ihre eigene Sprache gebrauchen können. Die Schulen hätte jede der sechs Nationen selbst zu errichten gehabt und dafür staatliche Unterstützung in entsprechendem Umfang erhalten. In den vom Staate errichteten Schulen sollte in der Sprache der Bevölkerung der Umgebung unterrichtet werden. Die Nationalitäten wollten sich nicht in die Rolle von Minderheiten begeben, sie wollten gleichberechtigt Träger der Staatsgewalt und Staatsvolk sein.

Für die Madjaren war aber Ungarn ein einheitliches Staatswesen, das *„eine Schweiz des Ostens“* niemals werden könne. Schon deshalb nicht, weil es im ganzen Lande nur sehr wenige Gegenden gibt, wo ausschließlich ein Volksstamm wohnt. Gerade die Donauschwaben leben so verstreut im Lande, daß man unmöglich für sie ein Gebiet schaffen könne, in dem sie die Mehrheit bildeten. Da man aber einer kulturell so hoch stehenden und zahlenmäßig so starken Volksgruppe wie den Donauschwaben keine territoriale Selbstverwaltung geben könne, müßten die anderen Völker eben auch darauf verzichten. Das waren aber nur Ausflüchte der Madjaren, und sie konnten sie gebrauchen, weil die Donauschwaben keinen einzigen nationalen Vertreter im ungarischen Parlament hatten.

Als die Volksgruppen erkannten, daß die Madjaren von einer territorialen Selbstverwaltung nichts hören wollten, verlegten sie sich auf die Forderung nach Durchführung des Nationalitätengesetzes. Auch das gelang nicht. Die Madjaren hielten nicht nur an der Verwaltungs- und politischen Einheit Ungarns fest, sie wollten auch seine sprachliche Einheit herbeiführen. Damit aber begann die Unterdrückung, die zu einem nationalen Kampf führen mußte.

Die Donauschwaben und die Madjarisierung. Die Einigung des deutschen Volkes blieb unvollkommen. Große Teile des deutschen Volkes blieben außerhalb der Reichsgrenzen. Kleinere oder größere Gruppen des deutschen Volkes gerieten unter dem Einfluß nationalstaatlicher Politik in die Gefahr nationaler Überfremdung. Damit aber wurde der Schwächezustand des deutschen Volksbewußtseins offenkundig. Zur unglücklichen Entwicklung der deutschen Dinge kam noch der überstürzte Ausgleich, auf den die deutsche Not in Ungarn zurückzuführen ist. Weil eine Gesamtmonarchie nicht errichtet werden konnte, wollte Kaiser Franz Joseph seine auseinanderstrebenden Völker in einer wirtschaftlichen und staatspolitischen Einheit ohne Blutvergießen zusammenhalten. Die Opfer mußte das deutsche Volk, insbesondere das Deutschtum Ungarns, bringen. Der Dualismus sollte den Bestand des Staates verbürgen. Wer ihm das Wirken des Systems sicherte, den machte er zum Herrn des Landes. Die Klagen der anderen Völker über Unterdrückung überhörte er. Im Jahre 1875 wurde Koloman Tisza die Regierung in Ungarn übergeben. Anfangs hatte er den Ausgleich abgelehnt. Als er dann vom Kaiser freie Hand den Nationalitäten gegenüber erhielt, übernahm er die Verwirklichung des Ausgleichs. Kossuth, der im Exil lebende politische Führer des Madjarentums, lehnte den Ausgleich ab. Er hatte in Ungarn die starke Achtundvierziger Unabhängigkeitspartei, die er aus dem Exil leitete. Um eine Mehrheit für den Ausgleich im Parlament zu behalten, bildete Tisza in den Nationalitätengebieten kleinere Wahlkreise. In diesen konnten Kossuths Ziele nicht Fuß fassen. So konnte die Politik, die die Herrschaft der Madjaren erstrebte, nur durch diese sonderbare Bevorzugung der Nationalitäten ermöglicht werden. Auch die weitgehendsten Zugeständnisse des Herr-

Kaiser Franz Joseph und Kaiser Wilhelm II. mit Erzherzog Friedrich im Jagdrevier Belye-Apatin 1897

schers konnten die Madjaren zu keiner vernünftigen Politik der Stärkung der Monarchie bewegen. Der madjarische Druck entfremdete aber die Nationalitäten ihrem Herrscher, weil sie auch bei ihm keine Hilfe mehr fanden. So wurden rumänische Vertreter, die eine Beschwerdeschrift gegen die Madjarisierung an den Kaiser überbrachten, von diesem nicht empfangen und später zu Gefängnisstrafen bis zu fünf Jahren verurteilt. Auch deutsche Männer, die zur Aufrechterhaltung des Deutschen Theaters in Pest beim König um eine Unterstützung ansuchten, entließ man aus ihren Stellungen.

Die Donauschwaben waren ein Bauernvolk. Sie hatten noch keinen durchgegliederten Volkskörper. Den politischen Verhältnissen nach dem Ausgleich waren sie noch nicht gewachsen. In der Führung einer nationalen Politik der Selbsterhaltung unerfahren, konnten sie sich den „Adelsnationen" gegenüber nur schwer durchsetzen. Die nationale Überfremdung richtete deshalb in ihrem Bereich großen Schaden an. Vom Kaiser und Reich und dem deutschen Muttervolke im Stich gelassen, waren die Donauschwaben schwersten Angriffen auf ihre nationalpolitische Existenz ausgesetzt. Sie mußten sie aushalten, abwehren oder untergehen. Der nationale Schwächezustand der Donauschwaben im einzelnen und des Deutschtums der Monarchie im allgemeinen, und die nationale Kraftentfaltung der Madjaren nach dem Ausgleich, wurden zur Ursache ihrer Überfremdung durch die Madjarisierung.

Schließlich stand fast alles was Ansehen, Macht und Einfluß hatte, im Dienste einer bewußten madjarischen Einschmelzungspolitik. Dabei taten Angehörige der Bildungsschicht deutscher Abstammung oft als „Janitscharen" getreulich, mitunter übereifrig mit.

Verhängnis des Nationalismus. Eine Politik, die sich auf historisch-territoriale Gegebenheiten beruft, wird immer dann zu imperialistischer Gewaltpolitik, wenn sie nationalistisch wird, ohne sich auf eine einheitliche Nation stützen zu können. In Ungarn und Kroatien waren die historischen Territorien nicht mehr von einem einheitlichen Volke bewohnt. Langandauernde Herrschaften, die ihren Ursprung und Schwerpunkt nicht mehr in den Nationen der betreffenden Länder hatten, die auf übernationaler Grundlage eine dauerhafte Ordnung und Gerechtigkeit aufgebaut hatten, schufen im Laufe der Zeit eine veränderte nationale Wirklichkeit. Diese entsprach nicht mehr der früheren staatsrechtlichen nationalen Eigenständigkeit. Der zur Entfaltung drängende Nationalismus übersah viele reale Gegebenheiten der Vergangenheit und Gegenwart und zeugte deshalb viel Ungerechtigkeit und Unfrieden. Er wollte für sich keine Grenzen anerkennen. Er sah nicht die Notwendigkeit der Unterordnung seiner Souveränität unter eine höhere Autorität und allgemeingültige Souveränität. Diesem Verhängnis verfielen in ihrem Nationalismus auch die Madjaren und Kroaten.

Die Reaktion des deutschen Volkes. Die Überfremdung und Unterdrückung des Deutschtums in Ungarn wurde endlich auch in Deutschland beachtet. Schon das Verbot des Deutschen Theaters in Pest beschäftigte die deutsche öffentliche Meinung. In Zeitungen und bedeutsamen Broschüren wurde versucht, das nationale Gewissen in Deutschland wachzurütteln. Nicht um unberechtigte oder gefährliche Eingriffe eines fremden Staates handelte es sich dabei, sondern um das natürliche und unveräußerliche freiwillige Zusammengehörigkeitsgefühl und Verantwortungsbewußtsein eines ehrlichen und ehrliebenden Volkes. In Berlin entstand 1881 der Deutsche Schulverein, der seine Tätigkeit auf Ungarn ausdehnte. Der in Österreich gegründete Schulverein entfaltete aber seine Arbeit nur in den österreichischen Provinzen. Mit warmem Herzen und eingehender Kenntnis wurde in einigen Schriften der Sprachen- und Völkerkampf in Ungarn dargestellt. Das Ergebnis der Arbeit des Schulvereines veranlaßte die ungarische Regierung, sich zu rechtfertigen. Dieses Bemühen war aber ein Mißerfolg, weil das in den deutschen Schriften entworfene Bild den Tatsachen entsprach. Auch im ungarischen Reichstag spielten sich erregte Auseinandersetzungen in Verbindung mit der Tätigkeit des Deutschen Schulvereins ab. Die Sachsen wurden des Vaterlandsverrates bezichtigt und wegen der Gründung des Deutschen Schulvereines und der Aufklärungsarbeit über die Madjarisierung in Deutschland schuldig gesprochen. Die Sachsen setzten sich energisch zur Wehr. Auf die vielfachen Angriffe und Entstellungen der Madjaren richtete der Deutsche Schulverein eine „Offene Antwort" an den Ministerpräsidenten Tisza. Es heißt darin, „daß das ungarische Staatsgefühl wohl vereinbar ist mit treuem Festhalten an deutscher Sprache und deutschem Volkstum. Je mehr aber diese Wahrheit auf madjarischer Seite verkannt wird, je schutzloser der Deutsche in Ungarn den Bedrängern seiner Sprache und Kultur preisgegeben ist, um so gerechteren Anspruch hat er auf die werktätige Sympathie des ganzen deutschen Volkes."

In dieser Antwort sind die gültigen Wahrheiten des Volkstumskampfes ausgesprochen. Die Madjaren flüchteten in die Gewalt. Durch den Verwaltungsapparat in Ungarn wurden die Deutschen aufgeboten, wie immer geartete Unterstützung vom Deutschen Schulverein abzulehnen. Ein Vierteljahr wurde die Welt mit Nachrichten über die „Schulvereindemonstrationen in Ungarn“ erfüllt. Die Demonstrationen begannen am 19. März 1882 in Pantschowa im Banat und wurden dann aus allen Ecken des Landes gemeldet. Die deutsche und Weltöffentlichkeit erfuhr wahrscheinlich erst aus diesen Demonstrationen von den zahlreichen deutschen Siedlungen in Ungarn. Und in allen diesen Siedlungen, fast von 2 1/2 Millionen Deutschen, wurde erklärt, vom Deutschen Schulverein nichts wissen zu wollen. Freilich führten bei diesen Demonstrationen nicht „die Deutschen“ das Wort, sondern zusammengewürfelte Haufen, die sich als willfährige Werkzeuge der Regierung gebrauchen ließen. Andersdenkende Deutsche konnten und getrauten sich selbstverständlich nicht ihre Meinung zum Ausdruck zu bringen.

Die Sachsen dagegen schwiegen nicht. In öffentlichen Kundgebungen begrüßten sie die menschenfreundlichen Bestrebungen des Deutschen Schulvereines. Zu den immer schärfer werdenden Madjarisierungsgesetzen erklärten die Sachsen: „Der Sprachenzwang, den das Gesetz einführe, störe den inneren Frieden und schädige die Erstarkung des Staatsgedankens in einem polyglotten Land, dessen Nationalitäten sprachlichen Zwang in ihren Volksschulen... nie erlitten... Das Gesetz dekretiere eine neue Art des schon in Vergessenheit geratenen grundherrlichen und untertänigen Verhältnisses, die geistige Leibeigenschaft, deren Objekte die nichtmadjarischen Nationalitäten wären.“

Die Kirche und Schule der Donauschwaben. Für die Entwicklung zur Gemeinschaft und Identität einer Volksgruppe ergeben sich nicht nur aus der staatsrechtlichen, sondern auch aus deren kirchenrechtlichen Lage weitreichende Folgen. Diese Tatsache zeigte sich wieder deutlich nach dem Ausgleich. Das ungarische Nationalitätengesetz des Jahres 1868 regelte die Sprachenfrage der Kirchen: sie durften ihre Geschäfts- und Protokollsprache sowie die Unterrichtssprache in ihren Schulen nach Belieben festsetzen. Im gleichen Jahre erhielten die rumänische griechisch-katholische Kirche und die rumänische und serbische griechisch-orientalische Kirche ihre Autonomie gesetzlich anerkannt. Die römisch-katholische Kirche mit ihrer alten Tradition als Staatskirche wurde aus eigener Entscheidung nicht autonom, sie war auch nicht national gegliedert, im Gegensatz zu den griechisch-orientalischen und griechisch-katholischen Kirchen, die diese nationale Gliederung erreicht und aus Gründen der hierarchischen Selbstbehauptung sich zu entschiedenen Verteidigern und Wortführern der völkischen Belange ihrer Glaubensangehörigen entwickelt hatten. Im Bereich der protestantischen Kirchen waren die Gläubiger ebenfalls nicht national gegliedert, mit Ausnahme der Siebenbürger Sachsen, die aufgrund des Protestantengesetzes des Jahres 1859 ihre eigene Evangelische Landeskirche autonom errichteten und bewahrten; sie gaben sich selbst die Gesetze, die der staatlichen Bestätigung nicht bedurften. Die Donauschwaben ließen sich damals von den Madjaren betören und verzichteten auf eine eigene, gesetzlich mögliche Deutsch-Ev. Landeskirche.

Die kirchenrechtliche Gliederung bestimmte im weiteren Verlauf die schulische Entwicklung der Nationalitäten. Im Jahre 1868 waren die Kirchen Träger von 95,4 Prozent sämtlicher Schulen, der Staat und die Gemeinden aber nur von 3,8 Prozent. Der Staat ließ aber den autonomen Kirchen namhafte Unterstützungen für die Erhaltung

Vertreter der Kirche setzten sich für das Gemeinwohl ein

Kardinal Lorenz Schlauch,
1824–1902
Bischof v. Großwardein

Stephan Augsburger,
1840–1893,
Domherr, Dichter,
Abgeordneter 1875, 1878, 1881

Josef Streicher,
1850–1917,
Domkapitular, Begründer
kath. Jünglingsvereine

ihrer Schulen, ihrer Zentralverwaltungen sowie Beihilfe für deren Priester zukommen. Diesem Umstand verdanken die orthodoxen Rumänen, Ruthenen und Serben, aber auch die evangelischen Siebenbürger Sachsen den Besitz und die Bewahrung eigenständiger Schulen in der eigenen Muttersprache, mit in eigener Zuständigkeit ausgebildeten Lehrern. In der Zeit ärgster nationaler Bedrängnis erwies sich die autonome Kirche mit ihren Schulen bei diesen Nationalitäten als letzter Schutzwall gegen die nationale Überfremdung.

Bei den Donauschwaben verlief die Entwicklung in anderer Richtung. Auch bei ihnen schenkte die Kirche seit der Ansiedlung deren geistigen Bestrebungen und in der Pflege ihres Volkstums Halt und Hilfe. Kirche und Geistlichkeit standen in den schwäbischen Gemeinden im Mittelpunkt des Gemeinschaftslebens. Nicht zufällig gingen die ersten Regungen nationaler Verteidigung auf Angehörige der schwäbischen Geistlichkeit zurück (Albert Karlitzky, Josef Puksch, Josef Nowak, Bischof Michael Haas). Die Kirche blieb in ihrem Vorgehen zumeist zurückhaltender als der Staat, ihre Vertreter waren aber jenem Geist restlos verfallen. Weil dem Donauschwabentum auch der Raum kirchlicher Betätigung versagt war, stiegen seine Begabungen im Dienste der Landeskirche in höchste Positionen. Das gilt für die katholische ebenso wie für die evangelische und reformierte Kirche. Aus ihren Reihen kamen aber höchste Würdenträger ihrer heimatstaatlichen Kirchen: Bischof Lorenz *Schlauch* (1824–1902), seit 1893 Kardinal; Bischof Karl *Hornig* (1840–1917), seit 1912 Kardinal; Erzbischof Franz *Schepper* (1905–1981), seit 1965 Kardinal, und eine ganze Reihe sonstiger kirchlicher Würdenträger. Der Entwicklung des Volkstums und der Kultur der Donauschwaben wurde die Hilfe der Kirche in dieser Zeit entzogen.

Die absolutistische Zeit brachte dem Schulwesen der Donauschwaben einen Höchststand der Entwicklung, wie er weder früher noch später jemals übertroffen wurde. Im Jahre 1869 besuchten 538 612 madjarische und 215 320 deutsche Schüler die

Volksschule in Ungarn, bis 1875 erhöhte sich die Zahl der deutschen Schüler auf 265 153. Von 100 Angehörigen der Nationalitäten besuchten die Schule

bei den Madjaren	10,8 Prozent	bei den *Deutschen*	14,5 Prozent
bei den Serben	12,5 Prozent	bei den Rumänen	7 Prozent
bei den Kroaten	11,7 Prozent	bei den Slowaken	10,9 Prozent
bei den Ruthenen	7,9 Prozent		

Von 100 Schulpflichtigen besuchten 1871 durchschnittlich 49,8 Prozent die Schule. Aufgegliedert auf Nationalitäten

bei den Madjaren	51 Prozent	bei den *Deutschen*	67 Prozent
bei den Rumänen	27,6 Prozent	bei den Slowaken	49,7 Prozent
bei den Serben	35,7 Prozent	bei den Kroaten	50,4 Prozent

bei den Ruthenen 41,8 Prozent; in Württemberg 99 Prozent, in Preußen 87,3 Prozent, in England 76,2 Prozent, in Italien 31,9 Prozent, in Rußland 5,7 Prozent.

Was den Schulbesuch betrifft, standen die Deutschen unter allen Nationalitäten in Ungarn an erster Stelle.

Im Jahre 1872 wurde in Ungarn in 1810 Schulen in deutscher Sprache unterrichtet. Dazu kamen noch 800 zweisprachige und 150 dreisprachige Schulen, in denen die deutsche Unterrichtssprache zur Geltung kam. Von den 33 908 Gymnasialschülern des Jahres 1867 zählten die Deutschen 3758, die Madjaren 24 639.

Dieser Höchststand des deutschen Schulwesens fiel nach dem Ausgleich der mächtig einsetzenden Madjarisierung in den nächsten Jahren zum Opfer. In welchem Umfang das deutsche Schulwesen vernichtet wurde, ergeben folgende Zahlen: Von den 1872 ausgewiesenen deutschen Volksschulen bestanden 1880 noch 867 und 1918 nur mehr 417. Von diesen gehörten 163 den Siebenbürger Sachsen, die 234 000 Seelen zählten, 116 lagen in den deutschen Gebieten Westungarns (Burgenland), während die übrigen 1 670 000 Deutschen Ungarns (hauptsächlich Donauschwaben) noch 163 Schulen hatten, in denen noch etwas deutsch unterrichtet wurde. Von diesen waren 79 katholische Schulen für 1 270 000 deutsche Katholiken und 77 evangelische Schulen für 167 000 deutsche Protestanten. Es bleibt daher angesichts dieser Entwicklung ein Wunder, wie sich die Donauschwaben ohne den Schutz und die Unterstützung des Staates, der Kirchen oder ausreichender eigener Organisationen und Institutionen der nationalen Selbsthilfe, ja selbst auch ohne wirksame Hilfe aus dem Mutterlande erhalten konnten. Es ist das sicher ein Beweis erstaunlicher Lebenskraft.

Die Kirchen entwickelten im donauschwäbischen Bereich nur landeseigene Funktionen, für die Gemeinschaft der Donauschwaben nahmen sie keine institutionalisierte Fürsorge wahr. Die unzureichenden Ansätze aus der Ansiedlungszeit sowie die zugesagte Seelsorge in der Muttersprache durch Priester des eigenen Volkstums konnten einer kirchlichen Eigenständigkeit in organisatorischer oder auch vertretungsmäßiger Hinsicht in der Priesterausbildung, im schulischen oder seelsorglichen Bereich nicht zugeführt werden. Die Kirche unterlag dem Geist der Zeit und stellte sich voll in den Dienst der Madjarisierung.

12. Das nationale Erwachen der Donauschwaben

Wirtschaftlicher Fortschritt. Auch in der Zeit der Überfremdung entfalten die Donauschwaben noch viel überschüssige Kraft. Auf wirtschaftlichem, geistigem und biologischem Gebiete vollbringen sie erstaunliche Leistungen. Landwirtschaft, Handel, Gewerbe und auch die Industrie erreichen sichtbare Fortschritte. In Ausstellungen wird auch der breiten Öffentlichkeit gezeigt, was die Deutschen des Landes zu leisten in der Lage sind. Die wirtschaftliche Kraft und Leistung kommt offenkundig in dem Wohlstand der Donauschwaben zum Ausdruck. Die Schwierigkeiten der Ansiedlungszeit sind in der zweiten Hälfte des 19. Jahrhunderts überwunden. Die Früchte der Arbeit und Opfer früherer Geschlechter beginnen zu reifen. Die schwäbischen Siedlungen erhalten ein neues Gesicht. Sie stehen wohlgeordnet, stattlich und rein da, ein Stolz für das ganze Land. Die schwäbischen Häuser werden geräumiger, die Straßen gepflastert. Die schwäbischen Dörfer werden mit Straßen und Eisenbahnen verbunden, sie erhalten elektrische Beleuchtung. Die Kirchen werden verschönert und vergrößert, die Schulen erweitert und ausgebaut. Alle diese Erscheinungen zeigen sich als Ergebnis des wirtschaftlichen Fortschritts. Landwirtschaftliche Maschinen kommen in Verwendung, Vereine und Genossenschaften entstehen, der landwirtschaftlichen Fortbildung und Ausbildung wird die gehörige Aufmerksamkeit gezollt. Die schwäbischen Bauern, die zu den ersten freien Bauern Europas zählen, bleiben auch weiterhin die fortschrittlichsten Bauern des Landes. Dabei beruht diese Entwicklung und Leistung vor allem auf der Strebsamkeit und Tüchtigkeit der Donauschwaben selbst. Erst in zweiter Linie ist sie auch auf die staatliche Förderung zurückzuführen. Im Zeitalter der Überfremdung hilft der Staat zumeist nur mehr dort, wo dadurch eine Stärkung der madjarischen Position erreicht wird.

Die Lage der Donauschwaben vor ihrem völkischen Erwachen. Ein lebendiges Volksbewußtsein und ein moderner Nationalismus entstand bei den meisten Völkern im Gefolge einer literarisch-geschichtlichen Romantik. Der schwäbische Nationalismus hat seine Ursache in der Abwehr einer kulturellen Fremdherrschaft im Kampf um die nationale und kulturelle Selbsterhaltung.

Bis um die Mitte des 19. Jahrhunderts gab es bei den Donauschwaben keine eigentliche völkische Bewegung. Der Kaiser und die Monarchie schienen ihnen bis dahin ausreichend Sicherheit und Zukunft zu gewährleisten. Bis 1848 war in Ungarn die lateinische Sprache fast noch ausschließlich in allen Zweigen der staatlichen Verwaltung in Gebrauch. Einzelne Versuche zur Einführung der madjarischen Sprache wurden ja bereits kurz vorher gemacht. Gegen Übergriffe der Madjaren vor dem Ausgleich setzte auch bei den Donauschwaben eine Abwehr ein (Albert Karlitzky, Josef Puksch, Eduard Glatz, Josef Nowak u.a.). Ansonsten konnte sich die deutsche Sprache überall dort, wo sie auch bisher in Gebrauch war, frei auswirken. Es hatten deshalb die schwäbischen Gemeinden und auch die Städte mit ihrem vorwiegend deutschen Bürgertum noch ihre deutsche Verwaltung. In den Schulen der Donauschwaben wurde noch fast ausschließlich in der Muttersprache unterrichtet. Ebenso gab es bis nach dem Ausgleich in den Städten auch deutsche höhere Schulen, Zeitungen, Vereine und Theater. Von

Sie erbrachten geistige Leistung

Ludwig Graff 1851–1924
bedeutender Zoologe

Franz Eisenhut
1857–1902
anerkannter Maler

Franz Speiser
1854–1933
Tierforscher

einer Bedrohung der nationalen Existenz im donauschwäbischen Bereich war noch selten etwas wahrzunehmen. Rechte und Begünstigungen, die ihre Sonderstellung als Gemeinschaft festigen sollten, wurden aber aufgegeben, bevor sie im Bewußtsein als Grundlage des nationalen Bestandes verankert sein konnten.

Die Verhältnisse für das völkische Leben der Donauschwaben waren vor der Revolution nicht gerade ungünstig. Es konnte sich aber in dieser Zeit die Interessen- und Sympathiegemeinschaft zwischen Madjaren und Schwaben in Ungarn immer enger gestalten. Das war eine natürliche Entwicklung, die durch die österreichische Verwaltung sogar gefördert wurde. Denn diese stützte und entwickelte am meisten die Madjaren, weniger die Nationalitäten und am wenigsten die Donauschwaben. Wenn ihre Maßnahmen die Madjaren treffen sollten, trafen sie immer auch die Andersnationalen. Die so geschmiedete Interessengemeinschaft zwischen Madjaren und Schwaben erfuhr nach der Revolution in der absolutistischen Bach-Ära noch eine Verstärkung.

Ganz anders war die Lage nach dem Ausgleich. Der Gebrauch der deutschen Sprache und die Erhaltung des Deutschtums stießen jetzt auf die geballte Kraft des durch den Staat und die öffentliche Meinung vertretenen Überfremdungswillens des madjarischen Nationalismus.

Vermehrung und Auswanderung der Donauschwaben. Die deutschen Ansiedler verzehnfachten sich in Ungarn im Verlauf von kaum zwei Jahrhunderten. Ihre Zahl betrug am Ende des 19. Jahrhunderts bereits mehr als 1,5 Millionen. In dieser Zeit kam es zu einer bedrohenden Gefahr für ihre weitere Entwicklung. Die Madjarisierung erwies sich als Hemmnis für ihre kulturelle Entfaltung, die nationalstaatliche Ordnung wurde zum unüberwindlichen Hindernis für ihre weitere biologische und wirtschaftliche Entfaltung. Die nationalistische Staatsführung war nicht daran interessiert, den landsuchenden Schwabensöhnen ausreichende Siedlungsmöglichkeiten zu erschließen, obwohl sie im Lande noch reichlich vorhanden gewesen wären. Um die Jahrhundertwende mußten deshalb die sich vermehrenden Geschlechter einen Ausweg in der Aus-

Eduard Glatz, 1812–1889,
Schriftsteller und Kulturpolitiker

Edmund Steinacker, 1839–1929,
als Abgeordneter im Budapester Parlament verteidigt er die Rechte der Deutschen und Nationalitäten in Ungarn

Adam Müller-Guttenbrunn, 1852–1923,
Heimatdichter und Sprecher aller Donauschwaben und Deutschen in Ungarn

wanderung suchen. Vor allem die Vereinigten Staaten von Amerika wurden bis zum ersten Weltkrieg das Zielland donauschwäbischer Auswanderer. Die Zahl der hierher gewanderten Donauschwaben mit ihren Nachkommen dürfte bis 1950 auf eine halbe Million angewachsen sein. Fast ein Drittel des Bestandes der Donauschwaben lebt demnach in den USA. Wie stark die Auswanderung unter den Donauschwaben war, zeigen die Zahlen aus der Zeit von 1899 bis 1911. In dieser Zeit wanderten aus Ungarn 197 000 Deutsche nach den USA aus. Da die Donauschwaben drei Viertel der Deutschen in Ungarn ausmachen, bedeutet das für sie eine Auswanderung von rund 150 000 Volksangehörigen. Da es sich dabei nur um einen Zeitraum von 12 Jahren handelt, beträgt die durchschnittliche jährliche Auswanderungsquote 12 500 Personen. Verglichen mit der Einwanderung der Donauschwaben nach Ungarn zur Zeit ihrer Landnahme von 1683–1829, da insgesamt rund 150 000 ihrer Vorfahren ins Land zogen, ergibt das nur eine durchschnittliche Quote von jährlich 1 000 Menschen. Es ist daraus ersichtlich, welche Bedeutung der Auswanderung in der Entwicklung der Donauschwaben zukommt. Allein in zwölf Jahren von 1899 bis 1911 sind soviel ausgewandert, wie sich in 150 Jahren ihrer Landnahme ansiedelten.

Die Lebensbedingungen dieser Donauschwaben in Übersee waren freilich ganz anders geartet als im Donauraum. Sie lebten hier nicht in geschlossenen Bauernsiedlungen und es fehlte ihnen auch die Seelsorge und der Unterricht in der Muttersprache, von Pfarrern und Lehrern ihres Volkstums. Es ist deshalb sehr fraglich, ob sie sich bei ihrer Streulage in dem riesigen Raum Amerikas, der wie ein Schmelztiegel auf alle Völker wirkt, halten können. Da sie überwiegend als Arbeiter und Handwerker in Städten tätig sind und nur zu einem geringen Bruchteil Bauern (Farmer) blieben, wird ihre völkische Erhaltung noch bedeutend schwieriger. Die Familien stehen allein, eigene Gemeinden fehlen. Nur in Vereinen schlossen sie sich zur Wahrung und Pflege ihrer donauschwäbischen Tradition zusammen. Diese Tradition ist erstaunlich stark und erhaltend. In Notzeiten bewährte sich das Zusammengehörigkeitsgefühl der Donauschwaben über Grenzen und Meere hinweg.

Geistiger Aufstieg. Viele Schwabensöhne widmeten sich dem Studium und gingen den Weg in die Stadt. Für die begrenzte wirtschaftliche Ausbreitungsmöglichkeit sollte damit ein Ausweg gefunden werden. Gleichzeitig ist darin die Überwindung der kolonisatorischen Schwierigkeiten zu sehen und der Drang, die materielle Kultur durch eine entsprechende geistige Kultur zu überhöhen. Gerade in der Zeit der Überfremdung vollbrachten die Donauschwaben auf geistigem Gebiete Leistungen, die denen auf wirtschaftlichem Gebiete entsprechen. Dichter, Künstler, Wissenschaftler, Bischöfe, Minister und Generäle kamen aus ihren Reihen und leisteten Beachtliches im Dienste des Staates und der Kirche. Damit gereichten sie auch den Donauschwaben zur Ehre. Bedauerlich werden Leistungen solcher Schwabensöhne erst dann, wenn sie sich gegen das eigene Volk wenden. Wo die Arbeit entfremdeter Schwabensöhne die Überfremdung und Auflösung des eigenen Volkskörpers oder anderer Völker zum Ziele hatte, diente sie nicht mehr dem Aufbau, dem Frieden, der Ordnung und Gerechtigkeit.

Die Gefahr wird erkannt. Die Madjarisierung war das Ergebnis eines radikalen nationalistischen Übereifers. Sie hatte bei den davon Betroffenen eine nationale Abwehr zur

Folge. Daraus entwickelte sich eine Selbstbesinnung, die nationales Erwachen erstrebte. Alles, was den Schwabenahnen genommen oder in madjarischem Sinne umgestaltet werden sollte, wurde als gefährlicher Verlust erkannt. Die Verdrängung und Überfremdung des deutschen Volkstums konnte bei gerechter Beurteilung niemals als zweckdienlich und nützlich für die Freiheit und Würde der donauschwäbischen Staatsbürger angesehen werden. Mit der Ablehnung allein war es nicht getan. Der auflösenden, zerstörenden Macht mußte sich ein erhaltender, aufbauender Wille entgegenstellen. Es mußte deshalb eine Zusammenfassung und Wachrüttelung der Donauschwaben angestrebt werden, weil nur in einer Gemeinschaft der nationale Behauptungswille entwickelt und eingesetzt werden konnte. Das Streben nach Behauptung als nationale Gemeinschaft fand in der völkischen Bewegung seinen Ausdruck und hatte das völkische Erwachen der Donauschwaben zur Folge.

Edmund Steinacker als Erwecker und Führer der Donauschwaben (1839–1929). Die Erkenntnis, daß die Zusammenfassung der Donauschwaben und ihre nationalpolitische Aktivierung notwendig sei, meldete sich zuerst im deutschen Bürgertum. Ein Vorkämpfer nach Zusammenfassung der Deutschen in Ungarn zum Zwecke ihrer nationalen, wirtschaftlichen, kulturellen und politischen Behauptung wurde Edmund Steinacker. Am 23. August 1839 in Debrezin geboren, wo sein Vater protestantischer Pfarrer war, besuchte er die Hochschule in Stuttgart. Nach Vollendung seines Studiums kehrte er nach Ungarn zurück und übernahm den Posten des Sekretärs der Budapester Handels- und Gewerbekammer. Auch wurde er der Schwiegersohn jenes Eduard Glatz, der in den 40er Jahren als Herausgeber der Pester Zeitung einen Kreis deutscher Männer um sich sammelte, der sich um die Erhaltung und Rettung der durch die aufkommende Madjarisierung bedrohten deutschen Sprache und Kultur in Ungarn bemühte. Im Hause seines Schwiegervaters und in seiner beruflichen Funktion hatte er reichlich Gelegenheit, die Leistungen des Deutschtums im Wirtschafts- und Kulturleben Ungarns kennenzulernen. Er sah aber auch mit offenen Augen, wie durch das machtpolitische Vordringen der Madjaren nach dem Ausgleich auf allen Gebieten dieses vom Kaiser preisgegebene Deutschtum immer mehr entrechtet wurde. Steinacker entschloß sich deshalb, der planmäßigen Überfremdung und Unterdrückung eine planmäßige Selbstverteidigung der Deutschen entgegenzustellen. Die Deutschen in Ungarn mußten die ihnen zustehenden Rechte zur Wahrung ihrer nationalpolitischen Interessen erkennen und in Anspruch nehmen. Steinacker entschloß sich zu handeln und unternahm es, eine bürgerliche Zeitung und Partei aufzubauen. Es zeigte sich aber, daß der nationale Lebenswille des städtischen Deutschtums schon zu schwach war. Nur in Siebenbürgen war noch ein nationalbewußtes deutsches Bürgertum vorhanden, weshalb er sich bei nächster Gelegenheit, 1875, hier in das ungarische Parlament wählen ließ.

Im Parlament forderte er die tatsächliche Gleichberechtigung aller Nationalitäten in Ungarn und machte sich zum Wortführer der zwei Millionen Deutschen im Lande. Die anderen Nationalitäten, die Serben, die Rumänen und die Siebenbürger Sachsen, setzten sich vorbildlich zur Wehr. Sie hatten ihre eigenen politischen Parteien, ihre eigene nationale Vertretung im Parlament und auch ihre nationale Autonomie in der Verwaltung, in der Kirche und auf dem Gebiete des Schulwesens. Ihre politischen Vertreter setzten sich gegen alle Drohung und Gewalt zur Wehr und waren nicht zum Schweigen zu bringen. Die Überfremdung konnte deshalb im Bereich dieser Volksgruppen auch viel weniger Schaden anrichten als bei den Donauschwaben. Als Steinacker diesen Sachverhalt erkannte, machte er sich zum Sprecher aller Deutschen in Ungarn, insbesondere auch der Donauschwaben, die als die zahlenmäßig größte deutsche Gruppe ohne eigene nationale Anwälte dastand. Um auch mit innerer Berechtigung im Namen der Donauschwaben auftreten zu können, suchte er Verbindung zu völkisch einsatzbereiten Männern in den schwäbischen Siedlungslandschaften und kandidierte bei der nächsten Wahl in Apatin im Batscherland, in der größten donauschwäbischen Mehrheitsgemeinde überhaupt, und in Weißkirchen im Banater Militärgrenzgebiet, das zu den völkisch aktivsten donauschwäbischen Städten zählte. Auch wenn seine politischen Bemühungen nicht sogleich den erwünschten Erfolg brachten, so standen sie doch am Anfang und bereiteten den Boden für eine planmäßige politische Betätigung.

Die nationalpolitische Willensbildung einer Volksgruppe ist ohne eigene Partei nicht möglich. Diese Voraussetzung erkannte Steinacker und machte sich mit Zähigkeit und Tatkraft ans Werk. Er fand einsatzwillige und fähige Mitarbeiter: Adam Müller-Guttenbrunn, Ludwig Kremling, Arthur Korn, Jakob Schümichen, Eduard Rittinger, Reinhold Heegn, Otto Krause, Friedrich Heß, Matthias Gaß, Adam Welker, Hans Eidenmüller, Ferdinand Riester u. v. a. Freilich gab es auch viele Gegner, die im madjarischen und im eigenen Lager eine nationalpolitische Tätigkeit der Donauschwaben ablehnten. In unzähligen Besprechungen, Beratungen und Versammlungen in Wien, Budapest, Temeschburg, Kikinda, Werschetz, Weißkirchen, Neusatz, Apatin u.a.O. leistete Steinacker die Vorarbeiten zum Aufbau einer notwendigen nationalpolitischen Organisation. Dieses mühevolle und gefährliche Unterfangen fand endlich seinen Erfolg in der Gründung der Ungarländischen Deutschen Volkspartei im Jahre 1906. Er selbst schrieb für diese erste umfassende nationale Organisation der Donauschwaben das Programm und stellte seine ganze Kraft und reiche politische Erfahrung zur Verfügung, um es auch praktisch in die Tat umzusetzen. Als bei den Wahlen 1910 die Donauschwaben in Ungarn zum ersten Male in der Geschichte mit einem eigenen nationalen Programm versuchten, ihre Vertreter in das Parlament zu entsenden, erklärte sich Steinacker trotz seines hohen Alters bereit, in zwei Bezirken zu kandidieren. Durch seine Aufklärungs- und Werbereisen trug er ungemein viel zur völkischen Wachrüttelung der Donauschwaben bei. Auch später setzte er sich in Wort und Schrift, mit Rat und Tat für ihre Belange ein. Er war besorgt um die Erhaltung und den Aufbau deutscher Schulen, die Erhaltung der Muttersprache in der Kirche, die deutschnationale Presse, die Heranbildung einer geschulten Führungsschicht, die Wahrung der wirtschaftlichen und nationalen Gemeinschaftsinteressen der Donauschwaben. Zusammen mit den ungarländischen Nationalitätenabgeordneten Vaida-Voevod, Maniu, Hodža, war er Berater des Thronfolgers Franz Ferdinand in Nationalitätenfragen. Dieser Kreis sah in dem Ausgleich von 1867 nur eine Stufe in der Umgestaltung und Neuordnung des Staates. Österreich-Ungarn sollte eine zeitgemäße Regierungsform finden, die alle seine Völker und Volksgruppen befriedigte. Es mußte ein Ausgleich mit allen gefunden werden, der ihnen die nationale Selbstbehauptung und

Selbstverwaltung ermöglichte. Dazu kam es aber nicht. Steinacker erlebte den Zusammenbruch und die Aufteilung der Donaumonarchie. Er starb hochbetagt am 19. März 1929 in Klosterneuburg bei Wien. Auf seinem Grabdenkmal ließen seine Landsleute die Worte einmeißeln: Erwecker und Führer.

Adam Müller-Guttenbrunn (1852–1923) – Erzschwabe und Heimatdichter. Von den Männern, die sich in der Zeit der ärgsten Überfremdung am meisten um die Rettung der Donauschwaben verdient machten, ragt einer besonders hervor: Adam Müller-Guttenbrunn. Er wird deshalb auch Erzschwabe genannt. Durch seine Bücher wurde er zum Dichter und Wortführer der Donauschwaben. Geboren als Bauernsohn am 22. Oktober 1852 in Guttenbrunn/Banat, kam er auf das damals noch deutsche Gymnasium in Temeschwar. In dieser Zeit wurde infolge politischer Ereignisse die Provinz „Serbische Wojwodschaft und Temescher Banat" aufgehoben und an Ungarn angegliedert. Der Unterricht am Gymnasium wurde sogleich sprachlich umgestellt, es begann der unheilvolle Zeitabschnitt der Madjarisierung.

Die Vernachlässigung der Muttersprache im Unterricht ließ bei Müller-Guttenbrunn die Lust am Lernen erlahmen. In seiner weiteren Berufsausbildung kam er über Hermannstadt nach Wien, wo er unter anderem auch einen Handelskurs besuchte und dann Postbeamter wurde. Als solcher war er einige Jahre in Linz angestellt. Sein Interesse galt allerdings der Literatur und dem Theater. Bald gelang es ihm, sich literarisch bemerkbar zu machen. Um seiner literarischen Erfolge willen kam er zurück nach Wien, wo er sich immer ausschließlicher der Literatur widmete. Zuletzt arbeitete er ganz als freier Schriftsteller. Bei seinen literarischen und kulturhistorischen Studien der österreichischen Vergangenheit entdeckte er viele Fäden, die ihn in seine donauschwäbische Heimat und zu seinem Volke in Ungarn führten. Als sein Verleger einige Schilderungen über das Banat verlangte, entschloß er sich, nach Hause zu fahren, um die Dinge an Ort und Stelle in Augenschein nehmen zu können.

Was Müller-Guttenbrunn in der Heimat vorfand, erschütterte ihn tief. Seine Schwaben waren auf dem besten Wege, die Dämme ihrer eigenen Kultur und ihres deutschen Volkstums zu verlieren. Wehrlos und machtlos standen sie den Fluten der Madjarisierung gegenüber. Alles, was deutsch war und zu seinem Volkstum stand, war bedroht und sollte verschwinden. Die schwäbische Intelligenz war fast restlos madjarisiert, die Lehrer und Pfarrer bedienten sich untereinander nur der madjarischen Sprache. Die Muttersprache sollte aus den Schulen verschwinden. Schwer und bedrohlich lastete die kulturelle Fremdherrschaft auf dem Volkstum und Leben der Donauschwaben. Als er in die Fremde zog, erfüllte ein friedliches, patriarchalisches, volkstümliches Leben die schwäbischen Dörfer in den ungarländischen Landschaften, nach seiner Heimkehr aus der Fremde fand er sein Volk hilflos verlassen einer unheimlichen Staatsgewalt ohnmächtig ausgeliefert. Das Gefühl des Erbarmens regte sich in ihm. Auf Grund seiner tieferen Einsicht in den nationalpolitischen Fall seiner Heimat und seines Volkes entwickelte sich seine Liebe zu ihnen erst recht. Gleichzeitig reifte in ihm der Entschluß zu helfen und zu retten.

Die Linie seines weiteren Lebens und Wirkens war nach dieser Begegnung vorgezeichnet. Sein donauschwäbisches Volk aus der geistigen Fremdherrschaft zu retten und ihm zu dienen war ihm in Hinkunft Lebensaufgabe. Der Ertrag seiner Bemühungen in dieser Richtung ist überwältigend. Er gab seinem Volke in seinen Werken den Spiegel seiner nationalpolitischen Leistung, Geschichte und Gemeinschaft. Er machte die Donauschwaben wieder stolz auf ihre deutsche Abstammung. Viele hatten diese bereits vergessen. Er zeigte die Wege auf, die sie mit dem großen deutschen Volke und seiner reichen Kultur verbinden. Die Binnendeutschen aber machte er aufmerksam auf die zwei Millionen vergessenen Donauschwaben in Ungarn. Ihre Sitten und Gebräuche, ihre Sagen und Lieder, ihre Lebensweisheiten und Erfahrungen, ihren Lebenskampf und ihre Geschichte erfaßte und verarbeitete er in seinen Schriften. Klarer als die in der Heimat Verbliebenen sah er die Überfremdung und ihre verderblichen Folgen. Seine Bücher waren Flammenzeichen für die Donauschwaben. Von den Madjaren wurden sie verboten und unterdrückt, noch in den dreißiger Jahren. In den Büchern „Götzendämmerung“ und „Die Glocken der Heimat“ enthüllt er die Überfremdung in der Heimat, ihre Hintergründe, die bewußten Absichten und ihre schädlichen Auswirkungen. In den drei Büchern „Der große Schwabenzug“, „Barmherziger Kaiser“ und „Joseph der Deutsche“ erzählt er seinen Landsleuten und den Deutschen überhaupt, den Madjaren und den andersnationalen Nachbarn die Vergangenheit des donauschwäbischen Volksstammes, seine Leistungen, Opfer und Taten. Den kulturellen Reichtum des Volkslebens der Donauschwaben gestaltet er in seinem Meisterwerk „Meister Jakob und seine Kinder“. In seinem persönlichen Schicksal leuchtet uns das Schicksal des donauschwäbischen Volksstammes entgegen. Die Kraft und die Fähigkeit, die diesem innewohnt, findet sich in dem großen deutschen Dichter Nikolaus Lenau verkörpert und wurde in den drei Büchern: „Sein Vaterhaus“, „Dämonische Jahre“ und „Auf der Höhe“ dichterisch festgehalten.

Doch nicht nur durch sein literarisches Werk hat Müller-Guttenbrunn sein Volk zu neuem Leben geführt. Bedeutungsvoll ist auch seine praktische volkspolitische Arbeit. Er unterstützte die nationalen Bemühungen Edmund Steinackers und seines Kreises. Die donauschwäbische Presse und Publikationsarbeit fand in ihm einen hervorragenden Förderer und Mitarbeiter. Als Vetter Michel richtete er in einem eigenen Kalender aufklärende Worte an seine Landsleute. Er begründete das Unternehmen, schwäbische Schüler an die deutschen höheren Schulen in Siebenbürgen zu bringen. So sollte eine donauschwäbische Intelligenz herangebildet werden. Er förderte die Gründung der „Vereinigung schwäbischer Hochschüler aus den Ländern der ungarischen Krone“ in Wien im Jahre 1899, in der bereits deutsche Hochschüler aus Siebenbürgen und donauschwäbischen Heimatlandschaften zusammenarbeiteten.

Durch seine Arbeit hat Müller-Guttenbrunn das nationale Bewußtsein der Donauschwaben erweckt und ihre völkische Aufbauarbeit begonnen. Mit Dank, Liebe und Verehrung sah sein Volk zu ihm auf. An seinem Geburtshaus wurde bei seinem 70. Lebensjahr 1922 eine Gedenktafel enthüllt. Sein ganzes Volk, in seinen Vertretern und Sprechern, dankte der Vorsehung für den großen Sohn, der ihm in schwerer Zeit als Dichter und Sänger zum Propheten, Retter und Erwecker geworden war. Adam Müller-Guttenbrunn starb am 5. Januar 1923 in Wien, nachdem er noch (ohne Befragung der Betroffenen) die Dreiteilung seines Volksstammes auf die Staaten Ungarn, Rumänien und Südslawien erlebt hatte.

13. Das Werden der nationalen Bewegung

Von der übernationalen Staatsform zur nationalen Aufgliederung

Die übernationale Staatsform war für die Donauschwaben eine günstige Herrschaft. Unter diesem System wurden sie angesiedelt und entwickelten sich in friedlicher und aufbauender Arbeit ungestört zur eigenen und allgemeinen Zufriedenheit. Sie hatten keinen Grund, mit dieser Ordnung unzufrieden zu sein und wünschten daher deren Aufrechterhaltung. Die Schwabenpetitionen aus dem Jahre 1849 gaben diesem Verlangen auch dokumentarischen Ausdruck. Der Ausgleich brachte sie dann unter die Herrschaft der Madjaren und Kroaten. Unter diesem System konnte sich erfolgreich nur behaupten, wer gewillt war, seine nationale Eigenart und Mitbestimmung zu bewahren und zu verteidigen.

Besonders nach der allgemeinen Bauernbefreiung im Jahre 1848 und der sich daran anschließenden liberalen Entwicklung kam es über eine naturbedingte soziale Differenzierung der schwäbischen Bauernschaft zu bedeutsamen Veränderungen. Der Anteil der Zwergbesitzer mit unter 5 Joch stieg und erreichte um 1900 bereits ein Drittel der deutschen Bodenbesitzer. Zusammen mit dem Anteil der deutschen Arbeiter von 35 v. H. ergab das zwei Drittel der deutschen Bevölkerung, die in einem wirtschaftlich-sozial gefährdeten Zustand existieren mußten. Während sich die schmale Schicht der Großbauern (1 bis 4%) dem madjarischen Lebensstil und den Madjarisierungsbestrebungen anpaßte, hatten die Klein- und Mittelbauern (5–20 und 20–50 Joch) sowie die selbständigen Handwerker eine wirtschaftliche Bewährungsprobe zu bestehen. Es wurde dabei von dieser Mittelschicht erkannt, daß ihre schwierige Lage nicht selbstverschuldet war, sondern daß sie auf die drückenden Steuern, die hohen Löhne, den hohen Zinswucher zurückging und daher dem Regierungssystem angelastet werden mußte. Dieser schrumpfende Mittelstand im donauschwäbischen Volkskörper, der noch aus eigener Kraft zu leben gewillt war, der aus einer konservativen Haltung sich seines Eigenwertes und seiner Eigenart, die er erhalten wollte, bewußt war, wurde in seiner Unzufriedenheit für Überlegungen wirtschaftlicher und politischer Art zugänglich, die die Bedürfnisse dieser Schicht in Rechnung stellten.

Berufsständische und politische Vorläufer

Noch bevor es zu eigenständiger politischer Aktivität kam, versuchten die Donauschwaben zunächst in berufsständischen Zusammenschlüssen kulturelle, wirtschaftliche, soziale und politische Selbstbehauptung und fortschrittliche Entwicklung zu verwirklichen. Im Prozeß der Umgestaltung ständisch-feudaler Strukturen zu demokratisch-freiheitlichen Lebensformen erwiesen sich die *donauschwäbischen Lehrer* als Bannerträger der Volksbildung und des Fortschritts. Dabei gewann vor dem Nationalismus der Liberalismus seinen bestimmenden Einfluß, der die Lehrer des 19. Jahrhunderts die Sammlung ihrer Kräfte versuchen läßt, um die autonome Schule im Interesse der Volksbildung der breiten Masse zu erreichen. Bei den Deutschen in Ungarn war das Streben des Liberalismus zunächst darauf gerichtet, gleiche Rechte und Pflichten für alle Staatsbürger zu schaffen. Erst nachdem sich der um Aufklärung, Fortschritt und Freiheit bemühte Deutsche in Ungarn in seiner liberal-demokratischen Einstellung

Johann Heinrich Schwicker, 1839–1902, Standespolitiker, Historiker, Abgeordneter

Josef Gabriel, 1862–1952, Arbeiterführer, Abg. und Senator

Josef Berauer, 1864–1937, Standespolitiker, Schulhistoriker

soweit entwickelte, daß er Freiheit, Gleichheit und Brüderlichkeit nicht nur für den einzelnen forderte, sondern auch die Unterdrückung der Eigenart und Ausbeutung der Nationalitäten in einem demokratischen Staate ablehnte, war er reif für die eigene nationale Aufbauarbeit.

Die Lehrer schlossen sich nach vergeblichen früheren Versuchen gleich nach dem Ausgleich von 1867 im Banat, in der Schwäbischen Türkei und im Batschgau, aber auch im Ofner Bergland und Sathmar unter Bischof Michael Haas, zu regionalen *Lehrervereinen* zusammen, die sich für die autonome Schule und den freien Lehrer im Dienste der Erziehung der Kinder und der Volksbildung zu mündigen Bürgern einsetzten. Die schwäbischen Lehrerführer Josef *Rill* (geb. 1839) und Johann Heinrich *Schwicker* waren im Landesverband der freien Lehrervereine in Ofenpest tätig, deutsche Lehrer aus Ungarn nahmen als Delegierte ihrer Vereine an Tagungen der Lehrervereine in Deutschland und Österreich teil. Ihrer umfassenden Tätigkeit ist so etwas wie das Entstehen einer „donauschwäbischen pädagogischen Provinz" zu verdanken, die allerdings gegen den madjarischen Nationalismus nicht lange wirksam bleiben konnte. Als der Staat seine Machtstellung durch gesteigerte soziale und finanzielle Fürsorge im Sinne der „ungarischen Staatsidee" zur Verdrängung der Muttersprache in der Schule und damit diese als Instrument der Entnationalisierung zu mißbrauchen begann, mußte den nichtmadjarischen Pädagogen aufgehen, daß sie sich zu Handlangern einer den geistigen Fortschritt ihres Volkes hemmenden Staatsbevormundung erniedrigen ließen.

Die Überwindung des Notstandes der immer zahlreicher werdenden unselbständigen Arbeiterschaft machte sich die um die Mitte des 19. Jahrhunderts auftretende *Arbeiterbewegung* zur Aufgabe. Unter der Parole „Proletarier aller Länder vereinigt Euch!" verkündete Karl *Marx* (1818–1883) im Kommunistischen Manifest (1848) die Emanzipation (Selbstbefreiung) des Proletariats. Ferdinand *Lassalle* forderte das allgemeine und gleiche Wahlrecht für die Arbeiter und gründete 1863 den *Allgemeinen Deutschen Arbeiterverein.* Auch in Ungarn und in den donauschwäbischen Gebieten führten die wirtschaftliche und soziale Entwicklung zum Entstehen von Organisationen der Arbeiterbewegung. Aus deutschen Landen kamen die Ideen und Anreger dazu. Ihre ersten Spuren waren schon 1851 in Temeschburg, Ofen, Neusatz u.a.O. zu finden; in Tscherwenka-Rotweil/Batschgau erhielt der *„Deutsch-Ungarische Arbeiterverein"* 1885 seine Satzungen genehmigt. In Ungarn durfte sich lange Zeit keine eigentliche sozialistische Partei konstituieren, die Sozialisten wurden von den Behörden als Unruhestifter verfolgt. Erst nach der Gründung der II. Sozialistischen Internationale entstand 1890 die *Sozialdemokratische Partei Ungarns.* Der erste Landeskongreß übernahm das Hainfelder Programm der österreichischen sozialdemokratischen Partei. Als Endziel der Partei wurde die Befreiung der Arbeiterklasse durch die Überführung der Produktionsmittel in Gemeineigentum verkündet.

Die deutschen Arbeiter in Ungarn setzten sich für das allgemeine Wahlrecht und für die Beachtung der Muttersprache in Schulen und Verwaltung ein. Auch im Pressewesen der Sozialdemokraten konnten sie sich eine beachtliche Stellung aufbauen: 1893 erschien in Temeschburg wöchentlich das Arbeiterblatt *„Volkswille",* das Zentralblatt der Partei hatte seit Beginn auch eine deutsche Ausgabe. Gegen den auch in der Arbeiterbewegung auftretenden madjarischen Nationalismus fehlten zu einer wirksamen Abwehr erforderliche deutschgebildete Führungskräfte. Vielfach traten Juden als Sprecher der deutschen Arbeiterschaft auf.

Donauschwäbische Bauernführer

Franz Blaskovics, 1864–1937, Dompropst, Abgeordneter und Sekretär des Bauernvereins

Franz Leh, 1865–1945, Landwirt, Volksredner für Bauernverein und Kath. Volksverein

Johann Röser, 1870–1932, Volks- und Wirtschaftspolitiker, Gründer von Raiffeisenvereinen

Auch das Bauerntum versuchte durch Zusammenschlüsse seiner Sorgen und Schwierigkeiten Herr zu werden. In den Jahren von 1856 bis 1880 wurden mehrere Ansätze gemacht, deutsche *Bauernvereine* zu gründen. Eine dauerhafte umfassende Organisation entstand 1891 mit dem „Südungarischen landwirtschaftlichen Bauernverein", der anläßlich eines schwäbischen Bauerntages in Temeschburg auf Anregung von Peter *Ströbel* (1843–1916) nach sächsischem Vorbild entstand. Der Bauernverein hatte in den meisten deutschen Gemeinden im Banat und im Batscherland seine Zweigvereine, die Zahl seiner Mitglieder erreichte im Jahre 1908 etwas über 10 000. Es waren in ihm vor allem die Mittel- und Kleinbauern erfaßt, doch seine Leitung unterwarf sich zu sehr den Interessen des Großbauerntums und öffnete sich auch den Bestrebungen der madjarischen herrschenden Klassen. Der Bauernverein schuf sich auch eine überregionale Presse. Seit 1886 erschien als Zentralorgan der „Landbote". Das zweite Presseorgan war „Der Freimütige", den Franz *Blaskovics* (1864–1937), 2. Vorsitzender des Bauernvereins, Abgeordneter und Dompropst, seit 1899 zu einem klerikalen Blatt ausbaute, in dem die schwäbische Nationalbewegung auf kein Verständnis stieß; sein aktivster Mitarbeiter im Batscherland war der Bauer Franz *Leh* (1865–1945).

Auch in den donauschwäbischen Siedlungsgebieten in Transdanubien bildete sich unter der Führung Adalbert Betnars ein „Deutsch-Ungarischer Bauernbund", der 1910 bereits zahlreiche Ortsgruppen zählte.

Um die verschiedenen wirtschaftlichen Interessen verfolgen zu können, bildeten sich nach dem Ausgleich die *politischen Parteien,* in denen die einzelnen Berufsstände und Schichten der Bevölkerung sich bemühten, ihre Anliegen zu vertreten. Die Parteien haben aber nicht nur die Aufgabe, die Interessen ihrer Wähler durchzusetzen, sondern auch das Gesamtwohl des Staates und der Bevölkerung im Auge zu behalten. Gemäß der klassenmäßigen und wirtschaftlichen Aufgliederung der Bevölkerung entstanden konservative, liberale, sozialistische, klerikale und mittelständische Bürger- und Bauernparteien. Nach dem Ausgleich gewann in Ungarn der Liberalismus die Oberhand. Im Bündnis mit dem madjarischen Nationalismus sicherte er sich für lange Zeit die Herrschaft im Lande, die diesem aber zum Verhängnis wurde, da es nicht gelang, die Nationalitäten, die Arbeiterbewegung, die Kirchen, die Bauern und die Kleinbürger zufriedenzustellen und zu integrieren. Die Liberalen blieben bis 1905 ununterbrochen an der Regierung. Die nationale Arbeitspartei Stefan Tiszas, die von 1910 bis 1917 herrschte, war nichts anderes als die reorganisierte liberale Partei. Die Ära des Liberalismus erbrachte in ihrer langen Regierungszeit grundlegende gesetzliche Regelungen gegen die Belange der Kirchen und Nationalitäten, wodurch ein ungarischer Kulturkampf und ein radikaler Nationalitätenkampf heraufbeschworen wurden, die die Existenz des ungarischen Staates erschütterten.

Die Antwort auf die Herausforderung des Liberalismus an die Kirche war die Gründung der *Katholischen Volkspartei* im Jahre 1895, die auch im Bereich der Donauschwaben beträchtlichen Einfluß gewann. Das Programm der Partei sprach in 14 Punkten die Belange der Kirche, der katholischen Schulen, wirtschaftliche und soziale Zielsetzungen sowie die Rechte der Nationalitäten an. Ihre Breitenwirkung erreichte die Partei durch eine gut ausgebaute Presse: es gab 1910 neben madjarischen, slowakischen und kroatischen auch drei deutsche katholische Tages- und zwei Wochenzeitungen. Ein aufblühendes Vereinswesen sicherte die in Gang gebrachte katholische Erneuerung. Die größte katholische Organisation war der 1905 gegründete *Katholische Volksverein.* Er war nach deutschem Vorbild organisiert und hatte in den meisten deutsch-katholischen Gemeinden seine Ortsgruppen. Im Jahre 1909 zählte er 45 000 zahlende deutsche Mitglieder (1/5 des Gesamtbestandes), die die Zeitungen, Kalender und übrigen Schrif-

Andreas Schmauß, 1841–1914
Abgeordneter und Obergespan
In den siebziger Jahren stiegen auf Grund eigener wirtschaftlicher und berufsfachlicher Leistung eine Reihe donauschwäbischer Persönlichkeiten in das vom Adel gestaltete maßgebende gesellschaftliche und politische Leben ihrer Heimatlandschaften auf und werden in Ermangelung einer deutschnationalen Richtung ganz von der madjarischen liberalen Politik dieser Zeit mitgerissen. Neben Andreas Schmauß sind zu nennen: Stefan Augsburger (Ronay), N. Erling, A. Fernbach, N. Röser, J. Ertl, u. a.

ten des Volksvereines bezogen. Zur Breitenwirkung trugen die ungarischen Katholikentage bei, in deren Rahmen auch deutsche Veranstaltungen durchgeführt wurden, die jeweils sehr gut besucht waren, besonders 1907 in Fünfkirchen, 1908 in Ofen, 1909 in Segedin sowie die Katholikentage der nächstfolgenden Jahre, die alle in Budapest stattfanden. Die machtvollen Kundgebungen der Katholikentage waren mit ihren deutschen Veranstaltungen immer auch kraftvolle Lebenszeichen des Gemeinschafts- und Erneuerungswillens der donauschwäbischen Katholiken des Landes.

In allen diesen berufsständischen, konfessionellen oder weltanschaulichen Bestrebungen trat aber nicht die Nationalität der Deutschen als handelndes Subjekt auf, es waren deshalb auch nicht ihre existentiellen und substantiellen Belange durch eigene Kräfte als Programm und Konzept vertreten. Mit der eigentlichen nationalen Selbstbehauptung ging es trotz der modernen Aktivitäten und Sammelbewegungen abwärts. Um die wesentlichen Bedürfnisse und Forderungen der Donauschwaben im eigenen Bereich und auf der politischen Ebene des Landes ins Gespräch zu bringen, mußte es zu eigenständiger politischer Aktivität mit Mitteln der nationalen Selbsthilfe kommen.

Die Gefahren für unser Volk. Die nationale Überfremdung im Zeitalter der Madjarisierung schädigte unter allen Nationalitäten Ungarns die Donauschwaben am meisten. Das war ihrem mangelnden Volksbewußtsein zuzuschreiben. Der plötzliche Übergang von der übernationalen Ordnung Österreichs in den madjarischen Nationalstaat ließ keine Zeit, ein solches in einer natürlichen Entwicklung zu entfalten. Die Madjarisierung verhinderte die Pflege eines nationalen Bewußtseins, sie erweckte im Gegenteil bei den Andersnationalen Minderwertigkeitsgefühle. Sie wurden demoralisiert, um sie für die Umvolkung reif zu machen. In den Schulen verdrängte man planmäßig die deutsche Unterrichtssprache. Die Donauschwaben verloren so ihre deutschen Schulen. Im Jahre 1855 gab es 2400 deutsche Volksschulen, 1918 für die 1,5 Millionen Donauschwaben überhaupt keine deutschen Schulen mehr. Die Folge dieser Entwicklung war ein merklicher Niedergang der Volksbildung. Die Donauschwaben begannen sich ihrer Abstammung zu schämen und unter dem Einfluß des übermächtigen Staates und der chauvinistischen Öffentlichkeit für das Madjarentum zu schwärmen.

Die offiziellen Regierungen und Verantwortlichen in Wien und Berlin hatten für die Deutschen in Ungarn kein Interesse und keine Hilfe. Für Bismarck war die Stärke und Einheitlichkeit des ungarischen Reiches ein hoher politischer Wert. Auch Kaiser Wilhelm II. erklärte dem ungarischen Ministerpräsidenten, er opfere gern die Siebenbürger Sachsen im Interesse des einheitlichen ungarischen Nationalstaates.

Die Überfremdung und der liberale Zeitgeist erschütterten aber auch die bäuerliche, konservative Lebensauffassung der Donauschwaben. Der Bauer wurde als dumm und minderwertig verhöhnt. Die Lebensart der madjarischen Herrenklasse wurde in ihren nicht gerade wertvollsten Auswüchsen zum nachgeahmten Vorbild.

Die ersten völkischen Regungen. Unter den Deutschen in Ungarn leisteten insbesondere die Siebenbürger Sachsen gegen Überfremdung und Unterdrückung einen zähen Widerstand. Das nationale Erwachen der Nachbarvölker gefährdete die staats- und nationalpolitische Position der Sachsen. Erstmals wurde die Bedeutung der Gemeinbürgschaft aller Deutschen in Ungarn erkannt, die jetzt auch unter den Sachsen ihre Vertreter fand. Das im Jahre 1874 gegründete *„Siebenbürgisch-Deutsche Tagblatt“* nahm in sein Programm schon die Verteidigung der allgemeinen nationalen Belange des gesamten ungarländischen Deutschtums auf.

Auch in den donauschwäbischen Heimatlandschaften formierte sich in mehreren Städten und Gemeinden ein beachtlicher Widerstand gegen die Ausschaltung der deutschen Sprache in Schule und Verwaltung. Am stärksten wurde dieser nationale Widerstand in Städten sichtbar, die mit der Auflösung der Militärgrenze Ungarn und Kroatien einverleibt wurden. In diesen Städten hatte immer eine kaiserliche deutsche Verwaltung bestanden. Die Madjarisierung oder Kroatisierung derselben im gleichen Tempo wie in den übrigen Städten erzeugte viel nationalen Widerwillen der betroffenen deutschen Bevölkerung. Es ist deshalb verständlich, wenn gerade in den Städten Weißkirchen, Pantschowa, Werschetz, Semlin, Neusatz, Ruma, India u. a. O. die nationale Bewegung der Donauschwaben ihre stärksten Stützpunkte fand, wo sie in engster Nachbarschaft und Berührung mit den Serben lebten.

In den 90er Jahren des vorigen Jahrhunderts gab es in der Hauptstadt Budapest, in der noch über 100 000 Deutsche lebten und auch der 1863 gegründete deutsche Verein „Eintracht“ noch immer bestand, einen kleinen Kreis deutschbewußter Männer, unter denen besonders Johann Heinrich *Schwicker* zu erwähnen ist. Dieser erforschte als Lehrer und Historiker die Geschichte des Deutschtums, der Serben und der anderen Nationen in Ungarn. Damit trug er dazu bei, das nationale Bewußtsein der Nationalitäten zu beleben. Seine umfangreiche „Geschichte der Deutschen in Ungarn und Siebenbürgen“ aus dem Jahre 1881 wurde bis heute kaum übertroffen. In meisterhafter Darstellung behandelt sie die Leistung und das Heimatrecht der Deutschen in Ungarn, die daraus eine Stärkung ihres Volksbewußtseins schöpfen konnten. Die Siebenbürger Sachsen wählten den Donauschwaben Schwicker auch zu ihrem Abgeordneten ins ungarische Parlament.

Helfer in der nationalen Not. Vom Kaiser verlassen, vom Staate, seinen Organen und Behörden in der völkischen Existenz bedroht, mußten sich die Nationalitäten nach Helfern umsehen. Im Verlauf der Madjarisierung bezichtigten die Madjaren die an ihrem Volkstum festhaltenden Gruppen und Angehörigen der Nationalitäten des Vaterlandsverrates. Die nationalbewußten Serben, Slowaken und andere Slawen bezeichneten die madjarischen Nationalisten diskriminierend als Panslawen, die nationalbewußten Rumänen als Dakoromanen, die volksbewußten Deutschen als Pangermanen. Damit wurden den in die Verteidigung gedrängten Nationalitäten politische Absichten unterstellt, die in den seltensten Fällen zutrafen. Nachdem im eigenen Vaterlande die nationale Gefahr für sie zu groß wurde, mußten die verfolgten Nationalitäten bei ihren Muttervölkern Hilfe suchen. Es war natürlich, wenn die bedrohten Vertreter der Volksgruppen in Wien, Berlin, Prag, Belgrad und Bukarest Verständnis erwarteten. Hier bildeten sich Hilfs- und Schutzverbände, die sich die Aufgabe stellten, den bedrängten Volksangehörigen in Ungarn in ihrem nationalen Abwehrkampf beizustehen. Solche Hilfen erhielten die Serben, die Slowaken, die Rumänen, in Österreich die Tschechen, Italiener u. a.

Der nationalpolitischen Tätigkeit der anderen Nationalitäten hatten die Deutschen in den Grenz- und Mischzonen in Ungarn, aber auch in Österreich, nichts Gleichwertiges an die Seite zu stellen. Der *Deutsche Schulverein* in Wien und Berlin wurde 1880/1881 gegründet, um den von der sprachlichen Überfremdung durch nationalistische Volksgruppen bedrohten deutschen Schulen in Österreich und Ungarn zu helfen. Seine Geldmittel waren bescheiden, seine Hilfsmaßnahmen unzureichend. Auch hatten die Regierungen in Wien und Berlin mit den Bestrebungen des Deutschen Schulvereins keine Verbindung.

Zu ihrer nationalen Selbstbesinnung erhielten die Donauschwaben Anregungen auch von den volkspolitisch aktiveren andersnationalen Nachbarn, besonders den Serben. Die Serben hatten in Ungarn als Gemeinschaft hervorragende nationalpolitische Positionen und Funktionen gewinnen und behaupten können. Obwohl ihre staatsrechtliche Stellung von Anfang an viel weniger gesichert war als die der Deutschen, gelang es ihnen im Laufe der Zeit, sich nicht nur staatsrechtlich, sondern vor allem auch nationalpolitisch ungemein starke Einrichtungen auf kirchlichem, militärischem, kulturellem, schulischem und verwaltungsmäßigen Gebiete unter beachtlichem Einsatz und Opfern aufzubauen. Ein Großteil der Serben lebte in königlichen Freistädten, in eigenen Verwaltungsdistrikten oder in der Militärgrenze unter der Verwaltung des kaiserlichen Hofkriegsrates, wo sie die Mehrheit der Bevölkerung bildeten. Ihre Kirche stellte eine autonome Körperschaft mit eigener Organisation, Hierarchie, bedeutendem eigenen Kirchenvermögen und beachtlichen staatlichen Zuschüssen dar. Ihre sonstigen kulturellen Einrichtungen (Theater, Zeitungen, Zeitschriften, Klöster, Museen,

Archive, Magistrate, Parteien, Abgeordnete) übten eine dauerhafte und zielbewußte Tätigkeit aus. Die Serben waren in der Vertretung ihrer Rechte und Belange vorbildlich. Das wurde auch von den mit ihnen im engsten Kontakt lebenden Deutschen vorbehaltlos und als nachahmenswert anerkannt. Nationalpolitisch wirkten aber auch die *Rumänen* und die *Slowaken* anregend. So war es gerade dieser politische Einfluß der kleineren Nachbarn mit ihrem nationalen Selbstbewußtsein und Beharrungsvermögen, der die Deutschen zur nationalen Selbstbesinnung anregte und zu gemeinsamen nationalen Abwehrmaßnahmen gegen madjarische Übergriffe ermunterte.

Die Gründung der ersten nationalen Organisation

Der überall im Vormarsch befindlichen madjarischen Verdrängung deutscher Eigenständigkeit, der systematischen Überfremdung deutschen Volkslebens konnte wirksam nur mehr dadurch begegnet werden, daß sich die mit diesem dauernden Vernichtungswillen unzufriedenen und zum Widerstand entschlossenen Personen und Gruppen überregional vereinigten, sich kennenlernten und zur Abwehr aufrafften. Ohne eine eigene Presse war eine solche Selbstverteidigung kaum möglich. Johann *Anheuer,* der Direktor der Neupetscher Sparkasse und Mitarbeiter im Bauernverein, vermißte die nationalpolitische Eigenständigkeit in der schwäbischen Gemeinschaftsarbeit und entschloß sich mit einigen Freunden, als ersten Schritt dazu die Gründung eines überregionalen Tagblattes zu wagen. Um dieses Vorhaben zu verwirklichen, begab er sich um 1897 nach Wien und kam über Adam Müller-Guttenbrunn in Verbindung mit Edmund Steinacker, der ihm seine Hilfe zusagte. Steinacker stand in Verbindung mit dem Schulverein und dem Alldeutschen Verband, die bereit waren, den in ihrem Volkstum schwer bedrohten Deutschen in Ungarn ihre Hilfe zu gewähren. Im Spätsommer 1900 begab sich Steinacker auf eine Informationsreise und suchte in den wichtigsten donauschwäbischen Zentren Temeschburg, Werschetz, Weißkirchen, Pantschowa, Kikinda, Neusatz u. a. Kontakt zu volksbewußten deutschen Vertretern und betrieb deren Zusammenschluß zu einem nationalen Arbeitskreis. Diesen Arbeitskreis gewann er für die Gründung des „Deutschen Tagblatts für Ungarn". Von da an kann man den Beginn einer zielbewußten, planmäßigen deutschen Bewegung in Ungarn datieren.

Das Tagblatt erschien am 16. Dezember 1900 unter der Schriftleitung des Siebenbürger Sachsen Alwin Cramer in Temeschburg.

Da sich die Bezieherzahl nicht den Erwartungen entsprechend entwickelte, Presseprozesse gegen die Schriftleiter und die Herausgeber der Zeitung laufend Schwierigkeiten bereiteten und die Verwaltung des Blattes unwirtschaftlich geführt wurde, verschlimmerte sich die Lage so sehr, daß das Tagblatt am 30. Nov. 1903 sein Erscheinen einstellen mußte. Steinacker war entschlossen, eine politisch günstigere Zeit abzuwarten, um die nationale Arbeit fortzusetzen.

In Ungarn wurden die politischen Verhältnisse zu dieser Zeit immer verworrener. Keine der führenden politischen Parteien wagte, die großen Aufgaben des Landes – die soziale Frage und das Nationalitätenproblem – einer tragbaren Lösung zuzuführen. Man hetzte die Massen durch nationalistische Schlagworte gegen die dualistische

Regierungsform auf, richtete Angriffe gegen die gemeinsame Armee, verlangte ungarische Kommandosprache, verweigerte auch Steuern und Rekruten.

Diese politischen Verhältnisse des Landes veranlaßten auch die Deutschen, ihre Bemühungen um eine eigene nationale Bewegung wieder aufzunehmen. Als zentrale Gestalt profilierte sich immer mehr Ludwig *Kremling* aus Weißkirchen. Seine Opferbereitschaft und zielbewußte Tätigkeit für die Gemeinschaft verschafften ihm das Vertrauen aller volksbewußten Kräfte und erwiesen ihn als zuverlässigen und weitsichtigen Mitarbeiter des von Wien aus geschickt operierenden Edmund Steinacker und des in Siebenbürgen den Gedanken der deutschen Gemeinbürgschaft vertretenden Abgeordneten Rudolf *Brandsch* und seines Kreises.

Ludwig Kremling, der erste gewählte politische Spitzenvertreter der Donauschwaben.

Das Schwergewicht der nationalpolitischen Kraft der Donauschwaben lag im Südbanat, im südlichen Batscherland und in Syrmien. Hier war die Militärgrenze erst vor einigen Jahren aufgelöst und Ungarn oder Kroatien einverleibt worden. Die Maßnahmen der nationalpolitischen Überfremdung mußten in diesen Gebieten noch überstürzter wirken als anderwärts. Deshalb fand die Aufklärungs- und Erweckungsarbeit Steinackers hier einen fruchtbaren Boden und die einsichtvollsten Mitkämpfer, unter ihnen Ludwig *Kremling* als zentrale Gestalt. Am 12. Mai 1861 in Weißkirchen geboren, absolvierte er an der Universität in Budapest das juristische Studium und machte sich 1893 in Weißkirchen selbständig. Der junge Rechtsanwalt wurde bald zu einer regen öffentlichen Wirksamkeit veranlaßt. Als er merkte, in welchem Ausmaß die deutsche Sprache durch die fortschreitende Madjarisierung in Schulen und Ämtern den ihr gebührenden Platz verlor, setzte er sich im Schulstuhl der Stadt sachkundig und energisch für das Recht der Muttersprache der Bevölkerung ein. Er fand bald Kontakt zu nicht nur gleichgesinnten deutschen, sondern auch serbischen und rumänischen Männern der Stadt, aber auch auf regionaler und überregionaler Ebene, die bereit waren, für die Gleichberechtigung, die Sprache und für die Eigenart der Nationalitäten aktiv zu werden. Da über seine Vaterstadt hinaus die Donauschwaben dieselben Nöte bedrückten, fand er sich bald mit Edmund Steinacker auf einer Linie, der ihn zur Zusammenarbeit mit gleichgesinnten serbischen und rumänischen Kreisen ermunterte und in ihm den aktivsten Verfechter des Gedankens der Gründung einer umfassenden eigenen politischen Partei der Deutschen entdeckte.

Die politische Lage und die große materielle Not, die das Land bedrückte, verlangten politisches Handeln. Allein im Jahre 1905 wanderten 25 000 Deutsche aus Ungarn nach den USA aus. Steinacker schrieb in einem Beitrag im „Volksfreund" (1906) u. a.: „... Dann aber brauchen wir einen umfassenden Verein zur Förderung der Kultur, wie ihn die Rumänen und die Serben besitzen. Denn wenn wir uns auch sprachlich und kulturell als Angehörige des großen deutschen Volkes fühlen und an den Schätzen seiner Kultur und Literatur Anteil haben wollen, so müssen wir doch als Bewohner Ungarns unsere Eigenart und unseren speziellen Interessen entsprechend die geistigen Waffen, mit denen wir uns im kulturellen und wirtschaftlichen Wettkampf mit unseren Mitnationen behaupten wollen, selbst schmieden helfen und entsprechend unseren eigenen Bedürfnissen und Eigenschaften ausgestalten. Schließlich dürfen wir uns nicht der Tatsache verschließen, daß in unserem Vaterlande die Politik alles überwuchert... Wir müssen also ebenso wie unsere madjarischen, rumänischen, serbischen und slowakischen Mitbürger unsere eigene Politik machen ..."

Die politische Aufklärungs- und Werbearbeit der Deutschen in Ungarn wurde verstärkt, nicht nur in der Presse, auch über Vertrauensleute in den einzelnen Gemeinden. Aber noch bevor die Vorarbeiten zur Gründung der deutschen Landespartei abgeschlossen waren, wurden für den 28. April 1906 Neuwahlen ausgeschrieben.

Die Schwaben zogen aus dem Verlauf dieser Wahl die Lehre, die Gründung der eigenen Partei möglichst bald herbeizuführen. Die größere Bewegungsfreiheit unter der neuen Regierung wie auch der Aufbau eigener Wirtschaftsorganisationen, die sich hinter die nationale Bewegung der Deutschen stellten, wirkten sich ebenfalls auf den Zeitpunkt der Gründung der Partei aus und bewiesen, daß eigenständige Gesichtspunkte und Kräfte dabei maßgebend waren. Die geistigen, moralischen und finanziellen Grundlagen der deutschen Bewegung waren in erster Linie die persönliche Verpflichtung deutscher Bürger- und Bauernkreise und deren finanzielle Opferbereitschaft, der „Umdenkungsanstoß" der wirtschaftlichen und politischen Krise der Jahre 1903–1906 und der Versuch, sich mit Hilfe nationaler Wirtschaftsprojekte auf eigene finanzielle Füße zu stellen.

Die Gründung der „Ungarländischen Deutschen Volkspartei".

Am 7. Oktober 1906 traten in Temeschburg die führenden Deutschen in Ungarn zu einer Konferenz zusammen. Thema des Gesprächs war die Gründung der Partei. Es wurde der Aufruf des Vorbereitungsausschusses verfaßt, der, geheim verbreitet, Volksangehörige zum Beitritt in die Partei aufforderte. Vertreter der Beigetretenen wurden dann für Ende Dezember zur Gründungsversammlung eingeladen. Die Aufrufe gingen an 62 Gemeinden. Als Gründungstag wurde der 30. Dez. 1906 vorgeschlagen. An diesem Tage versammelten sich die führenden Vertreter der Donauschwaben in Werschetz, einigten sich auf das von Steinacker und Kremling vorgeschlagene Parteiprogramm und konstituierten anschließend offiziell die "Ungarländische Deutsche Volkspartei", indem sie den 45jährigen Rechtsanwalt Dr. Ludwig *Kremling* zum Landesobmann und den Bauern Johann *Röser* aus Gertianosch zu seinem Stellvertreter wählten. Die Gründung geschah in aller Stille, es wurden aber die weiteren Schritte bis zum ersten Auftreten der Partei vereinbart. In einer geheim durchgeführten Unterschriftenaktion unterfertigten innerhalb von zwei Monaten 5 000 deutsche Männer das Programm, und es fand sich kein Verräter, der die Aktion an die Behörde gemeldet hätte. Wegen des günstigen Ergebnisses wurden für März 1907 öffentliche Kundgebungen in Billed und Werschetz im Banat sowie in Bulkes/Batschgau anberaumt, um auf diesen das Parteiprogramm mit einer Grundsatzrede der donauschwäbischen und allgemeinen Öffentlichkeit bekanntzugeben. Die Versammlungen wurden von den Behörden verboten oder behindert, obwohl in Ungarn eigentlich gesetzlich Versammlungsfreiheit herrschte. Das Programm mit den Unterschriften konnte aber von der

Gründung der Ungarländischen Deutschen Volkspartei 1906

Parteileitung für die Presse freigegeben werden. Gegen das ungerechtfertigte Versammlungsverbot verfaßte Kremling eine energische Beschwerde an den Innenminister. Die Beschwerde trug der rumänische Abgeordnete *Vaida-Voevod* im Parlament vor. Er verwahrte sich gegen das Vorgehen der ungarischen Behörden und erklärte, die Bezeichnung der deutschen Bewegung in Ungarn als „alldeutsch" sei absurd. Alldeutsch könne höchstens so aufgefaßt werden, daß überall in der Welt der Deutsche seine Nationalität als einzelner wie als Volksgruppe bewahren möchte. Wie die Rumänen für sich die nationalen Rechte verlangten, so forderten sie diese auch für die Deutschen, und sie seien dann auch „Alldeutsche".

Insgesamt zeitigte das umsichtige und planmäßige Vorgehen bei der Gründung der deutschen Partei das Ergebnis, daß die nationale Bewegung der Donauschwaben als Faktor zur Kenntnis genommen werden mußte. Auch der Innenminister mußte zugeben, daß Versammlungen politischer Parteien zwar angemeldet werden müßten, aber nicht verboten werden könnten. So hätte auch gegen die Deutschen verfahren werden müssen.

Das Programm und der organisatorische Aufbau der Partei

Die Forderungen der Donauschwaben werden in ihrem Parteiprogramm in einem sehr gemäßigten Ton vertreten. Es wird gefordert:

1. Einhaltung des Nationalitätengesetzes als Mindestmaß dessen, was zur ungehinderten Betätigung und Entfaltung von Kultur, Volkstum und deutscher Muttersprache

erforderlich ist. 2. Freier Gebrauch der deutschen Muttersprache im Gemeinde- und Munizipalleben. 3. Uneingeschränkte Verwendung der Muttersprache in Kirche und Schule. 4. Gesetzliche Regelung des Vereins- und Versammlungsrechtes und ein unparteiisches Verhalten der Behörden gegenüber politischen und Kulturbestrebungen der deutschen und aller übrigen nichtmadjarischen Bewohner. 5. Freisinnige Anwendung des Pressegesetzes. 6. Das allgemeine, geheime, direkte, gleiche Stimmrecht und die gemeindeweise Abstimmung bei Wahlen in national möglichst einheitlichen Wahlkreisen. 7. Die Reform des verrotteten Komitatswahlsystems und der Aufbau einer wirklichen Selbstverwaltung in Munizipium und Gemeinde. 8. Vereinfachung der Verwaltung, eine gründliche Steuerreform und die freie Entwicklung des Genossenschaftswesens. 9. Schaffung eines Heimstättenrechts und gesetzliche Regelungen zur Erhaltung und zum Schutz des Bauernstandes. 10. Der Aufbau eines wahrhaften Rechtsstaates auf der Grundlage vollkommener bürgerlicher und nationaler Gleichberechtigung mit Angehörigen der politisch einheitlichen, wenn auch aus verschiedenen Völkern bestehenden ungarischen Nation in unentwegter Treue für König und Vaterland, um Recht und Freiheit zum Siege zu verhelfen.

Dem Aufbau der Partei lagen Organisationsrichtlinien zugrunde, die von Parteiobmann Kremling im Einvernehmen mit Steinacker verfaßt und auf der Parteikonferenz am 9. Nov. 1908 in Werschetz gebilligt wurden. Die Parteispitze bildeten der Obmann und sein Stellvertreter mit dem Parteisekretariat. Ihr fielen die Führungs- und Repräsentationsaufgaben zu. Die wichtigen Entscheidungen fällte der Exekutivausschuß. Ihm gehörten auch die Gau- oder Kreisobleute und Vertreter der Ortsgruppen an. Die Parteiverwaltung gliederte sich in zunächst vier Gaue oder Kreise: 1. Gau Oberbanat mit Temeschburg und Arad; 2. Gau Unterbanat mit Weißkirchen, Werschetz und Pantschowa; 3. Kreis Batscherland mit Neusatz, Werbaß, Apatin, Hodschag und Palanka; 4. Gau Westungarn mit dem Sitz in St. Gotthard. Außerdem hatte die Parteiverwaltung ihre Vertreter und Vertrauensleute in der Schwäbischen Türkei mit Fünfkirchen und im Ofner Bergland mit Budapest. Die Ortsgruppen bildeten das Fundament der Partei. Sie bestanden aus dem üblichen Vorstand, waren als politischer Wahlverein konstituiert, traten nach außen als Tischgesellschaft auf und kamen möglichst in einem ständigen Lokal zusammen. Wichtig war die Geldbeschaffung für Parteizwecke durch Spenden der Mitglieder, durch Sammlungen und Zuwendungen der Ortsgruppen und Vereine. Über Orts- und Gaukassiere der Partei flossen diese Einzahlungen alle ordnungsgemäß an den zentralen Parteifonds. Der Information dienten die Organe und Mitteilungen der Partei. Als Parteiorgan galt der in Temeschwar erscheinende *„Deutsch-Ungarische Volksfreund“. Der „Generalanzeiger für Südungarn“* in Werschetz und die *„Bürgerzeitung“* in Hermannstadt waren unterstützende Parteiorgane. Der *„Volksfreund“* brachte die Mitteilungen, die er vom Obmann und der Zentrale der Partei erhielt. Zu Werbezwecken und zur politischen Willensbildung wurden zeitlich und örtlich gezielt Parteikundgebungen und Volksversammlungen durchgeführt. Die Landeszentrale und die Gaue stellten die Redner ab. Die Partei bemühte sich auch um die Hebung der Volksbildung, insbesondere um die Fortbildung der jüngeren Generation, und regte die Errichtung von Lesevereinen sowie den Besuch von Fach- und höheren

Ludwig Kremling, 1861–1930

War erster Obmann der Ungarländischen Deutschen Volkspartei seit 1906, seit 1922 Obmann der Partei der Deutschen in Südslawien, der mit Mut und Tatkraft die politische Gemeinschaftsbildung der Donauschwaben in die Wege leitete.

Ferdinand Riester, 1846–1911

Bürgermeister in Ruma, erster donauschwäbischer Abgeordneter im Agramer und Budapester Parlament.

Reinhold Heegn, 1875–1925

Einer der aktivsten nationalen Vorkämpfer und Mitstreiter Kremlings; er wurde 1919 von den Serben zum Obergespan der Stadt Temeschburg bestellt und setzte sich für die Gleichberechtigung der Deutschen in Schule und Verwaltung ein.

Schulen mit deutscher Unterrichtssprache in Siebenbürgen, Österreich und Deutschland an.

Mit diesem Programm und mit der föderalistischen Gliederung der Organisation versuchte die Partei in den nächsten Jahren die politische Willensbildung einer breiteren Schicht der Donauschwaben im Interesse der nationalen Gemeinschaft zu bestimmen. Mit beschränkten Mitteln waren allerdings gegen die überempfindliche nationalistische Übermacht der Madjaren nur Schritt für Schritt bescheidene Stellungen auszubauen oder zurückzugewinnen.

Die ersten schwäbischen Volkstumspolitiker im Einsatz

Das mühselige Beginnen der nationalen Erweckung und Führung der Donauschwaben konnte Kremling nur deshalb wagen, weil ihm eine Schar tüchtiger Helfer, Ratgeber und Mitkämpfer zur Seite stand. Auch das Beispiel der nationalen Selbstbehauptung der serbischen und rumänischen Mitbürger war ihm Ansporn. Hand in Hand mit Kremling setzten sich ein: Reinhold *Heegn,* Eduard *Rittinger,* Jakob *Schümichen,* Arthur *Korn,* Simon *Bartmann,* Karl *Erling,* J. W. *Wettel,* Ottmar *Ziffermeyer* u. a. aus dem Banat; Friedrich *Heß,* Johann *Eidenmüller,* Josef *Bolz,* Wilhelm *Schneider,* Adam *Welker,* Mathias *Gaß,* Ludwig *Horn,* Anton *Dickmann* u. a. aus dem Batscherland; Karl *Wollinger* aus Westungarn, Otto *Krause* aus dem Ofner Bergland u. v. a. Viele hervorragende Männer der Donauschwaben standen noch uninteressiert beiseite oder gar als Gegner im anderen Lager. Das Auftreten der Ungarischen Deutschen Volkspartei blieb nicht ohne Wirkung auf diese Kreise. Viele kamen zur Besinnung, und nach dem Ersten Weltkrieg finden viele von ihnen ins völkische Lager.

Die ersten schwäbischen Führer hatten einen schweren Kampf zu führen. Sie wurden als Staatsfeinde und Pangermanen verschrieen und verfolgt. Die öffentliche Meinung und die Presse fiel über sie her und zweifelte ihre Staatstreue an. Eine ganze Reihe von ihnen mußte den Haß und die Gewalt des Staates verspüren und in den Kerker oder in die freiwillige Verbannung wandern. Die madjarischen Abgeordneten der deutschen Wahlkreise setzten alle Hebel in Bewegung, die völkische Bewegung der Schwaben zu vereiteln. Angesehene madjarische Politiker mußten herbeieilen, die aufstrebende deutsche Bewegung zu ersticken. Der Präsident des Parlamentes, Albert Graf Apponyi, verstieg sich vor Deutschen in Werschetz zu der Behauptung, „sie gehören nicht zu dem deutschen Kulturvolk, das sich nicht um sie kümmert". Alle Verfolgungen schweißten die schwäbischen Führer nur noch enger zusammen. Die Lauen und Ängstlichen fielen wohl ab, dafür aber blieben und kamen jene, die die Bedrohung ihres Volkes sahen und den Mut aufbrachten, sich für dessen Verteidigung einzusetzen.

Gleichzeitig mit der nationalen Bewegung entstand ein wirtschaftlicher Zusammenschluß auf völkischer Grundlage. Die Gründung von Raiffeisenvereinen wurde vorbereitet und eine Raiffeisenzentrale ins Leben gerufen. Diese wirtschaftliche Organisation wurde besonders von Johann *Anheuer* und Johann *Röser* vorbereitet und geleitet. Die Zentrale hatte ihren Sitz in Temeschburg.

Wahlkampf 1910. Bei den Parlamentswahlen im Jahre 1910 trat die „Ungarländische Deutsche Volkspartei" in den Wahlkampf. Das Wahlgesetz und die damaligen ungarischen Wahlgebräuche ließen noch keinen Erfolg erhoffen. Der Einsatz mußte gewagt werden, weil sich dabei die Möglichkeit bot, die völkisch noch gleichgültigen und politisch unerfahrenen Schwaben aufzurütteln und zu sammeln. Die Aufklärung breiter Massen stand erst im Anfangsstadium. Kandidaten der Partei waren: Edmund *Steinacker* in St. Gotthard, Ludwig *Kremling* in Lowrin, Reinhold *Heegn* in Werschetz, Viktor *Orendi-Hommenau* in Lippa, Johann *Röser* in Klein-Betschkerek. In Verhandlungen mit dem neuen Ministerpräsidenten Khuen schienen sich günstige Aussichten zu bieten, mit einer Vereinbarung, die für die Partei vier Bezirke zur Besetzung mit eigenen Kandidaten und Regierungsunterstützung vorsah. Daneben sollten noch in 15 Bezirken frei auftretende deutsche Kandidaten nominiert werden. Es kam aber zu Meinungsverschiedenheiten, weil die freien deutschen Abgeordneten nicht mehr als Mitglieder der Ungarländischen Deutschen Volkspartei auftreten sollten. Diese Forderung der Regierung konnten Steinacker und Kremling nicht annehmen. Sowohl die Regierung als auch die Deutsche Partei gingen hierauf selbständig vor und stellten auch ihre eigenen Kandidaten auf. Gegen Geld, Drohungen und riesige Versprechungen der Kandidaten der Regierungspartei konnten sich die Vertreter der Deutschen Partei noch nicht durchsetzen, einige erlitten nur knappe Niederlagen. Auch wenn die Deutsche Volkspartei 1910 noch keine eigenen volksbewußten Vertreter ins ungarische Parlament entsenden konnte, so erreichte sie von anderer Seite Vertreter ihrer nationalen Interessen: die Sachsen Rudolf *Brandsch* (1880–1953) und Wilhelm *Kopony* (1868–1939), die sich als Vertreter der ungarndeutschen Gemeinbürgschaft betrachteten, die mit der Deutschen Volkspartei engstens zusammenarbeiteten und sich auch als politische Vertreter der schwäbischen Belange fühlten; außerdem der schwäbische Abgeordnete im Agramer Parlament, Ferdinand Riester aus Ruma, der als Vertreter der kroatischen Legislative ins Budapester Parlament delegiert wurde.

Deutsche Volksbewegung in Syrmien-Slawonien-Kroatien

Das Auftreten mehrerer Faktoren: der aggressive kroatische Nationalismus, der die Deutschen in Schule, Kirche, Verwaltung und durch die Presse gefügig machen wollte; die Reaktion eines deutschen Mittelstandes in deutschen Mehrheitsgemeinden; die Bereitstellung bereits vohandener junger deutscher Akademiker für die nationale Abwehr- und Aufbauarbeit, führten in Kroatien bereits um die Jahrhundertwende zu einigen national-politischen Aktionen und Erfolgen, die in Ungarn z. T. erst einige Jahre später erreicht werden konnten.

Als von kroatischer Seite der Plan auftauchte, für die Deutschen eine deutschsprachige Zeitung in kroatischem Geiste herauszubringen, beschlossen einfache Rumaer Leute, ein eigenes deutsches Blatt herauszubringen. Auf die Anregung von Karl *Stürmer* wurde am 29. Nov. 1903 in Ruma der „Verlag deutsche Bücher und Zeitschriften AG" gebildet, der am 10. Jan. 1904 die erste Nummer der Wochenzeitung *„Deutsches Volksblatt für Syrmien"* herausbrachte. Schon früher hatte sich ein Kreis aktiver deutscher Männer um den Rumaer Bürgermeister Ferdinand *Riester* (1846–1911) geschart, der jetzt mit dem Verlag und dem Volksblatt dazu beitrug, daß die nationalpolitische Tätigkeit auf Landesebene in Ruma einen Mittelpunkt erhielt. Im Jahre 1906 konnte Ferdinand Riester als Abgeordneter in den Agramer Landtag einziehen. Der Rumaer Kreis war entschlossen, sich auch an der nächsten Wahl mit den deutschen Kandidaten zu beteiligen. Als parteifreie Bewerber kandidierten Riester im Wahlbezirk Ruma und Samuel *Schumacher* im Wahlbezirk Neu Pasua. Bei der Wahl 1908 erhielt Riester ein Mandat, Schumacher konnte aber nicht durchdringen. Die Bewerbung der deutschen Kandidaten unterstützten eine Reihe deutscher Aktivisten wie Josef Schmee, Karl Stürmer, Josef Servatzy, Michael Bootz, Stefan Kraft u. a. in Ruma, India u. a. O. Zur Zielsetzung seines Wirkens für die Gemeinschaft sagte Riester bei der Wahl: Wenn wir Deutschen in Kroatien und Slawonien Politik betreiben, dann nur vom Standpunkte des praktischen Lebens, nämlich soweit es zum wirtschaftlichen Gedeihen unseres Erwerbs und unserer kulturellen Entwicklung in unserer deutsch-völkischen Eigenart notwendig ist.

Riester blieb bis zu seinem Tode der einzige donauschwäbische Abgeordnete und politische Sprecher im Agramer Landtag, aber auch im Budapester Parlament, denn er wurde am 24. Jan. 1911 als Delegierter des kroatischen Landtages in den ungarischen Reichstag entsandt. Bei der Wahl 1910 hatte Riester seinen größten Wahlerfolg, er erhielt 80 % der abgegebenen Stimmen und erreichte damit die größte Stimmenmehrheit, die ein Mitglied der Regierungspartei aufweisen konnte.

Das Bemühen, eine organisierte Plattform für die kulturelle und volkspolitische Aktivität zu gewinnen, führte 1910 zur Vorlage der Satzung für die Organisation „Bund der Deutschen in Kroatien und Slawonien“, die aber erst nach drei Jahren von der Kroatischen Regierung bewilligt wurde. Die Gründungsversammlung erfolgte am 28. Sept. 1913 in Ruma, die erste gewählte Bundesleitung hatte als Obmann Franz *Hanga,* Stellvertreter Josef *Schmee* und Paul *Kraft,* Schriftführer Ferdinand *Lindner* und Ludwig *Schumacher,* Zahlmeister Josef *Brendl* und Karl *Keil.* Die Beisitzer kamen aus den wichtigsten deutschen Gemeinden. Der Bund setzte sich zur Aufgabe, die Interessen seiner Mitglieder durch eigene nationale, kulturelle und wirtschaftliche Organisations-, Publikations- und Aufklärungsarbeit zu fördern und zu vertreten.

Gegen die deutschfeindliche Verleumdung kroatischer Nationalisten, die bodenständigen Deutschen in Kroatien seien „Pangermanen“ und Vaterlandsverräter, protestierte Riester im Landtag und erklärte, daß die Deutschen ebenso treue und loyale Söhne des kroatischen Vaterlandes sind wie die Kroaten und Serben, daß sie aber unentwegt daran festhalten werden, ihre Muttersprache in Schule und Kirche beibehalten und pflegen zu können.

Verhältnis zu anderen Parteien

Eine Abgrenzung mußte gegen die *Katholische Volkspartei* vorgenommen werden, die sich in einer deutschen Abteilung mit der deutschsprachigen Wochenzeitung *„Christliches Volksblatt“* ein wirksames Instrument geschaffen hatte, die deutschen Wähler zu gewinnen. Die Geistlichen verhalfen dieser Partei in deutschen Gemeinden zu vielen Wählerstimmen. Vor allem aber mußte die Partei zur *Arbeiterbewegung* Stellung beziehen, da deren Vordringen unter die Arbeiterschaft und die verarmende Bevölkerung der deutschen Gemeinden nicht mehr übersehen werden konnte. Ein grundsätzlicher Beitrag im „Volksfreund" (10/1906) führte unter der Überschrift „Wir und der Sozialismus" dazu u. a. aus: „...Da wir einen Verteidigungskampf um unser bedrohtes Volkstum, um die Aufrechterhaltung unserer Muttersprache und unserer angestammten deutschen Individualität führen, so ist es selbstverständlich, daß wir die Internationalität sowohl der deutschen als auch der ungarländischen Sozialdemokraten mit aller Entschiedenheit bekämpfen, ja bekämpfen müssen, soll unser Volk auch in Zukunft als deutsches Volk existieren. Jedenfalls dürfen wir hinzufügen, daß wir keine gehässigen Gegner des Internationalismus sind, da dieser einesteils eine mächtige Waffe gegen den Schowinismus der herrschenden Klasse bildet, andernteils jedoch keineswegs unlauteren Motiven entsprungen ist ... Der Forderung der Sozialdemokraten nach dem allgemeinen, geheimen Wahlrecht stimmen wir vollinhaltlich zu. Ebenso der Forderung nach der progressiven Steuer, insoweit sie durchführbar ist. Hingegen sind wir gegen die Verstaatlichung der Schulen, die die Sozialdemokraten fordern. Sie würde für uns unter den gegenwärtigen Verhältnissen ein nationales Unglück, sie würde auch eine Gefahr für das Christentum bedeuten, der Gottlosigkeit Vorschub leisten. Während die Sozialdemokratie die Religion in jeder Form für überflüssig hält, stehen wir auf dem Standpunkt, daß Religion, die auf dem Boden der Lehre Christi fußt, sein muß."

Der Beitrag der Sachsen zum völkischen Erwachen der Donauschwaben. Zum völkischen Erwachen der Donauschwaben lieferten die Siebenbürger Sachsen ebenfalls ihren Beitrag. Verwunderlich ist, daß dieser Beitrag der Sachsen nicht bedeutender ist und – vor allem – daß er nicht schon früher einsetzte.

Die Siebenbürger Sachsen haben in Ungarn eine 800jährige Vergangenheit. In dieser Zeit gelang es ihnen immer, sich deutsch zu erhalten und ihre kulturelle Verbundenheit mit dem Muttervolke zu bewahren. Sie waren gut organisiert, hatten gute deutsche Volks- und höhere Schulen und eine volkseigene Führerschicht. In ihrer nationalen Abgegrenztheit hielten sie es aber nicht für geraten, sich mit den im selben Staate lebenden Donauschwaben gleichzusetzen. Solange die übernationale Ordnung in Österreich wirksam war, mußte eine nationale Gemeinbürgschaft aller Deutschen in Ungarn nicht bestehen. Je mehr die Macht privilegierter Stände abnahm, je mehr nationale und demokratische Gesichtspunkte die Staatsmacht beeinflußten, desto notwendiger mußte die Zusammenfassung aller Deutschen im Lande erscheinen. Bei der starken nationalpolitischen Stellung der Sachsen bedeutete ein Bündnis mit den Donauschwaben ein Wagnis. Deshalb ging die Mehrheit der sächsischen Vertreter mit der Regierung und begnügte sich mit der Verteidigung der eigenen nationalen Anliegen.

Dieses politische Desinteresse war der Preis, den die Sachsen für ihre bevorzugte Behandlung durch die Regierung bezahlen mußten. Das Wohlwollen der Regierung verhalf ihnen bei jeder Wahl immer zu 12 eigenen Abgeordneten im Parlament und beließ ihnen nicht nur alle ihre eigenständigen Volksschulen, sondern auch die ihren Bedürfnissen entsprechende Zahl an eigenständigen Fach- und höheren Schulen (Bür-

Dokumente politischer und kultureller Tätigkeit um 1910

Nr. 70. Temesvar, Dienstag, 25. März 1902. 3. Jahrgang.

Deutsches Tagblatt für Ungarn.

Die wahren Ursachen der Auswanderung.

Nr. 23. Temesvar, am 9. Juni 1906. Jahrgang VII.

Deutschungarischer Volksfreund.

Politisches Wochenblatt.

Erscheint jeden Samstag mit einer reichillustrierten Sonntagsbeilage.

Ein politisches Programm für die Deutschen Ungarns.

Jänner 1912 1. Heft IV. Jahrgang

Von der Heide

Monatsschrift für Kultur und Leben

Herausgegeben von Viktor Orendi-Hommenau

Aus dem Inhalt:

Horst Schöttler: Gewagte Mahlzeit!
Ludwig Finckh: Vom Hannes und mir.
Alfred v. Wurmb: Schönaich-Carolath.
Otto Alscher: Bauernwinter.
Heinrich Kipper: Kolchverche in der Stadt.
Georg Schwalm: 's Neujohrg'schicht.
Alexandru Vlahuţa: Neujahr.
Ella Triebnigg: Heimgefunden.
Luise Schember: Gedichte.
Ferdinand Kaindl: Kulturbedeutung der Karpathendeutschen.
Mia Förster: Maria.
Orendi-Hommenau: Jatum.

Verwaltung u. Schriftleitung: Temesvar

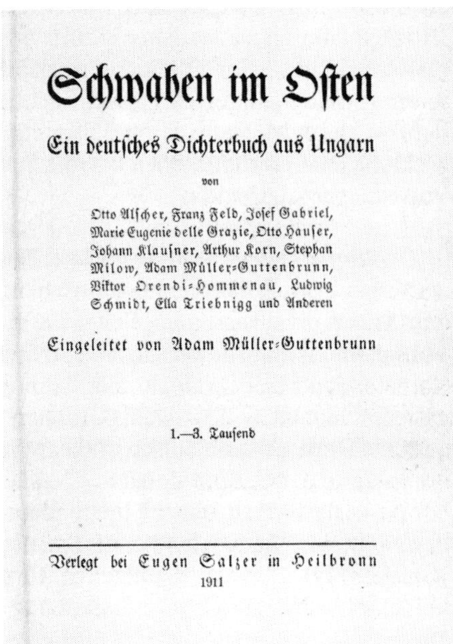
Schwaben im Osten

Ein deutsches Dichterbuch aus Ungarn

von

Otto Alscher, Franz Feld, Josef Gabriel, Marie Eugenie delle Grazie, Otto Hauser, Johann Klausner, Arthur Korn, Stephan Milow, Adam Müller-Guttenbrunn, Viktor Orendi-Hommenau, Ludwig Schmidt, Ella Triebnigg und Anderen

Eingeleitet von Adam Müller-Guttenbrunn

1.—3. Tausend

Verlegt bei Eugen Salzer in Heilbronn

1911

gerschulen, Gymnasien, Lehrerbildungsanstalten), in eigener Zuständigkeit und vom Staate in beträchtlichem Maße finanziell gefördert. Hingegen besaßen die zahlenmäßig achtmal stärkeren Donauschwaben nach der Jahrhundertwende keine einzige eigenständige Grund- und höhere Schule mehr, ebenso hatten sie keinen einzigen volksbewußten Abgeordneten im Parlament, der sich für die kulturellen und nationalen Belange seiner Landsleute als deutscher Gemeinschaft eingesetzt hätte. Das nationalpolitische Schicksal der übrigen Deutschen in Ungarn bedeutete für die Sachsen in ihrer Abgeschlossenheit keine politische Verpflichtung.

Mit dem völkischen Erwachen der Schwaben am Ende des 19. Jahrhunderts entstand aber auch bei den Sachsen eine Strömung, die die Notwendigkeit der Interessen- und Schicksalsgemeinschaft aller Deutschen in Ungarn einsah. Schon Edmund Steinacker arbeitete zielbewußt in dieser Richtung. Und die Sachsen wählten ihn ins Parlament. Für Ludwig Kremling, den Landesobmann der Ungarländischen Deutschen Volkspartei, blieb das mangelnde Verständnis der maßgebenden sächsischen Politiker für die nationalen Nöte der Schwaben unbegreiflich. Es kam dann aber bei den Wahlen 1910 doch auch zu einer politischen Zusammenarbeit zwischen den Schwaben und einem Teil der Sachsen, den „Grünen", der sich um Rudolf Brandsch, Guido Gündisch, Wilhelm Kopony u. a. gruppierte. *Brandsch* war unter den Sachsen der stärkste Vertreter einer gesamtdeutschen Zielsetzung. Bereits mit 30 Jahren war er Abgeordneter im ungarischen Parlament. Hier kämpfte er entschieden für die nationalen Rechte aller Deutschen und aller Nationalitäten im Lande. Er stand in engster Fühlung mit der Ungarländischen Deutschen Volkspartei und ihren maßgebenden Männern. Er half mit Rat und Tat und beteiligte sich aktiv an der Erweckungsarbeit der Donauschwaben im Banat, im Batschgau, in Syrmien und in der Schwäbischen Türkei. Diese seine Tätigkeit lehnten die Madjaren schärfstens ab, und auch die Sachsen zeigten nur geringes Verständnis dafür. Die Sachsen erklärten: Wir wollen nicht Deutsche schlechthin, sondern Siebenbürger Deutsche, Sachsen, sein. Später aber wurde sogar von den Befürwortern des madjarisch-sächsischen Ausgleichs erkannt, daß ... die weitere Entwicklung jenen recht gegeben hat, die ihre Kraft für die Erweckung des schwäbischen Volkes eingesetzt hatten".

Die karpatendeutschen Tagungen. Das völkische Erwachen der Donauschwaben wurde auch durch die karpatendeutschen Tagungen angeregt, die von Raimund Friedrich *Kaindl* organisiert und geleitet wurden. Sie verfolgten das Ziel, den Gedanken der Volksgemeinschaft unter allen Deutschen des Karpatenraumes zu stärken. Zu den Karpatendeutschen werden alle vom geschlossenen deutschen Siedlungsboden getrennt lebenden deutschen Gruppen der Monarchie, beiderseits der Karpaten, gezählt. Diese gesamtdeutschen Bestrebungen Kaindls, die geeignet waren, die Bindungskräfte der Gesamtmonarchie zu stärken, wurden in Ungarn verboten. In Ungarn konnte es deshalb zu keiner karpatendeutschen Tagung kommen. Solche fanden statt: in Czernowitz (Buchenland) 1911, in Ruma (Syrmien) 1912, in Wien 1913 und in Biala (Galizien) 1914. An den Tagungen in Ruma und Wien beteiligten sich auch zahlreiche Donauschwaben aus Ungarn. Kaindl trug auch durch seine wissenschaftliche Tätigkeit als Lehrer und Forscher viel zur Stärkung des nationalen Bewußtseins der Donauschwaben bei.

Stimmen des Auslandes zum Nationalitätenkampf in Ungarn. Die Madjaren waren sehr darauf bedacht, die Vorgänge um die Nationalitätenkämpfe vor dem Auslande verborgen zu halten. Kritische Stimmen des Auslandes mußten wieder den Nationalitäten vorenthalten werden. Zeitschriften, Zeitungen und Bücher, die ungarische Verhältnisse zu kritisieren wagten, durften nicht nach Ungarn gebracht werden. So wurden die Bücher A. Müller-Guttenbrunns in Ungarn verboten. Wenn aber im Jahre 1914 63 italienische, 6 französische und 41 deutsche Presseerzeugnisse verboten werden mußten, zeugt das immerhin von einer steigenden Beachtung der nationalen Unterdrückung durch das Ausland. Die Maßnahmen der Gewalt und Unterdrückung gegen die Nationalitäten in Ungarn wurden von hervorragenden Männern des Geistes und der Politik verurteilt. In diesem Sinne äußerten sich der französische Politiker Clemenceau, der nordische Schriftsteller Björnson, der russische Romancier Tolstoi, die Engländer Lord Brice Fitzmaurice, Lord Kimberley u. a. In diesen Stimmen des Auslandes fand die Abwehr der Madjarisierung und der Kampf der Nationalitäten um Erhaltung und Entwicklung seine Rechtfertigung vor der Welt.

Die Kirche und die völkische Bewegung der Donauschwaben. Nur dort, wo das nationale Streben der Völker oder Volksgruppen sich mit einer territorialen oder personalen Autonomie als Basis einer nationalen Sonderstellung verbinden konnte, wurde auch im kirchlichen Bereich eine Sonderstellung möglich. In solchen Fällen erfaßten die Anliegen der nationalen Bewegung auch die Geistlichen und die Kirchen. Tschechische, slowakische, kroatische, serbische und rumänische, aber auch madjarische Priester und Bischöfe spielten im politischen Nationalitätenkampf eine bedeutungsvolle Rolle. Die von den nationalen Bewegungen angestrebte Föderalisierung des übernationalen Staates wirkte sich auch im kirchlichen Bereich aus.

Bei den Donauschwaben war mit Beginn ihrer völkischen Bewegung noch kaum von einer solchen Entwicklung etwas zu spüren. Bei ihnen wirkte die Kirche weiterhin in dem Sinne, wie ihn Jakob Bleyer 1930 kennzeichnete: die katholische Kirche sei für das ungarländische Deutschtum in erster Linie eine Madjarisierungsanstalt, das Katholische komme erst in zweiter Linie in Betracht. Und doch forderte das Auftreten der nationalen Bewegung bei den Deutschen auch die Kirche und deren Vertreter zu neuen politischen Überlegungen heraus. Jedenfalls wurden sie mit ihrer bisherigen madjarisch-nationalen Einstellung mit den Forderungen der Nationalitäten nicht mehr fertig. Die Katholische Volkspartei, die gegen die bedrohlicher werdende Flut des Liberalismus und Sozialismus antrat, mußte sich jetzt auch im Bereich der Donauschwaben den Forderungen des Nationalismus öffnen und notwendige Lösungen anbieten.

Im Zeitalter der Madjarisierung verfiel auch die lutherische Kirche in Ungarn den madjarisch-nationalen Bestrebungen. Erst nach dem Ersten Weltkrieg fanden einzelne Vertreter der Kirchen zu den nationalen Bedürfnissen der Deutschen in Ungarn eine positive Einstellung. An dem wenig verständnisvollen Verhalten der katholischen Kirche in Ungarn und Kroatien trifft den Vatikan in Rom selbstverständlich keine

Schuld, es ist bedingt durch den nationalstaatlichen Einfluß der maßgebenden Staatsvölker und Regierungen auf die Kirchen und Würdenträger dieser Länder.

Wie die Kirche auf die Erhaltung des Volkstums wirken kann, zeigt das Beispiel des evangelischen Schwabendorfes Kriegsdorf/Hadad in Sathmar. Die katholischen Sathmarer Schwaben erlagen der Madjarisierung am ärgsten. Dazu trug hauptsächlich auch die katholische Kirche und Schule bei. Das evangelische Schwabendorf Hadad, das in derselben Umgebung liegt wie die anderen Schwabendörfer in Sathmar, hat sein Deutschtum nur deshalb erhalten können, weil es der siebenbürgisch-sächsischen lutherischen Landeskirche angeschlossen war. Den Siebenbürger Sachsen, den Serben und Rumänen war ihre Kirche nationaler Schutzwall, der sie ihre nationale Verteidigung und Behauptung zu verdanken hatten.

Das völkische Erwachen war das entscheidende Ereignis in der Geschichte der Donauschwaben. Ein Volk befand sich auf dem Wege, sich selbst wieder zu finden und sich selbst zu retten. Ob das gelingen konnte, mußte die Entwicklung erst erweisen. Noch war erst der Anfang gemacht, die Grundlage gefunden, da erschütterte die Welt ein furchtbares Ereignis - der Weltkrieg.

14. Der Erste Weltkrieg 1914-1918

In diesem Krieg entschied sich, in welchem Maße Mittel- und Südosteuropa staatspolitisch vom deutschen Volk geprägt und organisiert werden würde. Deshalb mußte sein Ausgang das Schicksal das Grenz- und Auslandsdeutschtums und damit der Donauschwaben auf das Nachhaltigste beeinflussen. In ihrem Lebensraum gerieten zwei politische Auffassungen in ernste Auseinandersetzungen. Die notwendige Neuordnung entband die nationale und politische Energie der hier lebenden Menschen und Völker. Die Existenz der Donauschwaben und ihr politisches Gewicht wurde dabei mehr als bisher berücksichtigt, man begann sich sogar politisch um sie zu bemühen. Deshalb mußten sie mehr als bisher nationalpolitisch aktiv werden. Sie erkannten nun, daß Leben, Freiheit und Zukunft auf eigener Kraft und Anstrengung beruhten, aber vor allem auch auf dem Verständnis der andersnationalen Nachbarn und auf der Zusammenarbeit mit diesen.

Das Kriegserlebnis der Donauschwaben. In der Entwicklung der Donauschwaben wurde der Weltkrieg zum tiefgreifenden völkischen Erlebnis. Der ausgebrochene Krieg schränkte ihre in Gang gekommene Parteiarbeit wohl ein, nicht aber ihre nationale Bewegung. Die schwäbischen Soldaten, die an allen Fronten ihre Treue zu König und Vaterland hervorragend unter Beweis stellten, erstarkten in ihrer nationalen Selbsterkenntnis durch vielfältige Berührungen mit den deutschen Soldaten der übrigen Länder der Monarchie und des Deutschen Reiches. Sie erkannten die Größe und Leistungskraft des deutschen Volkes und ihre eigene nationale Not, Überfremdung und Verlassenheit. Gleichzeitig erfuhren sie von der Unzufriedenheit der verschiedenen Völker mit dem gemeinsamen Staat. Die feindliche Propaganda zwang auch sie zur Beachtung und Bewertung nationalpolitischer Gegebenheiten. Die schwäbischen Soldaten dienten in den Verbänden des k. u. k. Heeres und bei der ungarischen Landwehr.

Obwohl in den einen die Kommandosprache deutsch und bei den anderen ungarisch war, kann man nicht behaupten, sie hätten nicht in beiden mit gleicher Hingabe ihre Pflicht erfüllt. Im Kriege bewährten sie sich als zuverlässige, einsatzbereite, zäh, verbissen und tapfer kämpfende Soldaten. Als besonders slawische Verbände überzulaufen begannen und ganze Abschnitte der Front in Gefahr brachten, waren es die Schwaben, die als ganz zuverlässig an solchen Stellen eingesetzt werden konnten. Sie schlugen sich an allen Fronten und brachten ungezählte Opfer für ein Ziel, das nicht unmittelbar sie anging, das aber im großen Rahmen der Freiheit und Zukunft des deutschen Volkes diente.

Die Schwaben bestanden aber nicht nur an der Front ihre Bewährungsprobe, indem sie als getreue Soldaten unerschütterlich für den Bestand der Donaumonarchie kämpften, sie vollbrachten auch in der Heimat mit der Einsatz- und Opferbereitschaft der schwäbischen Frauen wirtschaftliche Höchstleistungen, zeichneten im Verhältnis die höchsten Kriegsanleihen und nahmen Evakuierte und hungernde Kinder aus Notstandsgebieten auf. Während die übrigen Nationalitäten auf die Auflösung der Monarchie hinarbeiteten, bemühten sich Edmund Steinacker und die Führer der Deutschen in Ungarn darum, sie zu erhalten und zu einem Staat gleichberechtigter Nationalitäten umzugestalten.

Jakob Bleyer wird zum Erwecker und Führer der Donauschwaben. Während eines Aufenthaltes in seiner Südbatschgauer Heimatgemeinde Tscheb erlebte Universitätsprofessor Jakob Bleyer die Führungs- und Orientierungslosigkeit seines Volkes in schmerzlicher Eindringlichkeit. Angesichts dieser Verlassenheit entschloß er sich, ihm fortan seine ganze Liebe und Hilfe angedeihen zu lassen.

Als Sohn bäuerlicher Eltern am 25. Januar 1874 geboren, besuchte er das Gymnasium in Neusatz und Kalotschau und studierte anschließend ungarische Philologie und Germanistik in Budapest, München und Leipzig. Seit 1905 lehrte er an der Universität Germanistik, ab 1911 hatte er den germanistischen Lehrstuhl der Universität Budapest inne. In seiner Jugend nationalmadjarisch erzogen, sah er in seiner Begeisterung zunächst nur Aufgaben für Ungarn. Erst der Krieg öffnete ihm die Augen. Er erkennt seine Zugehörigkeit zum schwäbischen Volke, das er nicht verleugnen will. Der Krieg machte die Gefahren sichtbar, die Ungarn bedrohen können. Auch Bleyer bleiben diese Gefahren nicht verborgen. Er zieht seine volkspolitischen Folgerungen und tritt mit seinen Erkenntnissen im März 1917 vor die Öffentlichkeit. Die aufkommende Entwicklung mußte mit dem politischen Gewicht der Schwaben rechnen. Bleyer machte sich zur Aufgabe, ein Bündnis der Donauschwaben mit den übrigen Nationalitäten gegen den ungarischen Staat zu verhindern. Deshalb mußte die Erbitterung derselben über ihre ungünstige kulturelle Lage beseitigt werden. Selbst Ministerpräsident St. Graf Tisza gab 1917, kurz nach seinem Rücktritt, die Berechtigung dieser Verbitterung unter den Deutschen zu. Er sprach die Worte aus: „Ich habe mich davon überzeugen müssen, daß wir unsere treuesten, sichersten Stützen, die stärksten Vertreter der ungarischen nationalen Politik, jene deutschen und slowakischen Mitbürger, die mit Herz und Seele zu uns halten, uns entfremden, sie der Agitation ausliefern und zu unseren Feinden machen, wenn wir den Unterricht in der Muttersprache nicht gestatten.“ Auch Bleyer ahnte die drohende Gefahr für Ungarn und wollte wenigstens die Schwaben für den Staat erhalten. Damit die Schicksalsverbundenheit von Madjarentum und Deutschtum bestehen bleiben könne, müsse für die Deutschen in Ungarn die kulturelle Entfaltung sichergestellt sein. Für das Deutschtum mußte deshalb ein deutsches Schulwesen und ein deutscher Kulturverein geschaffen werden. Um seine kulturpolitischen Ziele bekanntzumachen, gab er das Tagblatt „Neue Post“ heraus, dessen erste Nummer am 1. August 1917 erschien. Darin begründete er den Gedanken eines deutschen Kulturvereines.

Die Ereignisse des Kriegsendes verhinderten die Verwirklichung dieses Planes. Der Zerfall der Monarchie erschütterte Ungarn bis in die Grundfesten. Die Nationalitäten strebten von Budapest weg. Bleyer stellte sich seinem auseinanderbrechenden Vaterlande uneingeschränkt zur Verfügung. Als Nationalitätenminister wollte er den wegstrebenden Nationalitäten die erforderlichen Lebensrechte gewähren. Es war aber schon zu spät. Da wollte er wenigstens die Deutschen für Ungarn retten. Das Burgenland sollte vor der Lostrennung zurückgehalten werden. Die Madjaren verhinderten die Verwirklichung seiner ehrlichen und besorgten Absichten.

Der Ausgang des Weltkrieges brachte gewaltige Veränderungen für Österreich-Ungarn. Kaiser Karl, der nach dem Tode Kaiser Franz Josephs (1916) die Herrschaft übernahm, sah es als unmöglich an, den Krieg für die Mittelmächte zu gewinnen und bemühte sich daher um seine baldige Beendigung. Es war aber bereits zu spät. Auch sein Manifest vom 16. Oktober 1918 konnte nichts mehr ändern. Er versprach die Umbildung der Monarchie in einen Bundesstaat. Die Völker der Monarchie, auf deren Selbstbestimmung das neue Reich sich gründen sollte, rief er auf, Nationalräte aus eigenen Vertretern zu bilden. Diese machten Gebrauch von dem durch den amerikanischen Präsidenten Wilson verkündeten Selbstbestimmungsrecht, das als Grundlage des Friedensschlusses angenommen wurde. Die Serben, Kroaten und Slowenen, die Rumänen, die Tschechen und Slowaken organisierten sich jetzt auch in der Heimat. Ihre Vertreter im Ausland, in Frankreich, England und in den Vereinigten Staaten von Amerika, arbeiteten bereits lange vor Kriegsende eifrig für die eigenen Belange. Sie erklärten jetzt alle Verbindungen mit den Regierungen in Wien und Budapest für aufgehoben. Ende 1918 bildeten die Südostvölker einseitig auf den von ihnen besetzten Gebieten, gestützt auf die Waffengewalt der Sieger, Einrichtungen der nationalen Selbstverwaltung. Damit schufen sie in einer Zeit der Auflösung vollendete Tatsachen, die die späteren Entscheidungen maßgeblich zu ihren Gunsten beeinflußten.

Um die Selbstverwaltung und Selbstbestimmung der Donauschwaben. Der Zusammenbruch der alten staatlichen Ordnung war offensichtlich geworden. Auch die Donauschwaben konnten ihn nicht mehr übersehen.

Am 20. Oktober 1918 versammelten sich in Temeschburg Vertreter sämtlicher schwäbischer Gemeinden aus Südungarn. Sie forderten völlige kulturelle Freiheit, traten aber immer noch für die Wahrung der politischen und wirtschaftlichen Einheit des ungarischen Staates ein. Während die Kroaten, Serben, Rumänen und Slowaken vom ungarischen Staate bereits abgefallen waren, hielten nur die Deutschen an der Einheit

Ungarns fest. *Sie erwiesen sich dadurch als die stärksten Stützen einer übernationalen Ordnung,* wie sie im alten Österreich verwirklicht, in Ungarn aber nur gesetzlich zugesichert war.

Rudolf *Brandsch* verlas in der letzten Sitzung des ungarischen Parlamentes am 23. Oktober 1918 im Rahmen einer kühnen Rede eine Erklärung der Ungarländischen Deutschen Volkspartei, des deutschen Bauernbundes und des Deutsch-Ungarischen Kulturrates. Darin wurde die freie Entwicklung der nationalen Kultur, der freie Gebrauch der Muttersprache, die Einführung und Einhaltung von Gesetzen, die diese Rechte feststellen, für die Deutschen gefordert, wie immer die Verhältnisse in Ungarn sich gestalten mögen.

Die Vertreter der alten Ordnung traten zurück. Am 25. Oktober bildete sich ein ungarischer Nationalrat, die Revolution brach aus, Kaiser Karl dankte am 13. November ab, und am 16. November wurde die ungarische Republik ausgerufen.

Der Deutsch-Ungarische Volksrat. Der Zusammenbruch traf die Donauschwaben unvorbereitet. Es mangelte an einer klaren nationalen Zielsetzung. Alle anderen Nationen in Ungarn, deren Muttervölker angrenzende eigene Staaten besaßen, bekundeten ihren Willen, sich mit diesen zu vereinigen. Die Deutschen bekämpften sich in zwei Volksräten. Am 1. November 1918 rief Jakob Bleyer nach dem Beispiel der übrigen Völker der Monarchie und Ungarns den Deutsch-Ungarischen Volksrat ins Leben. Er bekannte sich zur Einheit Ungarns, forderte für die Deutschen alle jene Rechte, die allen anderen Volksstämmen nichtungarischer Muttersprache zugesichert werden, strebte aber keine deutsch-nationale Autonomie an. Die Siebenbürger Sachsen waren aus Bleyers Volksrat ausgeschlossen, desgleichen die Vertreter der organisierten deutschsprachigen Arbeiterschaft.

Die ungarische politische Nation sollte auch die Deutschen umfassen, solange sie nicht staatlich oder volksrechtlich auf die ungarische Rasse beschränkt wurde und die Unversehrtheit des Staates Ungarn in seinen Grenzen bewahrt werden konnte. Sollte das nicht mehr zutreffen, wird die Selbstbestimmung der Deutschen ohne jede Einschränkung ihnen selbst vorbehalten. An den zentralen Volksrat in Budapest sollten sich die Volksräte der einzelnen deutschen Gaue anschließen. Kreis- und Gemeindevolksräte sollten die Organisation nach unten abrunden. Die Gauvolksräte sollten in ihren eigenen Angelegenheiten selbständig entscheiden. Nur in grundsätzlichen Fragen oder im Verkehr mit dem Nationalrat oder der ungarischen Regierung sollten sie einvernehmlich mit der Zentrale vorgehen. Der deutschungarische Volksrat fand in Kreisen Zustimmung, die deutschbewußt, aber noch nicht eigenständig waren. Der „Bauernbund", der in den meisten deutschen Gemeinden Transdanubiens Anhänger hatte, und auch der Schwabenrat in Temeschburg nahmen Verbindung mit Bleyers Volksrat auf.

Der Deutsche Volksrat für Ungarn. Eigenständiger und mehr realpolitisch war der Deutsche Volksrat für Ungarn, der am 10. November 1918 auf der Volksversammlung der Deutschen Ungarns diesseits und jenseits des Königsteiges gegründet wurde. Auf der Gründungsversammlung waren die Ungarländische Deutsche Volkspartei, der

Johann Junker, 1864–1922, 1919 deutscher Minister in der ung. Regierung

Rudolf Brandsch, 1880–1953, bis 1918 Abgeordneter in Budapest, 1930 Staatssekretär in Bukarest

Deutsche Bauernbund, die organisierte deutsche Arbeiterpartei, die Siebenbürgisch-sächsische Volkspartei, die Landsmannschaft der Schwäbisch-Sächsischen Hochschüler aus Budapest und alle Gegenden des Landes vertreten. Das Recht der Selbstbestimmung und Gleichberechtigung, die kulturelle Autonomie, die Berücksichtigung der geistigen, wirtschaftlichen, politischen und sozialen Interessen und Wünsche auf allen Gebieten des öffentlichen Lebens, eine Zusammenfassung in völkisch einheitliche Verwaltungsgebiete wurde für die Deutschen gefordert. Die Siebenbürger Sachsen bekannten sich erstmalig durch ihren beauftragten Sprecher zum Standpunkt der deutschen Gemeinbürgschaft. Maßgebend standen an der Spitze des Volksrates der Deutschen als Vorsitzende Dr. Ludwig Kremling, Rudolf Brandsch und Heinrich Kalmar. In dem leitenden Ausschuß wurden 9 Mandate für die Bleyer-Gruppe freigehalten. In 260 Gemeinden des unbesetzten Ungarn bildeten sich deutsche Gemeindevolksräte und schlossen sich dem Deutschen Volksrat für Ungarn an. Der schwäbische Nationalrat in Temeschburg, der sächsische Zentralausschuß in Hermannstadt, der Nordungarische Volksrat der Zipser in Käsmark und der Deutsche Volksrat für Westungarn schlossen sich an. Eine militärische Abteilung nahm die wirtschaftlichen und kulturellen Interessen aller deutschen Angehörigen des ungarischen Heeres wahr. Für den Fall einer Zerstückelung Ungarns war sogar eine „Geschäftsstelle für das Deutschtum in Südosten“ vorgesehen. Auch mit den Führern und Vertretern der Slowaken, Serben und Rumänen in Ungarn trat der Deutsche Volksrat in Verbindung. Im Falle einer Abtretung deutschbesiedelter Gebiete an die Nationalstaaten sollten die Autonomierechte der deutschen Volksgruppen gesichert werden.

Die Zweigleisigkeit im Lager der Donauschwaben erschwerte eine noch wirksamere Tätigkeit.

Das zeigte sich auch bei der internationalen Vertretung der Anliegen der Donauschwaben. Der unter Führung von Calvin Coolidge in Budapest weilenden amerikanischen Kommission berichtete Bleyer, daß das Deutschtum in Ungarn sich nicht unterdrückt fühle, daß es aber einen freien Gebrauch der deutschen Sprache in Verwaltung, Rechtspflege und Schule verlange. Die Vertreter des Deutschen Volksrates beanspruchten bei Coolidge auch für die Deutschen in Ungarn das Selbstbestimmungsrecht und forderten für alle strittigen Gebiete eine freie Volksabstimmung unter neutraler oder amerikanischer Aufsicht.

Um dem Drängen nach Einigung nachzukommen, wurde am 1. Januar 1919 der „Zentralausschuß der Deutschen Ungarns“ gebildet. In diesem waren die einzelnen politischen Parteien der ungarländischen Deutschen und die einzelnen Siedlungsgebiete durch eigene Abgeordnete vertreten. Auch vom Banater Schwabenrat waren zwei Abgeordnete anwesend. Neben den gemeinsamen Beratungen hielten aber die beiden Volksräte auch weiterhin Sitzungen getrennt ab.

Das Schwäbische Manifest. In der großen schwäbischen Nationalversammlung aller Gemeinderäte des Banates und Batscherlandes am 8. Dezember 1918 verkündete Dr. Kaspar *Muth* in Temeschburg in einem Manifest die schwäbischen Forderungen. Die Untrennbarkeit des Batscherlandes mit dem Banat wurde betont und für ihre künftige staatliche Zugehörigkeit eine Volksabstimmung gefordert, damit auf Grund des Selbstbestimmungsrechtes sämtliche Nationen dieser Gebiete über ihr Schicksal entscheiden können. Demzufolge wurden die einseitigen und eigenmächtigen Befugnisse der serbischen und der rumänischen Nationalversammlung in Neusatz bzw. Karlsburg nicht anerkannt. Nach dem Grundgedanken des Kantonsystems sollte Ungarn zur östlichen Schweiz mit der freiesten Autonomie der verschiedenen Völker ausgebaut werden. Im Rahmen der Banat-Batschgauer Autonomie wurden all jene autonomen Rechte, die irgendeinem anderen Volke zuerkannt werden, auch von den Donauschwaben gefordert. Insbesondere wurde gefordert:

- die volle souveräne Autonomie im Kultus- und Unterrichtswesen mit dem unbeschränkten Rechte, Schulen aller Art und aller Grade, alle kulturellen und wirtschaftlichen Vereinigungen und Institutionen, bei freiem Gebrauch der deutschen Lehr- und Verkehrssprache, zu errichten;
- eine autonome deutsche Selbstverwaltung mit selbsterwählten eigenen Organen; eine autonome deutsche Gerichtsorganisation; eine kirchliche Autonomie auf schwäbisch-nationaler Basis;
- eine autonome deutsche Ackerbauverwaltung mit dem Rechte der Durchführung einer agrardemokratischen Besitzreform;
- eine autonome Satzungsbefugnis für alle Rechtsgebiete der schwäbisch-nationalen Autonomie;
- eine autonome schwäbisch-nationale Volksvertretung auf Grund des allgemeinen,

geheimen, gleichen und direkten Wahlrechtes aller schwäbischen Männer und Frauen; eine autonome Finanzbefugnis und Anteil an den Mitteln des Gesamtstaates im Verhältnis der schwäbischen Steuerleistung;

- eine der Seelenzahl proportional entsprechende und autonom zu wählende Vertretung im gemeinsamen Staatsparlament und in allen gemeinsamen Vertretungskörperschaften;
- die Vertretung durch einen eigenen Delegierten bei der Friedensverhandlung und die internationale Sicherung dieser Minderheitsrechte. Der Gedanke, aus dem Batschgau und Banat einen eigenen selbständigen Kleinstaat zu schaffen, wurde sogar in Ententekreisen behandelt.

Da Serben und Rumänen sich um das Banat bemühten, konnten die Schwaben verschiedene nationale Rechte verwirklichen, besonders in der Gemeindeverwaltung und im Schulwesen. Die Serben besetzten zunächst die Schwäbische Türkei bis Fünfkirchen, den Batschgau bis Baja-Frankenstadt und das Banat. In Temeschburg wurde Reinhold *Heegn* zum deutschen Obergespan bestellt. Man versprach ihm sogar eine deutsche Universität, wenn das Banat sich für einen Anschluß an Südslawien erkläre.

Die Friedensverhandlungen und die Donauschwaben. Die staatliche Neuordnung im Donauraum wurde bei den Friedensverhandlungen in Paris erörtert. Sollten die schwäbischen Forderungen beachtet werden, mußten sie zur Entscheidung der Friedensverhandlung von der schwäbischen Nationalversammlung unterbreitet werden. Nachdem die Rumänen Temeschburg besetzt hatten und eine schwäbische Volksversammlung sich für den Anschluß an Rumänien aussprach, konnte sich am 12. August 1919 eine schwäbische Abordnung zu der Friedenskonferenz nach Paris begeben. In einer Denkschrift überreichte sie die Wünsche und Forderungen der Donauschwaben.

Die schwäbische Abordnung erfuhr in Paris die Vorgeschichte der Zweiteilung des Banates. Die Serben verlangten das ganze Banat aus historischen, kulturellen, wirtschaftlichen und strategischen Gründen. Die Rumänen beriefen sich auf den Londoner Vertrag vom Jahre 1916 und auf das ethnographische Prinzip. Sie wollten das Banat ungeteilt. Die Serben verlangten dann die Komitate Torontal und Temesch ohne Volksabstimmung, weil man frühere Feinde nicht zwischen zwei Verbündeten entscheiden lassen wollte. Der Zehnerrat der Friedenskonferenz hat auf Grund dieser Verhandlungen das Banat geteilt. Diese Bestimmung wurde auch vom Fünferrat gebilligt, weil im westlichen Banat die Serben die relative Mehrheit bildeten.

Die schwäbische Delegation sprach bei den Vertretern der Großmächte, bei den Mitgliedern des Zehnerrates vor. Die Mitglieder der Friedenskonferenz würdigten die vorgebrachten Beweise der Donauschwaben und versprachen, den Willen des schwäbischen Volkes zu beachten, sobald die Frage wieder auf die Tagesordnung komme. Da aber Jugoslawien und Rumänien zu keiner Übereinkunft veranlaßt werden konnten, blieb es bei der Teilung.

Das Erscheinen der schwäbischen Delegierten war von großer Bedeutung. Vor der ganzen Welt wurde gezeigt, daß die Donauschwaben leben, einen eigenen nationalen Willen haben und die Anwendung des Selbstbestimmungsrechtes auch für sich forderten.

Selbstverwaltung der Deutschen in Ungarn. In den auseinanderbrechenden Staat wollte Ministerpräsident Michael Károlyi durch Gewährung der Autonomie wieder Ordnung bringen. Im Jahre 1919 erklärte er: „Mein Wunsch ist, daß sämtliche in Ungarn lebenden Nationalitäten auf Grund der Wilsonschen Prinzipien ihre Autonomie erhalten und eine östliche Schweiz zustandekommt. Außer den westungarischen Deutschen erhalten auch die Siebenbürger, die südungarischen und oberungarischen Deutschen ihre Selbstverwaltung. Am 29. Januar 1919 wurde das deutsche Autonomiegesetz als VI. Volksgesetz des Jahres 1919 veröffentlicht. Das deutsche Autonomiegesetz faßte alle Deutschen im ganzen Lande zu der einheitlichen deutschen Nation zusammen. In den zusammenhängenden deutschen Siedlungsgebieten wurden im Einvernehmen mit den dort wohnenden anderssprachigen Nationen autonome Rechtsgebiete (Gaue) gebildet. In der inneren Verwaltung, der Rechtspflege, im Unterrichtswesen, in den Kultur- und Kirchenangelegenheiten gebührte dem deutschen Volke dieser autonomen Rechtsgebiete hinsichtlich der Gesetzgebung und Verwaltung volle Autonomie. Die autonomen Angelegenheiten führten eigene, die mit der ungarischen Volksrepublik gemeinsamen Angelegenheiten gemeinsame Organe durch. Gesetzgebende Organe der deutschen Nation waren: in autonomen Angelegenheiten die deutsche Nationalversammlung, in den mit der ungarischen Volksrepublik gemeinsamen Angelegenheiten der gemeinsame ungarische Reichstag. In diesem Reichstag mußte die deutsche Nation ihrer Bevölkerungszahl entsprechend vertreten sein. Die Regierungsorgane der deutschen Nation waren: das deutsche Ministerium und die Gauverwaltungen. An der Spitze des deutschen Ministeriums stand ein der deutschen Nationalversammlung und dem gemeinsamen ungarischen Reichstag in gleichem Maße verantwortlicher deutscher Minister, der in gemeinsamen Angelegenheiten gleichberechtigtes Mitglied der ungarischen Volksregierung war. Die Gaue wählten ihren Amtssitz selbst und wurden in Bezirke eingeteilt. An der Spitze stand ein Gaurat. Die gewählte Gauversammlung regelte ihre Selbstverwaltung im Rahmen des Gesetzes selbständig. Aufsicht und Kontrolle über die Gaue übte der deutsche Minister aus. Der in den deutschen Gauen wohnenden nichtdeutschen Bevölkerung sowie den außerhalb der Gaue wohnenden deutschen Minderheiten wurde die kulturelle Autonomie, ferner die lokale Selbstverwaltung bzw. das Recht der verhältnismäßigen Teilnahme daran, schließlich das Recht der Vertretung in der eigenen Nationalversammlung gewährt. Bis zur Konstituierung der ersten deutschen Nationalversammlung wurde übergangsweise der deutsche Landesregierungsausschuß gebildet, der aus je 4 Mitgliedern des Deutschen Volksrates sowie aus zwei Vertretern der deutschen Siedlungsgebiete bestand.

Groß war die Freude des deutschen Volkes über das Autonomiegesetz. In zahlreichen Versammlungen wurde diese Freude ausgedrückt. Am 9. Februar veranstaltete der Deutsche Volksrat eine große Volksversammlung in Budapest und forderte in einer Entschließung die sofortige und restlose Durchführung des Volksgesetzes über die Autonomie der Deutschen. Damit sollte ein Rückfall in die alte Nationalitätenpolitik für immer überwunden werden. Jakob Bleyer lehnte das Autonomiegesetz ab und legte den Vorsitz des Deutschungarischen Volksrates nieder.

Ausbau der deutschen Selbstverwaltung. Der Landesregierungsausschuß, der die Funktion der deutschen Nationalversammlung ausübte, bildete sich bereits Mitte Februar. Die Anhänger des Deutschen Volksrates waren in ihm stärker vertreten, da sich unter den Provinzvertretern kaum Bleyer-Anhänger befanden. Die Delegierten der Ungarländischen Deutschen Volkspartei und des Deutschen Bauernbundes waren in der Mehrheit Donauschwaben: Dr. Ludwig Kremling, Weißkirchen, Ing. Reinhold Heegn, Werschetz, Dr. Johann Eschker, Temeschburg, Dr. Eduard Rittinger, Werschetz, Dr. Otto Erling, Kikinda, Johann Röser, Budapest, Adam Margrandner, Budapest, Ludwig Schmidt, Mramorak, Dr. Stefan Kraft, India, Franz Maul, Deutschbol, Peter Faulstich, Numjau, Josef Bolz, Schowe, Wilhelm Schneider, Torschau, Friedrich Heß, Neusatz; die Vertreter der organisierten Deutschen Arbeiterschaft waren alle aus Budapest, unter ihnen Heinrich Kalmar, Viktor Knaller, Richard Schwarz, Friedrich Mayer, Johann Halbritter, Andreas Leimetter u. a. Die schwäbischen Hochschüler entsandten als Delegierte: Franz Seemayer, Werschetz, und Andreas Konrad, Großscham. Zu den sächsischen Delegierten gehörte auch der Abgeordnete Rudolf Brandsch, der sich um die politische Aktivierung der Donauschwaben seit Jahren besondere Verdienste erworben hatte.

Zunächst benannte der deutsche Landesregierungsausschuß auf Wunsch der Regierung die neuen Beamten. Durch geheime Wahl wurde der Segediner Tafelrichter Johann *Junker* zum deutschen Minister gewählt. Junker stammte aus dem Banat. Als hoher Richter hatte er sich am öffentlichen Leben bisher wenig beteiligt. In deutschnationalen Kreisen Südungarns galt er als guter Deutscher. Peter Jekel und Heinrich Kalmar wurden zu Staatssekretären berufen. In den nächsten Tagen wurden die höchsten Beamten des deutschen Ministeriums von der Regierung in ihrem Amte bestätigt. Als erste Aufgabe wurde die Errichtung der Gauverwaltung für Westungarn in Ödenburg in Angriff genommen. Auf Vorschlag des deutschen Regierungsausschusses wurde der Gaupräsident von Deutsch-Westungarn durch eine Verfügung der Regierung ernannt. Um die Schwierigkeiten der Einführung der deutschen Verwaltung zu beheben, besuchte der deutsche Minister Junker das westungarische Gebiet. Hier gab es eine starke Strömung, die einen Anschluß an Österreich verlangte.

Der Ausbau der deutschen Autonomie beanspruchte alle Kräfte. Das deutsche Ministerium erhielt neben der Präsidialabteilung eine starke Abteilung für Unterricht, Kirchen- und Kulturwesen und eine Abteilung für Verwaltung und Rechtspflege. Der Landesregierungsausschuß hatte 36 Mitglieder. Die Übernahme der Kirchen-, Schul- und Kulturangelegenheiten konnte sofort beginnen. Wenn geeignete Lehrkräfte vorhanden waren, konnte sie auch durchgeführt werden. Schwieriger dagegen war die Übernahme der inneren Verwaltung und Rechtspflege. Um diese durchzuführen, wäre eine Gebietsabgrenzung erforderlich gewesen. Die Verhandlungen darüber zogen sich in die Länge, und deshalb kamen die Deutschen in der ungarischen Nationalversammlung zu keiner entsprechenden Vertretung. Ein Ausweg schien nur so möglich, zuerst eine deutsche Nationalversammlung zu wählen und aus ihr Vertreter in den gemeinsamen Reichstag zu schicken, ähnlich wie im alten Ungarn die Kroaten. Die Wahlvorbereitungen wurden durch den Rücktritt der Regierung Károlyi am 21. März 1919 überflüssig. Die Macht nahmen im ganzen Lande die mit der kommunistischen Partei vereinigten Sozialdemokraten in die Hand. Überall wurde das Rätesystem eingeführt. Die Nationalitäten sollten besondere nationale Räte und einen leitenden Ausschuß bilden.

Für die deutsche Autonomie bedeutete der Umsturz einen harten Schlag. Das deutsche Ministerium wurde in ein Deutsches Volksamt umgebildet, der deutsche Minister Junker schied aus seinem Amte. Die Leitung übernahm Heinrich Kalmar. Im Volksamt blieben die beiden bürgerlichen Mitglieder Peter Jekel und Hans Leicht maßgebend. Der Deutsche Volksrat wurde zu dem „Deutschen Kulturbund für Ungarn" umgebildet, und der Deutschungarische Volksrat wurde aufgelöst. Der Kulturbund betätigte sich hauptsächlich auf kulturellem Gebiete. Besondere deutsche Wahlen für die Aufstellung der deutschen Arbeiter-, Soldaten- und Bauernräte wurden verlangt und genehmigt. Für sämtliche Unterrichtsanstalten der deutschen Siedlungsgebiete wurde Deutsch als Unterrichtssprache und Madjarisch als Lehrgegenstand verfügt. Man ging auch an die Errichtung von deutschen Kindergärten, Tagesheimen, Spielplätzen, deutschen Volksbüchereien, Lese- und Gesangsvereinen. Durch Vermittlung des Deutschen Volksamtes wurden die erforderlichen Maßnahmen zum Gesetz erhoben. Sie waren großzügiger als alle Nationalitätenverordnungen, die jemals von ungarischen Regierungen erlassen worden waren. Die Durchführung erstickte aber in dem aufkommenden Terror der Kommunisten. Auch die am 16. Juni 1919 den Deutschen gewährte wirtschaftliche Autonomie wurde in dem von der sozialistischen Wirtschaftsordnung in ein Chaos verwandelten Land wirkungslos.

An die kommunistische Weltanschauung machten die Deutschen Ungarns keine Zugeständnisse. Sie kämpften nur für ihre Volkstumsrechte. Unter den Revolutionären sind fast keine ungarländischen Deutschen zu finden, das Deutsche Volksamt wird unter dem Verdacht der Gegenrevolution ständig überwacht, und die deutschen Bauern leisten passiven und manchmal sogar aktiven Widerstand. Die gegenrevolutionäre Armee fand in den deutschen Gebieten die größte Unterstützung. Die Gegenrevolution fand im schwäbischen Bürgertum stärkste Stützen (Friedrich, Haller, Schnetzer, Bleyer u. a.). Militärisch konnten sich die Kommunisten nicht behaupten. Die Rumänen drangen in Budapest ein, und die bolschewistischen Machthaber dankten am 1. August 1919 ab. In der von Stefan Friedrich gebildeten Regierung übernahm Bleyer das Nationalitätenministerium.

15. Die Zeit des Zusammenschlusses und der Kampf um die Volkwerdung

Die neuen Nationalstaaten. Immer deutlicher zeigte sich die Unabänderlichkeit der neuen Entwicklung. Die Siegermächte zertrümmerten die Österreichisch-Ungarische Monarchie, die sich jahrhundertelang als Hüterin der Ordnung und des Friedens in diesem Teile Europas erwiesen hatte. Einseitig wurde zugunsten befreundeter Völker eine neue nationalstaatliche Ordnung aufgebaut. Die wirtschaftlichen, kulturellen und historischen Bedingungen wie auch die nationalen Lebensrechte der Deutschen und Ungarn blieben dabei weniger beachtet. Rücksichtslos wurden nach den Wünschen der Serben, Tschechen und Rumänen neue Grenzen gezogen. Das Siedlungsgebiet und der Volkskörper der Donauschwaben wurde ohne Befragung derselben dreigeteilt und in neue Staatsverbände gezwungen. Sie stellten sich aber bald auf den Boden der gegebenen Tatsachen und fanden sich mit den neuen Staaten ab. Der Zusammenschluß der Deutchen wurde daher mit aller Kraft in ihren drei Heimatstaaten in Angriff genommen.

Die zahlenmäßige Aufteilung der Donauschwaben 1919. Statistische Erhebungen über die Donauschwaben wurden weder von ihnen noch von ihren Heimatstaaten jemals angestellt, einen donauschwäbischen Nationalkataster hat es niemals gegeben. Nur die Zeit der Volksgruppenautonomie (1940–1944) führt volksgruppeneigene Zählungen bzw. Erhebungen durch, die deshalb bei statistischen Aufstellungen nicht übergangen werden dürfen. Die amtlichen Zählungen der Heimatstaaten bringen immer untere Werte: schwebendes, gemischtes oder assimiliertes Volkstum wird selten der Minderheit zugerechnet, hingegen umso mehr dem Staatsvolk, je stärker das politische und gesellschaftliche Übergewicht der Mehrheit ist. Aus dem Zusammenbruch der Habsburger Monarchie ging Ungarn mit neuen Grenzen hervor: es hat 68,7 v. H. seiner Oberfläche mit 59 v. H. seiner Bevölkerung, davon 30 v. H. Madjaren, trotz aller Eingaben und Proteste an die Nachfolgestaaten abtreten müssen. Diese radikale Verkleinerung Ungarns hat den organisatorisch noch wenig gefestigten Volksstamm der Donauschwaben nachhaltigst beeinflußt. Die rund 1,5 Mill. Donauschwaben des Stefansreiches, die es vor 1918 in den sechs donauschwäbischen Siedlungsgebieten gab, sind in den Friedensverträgen ohne Befragung auf drei nichtdeutsche Staaten aufgeteilt worden. Es lebten nach 1919

in **Ungarn** von 700 000 Deutschen 650 000 Donauschwaben	
im Bergland des Donauknies mit Budapest	350 000
in der Schwäbischen Türkei mit Fünfkirchen	250 000
im Donau-Theiß-(Batschgau) und Theiß-Mieresch-Gebiet	50 000
in **Jugoslawien** von 650 000 550 000 Donauschwaben	
im Batschgau mit Neusatz	200 000
in Syrmien-Slawonien-Kroatien/Bosnien mit Essegg	200 000
im westl. Banat mit Werschetz, Großbetschkerek, Belgrad	150 000
in **Rumänien** von 800 000 Deutschen 350 000 Donauschwaben	
im östl. Banat mit Arad und Temeschburg	300 000
in Sathmar und dem Theißgebiet	50 000
Zusammen	1 550 000

Die Verluste der Deutschen durch die Madjarisierung/Kroatisierung vor 1918 lassen sich nur schätzen. Das Städtedeutschtum war durch verschiedene Maßnahmen beträchtlich überfremdet worden, auch auf dem Lande in zahlreichen Misch- und Randgemeinden.

Nach der amtlichen Statistik betrug die deutsche Bevölkerung auf dem Gebiete Rumpfungarns:

Jahr	Deutsche	% d. Einwohner	Jahr	Deutsche	% d. Einwohner
1880	607 313	11,7	1910	554 624	7,3
1920	551 526	6,9	1930	478 630	5,5

Die deutsche Bevölkerung hatte in Ungarn 1920 noch die höchste jährliche Geburtenziffer aufzuweisen; sie war um ein Viertel höher als die der madjarischen (43, 1 a.T.: 31,7).

Bei der Volkszählung 1930 beherrschten Deutsch als Muttersprache oder als zweite Sprache

Deutsch	Personen	v. H.
als Muttersprache	478 630	5,5
als 2. Sprache	837 481	10,4

Von den Personen mit deutscher Muttersprache sprachen 137 706 nur Deutsch. Das heißt also, daß 71,2 v. H. der deutschen Bevölkerung auch Madjarisch oder eine andere Sprache geläufig war. Die Tatsache, daß so viele Ungarn die deutsche Sprache beherrschten, läßt den begründeten Schluß zu, daß viele Personen deutscher Abstammung sich bei der amtlichen Volkszählung als Ungarn bekannten. Die gleiche Feststellung kann auch im kroatischen Raum (Syrmien-Slawonien-Kroatien-Bosnien) und in Slowenien gemacht werden. Die Zahlen der in den Nachfolgestaaten amtlich erfaßten Deutschen sind daher als Mindestzahlen zu bewerten, die Zahl der abstammungsmäßigen Deutschen kann ruhig verdoppelt werden, nachdem sie von allen Nationalitäten am meisten von der nationalen Überfremdung betroffen waren. (A. Bohmann)

Die Minderheitenschutzverträge. Durch die Friedensverträge wurden den Donauschwaben Minderheitenrechte zuerkannt. Damit sollten Nationalitäten, die bisher in übernationalen staatlichen Ordnungen leben und sich ungestört entwickeln konnten, vor Übergriffen in den neuen Nationalstaaten geschützt werden. Die USA, England, Frankreich und andere Unterzeichnermächte der Friedensverträge haben die Minderheitenrechte ausdrücklich garantiert. Die Minderheitenrechte wurden damit ein Teil des positiven Völkerrechtes. Die internationale Anerkennung der Minderheitenrechte und der nationalen Minderheiten als deren Träger setzte die Anerkennung des Rechtes auf Existenz für diese Minderheiten voraus. Der Minderheitenschutz wurde von einer Kommission des Völkerbundes überwacht.

Den Nationalstaaten bedeutete der Minderheitenschutz eine Beeinträchtigung ihrer absoluten Souveränität. Sie empfanden die Minderheiten und diesen international garantierten Schutz als etwas Lästiges. Als sich dann auch noch zeigte, daß das System der Garantie und Kontrolle nicht wirksam war, erlaubten sich die Nationalstaaten immer mehr Verletzungen. Die Minderheiten waren dagegen macht- und hilflos. Der Minderheitenschutz stellte den Grundsatz der Demokratie in Frage. Die nationalen Minderheiten blieben in allen staatlichen Gremien eine konstante Minderheit. Es gab für sie keine Möglichkeit, jemals die Mehrheit zu erlangen.

Die Minderheitenschutzverträge kamen ohne Mitwirkung der davon betroffenen Minderheiten zustande. Sie hatten deshalb dieselben entscheidenden Mängel, die bereits die Verwirklichung des Nationalitätengesetzes in Ungarn nach dem Ausgleich vereitelten. Um den Verträgen mehr Gewicht und mehr staatliche und internationale Anerkennung zu verschaffen, schlossen sich die Vertreter der nationalen Minderheiten der europäischen Staaten (40 Millionen) zu einem Minderheitenkongreß zusammen. Dieser entfaltete seine Wirksamkeit in Verbindung mit dem Völkerbund in Genf.

Die Gründung der deutschen Organisationen in den Nachfolgestaaten. Bis zum Zusammenbruch der Monarchie lebten die Donauschwaben in einem Staate. In der Gestaltung ihres Lebens mußten sie sich hauptsächlich nach dem Willen der Regierung in Wien, nach den Madjaren bzw. den Kroaten richten oder sich mit diesen auseinandersetzen. Nun ergaben sich für den weiteren nationalpolitischen Kampf der Donauschwaben ganz neue Bedingungen. Es galt, das eigene völkische Lebensrecht in Einklang zu bringen mit dem neuen Staatsrecht und Herrschaftswillen der Staatsvölker in den Nachfolgestaaten. Das Ziel der bereits im Vorkriegsungarn entstandenen völkischen Bewegung der Donauschwaben blieb auch nach dem Kriege und in allen Nachfolgestaaten das gleiche: Sicherung der völkischen Lebensrechte, Ausbau der nationalpolitischen Gemeinschaft und Schaffung der zur völkischen Erhaltung erforderlichen eigenständigen Einrichtungen auf allen Lebensgebieten. Nur die Kampfesweise, die Taktik und die Methoden, sowie die völkische Beweisführung in der Auseinandersetzung mit den Staatsvölkern, unterschieden sich von Staat zu Staat. In den einzelnen Staaten mußten neue Männer an die Spitze der völkischen Bewegung treten, um den neuen Vorbedingungen des völkischen Ringens zu entsprechen.

Donauschwäbische Führungskräfte. Daß sich nach der Übergangszeit die Donauschwaben in allen drei Nachfolgestaaten zurechtfanden, ihre Wünsche und Forderungen als Gemeinschaft verkünden, Angriffe abwehren, Benachteiligungen mildern oder beseitigen, in allen drei Staaten erforderliche nationale Organisationen bilden konnten, ist je einer hervorragenden Persönlichkeit aus ihren Reihen zu verdanken, die bereit war, Verantwortung zu übernehmen und sich an die Spitze der Gemeinschaftsarbeit stellen ließ. In Ungarn fiel die Führungsrolle Jakob *Bleyer* (1874–1933), in Rumänien Kaspar *Muth* (1876–1966) und in Südslawien Stefan *Kraft* (1884–1959) zu. Nachdem sie diese Funktion in den Nachfolgestaaten von Anfang an übernommen hatten, wurden sie immer wieder in sie hineingewählt, und zuletzt nicht nur von den Angehörigen der eigenen Gemeinschaft, sondern auch von den staatlichen Stellen und andersnationalen Nachbarn mit Achtung anerkannt. Alle drei stammten aus bäuerlichen Verhältnissen und galten als die „drei ungekrönten schwäbischen Könige" nicht nur im Kreise der eigenen Gemeinschaftsangehörigen.

Dr. Stefan Kraft, 1884–1959

Univ.-Prof. Dr. Jakob Bleyer, 1874–1933. Ung. Nationalitätenminister, Abgeordneter; Gründer und Vorsitzender des Ungarl. Dt. Volksbildungsvereines; Hg. des Sonntagsblattes und der Deutsch-Ungarischen Heimatblätter in Budapest.

Dr. Stefan Kraft, Präsident d. dt. Genossenschaftswesens, Obmann der Partei d. Deutschen, Abg. und polit. Sprecher der Deutschen in Belgrad.

Dr. Kaspar Muth, 1876–1966. Obm. der Deutsch-Schwäbischen Volksgemeinschaft, Abg. und Senator in Bukarest, polit. Sprecher der Donauschwaben in Rumänien.

Jakob Bleyer, der in der Batschgauer Gemeinde Tscheb am 25. Nov. 1874 das Licht der Welt erblickte, studierte Germanistik und Hungaristik in Budapest, München und Leipzig und widmete sich der Laufbahn des Forschers und Universitätslehrers. Als Literaturhistoriker erforschte er die Zusammenhänge im deutschen und ungarischen Geistesleben und war um eine Gesamtdarstellung der deutschen Aufbaukräfte in der Entwicklung Ungarns und Südosteuropas bemüht. Nachdem er bereits in den Umsturztagen für Volk und Vaterland tätig geworden war, hat der Abschluß des Trianoner Friedensvertrages gezeigt, daß gegen das politische Handeln der Siegermächte und deren Helfer nur schwer aufzukommen war. Vom dreigeteilten Donauschwabentum blieb ein zahlenmäßig und auch politisch nur sehr geschwächter Rest in Ungarn zurück, dessen Führungsrolle in fast hoffnungsloser Lage Jakob Bleyer von selbst zufiel. Er fühlte sich herausgefordert und stellte sich der Verantwortung. Als ein getreuer Eckehard seines Volkes hat er aktiv bis zu seinem Lebensende die Bewährungsprobe bestanden, allen Widerständen zum Trotz. Er vertrat das bescheidenste Programm für seine donauschwäbische Gemeinschaft und erhoffte sich dafür Verständnis des Staates und des Staatsvolkes. Vergeblich!

Der um zwei Jahre jüngere Kaspar Muth, am 15. Jan. 1876 in der Banater Bauerngemeinde Lowrin geboren, hat mit seinem juristischen Studium in Budapest eine einseitigere ungarische national-liberale Ausbildung erfahren, die ihn frühzeitig den Einstieg in die ungarische Parteipolitik finden ließ. Der Krieg mit seinen Folgen für Ungarn öffnete ihm die Augen. Er fand zu seinem Volke zurück, für das er sich fortan als Sachwalter einsetzte. Aus der Gegnerschaft zu der früheren Volkspartei suchte er mit seinen Freunden jetzt die Zusammenarbeit mit den volksbewußt gewordenen kirchlichen Kreisen. Dabei diente ihm als Vorbild das Verhalten der Siebenbürger Sachsen, die ebenfalls auf kirchlich-nationaler Basis ihr Gemeinschaftsleben volkspolitisch gestalteten. Die Zusammenarbeit zwischen Kirche und nationaler Organisation, zwischen Glaube und Volkstum, die von Muth und seinen Mitarbeitern durchgeführt werden konnte, ist der erfolgreichste donauschwäbische Aufbau in allen Bereichen zu verdanken: weder in Ungarn noch in Südslawien war Gleichwertiges zu erreichen.

Der Jüngste von den dreien, Stefan *Kraft,* geboren am 15. Aug. 1884 in India/Syrmien, studierte Jura und Philosophie in Wien und Marburg/L. und kam hier in den Bannkreis donauschwäbischer und deutsch-nationaler Bewegungen. Bereits als Student trat er in Verbindung mit Ferdinand Riester, Adam Müller-Guttenbrunn, Edmund Steinacker, Rudolf Brandsch, und wurde zu einem ihrer aktivsten politischen Mitarbeiter. In dem Nachfolgestaat Südslawien fiel ihm von Anfang an die Funktion des Vertreters und Sprechers den serbischen Regierungsstellen und Politikern gegenüber zu. Obwohl erst 35 Jahre alt, brachte er von seiner Befähigung und Ausbildung her für dieses Amt die besten Voraussetzungen mit. Nachdem der zentralistische Nationalstaat das gesamte Schulwesen verstaatlicht hatte, der Kirche daher keine schulische Wirkungsmöglichkeit für die deutsche Volksgruppe blieb, verlegte sich Kraft mit seinen politischen Mitarbeitern vor allem darauf, vom Staat die nationalkulturelle Autonomie in dem Ausmaß, wie sie die Serben in Vorkriegsungarn hatten, zu erreichen. Die häufig wechselnden Belgrader Regierungen waren nicht bereit, die Erwartungen und Forderungen der Donauschwaben zu erfüllen, sie belasteten sie aber mit nationalpolitischen

Zwangsmaßnahmen, die zu einem nationalen Notstand führten, der in Europa nicht seinesgleichen hatte. Stefan Kraft vermochte gegen diese Unterdrückung des Staates allein das Angebot der Selbsthilfe der Volksgruppe einzusetzen. Die innen- und außenpolitisch günstige Lage für die Volksgruppe nützend, griff die Regierung um 1930 Krafts Angebot auf, wodurch es der bewilligten schulischen Selbsthilfe gelang, die Selbsterhaltung der Volksgruppe zu sichern.

Zusammenfassend kann gesagt werden: Bleyer hatte gegen die Uneinsichtigkeit von Staat und Kirche sowie einer chauvinistischen öffentlichen Meinung und Gesellschaft mit verhältnismäßig geringsten Mitteln, mit seinem nationalkonservativen, ausgeprägten katholisch-kirchlichen Selbstverständnis um das nackte Überleben als Gemeinschaft zu kämpfen; auch die nationale Selbsthilfe war nur sehr begrenzt erlaubt und anwendbar.

Kaspar *Muth* erreichte in Zusammenarbeit mit der national aufgeschlossenen Kirche und Geistlichkeit im Rahmen kirchlicher Einrichtungen gegen staatliche Beeinträchtigung eine begrenzte Autonomie auf kirchlicher und nationaler Grundlage und betätigte dabei auch Selbsthilfe und eine national-konservative Einstellung.

Stefan *Kraft* vertrat den Autonomiegedanken am entschiedensten, war dieser doch integraler Bestandteil seines von der österreichischen Nationalitätenpolitik (Karl Renner, Mährischer Ausgleich) geprägten volkspolitischen Konzeptes noch aus seiner frühesten Entwicklungszeit in der Vereinigung schwäbischer Hochschüler in Wien, doch hatte er weder im totalen Nationalstaat der Serben, Kroaten und Slowenen noch in der katholischen Kirche Verständnis und Basis zu seiner Verwirklichung gefunden. Staatspolitisch war ihm nur ein gewisser Freiraum geblieben, um in organisatorischer und genossenschaftlicher Selbsthilfe autonomistische Gebilde aufzubauen und zu behaupten.

Allen drei donauschwäbischen Spitzenvertretern ist die bäuerliche Herkunft und bürgerliche Einstellung gemeinsam, sie ließ sie kein richtiges Verhältnis und Verständnis für die Arbeiter und sozial Schwachen finden, weshalb diese zahlenmäßig stärkste Schicht der Donauschwaben für die Volksgemeinschaft nur sehr unzureichend erschlossen werden konnte.

Die große Leistung der drei Spitzenvertreter ergab sich daraus, daß sie zur Erfüllung ihrer Führungsaufgaben zuerst den organisatorischen Apparat aufbauen, das Personal zu seiner Bedienung und die finanziellen Mittel zu deren Entlohnung besorgen mußten. Es gab für die nationale Gemeinschaftsarbeit keine Stellungen, Funktionen und Institutionen als gesicherte und anerkannte Gegebenheiten, es war zumeist alles in Frage gestellt, es mußte immer wieder alles gewonnen und behauptet werden. Wahrlich eine Sysiphusarbeit, die wenig Verlockung bot für Erfolg und Ruhm, der Opportunisten selten, Idealisten zumeist verfielen.

Zu den Führungskräften gehörten jeweils in jedem Lande eine ganze Reihe von Mitstreitern und Mitarbeitern, deren erfolgreicher Zusammenarbeit erst Bewahrung, Leistung und Bewährung der Volksgruppe zu verdanken war. Es ist das Großartige und Einmalige an der Funktion der Führungskräfte des dreigeteilten Donauschwabentums, daß es erstmalig ein volkspolitisches Konzept entwickelte, das in Ermangelung staatlicher Bereitschaft zur Anerkennung und gleichberechtigter Eingliederung in

Deutsche Abgeordnete im Belgrader Parlament 1923
sitzend v. links: Prof. Josef Täubel, Dr. Hans Moser, Dr. Stefan Kraft, polit. Sprecher der Donauschwaben in Jugoslawien bis 1938, Senior Samuel Schumacher, Dr. Simon Bartmann; stehend: Dr. Wilhelm Neuner, Franz Schauer, Prof. Peter Heinrich.

Habag-Haus in Neusatz,
Sitz der zentralen deutschen Organisationen Jugoslawiens, seit 1931

staatspolitische Betreuung und Verwaltung fast ausschließlich in Selbsthilfe aus eigener Kraft und Zuständigkeit die Existenz- und Zukunftsfragen der Volksgruppe als Aufgabe zu lösen hatte.

In *Jugoslawien* gründeten die Donauschwaben 1919 in Neusatz eine deutsche Tageszeitung, das „Deutsche Volksblatt". Am 20. Juni 1920 konstituierte sich auf einer großen Schwabenversammlung in Neusatz der „Schwäbisch-Deutsche Kulturbund" als die umfassende Volksgemeinschaftsorganisation. Der Gründer und erste Generalsekretär des Kulturbundes, Dr. Georg Graßl (später Abgeordneter und Senator der deutschen Volksgruppe), gab als Losung für die Arbeit der Zukunft aus: staatstreu und volkstreu.

Aus dem Kulturbund entwickelten sich mit der Zeit alle anderen völkischen Organisationen. Gleich bei seiner Gründung wurde eine Wirtschaftsabteilung errichtet, die der Aufklärung diente und den Genossenschaftsgedanken unter den deutschen Bauern verbreitete. Dank der Sachkenntnis und Zähigkeit, die besonders Dr. Stefan *Kraft* auf diesem Gebiet entfaltete, konnte am 1. Oktober 1922 in Neusatz die Gründung der „Agraria, Landwirtschaftliche Zentralgenossenschaft", vorgenommen werden.

Der Kulturbund und auch die Genossenschaften errichteten in allen deutschen Gemeinden ihre Ortsgrupppen. In ihrer Tätigkeit blieben diese aber auf die Gemeinschaft und Zentrale ausgerichtet, die ihren Sitz in Neusatz hatten, wo 1930 das prächtige Habag-Haus erbaut wurde, in dem die umfassenden Organisationen der Volksgruppe untergebracht waren und alle wichtigen Veranstaltungen und Beratungen stattfanden.

Da die Deutschen in Jugoslawien das Recht hatten, für Ungarn oder Österreich zu optieren, blieben ihnen vier Jahre lang die politischen Rechte vorenthalten. Erst am 19. Dezember 1922 wurde auf Grund des Volksprogramms, das von vielen Hunderten Vertrauensleuten aus allen Siedlungsgebieten des Landes angenommen worden war, in Hatzfeld die Partei der Deutschen in Jugoslawien gegründet.

Zum Landesobmann wurde Dr. Ludwig Kremling, Weißkirchen, zum geschäftsführenden Obmann Dr. Stefan *Kraft,* India, gewählt. In den Hauptausschuß kamen die aktivsten politischen Vertreter der donauschwäbischen Siedlungsgebiete aus dem Banat, dem Batschgau, Syrmien-Slawonien und aus Slowenien in einem ausgewogenen Verhältnis. Im Sinne der Satzung gehörten der Parteileitung auch die Gauobleute und der Hauptschriftleiter des „Deutschen Volksblattes", Neusatz, an. Bei den für 1923 ausgeschriebenen Parlamentswahlen beteiligte sich erstmalig die Partei der Deutschen. Gewählt wurden im Wahlkreis Sombor/Batschgau: Dr. Stefan *Kraft,* Senior Samuel *Schumacher* und Dr. Simon *Bartmann;* im Wahlkreis Neusatz/Batschgau: Dr. Hans *Moser* und Dr. Stefan *Kraft;* im Wahlkreis Oberes Banat: Dr. Wilhelm *Neuner* und Prof. Peter *Heinrich;* im Wahlkreis Marburg/Cilli: Franz *Schauer.* Dr. Kraft überließ sein Mandat im Wahlkreis Neusatz dem als Stellvertreter gewählten Prof. Josef *Täubel.* Mit diesen acht Abgeordneten erhielten die Deutschen in der höchsten gesetzgebenden Körperschaft in Belgrad ihre selbstgewählten Wortführer, die es als ihre Aufgabe betrachteten, die Rechte der deutschen Minderheit einzufordern, zu vertreten, zu verteidigen, Übergriffe abzuwehren und für zugefügtes Unrecht Abhilfe zu verlangen. Zum Sprecher des Klubs der deutschen Abgeordneten wurde Dr. Kraft gewählt. Bis zur Auflösung des Parlamentes und der Parteien durch den König im Januar 1929 nahm die Partei der Deutschen an drei Parlamentswahlen (1923, 1925 und 1927) und an je einer

Gebiets- und Gemeindewahl teil. Bei den Gebietswahlen erreichten die Deutschen im Batschgau 12, im Banat 5, in Syrmien 1 und in Slowenien 2 deutsche Gebietsabgeordnete. Bei den Gebietstagungen im Batschgau und im Banat konnten sich die deutschen Abgeordneten ihrer Muttersprache bedienen. Zu dieser Zeit aber waren der Staat und das Mehrheitsvolk nicht bereit, die Deutschen als Volksgruppe rechtlich und institutionell in den Staat zu integrieren.

Am 6. Januar 1929 setzte ein königliches Manifest die Verfassung von 1921 außer Kraft, löste das Parlament und die Parteien auf. Der König wurde so zum alleinigen Träger aller Staatsgewalt. Er erließ die Gesetze und ernannte die Regierung. Um ein Organ zur Vertretung der deutschen Volksgruppe zu erhalten, gründeten führende deutsche Männer mit dem Sitz in Belgrad bereits am 15. Mai 1929 die *„Liga der Deutschen für Völkerbund und Völkerverständigung".* Dem Vorstand gehörten politische und kirchliche Persönlichkeiten der Deutschen an: Dr. Stefan *Kraft,* als Präsident; als Stellvertreter Abtpfarrer Dr. Jakob Egerth; Landesbischof Dr. Philipp *Popp;* Dr. Heinrich Kurz; als Vertreter der Deutschen in Slowenien Dr. Lothar Mühleisen und Pfr. Josef Eppich; außerdem Dr. Georg *Graßl* als Schriftführer und Dr. Hans *Moser* als Kassier. Vertrauensleute der Liga waren die früheren Mitarbeiter der Partei der Deutschen, Ortsverbände zu errichten blieb allerdings untersagt. Doch war die Volksgruppe auch in dieser unzureichend ausgebauten Organisation in der Lage, sich bei der Regierung einzusetzen; sogar im Verband der deutschen Volksgruppen Europas, in dessen Vorstand sie Sitz und Stimme hatte, und im Europäischen Nationalitätenkongreß, so lange dieser tätig blieb.

In *Rumänien* erfolgte Zusammenschluß und Aufbauarbeit der Donauschwaben ähnlich, aber mit etwas mehr Erfolg. Die deutsche Minderheit umfaßte hier neben den Donauschwaben im östlichen Banat und in Sathmar noch die Siebenbürger Sachsen, die Deutschen im Buchenland, in Bessarabien und in der Dobrudscha. Besonders die Sachsen mit ihrer nationalpolitischen Erfahrung und starken Stellung wurden den Donauschwaben eine große Hilfe. Auf Grund der Karlsburger Beschlüsse und der darin den Minderheiten zugesicherten Rechte konnte sogleich mit einer umfassenden Aufbauarbeit auf allen Gebieten begonnen werden. Bald stand ein schwäbisches Schulwesen da. Ein Drittel davon waren konfessionelle Anstalten. Die katholische Kirche mit dem Schwabenbischof (Glattfelder, Pacha) verwirklichte eine fruchtbare Synthese zwischen Volkstum und Glaube. Auch das Presse- und Verlagswesen konnte sich gut entwickeln. Die Schwäbische Verlags-AG brachte die *„Schwäbische Volkspresse",* später „Banater Deutsche Zeitung" genannt, heraus. Auch die wirtschaftlichen Organisationen entwickelten sich günstig. Die schwäbischen Genossenschaften, im *„Verband deutscher Genossenschaften"* zusammengefaßt, gehörten zu den vorbildlichsten des Landes. Die alten Volksparteiler bemühten sich im Rahmen des am 9. Mai 1919 gegründeten *„Schwäbischen Kulturverbandes"* mit Johann Junker, dem vormaligen deutschen Minister als Bundesobmann an der Spitze, um den Aufbau eines eigenständigen Kulturlebens. Zu den ersten Wahlen stellten sie, auf Grund des am 7. Sept. 1919 beschlossenen „Volksprogrammes der Gemeinschaft der Deutschen in Großrumänien" ihre Kandidaten auf und erhielten bei den ersten Kammer- und Senatswahlen im Nov. 1919 von 23 gewählten deutschen Abgeordneten und Senatoren die donauschwäbischen Kam-

Vor der Banatia in Temeschburg 1926. Die führenden Männer der Donauschwaben in Rumänien mit Prälat Dr. Gg. Schreiber, Abg. des Reichstages; v. links: Dir. Nischbach, Dr. Weresch, Generalkonsul August Haas, Dr. K. Muth, Prälat Dr. Schreiber, u. a. auch Abg. Dr. Kräuter, Dr. Hans Wolf, Prälat Blaskovics.

Die „Banatia", das größte südostdeutsche Schulzentrum in Temeschburg

mermitglieder Dr. Josef *Gabriel,* Dr. Michael *Kausch,* Heinrich *Anwender,* Johann *Tengler* und Dr. Stefan *Frecót,* sowie die Senatoren Wilhelm *Kopony* und Karl von *Möller.* So viele politische Vertreter erreichten die Donauschwaben in Rumänien später bei keiner Wahl mehr.

Nach Abschluß des Friedensvertrages begannen sich auch die früher im madjarischen Lager aktiven Schwaben in die Gemeinschaftsarbeit einzuschalten. Die *„Schwäbische Autonomiepartei"* faßte die Vertreter der gemäßigten Richtung und einen Teil der alten Volksparteiler zusammen. Bei den Parlamentswahlen 1920 unterlag die Deutsche Volkspartei, die Autonomiepartei aber konnte einen Vertreter (Karl von *Möller*) in den Senat und zwei Abgeordnete (Dr. Kaspar *Muth* und Dr. Franz *Kräuter*) in das Parlament entsenden. Um die Einheit herzustellen, fand am 13. März 1921 in Temeschburg der große Schwabentag statt, der die nationalen Kräfte einte und die *„Deutsch Schwäbische Volksgemeinschaft"* gründete. An der Spitze der Volksgemeinschaft stand der gewählte Volksrat. Zweck der Deutsch-Schwäbischen Volksgemeinschaft war, das Schwabentum in allen politischen und nationalen Belangen einheitlich zu vertreten und seine kulturellen sowie wirtschaftlichen Interessen zu fördern. Mit den gleichen Organisationen der übrigen deutschen Siedlungsgebiete Rumäniens gehörte sie dem *„Verband der Deutschen in Rumänien"* an, dessen parlamentarische Vertretung die *„Deutsche Partei"* wahrnahm. Eine straffe Organisation über Nachbarschaften, Orts- und Kreisverbände erfaßte, förderte und lenkte das gesamte kulturelle, politische und wirtschaftliche Leben der Schwaben. Auch die Kirche beteiligte sich an dieser Entwicklung. Dabei legte sie ein besonderes Augenmerk auf das deutsche Schulwesen. Dieses erhielt in dem großen, am 29. August 1926 eingeweihten Schülerheim *„Banatia"* seinen Mittelpunkt. Es wurde von Prälat Josef Nischbach (1889–1970) geleitet.

Am ungünstigsten entwickelte sich das nationale Leben der Donauschwaben in *Ungarn.* Nach dem Friedensschluß von Trianon verlor Ungarn zwei Drittel seines früheren Gebietes und 59 Prozent seiner Einwohnerzahl, in der Nationalitätenpolitik ging es aber seine altgewohnten Wege, es hatte nichts dazu gelernt. Von den früher mehr als 2 Millionen Deutschen blieben ihm noch 600 000, die jetzt die größte Minderheit im Lande bildeten. Deren Existenz bedrohte weiterhin die Madjarisierung und belastete den Revisionismus, der das an Ungarn begangene Unrecht wieder gutmachen sollte. Die Bedrohung und Unterdrückung der Schwaben konnte auch dadurch nicht beseitigt werden, daß sich der einstige Nationalitätenminister Jakob *Bleyer* an die Spitze der schwäbischen Abwehrbewegung stellte. Seinen Bemühungen gelang 1923 die Gründung des *„Ungarländischen Deutschen Volksbildungsvereines",* dessen Konstituierung am 3. August 1924 in Budapest erfolgte. Frei von jeder Politik sollte der Volksbildungsverein die kulturellen Interessen, die völkischen Eigenheiten und christlichen Tugenden des ungarländischen deutschen Volkes fördern und pflegen. Über den Volksbildungsverein hinaus gelang es den Deutschen in Ungarn weder auf wirtschaftlichem noch auf politischem Gebiete, eigene nationale Organisationen zu errichten. Auch im Volksbildungsverein behielt sich die Regierung maßgebenden Einfluß vor, der Vorsitzende und Direktor mußte im Einvernehmen mit ihr bestellt werden.

Deutsches Volksblatt

Tageszeitung der Deutschen des Königreiches der Serben, Kroaten und Slowenen

Novisad

Der Alarm wegen der Wojwodina und die nationalen Minderheiten.

Deutsches Volksblatt, Neusatz, 1919–1944
Tageszeitung der Deutschen

Sonntagsblatt

Wochenzeitung des deutschen Volkes in Ungarn

Nr. 7. Budapest, 15. Februar 1931 11. Jahrgang.

Ist unsere kulturelle Bewegung mit Patriotismus unvereinbar?

Sonntagsblatt der Deutschen in
Ungarn 1921–1935

Deutscher Volkskalender,
Neusatz 1921–1941

Preis 1 Dinar

Die Donau

Wochenblatt für das katholische Deutschtum Jugoslawiens

VII. Jahrgang. Apatin, Samstag, 18. Januar 1941 Nr. 2.

Eine Bewegung, die nichts gegen den Glauben hat

Wochenblatt für d. kath. Deutschtum
in Jugoslawien/später Ungarn, 1935–1944

Das schwäbische Zeitungswesen brachte es in Ungarn in dieser Zeit nur zu der unpolitischen Wochenschrift *„Sonntagsblatt“,* das sich mannhaft für die Wahrung der deutschen Rechte im Lande einsetzte. Ähnlich unzureichend blieb auch der Ausbau des deutschen Schulwesens. Das Labyrinth von Typen und Vorschriften mit Elternbestimmungen und Schulträgern ließ keine gesunde Entwicklung aufkommen. Der größte Mangel blieb das Fehlen der erforderlichen deutschen Lehrerausbildung und deutschen Lehrerschaft. Auf diesem Gebiete war von den Zuständigen des Vaterlandes kein Verständnis zu erreichen. Den Identitätsverlust, die Assimilation der Deutschen sollte eine deutsche Schule nicht aufhalten.

Seit 1926 vertrat Jakob Bleyer im ungarischen Parlament als einziger volksbewußter Vertreter die Belange des Deutschtums. Zu seinem Mandat kam er über die Regierungspartei. Ergebnis der organisierten nationalen Aufbauarbeit in allen drei Nachfolgestaaten war, daß die donauschwäbischen Menschen, teilweise auch in Ungarn, zu ihrer nationalen Identität fanden. Dadurch gewannen sie ein politisches Gewicht, das sie selbstbewußt machte, aber auch von den anderen Nationen und Nationalitäten zur Kenntnis genommen wurde. Als politische Realität fanden sie internationale Anerkennung in den Minderheitenschutzverträgen und in der Tätigkeit der Minderheitenkongresse in Genf in den zwanziger und dreißiger Jahren, an der sich ihre führenden Vertreter aus allen drei Staaten beteiligten. Dem Herausgeberkollegium der deutschen Zeitschrift für das europäische Minoritätenproblem *„Nation und Staat“* gehörten neben Paul Schienemann und Johannes Schmidt-Wodder auch Jakob Bleyer und Rudolf Brandsch an.

Wirtschaftliches und Kulturelles. Mehr als früher in der Donaumonarchie hat die Entwicklung der nationalen Minderheiten in den Nachfolgestaaten der zwanziger und dreißiger Jahre auf wirtschaftlichem Gebiete durch wirtschaftspolitischen Nationalismus sowie in der geschwächten Rechtssicherheit bei der Durchführung der Agrarreform, bei der Besteuerung und in der Einführung des gegen die Nationalitäten gerichteten Liegenschaftsverkehrs und andere negative Maßnahmen gelitten. Bei diesen ungünstigen Bedingungen sich wirtschaftlich zu behaupten, haben die Deutschen nicht zuletzt den eigenen *Genossenschaften* zu verdanken, die auch eine starke Hilfe für die nationale Gemeinschaft darstellten. Herausragende Leistungen vollbrachten die Genossenschaftsverbände der Donauschwaben in Rumänien und Jugoslawien, während in Ungarn infolge staatlichen Verbots kein deutscher Genossenschaftsverband entstand. Eine Erstarkung der donauschwäbischen Wirtschaft ist dann der immer intensiver sich gestaltenden wirtschaftlichen Zusammenarbeit des Deutschen Reiches mit den Südoststaaten in den dreißiger Jahren zu verdanken.

Das erwachte nationale Selbstbewußtsein mit dem neuaufgebauten deutschen Schulwesen in Südslawien und Rumänien entwickelte neue Aktivitäten auf kulturellem Gebiete. Es rührten sich auf dem vorher in Ungarn verkümmerten Freiraum langsam wieder eigene Kräfte, die sowohl als Träger als auch als Auftraggeber in der eigenen Kulturpflege auftraten. Dadurch konnte wieder eine der Gemeinschaft verbundene Pressearbeit, aber auch wissenschaftliche und künstlerische Tätigkeit entstehen. Von einer eigenständigen Wissenschaft und Kunst konnte im Donauschwäbischen freilich

Karl von Möller,
Schriftsteller,
1876–1943

Otto Alscher,
Schriftsteller,
1880–1945

Anton Valentin,
Kulturpolitiker,
1898–1967

Friedrich Lotz
Heimatforscher
1890–1980

Johann Keks,
Bundesobmann,
1885–1944

Felix Milleker,
Altertums- und Heimat-
forscher, 1858–1942

Stefan Jäger,
Maler,
1877–1962

Franz Schunbach,
Maler,
1898–1981

Johann Weidlein,
Volksforscher,
geb. 1905

DEUTSCH-UNGARISCHE
HEIMATSBLÄTTER
VIERTELJAHRSCHRIFT
FÜR KUNDE DES DEUTSCHTUMS IN UNGARN UND FÜR DEUTSCHE UND UNGARISCHE BEZIEHUNGEN
HERAUSGEGEBEN VON
JAKOB BLEYER
O. Ö. PROFESSOR DER UNIVERSITÄT BUDAPEST
III. JAHRGANG. — 1931
SCHRIFTLEITUNG: DR. PHIL. FRANZ BASCH
BUDAPEST, 1931

I. Jahrgang
Heft 1.
Poštarina plaćena u gotovom
Jänner-Feber-März 1938
Volk und Heimat
Zeitschrift der Arbeitsgemeinschaft des Deutschtums in Südslawien für Heimatgeschichte, Volkskunde, Familienforschung und Schrifttum
HERAUSGEBER SCHWÄBISCH-DEUTSCHER KULTURBUND NOVI-SAD JUGOSLAWIEN

DONAU-SCHWÄBISCHES DICHTERBUCH
Ausgewählt und eingeleitet
von Martha Petri
1939
Adolf Luser Verlag in Wien und Leipzig

Heft 1
der Schriftenreihe des „Schwäbischen Volkserziehers" - herausgegeben von Adalbert Gauß
JOSEF SENZ
Kurze Geschichte der Donauschwaben
Für Jugend und Volk
Novi Vrbas - Neuwerbaß 1940

noch kaum gesprochen werden. Am ehesten noch in Ungarn in Verbindung mit den germanistischen Lehrstühlen der Universitäten, deren Inhaber Donauschwaben waren, wie Jakob *Bleyer* in Ofenpest und Heinrich Schmidt in Segedin, wo so etwas wie eine Donauschwäbische Wissenschaft in ersten Ansätzen entstehen konnte. In der von den Univ. Prof. Dr. Gideon *Petz,* Dr. Jakob Bleyer und Dr. Heinrich Schmidt herausgegebenen Sammlung von Arbeiten zur Deutschen Philologie wurden in den Jahren 1912–1935 zusammen 62 Themen wissenschaftlich bearbeitet (allerdings in ungarischer Sprache). Jakob Bleyer brachte seit 1929 die *„Deutsch-Ungarischen Heimatblätter",* Vierteljahresschrift für Kunde des Deutschtums in Ungarn und für deutsche und ungarische Beziehungen heraus, die ab 1935 als *„Neue Heimatblätter",* ab 1939 unter dem Titel *„Deutsche Forschungen in Ungarn"* Franz *Basch* herausgab und ab 1940 Anton Tafferner leitete. Heinrich Schmidt baute seit 1932 an der Universität zu Segedin eine *„Zentralstelle für donauschwäbische Familienforschung und Siedlungskunde"* auf.

Die donauschwäbischen Hochschuleinrichtungen an den beiden Universitäten arbeiteten engstens zusammen, unterstützt von den Germanisten der übrigen Universitäten des Landes, vor allem von Dozent Dr. Johann Weidlein. Diesem wissenschaftlichen Wirken in Ungarn hatten die Donauschwaben in Rumänien und Jugoslawien nichts Gleichwertiges an die Seite zu stellen, obwohl auch hier beachtliche Kräfte und Leistungen zu vermerken sind. Der Volkskundler Hans *Hagel,* der Kulturhistoriker Anton *Valentin,* die Schriftsteller Otto *Alscher,* Karl von *Möller,* Hans *Diplich,* die Maler Stefan *Jäger* und Franz *Ferch* sind bei den Donauschwaben in Rumänien, der Altertumsforscher Felix *Milleker,* die Heimatforscher Leo *Hoffmann* und Friedrich *Lotz,* der Kulturhistoriker Philipp *Hilkene,* der Mundartforscher Ladislaus M. *Weifert,* der Volkstumsforscher K. A. *Gauß,* die Maler Sebastian *Leicht,* Oskar *Sommerfeld* und der Dichter Bruno *Kremling,* sind aus der Reihe der donauschwäbischen Kulturschaffenden in Jugoslawien zu nennen. Bei den Donauschwaben in Rumänien erschien die literarische Zeitschrift *„Von der Heide"* in Temeschburg unter Viktor *Orendi-Hommenau* seit 1909–1927, *Banater Deutsche Kulturhefte* ab 1927 bis 1931, die für den Banater Deutschen Kulturverein als Vierteljahresschrift für geistiges und kulturelles Leben Andreas Konrad, Nikolaus Hoffmann und Hans Hagel in Temeschburg herausbrachten; in Jugoslawien erschienen ab 1932 die Vierteljahresschrift für deutsche Volkstumspflege *„Volkswart",* herausgegeben in Neusatz vom Schwäbisch-Deutschen Kulturbund unter Mitwirkung des Landesverbandes der deutschen Akademiker; seit 1938 *„Volk und Heimat",* Zeitschrift der AG für Heimatgeschichte, Volkskunde, Familienforschung und Schrifttum in Neusatz, geleitet von Franz *Hamm,* und *„Schwäbischer Volkserzieher",* seit 1938 in Neuwerbaß, geleitet von Adalbert Karl Gauß. Diese Zeitschriften bildeten die Basis für ein gehobenes geisteswissenschaftliches und kulturelles Schaffen, das Kräfte anregte und Leistungen ermöglichte, die es im Donauschwäbischen bisher nicht gab. Im Jahre 1939 brachte Martha *Petri* in Wien ihr *„Donauschwäbisches Dichterbuch"* heraus, das den geistigen Blick auf die eigenen Kräfte und auf das Ganze ausrichtete.

Die Deutschen setzten sich für die kulturelle Autonomie ein. Nachdem die Serben im alten Ungarn diese kulturelle Autonomie weitgehend besessen hatten, erwartete man von ihnen Verständnis für dieses deutsche Verlangen. Als die deutsche Führung erkannte, daß die kulturelle Autonomie nicht zu erreichen war, mußte sie den Weg zur kulturellen Selbsthilfe beschreiten. Zur Sicherung der materiellen Grundlage und zum weiteren Ausbau des deutschen Schulwesens wurde am 29. Juni 1931 die Deutsche Schulstiftung gegründet. Im Auftrage des Staates konnte sie Trägerin des deutschen höheren Schulwesens in Südslawien und später in Ungarn werden. Im Herbst 1931 eröffnete die Priv. Deutsche Lehrerbildungsanstalt mit über 100 Schülern in Großbetschkerek unter Direktor Josef *Täubel* ihre Pforten.

Die Jugendbewegung der Donauschwaben. Eine Betreuung der schulentwachsenen Jugendlichen hat es in donauschwäbischen Gemeinden schon immer gegeben, nicht nur kirchlich-religiöse, auch weltlich-berufsständische, die die Zünfte an den Lehrlingen und Gesellen, die Seelsorger und Lehrer mit der Bauern-, später auch mit der Arbeiterjugend betrieben. Mit fortschreitender wirtschaftlich-sozialer Auffächerung der deutschen Bevölkerung im 19. Jahrhundert bildeten sich immer mehr Vereine und Zusammenschlüsse kirchlicher und weltlicher Art im Dienste der Ausweitung der Volksbildung und staatspolitischen Aufklärung. Der Einfluß aus binnendeutschen Landen auf die Vielfalt dieser Jugendbetreuungsarbeit in Zielsetzung und Arbeitsweise ist unverkennbar. Das trifft besonders auch auf die mancherorts schon frühzeitig auftretenden deutschen Gesangs- und Turnvereine zu, die fast immer auch ein nationales Verhalten zeigten.

Eine deutschvölkische Jugendarbeit konnte sich erst nach dem Ersten Weltkrieg in den Nachfolgestaaten Rumänien und Jugoslawien, weniger in Ungarn entfalten. Das hing mit dem Entstehen deutscher höherer Schulen zusammen sowie mit der Tätigkeit umfassender deutscher Kulturverbände, die in allen drei Heimatstaaten gegründet wurden. Über die intensivere Pflege der deutschen Sprache und Kultur entwickelte sich ein lebendiges Bewußtsein der deutschen Kultur- und Volksgemeinschaft über Stände, Konfessionen und Staaten hinweg. Mit der Gründung umfassender national-kultureller Organisationen, die in den deutschen Gemeinden ihre Ortsgruppen errichteten, ergab sich eine neue Situation für die donauschwäbische Jugendarbeit. Charakteristisch für die Tätigkeit in diesen Gruppen und Bünden ist deren neue Zielsetzung und Arbeitsweise. Ihre Anstöße lassen sich zumeist auf die intensive und vielschichtige Jugendarbeit im binnendeutschen Raum zurückführen. Hier war bereits vor dem Ersten Weltkrieg eine Jugendbewegung entstanden, die versuchte, an die Stelle der überkommenen „bürgerlichen Scheinkultur" ein Leben „in eigener Verantwortung und innerer Wahrhaftigkeit" zu setzen. Einfache Lebensweise, ein neues Verhältnis zur Natur, zu Volkstum, Kameradschaft und fester Zusammenhalt waren die Kennzeichen dieser Jugendarbeit.

Die völkische Bewegung der deutschen Minderheiten in den Nachfolgestaaten entwickelte ihre Jugendarbeit immer mehr unter dem Einfluß solcher Grundsätze. Hier trat allerdings verstärkt noch das Element der Bildung und Kultur in Erscheinung, weil ja mit der Jugendarbeit auch ein Ersatz für die mangelhafte deutsche Schulbildung verbunden werden mußte. Von der Kultur-und Gemeinschaftsorganisation wurde deshalb vielfach der *Wanderlehrer* eingesetzt, der neben dem deutschen Lied und Volkstanz auch Grundkenntnisse in deutscher Rechtschrift und deutscher Geschichte vermitteln mußte. Ausgerichtet auf die ganze Gruppe des Landes, ging es der zentralen

Führer der donauschwäbischen Jugendbewegung

Prälat Josef Nischbach, 1889–1970, Lehrerbildner

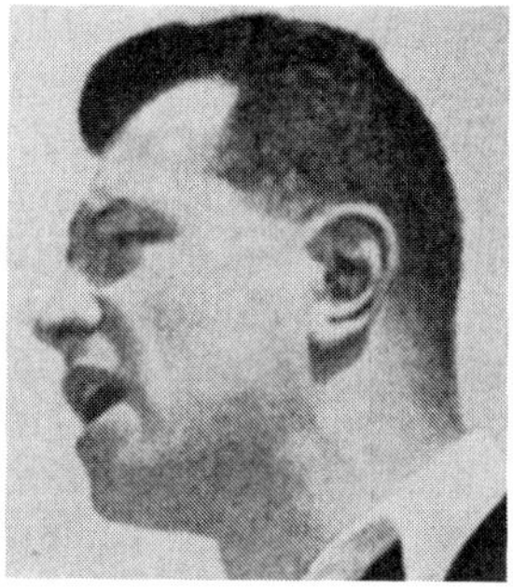

N. H. Hockl, 1908–1946, Volkspolitiker

Nikolaus Engelmann, geb. 1908, Pädagoge und Schriftsteller

Leitung der Organisation um die Erfassung möglichst aller Volksangehörigen, um diesen die nationale Entwicklung in allen Lebensbereichen gegen Benachteiligung durch das andersnationale Staatsvolk zu sichern. Es ging darum, die Kräfte der Selbsthilfe für eigene Schulen, Genossenschaften, Kultur- und Jugendvereine, auch zur Stärkung der eigenen Positionen in Kirche und kirchlichen Vereinen zu aktivieren. Für die deutschvölkische Jugendarbeit stellten sich vor allem schwäbische Schüler der höheren Schulen und Hochschüler zur Verfügung. Die Hochschüler bildeten ihre Vereine an österreichischen und reichsdeutschen Hochschulen. Sie widmeten sich hier eigener Kultur- und Bildungsarbeit und verschafften sich Einblick in die Bestrebungen der deutschen Jugendarbeit und Jugendbewegung. In den Ferienmonaten aber leisteten sie, vereinzelt oder in Gruppen in Kontakt mit Schülern höherer Schulen, Studenten oder anderen Jugendlichen der Ortsgruppe oder Jugendvereine, praktische Jugendarbeit.

Form, Gehalt und Umfang der Jugendarbeit war in den einzelnen Heimatstaaten von den Freiräumen, den Instrumenten und den Führungskräften abhängig, die dafür eingesetzt werden konnten. Am günstigsten stand es in dieser Hinsicht für die Donauschwaben in Rumänien, während die donauschwäbische Jugend in Ungarn am ungünstigsten abschnitt. Die Donauschwaben im östlichen Banat hatten seit 1920 weitgehend ihre deutschen Volksschulen, sie erhielten vom Staat und der Kirche auch deutsche höhere Schulen, eine deutsche Lehrer- und Priesterausbildung. Anders die donauschwäbische Jugend in Ungarn. Ihre schulische Lage war katastrophal, deutsche höhere Schulen erlaubte der Staat bis 1940 überhaupt nicht, die deutschen Volksschulen waren unzureichend, der Volksbildungsverein, die einzige kulturelle Landesorganisation der Volksgruppe, durfte Jugendliche unter 21 Jahren nicht als Mitglieder aufnehmen. Die Verhältnisse in Jugoslawien waren für die Donauschwaben nicht so günstig wie in Rumänien, aber weit besser als in Ungarn. Auch wenn in keinem der drei Heimatstaaten das deutsche Schul- und Ausbildungswesen den Anforderungen entsprach, die man an eine richtige Schul- oder Kulturautonomie zu stellen befugt war, so erreichten die Donauschwaben im östlichen Banat den umfangreichsten und besten Ausbau, wodurch sie zahlenmäßig einen Höchststand an eigenen Akademikern, Priestern und

Lehrern gewinnen konnten, die sich ihrem Volke verbunden fühlten und an dessen Kampf um nationale Selbstbehauptung beteiligten. Aber nicht nur die donauschwäbischen Hochschüler hatten ihre akademische Vereinigung an binnendeutschen oder heimatstaatlichen Universitäten, in denen sie sich freiwillig für ihren Dienst am eigenen Volke vorbereiteten, auch die donauschwäbischen Lehrer, Theologen und die Schüler an höheren Schulen waren seit den zwanziger und dreißiger Jahren in dieser Richtung tätig, nicht nur in Rumänien, wo sie seit 1920 über deutsche Ausbildung verfügten, auch in Jugoslawien, wo seit 1920 nur zeitweise deutsche höhere Schulen, erst seit 1931 eine deutsche Lehrer-, aber keine deutsche Priesterausbildung bestand.

Auf diese im Aufbruch befindliche volksbewußte deutsche Studenten- und Schülergeneration geht die von der binnendeutschen Jugendbewegung und der eigenen Kulturorganisation angeregte neue Jugendarbeit zurück, auch die Gründung des „Wandervogels“ im ö. Banat bereits um 1924, in Jugoslawien um 1928. Auf ihren Ausflügen und Fahrten, im Singen der Lieder aus dem „Zupfgeigenhansel“ und dem „Singenden Quell“ im Wandern, Spielen und Volkstanz, auf Spielfahrten, Sing- und Laienspielwochen, aber auch in Arbeitslagern für Entwässerung, Rodung und Wegebau, suchten die Wandervögel ihre Ziele zu erreichen, ihre Ideale zu verwirklichen.

Die wachsende „jugendbewegte“ donauschwäbische Bildungsschicht blieb nicht ohne Auswirkung auf die bäuerliche, gewerbliche und Arbeiterjugend, die bisher unorganisiert oder in hergebrachten national unverbindlichen Vereinen erfaßt war. Auch diese Jugend begann sich nun ihrer Lage und Aufgabe bewußt zu werden und sich verstärkt in die umfassende nationale Gemeinschaftsarbeit einzugliedern. Zu Beginn der dreißiger Jahre entwickelte sich eine machtvolle Jugendbewegung, die auf ihre Stellung und Verantwortung in der Gemeinschaft bedacht war. Das Ergebnis der bisherigen nationalen Tätigkeit betrachtend, konnte die in die Verantwortung drängende Jugend, aber auch einen Teil der bisherigen politischen Führungskräfte, nicht befriedigen. In allen drei Heimatstaaten der Donauschwaben kam es in dieser Zeit zu innervölkischen Auseinandersetzungen. Beweggründe dieser innervölkischen Richtungskämpfe ergaben sich aus den vom Generationenwechsel bedingten Macht- und Führungsfragen. Die Opposition verlangte die Trennung von Politik, Wirtschaft und Kultur, um Stellen für ihre in die Führung drängenden Kräfte zu gewinnen.

Die nationale Arbeit der Kirche. Das eigenständige Wirken der Kirche stärkte die Stellung der Donauschwaben. Der Einfluß der Kirche und der Geistlichkeit war bis zum Aufkommen der nationalen Bewegung in den schwäbischen Gemeinden ausschlaggebend. Sofern er nationalpolitische Gesichtspunkte berücksichtigte, diente er aber zunächst dem madjarischen oder kroatischen machtpolitischen Übergewicht. Als die schwäbische national-kulturelle Arbeit sich von Dauer erwies, mußten Kirche und Geistlichkeit deren nationale Bestrebungen verstehen lernen und sie im Geiste des Volkes für die religiösen Anliegen fruchtbar machen. Das erstrebte Ziel war eine Synthese zwischen Glaube und Volkstum, um zu erreichen, was die andersnationalen Nachbarn längst verwirklicht hatten. Übrigens muß festgehalten werden, daß auch in Zeiten ärgster nationaler Überfremdung die religiösen Bedürfnisse gläubiger Christen zumeist keinen Abbruch erlitten hatten, höchstens das religiöse Wissen wurde schwä-

Schwabenbischof Augustin Pacha,
1870–1954

Ev. Landesbischof Philipp Popp,
1893–1945

Tafel I

Die deutschen Siedlungsgebiete und die deutschen Evangelischen in Jugoslawien (Uebersichtskarte)

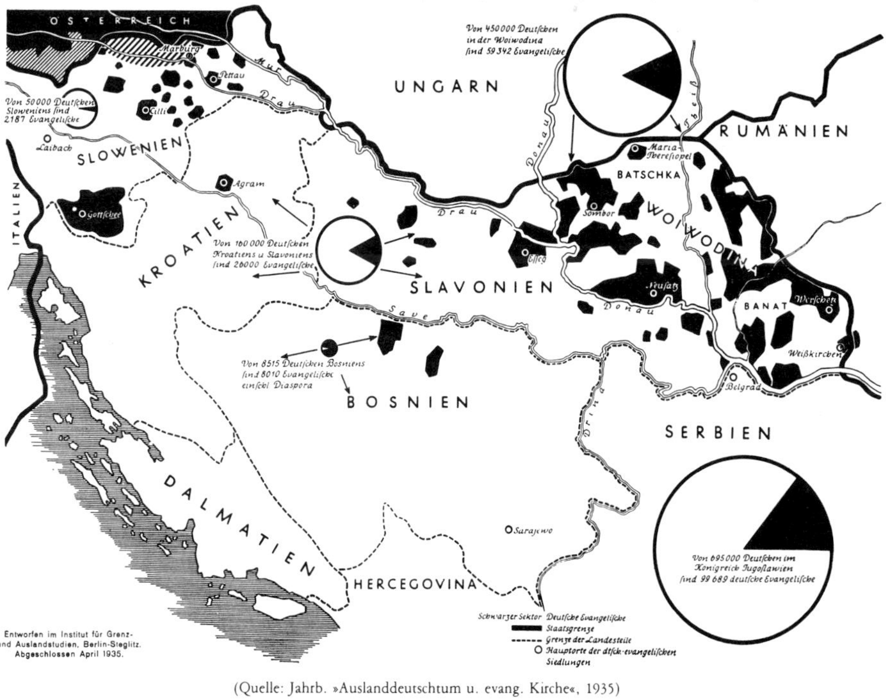

(Quelle: Jahrb. »Auslanddeutschtum u. evang. Kirche«, 1935)

cher. Nach dem Ersten Weltkrieg konnten die Donauschwaben auf kirchlichem Gebiete Positionen erreichen, die letzten Endes auch Ausdruck ihres nationalen Strebens waren.

Am weitesten war die Bejahung der Verbindung zwischen Religion und Volkstum im östlichen Banat fortgeschritten. Bereits Bischof Julius *Glattfelder* hat der nationalpolitisch veränderten Sachlage in Rumänien Rechnung getragen und im Jahre 1920 die deutsch-katholische Lehrerbildungsanstalt in Temeschburg ins Leben gerufen. Nachdem Bischof Glattfelder 1923 seinen Sitz nach Segedin verlegt hatte, wurde Augustin *Pacha* als Administrator mit der Leitung der Diözese betraut. Ihm gelang eine Erneuerung des religiösen Lebens, die seinen Stammesgenossen das zu geben versuchte, was ihnen Jahrzehnte hindurch vorenthalten worden war. Die Förderung des katholisch-deutschen Schulwesens, zahlreiche deutsche Volksmissionen, Gründungen von deutschen Kirchengemeinden, Zusammenfassung und Ausbau der deutschen kirchlichen Organisationen, besonders der katholischen Jugendverbände, die Ausbildung des deutschen Priesternachwuchses, das alles waren Werke zur Stärkung der Kirche und des Volkstums. In hervorragender Weise halfen ihm bei dieser Neugestaltung Prälat Josef *Nischbach,* seit 1920 Direktor der deutsch-katholischen Lehrerbildungsanstalt und Leiter des 1926 eröffneten größten südostdeutschen Schulzentrums „Banatia", in der Erziehungs-und Jugendarbeit auch die Priorin Dr. Hildegardis *Wulff,* die vom neuen Kloster St. Lioba in Temeschburg als Mittelpunkt religiöser, kultureller und sozialer Antriebe erneuernde Frauenarbeit und Mädchenerziehung gestaltete. Die mit dem deutschen Katholizismus, mit dem *Reichsverband für das Katholische Auslandsdeutschtum,* dem Jungmännerverband und der Jugendzentrale in Düsseldorf, dem Borromäusverein u. a. angebahnten Beziehungen brachten nicht nur entscheidende geistig-kulturelle, sondern auch fachlich-persönliche und materielle Hilfe zum Ausbau der eigenen Schulen und Institutionen. Sichtbarer Ausdruck dieser fruchtbaren Verbindungen war die 1928 erfolgte Ernennung des Bischofs Pacha zum Ehrendoktor der Theologischen Fakultät der Universität Münster/Westfalen.

Viele Sorgen bereiteten dem Schwabenbischof der Zweite Weltkrieg, das Schwerste stand ihm aber erst nach dem Überrollen der Heimat durch die russische Armee und die Errichtung der kommunistischen Herrschaft in Rumänien und in ganz Osteuropa bevor. Er mußte den Leidensweg seines Volkes und seiner Kirche bis zum bitteren Ende mitmachen. In einem Schandurteil wurde er zu sechzehn Jahren Gefängnis verurteilt, weil er in christlicher Standhaftigkeit seinem Glauben und seinem Volkstum die Treue bewahrte. Am 4. Nov. 1954 schied der Schwabenbischof aus dem Leben. Bei seiner Inthronisation im Jahre 1928 sprach er vor seinem versammelten Volke die Worte: „Der vor Euch steht und zu Euch spricht, ist in diesem Lande und von Leuten geboren, die sich das Brot bitter und sauer verdienten; er ist unter Euch aufgewachsen; er hat mit Euch für Euch gebetet und gearbeitet; so sollen einst, so der liebe Gott will, seine Knochen neben Euren Knochen ihre Ruhe finden." Als guter Hirte war Augustin Pacha in guten und schweren Tagen seinem Volke ein priesterliches Vorbild, ein Bewahrer seines Glaubens und Volkstums, ein Beschützer seiner Kultur und seines Seelenheils.

Die Deutsche Ev. Landeskirche in Jugoslawien. Besser als der katholischen gelang es der protestantischen Kirche, die Verbindung zwischen Religion und Volkstum zu bewahren. Im Nachfolgestaat Jugoslawien war die evangelische Kirche eine bisher unbekannte Einrichtung. Die mit der Grenzziehung nach den Friedensverträgen von ihren ehemaligen Kirchenkörpern in Österreich und Ungarn abgetrennten protestantischen Gemeinden schlossen sich zunächst nach regionalen, nationalen und konfessionellen Gesichtspunkten in kleinerem Rahmen zusammen. Aber die Kirchen wie auch der Staat wünschten bald die Herstellung klarer kirchlicher Verhältnisse. Auf mehreren „Kirchentagen" forderten Vertreter des Staates den Zusammenschluß aller Protestanten in einer einzigen Kirchenorganisation. Der Unterschied zwischen den protestantischen Konfessionen war aber so groß, daß an eine gemeinsame Kirchengemeinschaft nicht zu denken war. Die slowakischen Lutheraner trennten sich von den Deutschen und errichteten bereits 1921 einen eigenen Kirchendistrikt auf nationaler Basis. Die deutschen und die übrigen nichtslowakischen Lutheraner wählten bei der für den 2. Juli 1923 nach Neusatz einberufenen Kirchenversammlung, auf der 8 Seniorate mit 70 Gemeinden durch ihre Delegierten vertreten waren, einstimmig als geistlichen Präsidenten den Neuwerbaßer Senior Gustav Adolf *Wagner* (1868-1926). Als 1925 die verfassunggebende Synode des Kirchendistriktes zusammentrat, berief sie Wagner auch zum geistlichen Synodalpräsidenten. Unerwartet starb er am 28. Mai 1926. Zum Nachfolger bestimmten die Kirchengemeinden den Agramer Senior Dr. Philipp Popp. Die Arbeit an der Verfassung ging weiter, und am 8. Dez. 1926 konnte ein erster Entwurf an das Kirchenministerium eingereicht werden. Das „Protestantengesetz" vom 16. April 1930 anerkannte eine slowakische und eine deutsche Kirche und vertraute die innerkirchliche Gesetzgebung den Synoden der beiden Kirchen an. Gemäß diesem Gesetzesauftrag gaben sich die nichtslowakischen Lutheraner eine neue Kirchenverfassung und schlossen sich zu einem Kirchenkörper zusammen, den sie „Deutsche Evangelische Christliche Kirche A. B." nannten. Die Verfassung wurde noch 1930 durch königliche Sanktionierung zum Staatsgesetz erhoben. Aus der Wahl zur Kirchenleitung gingen der Agramer Pfarrer Dr. Philipp Popp (1893-1945) als Bischof und Dr. Wilhelm Roth als weltlicher Präsident hervor. Die damit konstituierte Landeskirche zählte rund 130.000 Angehörige. Sie gliederte sich in acht Seniorate und umfaßte 71 Mutter- und 65 Filialgemeinden. Ihre Verfassung befähigte sie, ihre Führung auf Orts-, Kreis- und Landesebene selbst zu wählen. Grundlage der Kirchenorganisation war das Gemeindeprinzip. Danach durfte sich die Gemeinde ihren Pfarrer und letztlich auch ihren Bischof in freier Entscheidung selbst bestimmen. Die Gemeinde bildete die Grundlage aller Amtsgewalt, die sich übergeordnete Verwaltungsorgane schaffte.

Die Verfassung und Konstituierung der Deutschen Ev. Landeskirche als Körperschaft des öffentlichen Rechts mit einem eigenen Oberhaupt an der Spitze brachte einem Teil der deutschen Volksgruppe in Jugoslawien auf kirchlicher Ebene die Autonomie, die in nationaler und schulisch-kultureller Hinsicht für die ganze Volksgruppe trotz aller Bemühungen der deutschen Führung dem Heimatstaate nicht abzugewinnen war.

Die eigenständige Position der Landeskirche ausgebaut und in Partnerschaften mit allen zuständigen Faktoren mit Leben erfüllt zu haben, ist das Werk des noch jungen Landesbischofs Philipp Popp, der von bäuerlichen Vorfahren aus dem syrmischen und Batschgauer Raum stammend, am 23. März 1893 in Beschanija bei Semlin geboren wurde. Als höchster Würdenträger seiner Kirche vertrat er mit ihren Interessen auch deutsche Belange vor den höchsten Stellen des Staates und der Öffentlichkeit. Seine 1940 erfolgte Berufung in den Senat, die zweite gesetzgebende Körperschaft des Landes, war nicht nur eine Anerkennung des kirchlichen Spitzenvertreters, es war gleichzeitig auch ein Zeichen des Entgegenkommens der deutschen Volksgruppe gegenüber, um deren politische Position dadurch zu stärken. Es war das Verdienst des Landesbischofs Popp, „daß die an sich zahlenmäßig eben nicht starke Kirche zu einem Faktor im Rahmen des europäischen Protestantismus geworden ist und Ansehen genoß, das weit über ihre numerische Bedeutung hinausging. Es ist dem Geschick des Bischofs zuzuschreiben, daß die Landeskirche zu einer Intensivierung in ihren Beziehungen zur Reichskirche gelangte, ohne in die innerkirchlichen Streitigkeiten mit hineingezogen zu werden. Auf der gleichen Linie liegt die Regelung des Verhältnisses zum jugoslawischen Staat. Hier waren die Beziehungen seitens der Kirche von einer positiven Grundhaltung und seitens des Staates von einer wohlwollenden Korrektheit bestimmt". (G. Wild).

Mit der Aufteilung Jugoslawiens während des Zweiten Weltkrieges im Jahre 1941 zerfiel die Deutsche Ev. Landeskirche in vier Kirchenkörper: Gerhard May/Cilli wurde Bischof von Österreich; Konsenior Heinrich Meder/Neuwerbaß leitete als geistlicher Präsident den an Ungarn gefallenen größten Teil des Kirchenkörpers im Batscherland; Pfr. Franz Hein, Franzfeld, übernahm als Bischof die Leitung des Kirchenkörpers des unter deutscher Besetzung stehenden westlichen Banats; Bischof Philipp Popp, Agram, blieb Bischof im Unabhängigen Staate Kroatien. Das Zustandekommen dieser vier selbständigen Kirchenkörper ist dem Leiter des Außenamtes der Deutschen Ev. Kirche im Deutschen Reich, Bischof Theodor Heckel, Berlin, zu verdanken. Dieser bemühte sich auch früher schon, das Leben der Landeskirche in Jugoslawien zu beeinflussen; er legte großen Wert auf die innerkirchliche, theologische Aktivität der Kirche, weniger auf die äußere Präsentation.

Auch in der Zeit des Krieges bestand Bischof Popp seine Bewährung. Er half allen Hilfsbedürftigen ohne Rücksicht auf Konfessions-, Nations- und Parteizugehörigkeit. Beim Vordringen der kommunistischen Heeresverbände blieb er bei den Angehörigen seiner Kirche in seinem Sitz in Agram. Gerade diese Haltung und seine Ermordung durch die Partisanen am 29. Juni 1945 lassen ihn als Märtyrer seines Glaubens erscheinen, in dem das Schicksal seiner Kirche und Volksgruppe personifiziert vor unseren Augen steht.

Die völkische Erneuerungsbewegung. Der Einfluß des Mutterlandes auf die deutschen Volksgruppen in den Südoststaaten war inzwischen mächtig gestiegen, vor allem der geistig-propagandistische, der sich ja über Rundfunk und Presse ungehemmt auswirken konnte. Die in den zwanziger und dreißiger Jahren durch den Heimatstaat herbeigeführte Benachteiligung und Unterdrückung konnte jetzt, im Aufwind der Erfolge des Deutschen Reiches, im Windschatten der immer freundschaftlicher werdenden Beziehungen zwischen den Südoststaaten und Deutschland, von der deutschen Volksgruppe weitgehend aus eigener Kraft und trotz der innervölkischen Auseinandersetzung in eine einzigartige Aufbauleistung geistig-moralischer und politischer Art umgewandelt werden. Es entstanden in allen drei Heimatstaaten der Donauschwaben von der Jugend getragene völkische Erneuerungsbewegungen, die sich als Ganzes gesehen auf dem Boden der Loyalität dem Heimatstaate gegenüber bewegten. Die Forderungen an die Heimatstaaten waren hauptsächlich kultureller und wirtschaftlicher Art; sie gründeten sich durchwegs auf staatliche Gesetze und gesetzliche Verordnungen. Die Forderungen zu verwirklichen ist aber den Minderheiten niemals gelungen, weil die Heimatstaaten die Frage der Minderheiten immer als Politikum behandelten, von den Minderheiten in allen für sie entscheidenden Fragen aber politische Enthaltsamkeit oder gar Inkompetenz erwarteten. Obwohl sich die Donauschwaben gleich nach der Gründung der Nachfolgestaaten eine loyale und staatstreue Haltung zu eigen machten, begegnete ihnen der Staat mit einer ständigen, durch nichts begründeten politischen Annahme, die Deutschen könnten sich einer staatsfeindlichen Haltung hingeben. Erstmals gelang es in einer unter dem Enfluß des Deutschen Reiches gewandelten politischen Atmosphäre der Heimatstaaten, das Mißtrauen gegen die deutschen Volksgruppen zurückzustellen und bestimmte nachteilige Maßnahmen durch die Erfüllung alter Forderungen auf schulischem, wirtschaftlichem und volkspolitischem Sektor zu beseitigen.

Am 8. Nov. 1931 wählte die Bevölkerung die allein vom König zugelassene Staatsliste und damit 305 Abgeordnete ins erste autoritäre Parlament, darunter Dr. *Kraft* als einzigen Deutschen. Auch bei den Wahlen 1935 und 1938 konnten immer nur 1–2 deutsche Abgeordnete auf der Liste der Regierungspartei durchgebracht werden, darunter jeweils Dr. Kraft. Im Jahre 1938 gewann die deutsche Volksgruppe zwei Vertreter: Franz Hamm und Dr. Josef Trischler, beide im Batschgau. In den ersten Senat ernannte der König 1934 Dr. Georg *Graßl* als einzigen Deutschen zum Senator, 1940 kam noch Landesbischof Dr. Philipp *Popp* als Vertreter der Deutschen Ev. Landeskirche dazu. Es wurde von der Regierung dafür gesorgt, daß die deutsche Volksgruppe in dieser Zeit nie mehr deutsche Abgeordnete oder Senatoren erreichen konnte. Trotz geringfügiger staatlicher Zugeständnisse blieb der innere Zustand der Volksgruppe unbefriedigend und bot der jungen Generation zu wenig Perspektiven für die Zukunft. Vor allem dieser wenig hoffnungsvolle Zustand veranlaßte die Unzufriedenen, in einer neuen nationalen Bewegung breiteste Kreise der Jugendlichen und aller Volksschichten zu sammeln und durch deren Aktivierung für die existenziellen Gemeinschaftsaufgaben die Volksgruppe zu stärken. Die bisherigen Grundlagen der Arbeit: volkstreu und staatstreu für Muttersprache, Heimat und Väterglaube einzutreten, wurden durch neue Parolen wie „Ehre, Blut und Boden" angesprochen, die konkreter und zeitgemäßer faßten, was man auch bisher erstrebte, wenn es nur richtig verdeutlicht wurde. Daran fehlte es aber, was die Auseinandersetzungen und die einseitige kämpferische Haltung der Erneuerer förderte.

Der von der Erneuerungsbewegung begonnene innervölkische Kampf zwang die Leitung des Kulturbundes zum vorübergehenden Ausschluß der Erneuerer, um sich von deren politischem Auftreten abzugrenzen. Die Erneuerungsbewegung schuf sich hierauf mit Branimir *Altgayer* für Slawonien am 29. März 1936 in Essegg unter dem Namen *„Kultur- und Wohlfahrtsvereinigung der Deutschen in Slawonien"* eine eigene Organisation, deren Leitung der Regierungspartei versprechen mußte, den Belgrader Kurs in diesem Raum zu vertreten, der in der Kroatischen Bauernpartei eine sehr starke Opposition hatte.

Die drei donauschwäbischen Volksgruppenführer in Budapest 1940
Dr. Franz Basch, 1901–1945, Ungarn, Dr. Sepp Janko, geb. 1905, Jugoslawien;
Branimir Altgayer, 1897–1950, Kroatien

Bis 1938 war der aus dem Reich angestrebte Führungswechsel in der Volksgruppe nicht zu erreichen. Am 17. Okt. 1938 kam es endlich zur Einigung zwischen dem Kulturbund und der Erneuerungsbewegung. Dr. Kraft trat von seinen Ämtern zurück und verzichtete bei den bevorstehenden Wahlen auf seine Kandidatur. Unter dem Einfluß aus Berlin trat der bisherige Bundesobmann Johann *Keks* (1885–1944) von seinem Amt zurück. Bei einer Aussprache in Graz, an der am 19. Mai 1939 Vertreter der VOMI, des Kulturbundes und der Erneuerer teilnahmen, wurde von der Mehrheit der Vertreter beschlossen, Dr. Josef *Janko* zur Wahl als Bundesobmann durch den Bundesausschuß vorzuschlagen. Damit hatte Berlin sein Ziel erreicht: Einen Mann seines Vertrauens an die Spitze der Volksorganisation zu bringen. Am 6. August 1939 wurde Dr. Janko auf Vorschlag des bisherigen Bundesobmannes vom Bundesausschuß einstimmig gewählt. Nach einer kurzfristigen Übergangsregelung mit einem Führergremium, dem Franz Hamm als politischer Sprecher, Dr. Janko für den Kulturbund, Dr. Trischler als Wirtschaftsführer angehörten, begünstigte in Jugoslawien die außen- und innenpolitische Entwicklung den Ausbau des Kulturbundes zur Volksgruppenorganisation und der neuen Führung nach den Vorstellungen der VOMI. Die deutschen Volksgruppen im Südosten wiesen nach der Gleichschaltung in ihrem Aufbau und in ihren äußeren Formen und Arbeitsweisen viele Gemeinsamkeiten auf, die auf reichsdeutsche Einflüsse zurückzuführen sind, doch gab es auch wesentliche Unterschiede, die auf das national- und staatspolitische Verhalten der einzelnen Staatsvölker und Volksgruppen, aber auch auf die verschiedenen Gesetze und deren Handhabung mit den einzelnen Heimatstaaten zurückzuführen sind. (Darüber ausführlich: J. Beer, Donauschwäbische Zeitgeschichte aus erster Hand. 1987).

Der innervölkische Kampf endete schließlich damit, daß die alten völkischen Vorkämpfer zurücktreten mußten und die Verbände, Organisationen und Genossenschaften neue Leitungen bekamen. Der Rücksichtslosigkeit und Unbekümmertheit der angriffslustigen Erneuerer waren die „Alten" nicht gewachsen, auch deshalb nicht, weil die bisherige Führung in ihrer national-liberalen oder konservativen Einstellung in Deutschland nicht mehr erforderliches Verständnis und die notwendige Hilfe gegen die Erneuerer fand, um sich behaupten zu können.

Der Führungswechsel in den donauschwäbischen Gremien vollzog sich unter mehr oder weniger entscheidendem Einfluß der für die Volkstumsarbeit zuständigen Stellen des Reiches. In ihrem äußeren Aufbau sowie in den Formen und Methoden ihrer Arbeit wiesen sie jetzt Parallelen zu nationalsozialistischen Organisationen auf, sie unterstanden aber weder der Partei noch deren Formationen. Durch eine Anordnung von Rudolf Heß vom 3. Febr. 1939 war der Partei, ihren Gliederungen und angeschlossenen Verbänden jede Betätigung in der Volkstumsarbeit im Ausland verboten worden. Nur die VOMI (Volksdeutsche Mittelstelle) verfügte seit der Ablösung Hans Steinachers (1937) von der Leitung des VDA (Verein für das Deutschtum im Ausland) über die Volksgruppen. Das Deutsche Reich hat den Donauschwaben die Minderheitenrechte und die seit 1918 immer geforderte kulturelle und nationale Autonomie mit der Zustimmung der Heimatstaaten aufgrund zwischenstaatlicher Abmachungen realisiert. Ähnlich wie die meisten Politiker der Heimatstaaten, erkannten auch die Vertreter der Donauschwaben nicht, welche verhängnisvolle Entwicklung mit dieser reichsdeutschen Machtausweitung letztlich verbunden war, die von den Minderheitenschutzverträgen geschützte Volksgruppen zu politischen Objekten des Reiches werden ließ, sie hat im Gegenteil das grenzenlose Vertrauen dieser seit Jahrzehnten entrechteten nationalen Minderheiten zu ihrem Mutterland noch mehr gestärkt. Daß ihnen die größere Freiheit und Gleichbereichtigung für ihr Volkstum nur deshalb zugefallen ist, weil sich das Reich die Verfügungsgewalt über sie und ihre Heimatstaaten sichern wollte, diese Absicht dem Reich zu unterstellen, lag ihnen fern.

Die Volksdeutsche Kameradschaft um Franz Basch. Im Volksbildungsverein nahm nach dem Tode Bleyers am 5. Dezember 1933 der Einfluß der Regierung zu. Generalsekretär Franz *Basch* wurde beurlaubt. Der von der Regierung gestützte Vorsitzende Gustav *Gratz* (1875–1946) erklärte als Aufgabe des Volksbildungsvereines, das ungarländische Deutschtum über den Weg der seelischen Assimilation in das ungarische Staatsvolk zu überführen. Die Madjarisierung wurde mit allen Mitteln vorangetrieben. Die Zahl der Namensmadjarisierungen betrug 1933 bereits 100 000. Gegen diese entwürdigende nationale Überfremdung setzte sich Dr. Basch mit der ganzen Wucht seiner Persönlichkeit zur Wehr. Seine Volkstümlichkeit verdankte er nicht zuletzt der Tatsache, daß er unschuldig verurteilt ins Gefängnis geriet, weil er 1936 gegen die Namensmadjarisierung Stellung nahm. Seine Worte: *Wer seines Vaters Namen nicht ehrt, ist auch seiner Ahnen nicht wert,* genügten, ihn wegen Schmähung der ungarischen Nation zu fünf Monaten Gefängnis und zwei Jahren Ehrverlust zu verurteilen. Seine engeren Mitarbeiter wurden verfolgt und mißhandelt. Nach der Verbüßung der Gefängnisstrafe sammelte er die „Volksdeutsche Kameradschaft“ um sich und setzte seinen Kampf um die völkische Erneuerung fort. Durch seinen unerschrockenen Kampf erreichte er 1938 die Genehmigung, den *„Volksbund der Deutschen in Ungarn“* als wirklich unabhängige Kulturorganisation zu gründen. Die Bewilligung ist dem europäischen Weitblick des damaligen ungarischen Ministerpräsidenten Imrédy zu verdanken. Das Ungarn später aufgenötigte „Wiener Protokoll“ zum *„Schutze der deutschen Volksgruppe in Ungarn“*

brachte kein Mehr an Rechten. Der Volksbund blieb ein Verein, die Volksgruppe in Ungarn erhielt nicht den Charakter der Rechtspersönlichkeit. Das Schulwesen blieb weiterhin in den Händen des Staates, und die Madjarisierung der deutschen Familiennamen lief weiter. Vor der großen Aktion zur Namensmadjarisierung zwischen den beiden Weltkriegen gab es in Ungarn rund 1,8 Millionen Staatsbürger ungarischer Muttersprache mit deutschen Familiennamen. Die deutsche Volksgruppe in Ungarn zählte damals nur mehr rund 0,5 Millionen Seelen. Diese Zahlen machen die Verluste durch die Überfremdung und die Anstrengungen zur Madjarisierung der Namen deutlich.

Zu diesem Überfremdungsdruck kamen von seiten des ungarischen Staates und der Gesellschaft eine geplante Beunruhigung der Deutschen durch eine gezielte Aussiedlungspropaganda und Begünstigung von Maßnahmen (Treuebewegung, Zeitungen, Verdächtigungen) mit dem Ziel, die Tätigkeit des Volksbundes lahmzulegen (Weidlein, in: Deutsche Forschungen in Ungarn 1985, S. 352).

Basch war immer bemüht, die Einmischung des „Dritten Reiches" in die Belange der Volksgruppe zu verhindern. Was das Reich mit dem ungarischen Staate direkt vereinbarte, lag außerhalb des Machtbereiches der Volksgruppe. Wegen dieser, ohne Einwirkung der Volksgruppenführung, mit der ungarischen Regierung vereinbarten Ein- und Übergriffe wurden die Deutschen und Dr. Basch von Ungarn dann nach 1945 verurteilt und bestraft. Am 26. April 1946 wurde er in Budapest hingerichtet. Er starb als Märtyrer seines Volkes.

Der am 18. Sept. 1921 entstandene *„Verband der Deutschen in Rumänien"*, den die regionalen „Volksgemeinschaften" bildeten, nannte sich ab 1935 „Volksgemeinschaft der Deutschen in Rumänien". Ihre Nachfolgerin war ab Herbst 1940 die *„Deutsche Volksgruppe in Rumänien"*. Durch das rumänische Volksgruppengesetz vom 20. Nov. 1940 erhielt die Deutsche Volksgruppe den Status einer Körperschaft des öffentlichen Rechts. An die Spitze der Volksgruppe gelangte durch die VOMI in Berlin anstelle des bisherigen Volksgruppenführers der bisher wenig hervorgetretene junge Siebenbürger Sachse Andreas *Schmidt*. Es wurde offenkundig, daß sich die reichsdeutschen Stellen die Rolle des Schiedsrichters in inneren Angelegenheiten der Deutschen in Rumänien anmaßten. Es kann aber auch festgehalten werden, daß trotz dieser reichsdeutschen Eingriffe die Loyalität der Deutschen zu ihrem Heimatstaat nie ernsthaft in Frage stand.

Während die Erneuerungsbewegung in der Kampfzeit und nach der Übernahme der Leitung der Volksorganisationen in einer dynamischen Belebung aller volkspolitischen Kräfte die umfassende, äußerlich gleichgeschaltete Volksgemeinschaft errichten und ungeahnte Leistungen vollbringen konnte, gelang es ihr nicht, die machtvoll aufbrechende *kirchlich-religiöse Erneuerungsbewegung* unter Dr. Konrad *Schmidt*, Josef *Negele*, Adam *Berenz* und der jüngeren volksbewußten katholischen Geistlichkeit in Jugoslawien, die sich auch in volksbewußten kirchlichen Kreisen in Ungarn und im ö. Banat bereits unter Josef *Nischbach* u. a. auch in Verbindung mit binnendeutschen kirchlichen Organisationen und Vertretern aktivierte, zu überwinden. Die Kirche mit ihrer jahrhundertealten Erfahrung in der Menschenführung und ihrem entwickelten Gespür für die Bedrohung der Menschenrechte fühlte sich durch das rücksichtslose nationalsozialistische und neuheidnische Schreiben und Getue mancher Erneuerer

Führer der donauschwäbischen katholischen Erneuerung

Pfarrvikar Adam Berenz, 1898–1968, Schriftleiter und Domprediger

Dr. Konrad Schmidt, 1883–1971 Rechtsanwalt, Obm. des Kath. Arbeitskreises

Abt. Dr. Jakob Egerth, 1883–1962, Domkapitular, Abgeordneter 1941 in Budapest

zur Abwehr herausgefordert. Zur Belebung der systematischen katholischen Jugend- und Erneuerungsarbeit im Sinne der Katholischen Aktion bildeten sich konfessionell ausgerichtete Jungmännergruppen und Mädchenkränze, die regelmäßige Schulungsarbeit und kirchlich-religiöse Veranstaltungen durchführten, besonders auch große Männer-, Jungmänner-, Frauen- und Mädchen-Wallfahrten auf Diözesan- oder Landesebene. Es wurden Kurse für Jungakademiker und Theologiestudenten und mehrtägige Kurse für Jugend- und Büchereileiter durchgeführt. Auf dem Männer-Kongreß 1939 in Sombor sagte Dr. Konrad Schmidt: „... Von heute an wollen wir dem Vernichtungskampf gegen unsere Kirche nicht weiter untätig zuschauen und jeder Abfallbewegung vom katholischen Glauben energisch entgegentreten... Wer den Väterglauben zerstört, zerstört die Fundamente der Heimat..." Den Mißbrauch und die Manipulation der Volksgruppe der Donauschwaben im Einvernehmen oder unter Billigung der Heimatstaaten durch Beauftragte des Dritten Reiches und deren idealistisch oder weniger idealistisch gesinnte Helfer in der Volksgruppe, von denen kein einziger, selbst der Volksgruppenführer nicht, Mitglied der NSDAP war, wurde in seltener Weitsicht und Unerschrockenheit in weltanschaulich-kirchlicher Hinsicht schärfstens in der Wochenzeitung „Die Donau" (Apatin) von Adam Berenz und der kath. Erneuerungsbewegung unter Dr. Konrad Schmidt in den Jahren 1935-1944 bekämpft und abgelehnt. Berenz schrieb in Nr. 8/1937 der „Donau": „Für uns ist der Nationalsozialismus nicht mehr und nicht weniger als eine politische Partei. Die Partei ist aber nicht gleichbedeutend mit dem Muttervolke und die Parteiführer nicht gleichbedeutend mit Deutschland. Es hat für uns ein Muttervolk gegeben, bevor diese Partei auf den Plan getreten ist und es wird ein Deutschland geben, wenn das jetzige Regime längst der Geschichte angehören wird. Wir sind stolz darauf, daß wir uns soviel Freiheit im Denken und Klarheit im Urteil bewahrt haben. (In: Weitblick. 1961, S. 43)

Die Bestrebungen der Donauschwaben gingen auch in diesen Jahren ihrer unter dem Einfluß des Deutschen Reiches erreichten Gleichberechtigung über die Grenzen des Gesetzlichen niemals hinaus. Die Selbstverwaltung auf dem Boden einer politischen Neuordnung im Donauraum war ihr Ziel. Sie wollten keinen eigenen Staat gründen. Unter Preisgabe gewisser staatlicher Souveränitätsrechte sollte eine große politische Neuordnung die gleichberechtigte nationale Selbstverwaltung auf allen Gebieten und für alle Volksgruppen bringen. Eine solche Entwicklung zu erhoffen und zu erstreben war ihr gutes Recht, sie bewegte sich auch im Rahmen der Reformpläne der alten Monarchie und Franz Ferdinands, der Zusagen von Kaiser und König Karl IV. und der 1919 gewährten deutschen Autonomie in Ungarn, die auch unter Bela Kun noch fortbestand. Auch die Forderungen des Schwäbischen Manifestes 1918 und der Bestimmungen der 1919 verkündeten Minderheitenschutzverträge lagen in dieser Richtung.

Das Geschehen dieser Zeit ließ die Donauschwaben die geschichtliche Erfahrung erkennen, daß Ende der dreißiger Jahre das Mutterland in seiner Rolle als Hilfs- und Schutzmacht so erstarkt war, daß es die Volksgruppe, ähnlich wie der Heimatstaat, wenn auch aus anderen Überlegungen, gleichfalls nur mehr als Objekt behandelte. Den erforderlichen Freiraum und das Mitspracherecht in allen entscheidenden Existenzfragen haben, vor allem in den Kriegsjahren, weder das Vaterland noch das Mutterland der Volksgruppe in erforderlichem Maße gewährt.

Die Verbindungen der Donauschwaben zu ihrem Muttervolke. Der bei der Ansiedlung vom Kaiser versprochene Schutz auf ewige Zeiten geriet bald in Vergessenheit. Schon nach dem Ausgleich 1867 wurde er von den maßgebenden Stellen gegenüber 2 Millionen deutschen Menschen in der ungarischen Hälfte der Habsburgermonarchie unterlassen. Reichskanzler Otto von Bismarck und Kaiser Wilhelm II. waren nur an einem einheitlichen ungarischen Nationalstaat, nicht aber an dem Schicksal der über 2 Millionen Deutschen in Ungarn interessiert. Kaiser *Franz Joseph I.* (1848–1916) opferte sie dem reibungslosen Funktionieren des Dualismus. Die Donauschwaben erwarteten niemals von einem Eingreifen oder von einer Grenzveränderung seitens Deutschlands oder Österreichs eine Änderung ihres nationalen Zustandes. Für sie gab es nur eine Verständigung mit dem Staatsvolke auf der Grundlage demokratischer Gleichberechtigung.

Die nationale Not der Deutschen in Ungarn konnte im binnendeutschen Raum auf die Dauer nicht unbemerkt bleiben. Privater Initiative verdankte der *„Allgemeine Deutsche Schulverein“* (1881) sein Entstehen. Seiner kulturellen Hilfsarbeit wurden in Ungarn die ärgsten Schwierigkeiten bereitet. Aus dem Schulverein entwickelte sich der *„Verein für das Deutschtum im Ausland“* (VDA), Berlin. Dieser und das *„Deutsche Ausland-Institut“,* Stuttgart, widmeten sich der kulturellen Betreuungsarbeit der deutschen Minderheiten im Ausland. Auf ähnlicher Basis bewegte sich auch die Betreuungsarbeit des „Reichsverbandes für das katholische Deutschtum im Ausland“ und einiger anderer Organisationen. Diese Beziehungen und Verbindungen überschritten den Rahmen des international Erlaubten und Üblichen nicht. Sie dienten der Pflege und Erhaltung der deutschen Kultur- und Sprachgemeinschaft und vollzogen sich mit Wissen und unter Aufsicht der Heimatstaaten. Die Hilfe aus dieser Zeit war recht bescheiden: Bücherspenden wurden vermittelt, Stipendien und Studienmöglichkeiten erwirkt, Schulen betreut usw. Erst dem Dritten Reich blieb es vorbehalten, die unpolitische

Aufteilung der östl. Donaumonarchie und Dreiteilung der Donauschwaben 1919
Städte und Gemeinden mit 2000 und mehr Donauschwaben

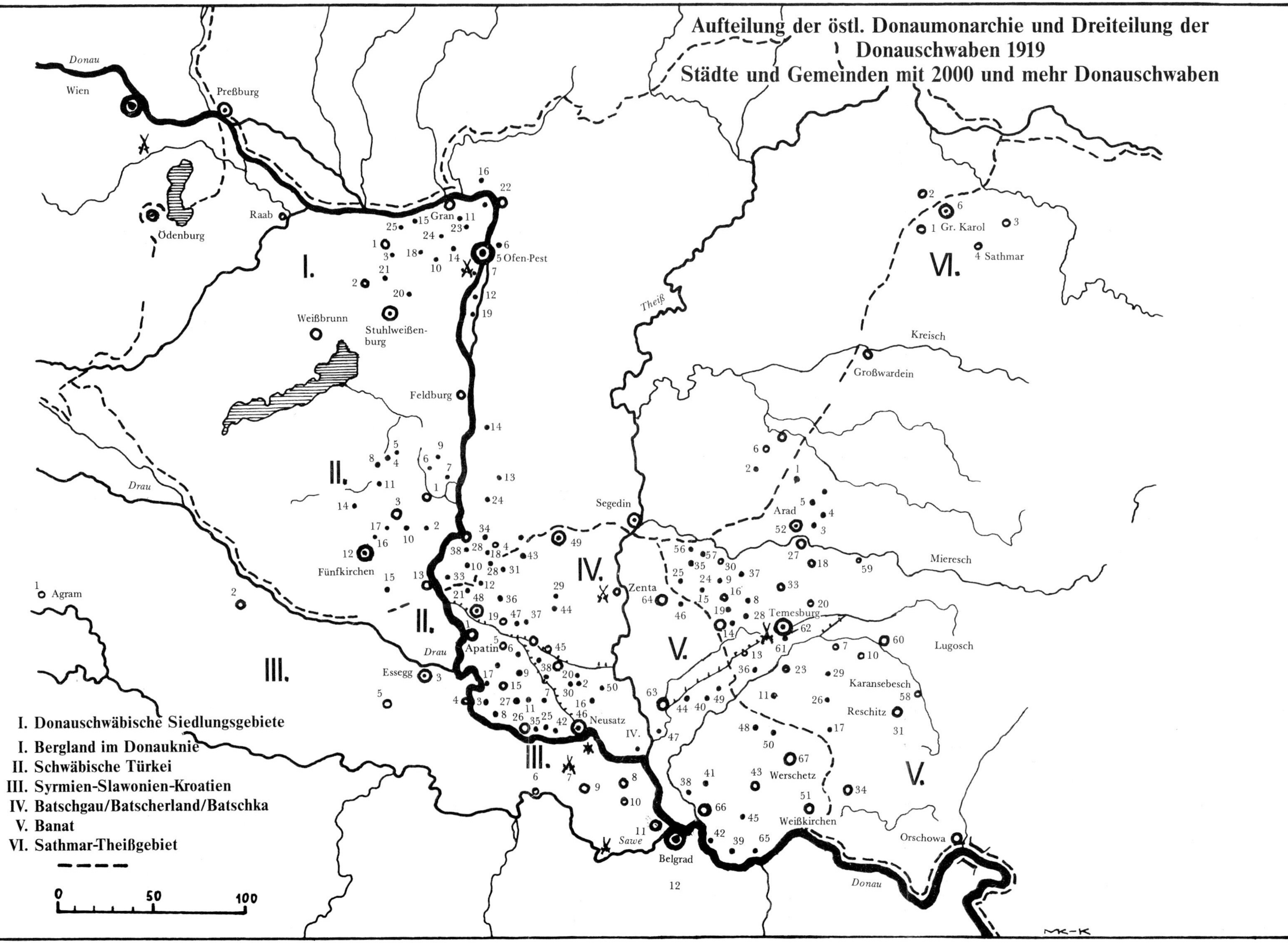

Städte und Gemeinden mit 2000 und mehr Donauschwaben

Geordnet nach den sechs donauschwäbischen Siedlungsgebieten.
Die Gemeinden sind in deutscher und amtlicher Ortsbezeichnung angeführt, auf der Karte mit der laufenden Nummer der einzelnen Siedlungsgebiete versehen.
Abkürzungen: M = deutsche Mehrheitsgemeinde; Mi = deutsche Minderheit;

I. Bergland im Donauknie (Buchenwald, Schildgebirge, Ofner Bergland)

1. Obergalla/Felsögalla, Mi
2. Moor/Mór, Mi
3. Atschau/Vértesacsa, Mi
4. Andau/Pusztavám, M
5. Ofenpest/Budapest, Mi
6. Neupest/Ujpest, Mi
7. Herzogsgard/Soroksár, Mi
8. Eugenstadt/Csepel, Mi
9. Promontor/Budafok, Mi
10. Burgwörth/Budaörs, M
11. Rothenburg/Pilisvörösvár, M
12. Harras/Dunaharaszti, Mi
13. Perwall/Perbál, M
14. Johannistal/Budakeszi, M
15. Drosthof/Dorog, Mi
16. Großmarosch/Nagymaros, Mi
17. Krottendorf/Békásmegyer, M
18. Schambeck/Zsámbek, M
19. Tax/Taksony, M
20. Großturwall/Törökbálint, M
21. Edeck/Etyek, M
22. Bugdam/Dunabogdány, M
23. Falkenstein/Solymár, M
24. Großschmieden/Nagykovácsi, M
25. Grubendorf/Csolnok, M

II. Schwäbische Türkei (Tolnau, Branau, Schomodei)

1. Hahnenburg/Tolna, Mi
2. Baderseck/Bátaszék, M
3. Bonnhard/Bonyhád, M
4. Mercystetten/Högyész, M
5. Jing/Gyönk, M
6. Jörking/Györköny, M
7. Kimling/Dunakömlöd, M
8. Mutsching/Mucsi, M
9. Kremling/Németkér, M
10. Moorgart/Mórágy, M
11. Debel/Tevel, M
12. Fünfkirchen/Pécs, Mi
13. Mohatsch/Mohács, Mi
14. Marhoff/Mágócs, M
15. Deutschbol/Németboly, M
16. Rohrbach/Püspöknádasd, M
17. Brückenau/Hidas, M

III. Syrmien-Slawonien-Kroatien

1. Agram/Zagreb, Mi
2. Weretz/Virovitica, Mi
3. Essegg/Osijek, Mi
4. Wukowar/Vukovar, Mi
5. Winkowzi/Vinkovci, Mi
6. Mitrowitz/Sr. Mitrovica, Mi
7. Ruma, M
8. Beschka, M
9. India/Indjija, M
10. Neu Pasua/Nova Pazova, M
11. Semlin/Zemun, Mi
12. Belgrad/Beograd, Mi

IV. Batschgau/Batscherland/Batschka

1. Apatin/Abthausen, M
2. Altker/Pašićevo, Altwiesen, M
3. Batsch/Bač,
4. Batschalmasch/Bácsalmás, M
5. Batsch-Sentiwan/Prigrevica Sv. Ivan, M
6. Batsch-Brestowatz/Ulmenau, M
7. Bulkes/Buljkes, Pfalzweiler, M
8. Bukin/Buchenau, M
9. Filipowa/Filipsdorf, M
10. Gara/Gartach, M
11. Gajdobra/Schönau, M
12. Gakowa/Gakovo, Gaumarkt, M
13. Hajosch/Hajós, Heuers, M
14. Harta/Hartau, M
15. Hodschag/Odžaci, M
16. Jarek/Schönhausen, M
17. Karawukowa/Wolfingen, M
18. Katymar/Schanzmark, M
19. Kernei/Krnjaja, M
20. Kischker/Kleinwiesen, M
21. Kollut/Ringdorf, M
22. Kunbaja/Kumbern, M
23. Milititsch/Berauersheim, M
24. Nemesnádudvar/Rohrhof, M
25. Neu-Futok/Mackensenhorst, M
26. Palanka/Plankenburg a. D., M
27. Parabuty/Gutacker, M
28. Ridjica/Riedau, M
29. Sekitsch/Sonnhaag, M
30. Schowe/Neu-, Altschowe, M
31. Stanischitsch/Wachenheim, M
32. Torschau/Torzsa, M
33. Tschatalya/Schattaling, M
34. Tschavoly/Saulsdorf, M
35. Tscheb/Čib, Bleyersdorf, M
36. Tschonoplya, Hügelhorst, M
37. Tscherwenka/Rotweil, M
38. Waschkut/Eisenbrunn, M
39. Weprowatz/Ebersdorf, M
40. Werbaß (Alt- u. Neuw.)/Weidenheim, M
41. Baja/Frankenstadt, Mi
42. Altfutok/Eugenwall, Mi
43. Bajmok/Nagelsdorf, Mi
44. Feketitsch/Schwarzenberg, Mi
45. Kula/Wolfsburg, Mi
46. Neusatz/Novisad, Ujvidék, Mi
47. Siwatz (Neu- u. Alt-S.), Eimannsruh, Siegwart, Mi
48. Sombor/Zombor, Schomburg, Mi
49. Subotica/Szabadka, Maria Theresiopel, Mi
50. Temerin/Theresienring, Mi

V. Banat mit Arader Gau

1. Aradsanktmartin/Sânmartin, M
2. Deutschapfeldorf/Németkamarás, M
3. Glogowatz/Glogovát, M
4. Neupanat/Panatul-Nou, M
5. Neusanktanna/Sânta-Ana, M
6. Renndorf/Elek, M
7. Bakowa/Bacova, M
8. Billed/Biled, M
9. Bogarosch/Bulgârus, M
10. Daruwa/Darova, M
11. Detta/Deta, M
12. Deutschsanktpeter/Sânpetru-German, M
13. Freidorf/Freidorf, M
14. Gertianosch/Cârpinis, M
15. Grabatz/Grabat, M
16. Großjetscha/Iecia-Mare, M
17. Großscham/Jamul-Mare, M
18. Guttenbrunn/Guttenbrunn, M
19. Hatzfeld/Jimbolea, M
20. Jahrmarkt/Giarmata, M
21. Kleinbetschkerek/Becicherecul-Mic, M
22. Lenauheim/Csatád, M
23. Liebling, M
24. Lowrin/Lovrin, M
25. Marienfeld/Teremia-Mare, M
26. Moritzfeld/Moritfeld, M
27. Neuarad/Aradul-Nou, M
28. Neubeschenowa/Besenova-Nouâ, M
29. Nitzkydorf/Nitchidorf, M
30. Perjamosch/Periam, M
31. Reschitz/Resita, M
32. Sackelhausen/Sacalaz, M
33. Sanktandreas/Sânandrei, M
34. Steierdorf-Anina/Staierdorfanina, M
35. Triebswetter/Tomnatic, M
36. Ulmbach/Peciul-Nou, M

37. Warjasch/Varias, M
38. Apfeldorf/Jabuka, M
39. Brestowatz/Banatski Brestovac, M
40. Ernsthausen/Banatski Despotovac, M
41. Franzfeld/Kraljevićevo, M
42. Homolitz/Omoljica, M
43. Karlsdorf/Banatski Karlovac, M
44. Lazarfeld/Lazarevo, M
45. Mramorak/Homokos, M
46. Nakodorf/Nakovo, M
47. Rudolfsgnad/Knićanin, M
48. Setschan/Temesch, M
49. Stefansfeld/Šupljaja, M
50. Zichydorf/Mariolana, M
51. Weißkirchen/Bela Crkva, M
52. Arad/Arad/Arad, Mi
53. Altsanktanna/Comlaus, Mi
54. Mezöberény, Mi
55. Semlak/Semlac, Mi
56. Deutsch- u. Großtschanad/Cenadul-Vechiuß, Cenadul-Mare, Mi
57. Großsanktnikolaus/Sânnicolaul-Mare, Mi
58. Karansebesch/Caransebes, Mi
59. Lippa/Lipova, Mi
60. Lugosch/Lugoj, Mi
61. Neukischoda/Fratelia, Mi
62. Temeschburg/Temesvár/Timisoara, Mi
63. Großbetschkerek/Veliki Bekkerek, Mi
64. Großkikinda/Velika Kikinda, Mi
65. Kubin/Kovin, Mi
66. Pantschowa/Pančevo, Mi
67. Werschetz/Vršac, Mi

VI. Sathmar-Theißgebiet

1. Fienen/Mezöfény, M
2. Wahlei/Vállaj, M
3. Erdeed/Erdöd, M
4. Bildegg/Beltiug, M
5. Oberwischau/Viseul de Sus, Mi
6. Großkarol/Carei Mare, Mi

Die Donauschwaben in Zahlen

	1940	1980
A. In der alten Heimat		
1. In Ungarn	650 000	270 000
a) Bergland im Donauknie mit Budapest	350 000	130 000
b) Schwäbische Türkei	250 000	100 000
c) Batschgau m. Theißgebiet (Teil)	50 000	40 000
2. in Jugoslawien	550 000	50 000
c) Batschgau + Branau (Teil)	200 000	10 000
d) Syrmien-Slawonien	200 000	30 000
e) w. Banat mit Belgrad	150 000	10 000
3. in Rumänien	350 000	230 000
e) ö. Banat mit Arad	300 000	180 000
f) Sathmar mit Theißgebiet	50 000	50 000
Insgesamt	1550 000/1550 000	550 000/550 000

Differenz zwischen 1940 und 1980: 1 000 000; davon

B. Im deutschen Sprachraum (Deutschland und Österreich)

1. Baden-Württemberg	225 000
2. Bayern	210 000
3. Hessen/Pfalz/Ndd.	100 000
BR Deutschland	535 000
4. Österreich	115 000
	650 000

C. Übersee

1. USA, Alt- und Neueinwanderer	250 000
2. Kanada	50 000
3. S. Amer./Austr.	50 000
Insgesamt	350 000

D. Kriegsverluste

1. Aus Ungarn	50 000
2. aus Jugoslawien	165 000
3. aus Rumänien	60 000
Insgesamt	275 000

E. Gesamtzahl d. Donauschw. 1980

1. In der alten Heimat		550 000
a) Ungarn	270 000	
b) Jugoslawien	50 000	
c) Rumänien	230 000	
2. Im dt. Sprachraum		650 000
a) Deutschland	535 000	
b) Österreich	115 000	
3. In Übersee		350 000
a) Alteinwanderer vor 1945	200 000	
b) Neueinwand. seit 1945	150 000	
Insgesamt		1 550 000

Sprach- und Kulturgemeinschaft aller Deutschen zu politischen Zwecken zu mißbrauchen. Die *„Volksdeutsche Mittelstelle“* übernahm seit 1937 alle Hilfs- und Betreuungsarbeiten für die Deutschen in anderen Staaten. Diese Hilfe als Einmischung, von den Donauschwaben nicht ohne Widerstand ertragen, mußten auch die Heimatstaaten als Ausdruck der politischen Übermacht des Dritten Reiches hinnehmen. Und doch entwickelten sich die Donauschwaben auch dann, wenn die Volksgruppen zu Körperschaften des öffentlichen Rechts wurden, nicht zu „Staaten in ihren Heimatstaaten“, wie es eine böswillige Propaganda manchmal hinzustellen versucht. Sie erreichten ihre autonome Rechtsstellung in Rumänien, Kroatien und Serbien aufgrund heimatstaatlicher Gesetzgebung, in deren Rahmen sie bestanden und sich betätigten. Selbst bei aller äußerlichen Übereinstimmung der Volksorganisation der donauschwäbischen Staatsbürger dieser Heimatstaaten mit reichsdeutschen Vorbildern ist zu erkennen, daß für den Aufbau dieser Organisationen und die Tätigkeit in ihnen rechtlich die heimatliche Gesetzgebung und Souveränität verbindlich war, sie waren den heimatstaatlichen und nicht etwa den reichsdeutschen zuständigen Behörden gegenüber für die Einhaltung der gesetzlichen Bestimmungen verantwortlich. Mehr als in anderen donauschwäbischen Heimatlandschaften galt das in Ungarn, wo es selbst eine eigentliche deutsche Schulautonomie niemals gegeben hatte.

Internationale Verbindungen. Die nationale Selbstbesinnung veranlaßte die Donauschwaben Verbindungen anzuknüpfen, um ihr Gemeinschaftsleben auszugestalten. Bereits im alten Ungarn stellten die ersten nationalen Vorkämpfer politische Beziehungen zu den Vertretern der Serben, Rumänen, Slowaken, aber auch Madjaren her. Mit dem Aufbau der völkischen Organisationen und Einrichtungen ergab sich die Notwendigkeit, auch die Hilfe der Landsleute in Übersee in Anspruch zu nehmen. So entstanden erste überstaatliche Beziehungen nationalpolitischer Art. Bedeutungsvoller ist aber die internationale Aktivität im Rahmen der Minderheitenkongresse und der Völkerbundliga für Völkerversöhnung und Völkerverständigung. Die katholische Kirche, die ja das Wesensmerkmal der Internationalität an sich trägt, leistete schon dadurch, daß sie die Volksgruppe der Donauschwaben zur Kenntnis nahm und nach einer Synthese zwischen Kirche und Volkstum strebte, eine allgemeine Hilfe. Es kann jedoch gesagt werden, daß die Donauschwaben, in ihrem nationalpolitischen Ringen um Eigenständigkeit, den internationalen Verbindungen zu wenig Aufmerksamkeit widmeten. Sie verließen sich zu sehr auf die eigene Kraft und hofften auf ihre gerechte Sache und auf das Verständnis der Heimatstaaten.

Die Aufteilung Jugoslawiens nach dem Aprilkrieg 1941

16. Der Zweite Weltkrieg und seine Auswirkungen

Die aus eigener Kraft herbeigeführte Revision der das Deutsche Reich und Volk verletzenden Bestimmungen des Versailler Friedensdiktates erweckte bei den Westmächten wachsendes Mißtrauen und führte trotz der Kommunismus-Gegnerschaft des Nationalsozialismus zum Hitler-Stalin-Pakt, der dann mit dem Einmarsch der Deutschen in Polen am 1. September 1939 den Zweiten Weltkrieg auslöste. Frankreich und England erklärten daraufhin am 3. September an Deutschland den Krieg.

Die erste Hälfte des Krieges (bis 1941) ist durch eine Reihe von Blitzkriegen gekennzeichnet. Die Südoststaaten blieben zunächst von Kriegshandlungen noch verschont.

Der Krieg greift nach dem Südosten. Als aber serbische Kreise den Beitritt der jugoslawischen Regierung zum Dreierpakt mit dem Sturz der Regierung beantworteten, griffen deutsche Verbände Jugoslawien an und überrannten es in einem Feldzug von wenigen Tagen. Schon am 10. April 1941, gleich nach Kriegsbeginn, wurde der Unabhängige Staat Kroatien proklamiert. Ungarn nahm am 11. April seine Kriegshandlungen gegen Jugoslawien auf. Der Krieg brachte die Deutsche Volksgruppe des Landes in eine gefährliche Lage. Auch die schwäbischen Soldaten erhielten Einberufungsbefehle zum jugoslawischen Heer. Sie folgten dem Ruf des Vaterlandes, in Jugoslawien ebenso wie in Ungarn und Rumänien. Verweigert haben sich zu dieser Zeit Kommunisten und Kroaten Bruno Mlinarić, ein Kommunistenführer aus dieser Zeit, schreibt: „Die jugoslawische Armee war nicht zuletzt durch unsere kommunistische Wirksamkeit vollständig desorganisiert". Eine donauschwäbische „Fünfte Kolonne" ist ein Propagandamärchen. Nach der Kapitulation des jugoslawischen Heeres und der Flucht der Regierung ins Ausland zerfiel der Staat in seine Bestandteile. Nur weil neben Ungarn auch Rumänien das westliche Banat beanspruchte, blieb es mit Belgrad und Nordserbien zusammen unter deutscher Militärverwaltung. Die Donauschwaben des Gebietes erhielten die Aufgabe, im Banat eine volksdeutsche Zivilverwaltung einzuführen. Diese bemühte sich dabei unter Volksgruppenführer Dr. Janko, auch den andersnationalen Volksgruppen nationale Gleichberechtigung widerfahren zu lassen. Im USt Kroatien, der sich sogleich bildete, erhielt die Deutsche Volksgruppe unter der Führung von Branimir *Altgayer* (1897–1946) ebenfalls nach den Richtlinien der VOMI (Volksdeutschen Mittelstelle) und unter Billigung der kroatischen Regierung eine festumrissene Rechtsstellung. Auch an der Verwaltung waren die Deutschen beteiligt.

Gegensätze zwischen den Südoststaaten kamen in der ersten Phase des Krieges an die Oberfläche. Die zwei Wiener Schiedssprüche im Jahre 1938 und 1940 regelten die Grenzen Ungarns auf Kosten der Tschechoslowakei und Rumäniens. Sie stellten auch die Rechtslage der Deutschen Volksgruppen in allen drei Heimatstaaten der Donauschwaben auf neue Grundlagen. Das Wiener Volksgruppenabkommen vom 30. August 1940 brachte den Deutschen in Rumänien den Status einer Körperschaft des öffentlichen Rechts und die Schulautonomie. Die gleiche Rechtsstellung erhielten auch die Volksgruppen in Kroatien und im Banat mit Belgrad und Nordserbien. In dem gleichzeitig abgeschlossenen Deutsch-Ungarischen Abkommen traf das Deutsche Reich mit Ungarn Abmachungen für die Deutschen des Landes, auf die das Deutschtum in Ungarn keinerlei Einfluß hatte. Der Volksbund der Deutschen in Ungarn verkörperte als Organisation die Deutsche Volksgruppe, er erhielt aber nicht die Rechtsstellung einer Körperschaft des öffentlichen Rechts und nicht das Recht, die deutsche Schulautonomie zu verwirklichen. In den Ungarn bei der Auflösung Jugoslawiens zur Einverleibung überlassenen Gebieten Batschgau und Branau mußten sich die hier im Schwäbisch-Deutschen Kulturbund vollzählig organisierten Deutschen Ende 1941 dem Volksbund eingliedern und auf die Rechtsstellung, wie eine solche ihre Stammesgenossen in Kroatien, im Banat mit Serbien und Rumänien besaßen, verzichten, auch auf die vollständige Autonomie ihres Schulwesens. Ungarn gewährte den nichtmadjarischen Nationalitäten auch jetzt nicht jenes Maß an Autonomie, das ihnen auf Grund ihres Selbstbewußtseins zustand.

Kriegsverwendung der Donauschwaben. Die donauschwäbischen Wehrpflichtigen leisteten ihren Kriegsdienst in den Heeresverbänden ihrer Heimatstaaten ab. Als diese zur Kriegsteilnahme an der Seite der Achsenmächte gewonnen wurden, waren sie in ihrem nationalistischen Denken darauf bedacht, ihr Mitwirken auf Kosten der eigenen Deutschen zu erbringen. Das eigene nationale Blut sollte geschont werden. In den für die Kriegsführung bereitgestellten Verbänden waren die Nationalitäten überproportional vertreten. Für die künftige Entwicklung der Donauschwaben erwies sich deren Einziehung zum Kriegseinsatz in deutschen Wehrverbänden als entscheidende Maßnahme. Die Rechtsgrundlage dazu bildeten in Ungarn und den anderen Südoststaaten zwischenstaatliche Abkommen, die in den Jahren 1942, 1943 und 1944 zwischen der Deutschen Regierung und den Regierungen der Heimatstaaten der Donauschwaben zustande kamen.

Nach der Kapitulation und Aufteilung Jugoslawiens bildeten sich in den unter Militärverwaltung stehenden Gebieten illegale Gruppierungen, die einen bewaffneten Kampf gegen die Besatzungsmacht führten. Beim Ausbruch des deutsch-russischen Krieges rief der Hauptstab der Partisaneneinheiten zum Aufstand gegen die Okkupanten des Landes auf. Auch in den donauschwäbischen Siedlungsgebieten kam es zu Überfällen und Sabotageakten der Partisanen. Gegen die Aktivitäten der Kommunisten im Batscherland führte die ungarische Besatzungsmacht eine „Razzia“ durch, der im Januar 1942 Tausende Serben und Juden zum Opfer fielen. Zu ihrer Bekämpfung und zum Schutz der Heimat wurde die Prinz-Eugen-Division im Banat aus Volksdeutschen mit reichsdeutschem Rahmenpersonal aufgestellt und unter General Arthur *Phleps,* einem Siebenbürger Sachsen, im Kampf gegen die Partisanen auf dem Balkan eingesetzt. Die total ausgehobenen Männerjahrgänge der Donauschwaben standen aber auch in anderen deutschen Heeresverbänden an allen Fronten, besonders im Osten und gegen die Rote Armee in Ungarn. Nach der Schlacht von Stalingrad (1943) begannen für die Deutschen die Rückschläge. Sowohl Ungarn als auch Rumänien suchten geheime Verbindungen mit den Westmächten anzuknüpfen. Hitler hat mit der Umsiedlung deutscher Volksgruppen operiert. Die Umsiedlung der Deutschen aus dem Südosten deutete er bereits in den Jahren 1938/39 an. Die Donauschwaben wollten davon nichts wissen, ihnen lag daran, durch Leistungen ihre Lebensfähigkeit und Brückenfunktion nachzuweisen. Daß es dann aber nicht zur Umsiedlung, sondern zur

Vertreibung gekommen ist, muß den bewußten Vernichtungsabsichten der nationalistisch-kommunistischen Regierungen der Heimatstaaten zugeschrieben werden.

Am 23. August 1944 erklärte Rumänien seinem bisherigen Verbündeten, dem Deutschen Reich, den Krieg. Die Deutschen traf dieser Schritt unerwartet und unvorbereitet. Die Russen drangen daher nach der Gefangennahme der ihnen gegenüberstehenden deutschen Einheiten in schnellen Vorstößen über die Karpaten in den Donauraum ein. Die sächsischen und donauschwäbischen Siedlungsgebiete standen jetzt ihrem Zugriff offen: Siebenbürgen, das Banat und das Batscherland wurden fast kampflos von deutschen und ungarischen Verbänden aufgegeben. Die Donaulinie sollte gehalten werden. Um Budapest und den Brückenkopf bei Batina/Apatin entwickelten sich gewaltige Abwehrkämpfe. Alle wehrfähigen donauschwäbischen Männer bis zu 65 Jahren wurden noch von ihren Familien getrennt und eingezogen. Unausgebildet und unausgerüstet sollten sie die Heimat verteidigen. In den eingesetzten deutschen und ungarischen Divisionen verteidigten in der Hauptsache donauschwäbische Soldaten noch 60 Tage lang die ungarische Hauptstadt und verzögerten dadurch den russischen Vorstoß nach Wien und weiter westwärts nach Österreich und Bayern.

Evakuierung und Kapitulation. In diesem Krieg, den die Donauschwaben weder wollten noch verursachten, gerieten sie zwangsläufig als mißbrauchte Beteiligte zwischen die Fronten der kriegführenden Mächte und dadurch zwischen die Mahlsteine ideologischer, nationaler und machtpolitischer Auseinandersetzungen. Sie leisteten ihren Blutzoll für ihre nationale Gleichberechtigung. Eines Verrates am Vaterland waren sie sich nicht bewußt. Für sie galt es zu gehorchen, wie das Gesetz es befahl. Gesetze zu erlassen und über Krieg und Frieden zu entscheiden, das überstieg ihre Macht und Befugnis. Wer sie in dieser Richtung verantwortlich macht, begeht Unrecht.

Mit der Niederlage des Dritten Reiches brach die Katastrophe auch über die Donauschwaben herein. In deren Ablauf lassen sich als Zwangsmaßnahmen oder Rechtsverstöße unterscheiden:

1. Die Evakuierung der Donauschwaben aus ihren Heimatstaaten,
2. Die Zwangsverschleppungen in die Sowjetunion und in den Heimatstaaten,
3. Die Entrechtung, Enteignung und Vertreibung,
4. Die Ermordung und Internierung in Arbeits- und Vernichtungslagern.

Beim Herannahen der russischen Armeen und Partisanenverbände war die Evakuierung der donauschwäbischen Bevölkerung geboten, um sie nicht in die Hände der gegen alles Deutsche aufgehetzten russischen Soldaten und Partisanen fallen zu lassen. Auf diese große Aufgabe war aber niemand richtig vorbereitet, weder die reichs- noch volksdeutsche Führung. In Rumänien traf der Umsturz diese Führungsorgane völlig ratlos. Das Versagen der Organisation machte eine systematische Evakuierung der schwäbischen Dörfer des östlichen Banates unmöglich. Bei 50 000 Banater und Sathmarer Schwaben dürften in dieser Zeit den Boden des damaligen Deutschen Reiches durch Evakuierung oder Flucht erreicht haben. Für das Westbanat und Belgrad arbeitete die Volksgruppenführung rechtzeitig einen gründlichen Evakuierungsplan aus. Reichsdeutsche militärische Befehlsstellen erließen aber ein Fluchtverbot, das erst am 2. Oktober 1944 aufgehoben wurde, als es schon zu spät war. Im Westbanat mit Nord-

Serbien gab es bei 140 000 Deutsche. Von diesen wurden nur 10 v. H. evakuiert. In dem von den Russen besetzten Teil Ungarns bildete sich eine ungarische Gegenregierung. Anfang Oktober überschritt die russische Front bereits die Theiß und erreichte das Batscherland und die Vorstädte von Budapest. In einer Besprechung volksdeutscher und reichsdeutscher Führungskräfte in Sombor sprachen sich alle gegen das Fluchtverbot aus. Von den rund 200 000 Batschgauer Deutschen dürfte etwa der Hälfte die Evakuierung gelungen sein. Aus dem übrigen Ungarn flüchteten nur bei 50–75 000 Personen. Am erfolgreichsten verlief die Evakuierung der Deutschen aus Kroatien, Slawonien und Syrmien. Es kamen über 80 % der Deutschen dieses donauschwäbischen Bereiches in das damalige Deutsche Reich.

Bei der Evakuierung dachte niemand an ein endgültiges Verlassen der Heimat. Als der Krieg zu Ende war, strebten viele der Evakuierten und Geflüchteten wieder in ihre Heimatstaaten zurück. Man war sich keiner Schuld bewußt und war bereit, das jahrhundertealte Zusammenleben mit andersnationalen Nachbarn in christlich-europäischer Partnerschaft fortzusetzen. Von den etwa 400 000 geflüchteten und evakuierten Donauschwaben konnte nach Kriegsende nur ein Bruchteil in die Heimat zurückkehren: Jugoslawien verweigerte die Heimkehr, in Rumänien war sie lebensgefährlich. Es sind daher auch die an der Heimkehr verhinderten Flüchtlinge und Evakuierte als Vertriebene zu betrachten.

Zwangsverschleppungen in die Sowjetunion und Zwangsarbeit in den Heimatstaaten. Um die „Schuld für die Befreiung durch die Sowjetunion“ abzustatten, stellten Rumänien, Jugoslawien und Ungarn ihre arbeitsfähigen deutschen Männer von 17–45 Jahren und die 18–35 jährigen Frauen der Sowjetunion zur Verfügung. Unter russischer Leitung wurden sie Ende 1944 Anfang 1945 ihren Angehörigen entrissen und nach Rußland entführt, wo sie bis 1948 in Wäldern und Bergwerken am Don und im Ural schwerste Arbeit verrichten mußten. Tausende erlagen der Kälte und den Entbehrungen. Der Rest wurde, von dieser unmenschlichen Sklavenarbeit krank oder entkräftet, nach Deutschland entlassen. Von den Zwangsverschleppten sind über 20 % in Rußland gestorben. Die Zahl der nach Rußland verschleppten Donauschwaben wird auf 150 000 geschätzt. Rumänien hat noch 1951 aus den Gemeinden entlang der Grenze zu Jugoslawien etwa 40 000 Schwaben zwangsweise in die unfruchtbare Baragan-Steppe unweit des Schwarzen Meeres umgesiedelt. Erst 1956 konnte die Rückkehr in die heimatlichen Dörfer wieder erfolgen.

Die totale Entrechtung. Mit dem Einzug der russischen Einheiten und Partisanenverbände kam es zu Ausschreitungen gegen in der Heimat verbliebene Deutsche, die auch noch anhielten, als die Russen auf ihrem Vormarsch weiterzogen. Die neuen kommunistischen Regierungsverantwortlichen ergriffen sogleich durchgreifende Maßnahmen zur Entrechtung der Deutschen. Diese Maßnahmen waren etwas unterschiedlich in der Brutalität der Durchführung, doch hatten sie das gleiche Ziel: die Ausschaltung und Diskriminierung der Deutschen, die jeden Anspruch auf Rechtsschutz verloren hatten. Am schlimmsten ging Jugoslawien gegen seine Deutschen vor.

Nachdem die Heimatstaaten der Donauschwaben vor Kriegsende in den kommunistischen Machtbereich gerieten, begann bei ihnen noch vor der Kapitulation der deutschen Wehrmacht, die seit langem geplante Entrechtung und Vernichtung der Deutschen. Die Beschlüsse zur Entrechtung und Enteignung der Deutschen in Jugoslawien erfolgten bei der Tagung der revolutionären Volksvertretung (AVNOJ) vom 21. Nov. 1944. Es heißt darin: Es geht in das Eigentum des Staates über: Sämtliches Vermögen von Personen deutscher Volkszugehörigkeit außer dem derjenigen Deutschen, die in den Reihen der Nationalen Befreiungsarmee und der Partisaneneinheiten Jugoslawiens gekämpft haben".

Es wurde damit über sie eine kollektive Entrechtung verhängt, die sich allein von Haß und Habgier leiten und alle völker- und menschenrechtlichen Gebote außer acht ließ.

Mordaktionen. Im ersten Machtrausch erlaubten sich die Organe der neuen Regierungsbehörden Ausschreitungen, die die Ausrottung der führenden deutschen Männer und Frauen zum Ziele hatten. Das zur Macht gelangte Tito-Regime massakrierte und erschoß von Oktober 1944 bis April 1945 in der „Aktion Intelligenzija" etwa 10 000 Männer und Frauen, daheimgebliebene Amtswalter des Kulturbundes, Akademiker, Priester, Lehrer und Wohlhabende. Auch der frühere Bundesobmann des Kulturbundes, Johann *Keks,* und der damalige Landesbischof der Deutschen Ev. Landeskirche und gewesene Senator, Philipp *Popp,* die sich um Zusammenarbeit mit der slawischen Mehrheit bemühten, fielen dem blutigen Massaker der Kommunisten zum Opfer. Mit dieser Aktion sollten die deutsche Führungsschicht beseitigt und die übrige Bevölkerung dem neuen Regime gefügig gemacht werden.

Enteignung. In allen drei Heimatstaaten erlitten die bodenständigen Deutschen durch die Entrechtung einen Totalverlust ihrer Vermögenswerte. In Ungarn trat schon am 15. März 1945 die Grundverordnung zur Bodenreform in Kraft. Danach waren im wesentlichen die Volksdeutschen zur Enteignung vorgesehen. Mit diesem Gesetz war die Grundlage für alle späteren Enteignungen und zur Diffamierung der Deutschen geschaffen.

Das Bodenreformgesetz in Rumänien trat am 23. März in Kraft. Es brachte nach seinen Bestimmungen die vollständige Enteignung der volksdeutschen Bauern. Die Ernte durften sie noch einbringen, dann wurden ihnen ihr Ackerland, ihr Vieh und ihre Gerätschaften abgenommen, sie selber durften noch mit ihren Familien im Nebengebäude oder in der Waschküche wohnen. In Jugoslawien wurde das bereits 1944 erlassene AVNOJ-Gesetz über die Enteignung des volksdeutschen Vermögens erst am Tage der Verkündigung im Amtsblatt, am 6. Februar 1945, rechtskräftig. Das Gesetz der Koalitionsregierung zwischen *Tito* und der Exilregierung vom 23. Aug. 1945 über Agrarreform und Binnen-Kolonisation bestimmte über das von den Deutschen konfiszierte Vermögen zur Ansiedlung von Kämpfern der jugoslawischen Armee. Alle diese Gesetze zur Enteignung der Donauschwaben waren Mittel der kommunistischen Agrarpolitik und der Stärkung der nationalistisch-kommunistischen Machtstellung.

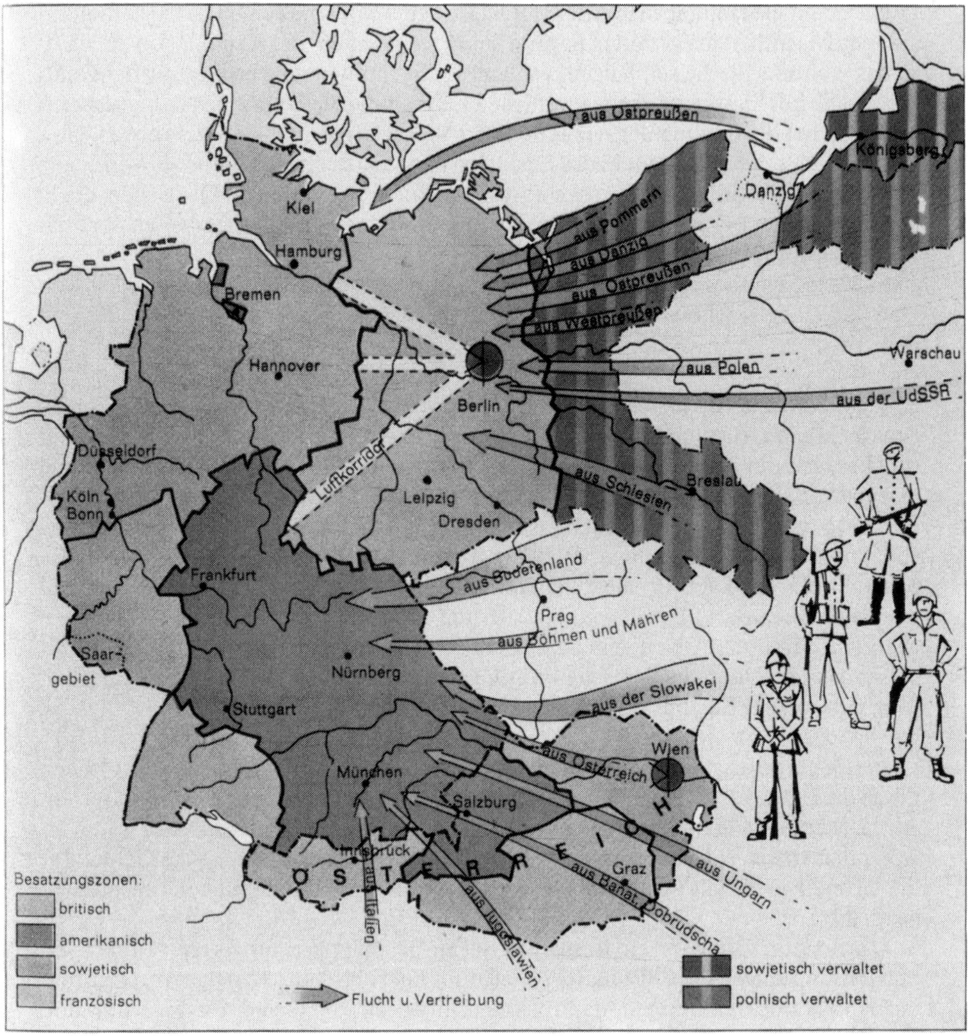

Flucht und Vertreibung aus dem deutschen Osten und Südosten 1944/45 – Besatzungszonen

Vertreibung der Donauschwaben. Im Potsdamer Abkommen vom 2. August 1945 wurden von Präsident H. Truman, Premierminister W. Churchill und Marschall J. Stalin die Richtlinien für die Gestaltung der deutschen Angelegenheiten festgelegt. Es wurde darin die Ausweisung der Deutschen aus Polen, der Tschechoslowakei und sogar aus Ungarn angeordnet, die Deutschen in Rumänien, das gleichfalls an der Seite Deutschlands stand, und in Jugoslawien sind nicht erwähnt. Mehr als 14 Millionen Deutsche wurden damit aus ihrer angestammten Heimat vertrieben, in der ihre Vorfahren durch Jahrhunderte lebten und wirkten. Mehr als zwei Millionen kamen dabei ums

Leben. In der ungarischen Vertreibungsverordnung vom 22. Dez. 1945 heißt es: „Nach Deutschland muß jeder ungarische Staatsbürger umsiedeln, der sich bei der letzten Volkszählung zur deutschen Nationalität oder Muttersprache bekannt hat, oder seinen madjarischen Namen auf einen deutschklingenden rückveränderte, des weiteren derjenige, der Mitglied des Volksbundes oder einer bewaffneten deutschen Formation war". Die Verordnung beruft sich auf Bestimmungen des Alliierten Kontrollrates (für Deutschland) vom 20. Nov. 1945. Die für Ungarn zuständige Alliierte Kontrollkommission wies im Januar 1945 darauf hin, daß es die ungarische Regierung war, welche die Erlaubnis erbat, die deutschsprachigen Staatsbürger Ungarns aus dem Lande entfernen zu dürfen. Von der Aussiedlung wurden 1946 etwa 170 000 und 1947 noch 50 000 Personen betroffen. Weitere Transporte sowohl nach West - als nach Mitteldeutschland wurden 1948 von den Amerikanern und Russen eingestellt.

Jugoslawien unternahm es auf seine Art, mit seinen bodenständigen Deutschen fertig zu werden. Ohne Gerichtsverfahren und ohne vorherige Verständigung wurden alle Donauschwaben aus ihren Häusern geholt und in Internierungslager gebracht. Vernichtungslager waren in: Gakowa, Kruschiwl, Jarek, Rudolfsgnad und Molidorf. Die Arbeitsfähigen wurden zum Teil an die Zivilbevölkerung vermietet.

Diese totale Entrechtung, Diskriminierung, Ausbeutung und Vernichtung aus ideologisch-rassistischen Gründen dauerte bis zum Jahre 1948. In den Vernichtungslagern sind Zehntausende unschuldige Zivilisten, meist Frauen, Kinder und Greise verhungert oder Krankheiten zum Opfer gefallen. Sie werden als unsterbliche Schande aller derer im Gedächtnis bleiben, die sie veranlaßt oder sich damit abgefunden haben (V. Gollancz 1947). Ein besonders trauriges Schicksal brach über 35–40 000 donauschwäbische Kinder herein, die man ihren Eltern entzog.

Die Opfer der Entrechtungs- und Vernichtungsmaßnahmen stellen nur eine Ziffer aus dem Zahlenmeer der Schreckensbilanz des Kommunismus dar, der seit 1917 etwa 140 Millionen Mordopfer forderte. Seit 1945 beträgt der außerrussische Machtbereich der Sowjetunion in Ost-Mitteleuropa rund 1,4 Mill. Quadratkilometer.

Als die Lager in Jugoslawien 1948 auch auf internationalen Druck aufgelöst wurden, mußten die überlebenden Internierten ein vertragliches Arbeitsverhältnis auf mehrere Jahre eingehen. Von einer Rückkehr in ihre Gemeinden und Häuser konnte keine Rede sein.

In dieser Zeit der Entrechtung und Diskriminierung der Donauschwaben hat Rumänien trotz aller Feindseligkeit noch am meisten Menschlichkeit und Toleranz walten lassen.

Die Entrechtung und Vertreibung traf die Donauschwaben bis an die Wurzel ihrer Existenz. Ihre Familien, Gemeinden, Siedlungsgebiete und Organisationen wurden aufgelöst, ihr Vermögen geraubt, ihre Einrichtungen zerschlagen. Rechtlos und diskriminiert, blickten sie in eine ungewisse Zukunft.

Hilfe und Helfer in der größten Not. Gegen rechtswidrige Maßnahmen der neuen Machthaber in den Heimatstaaten erhoben noch im Lande verbliebene donauschwäbische Politiker ihre Stimme, in Rumänien die ehemaligen Abgeordneten Dr. Hans Otto *Roth,* und Dr. Franz *Kräuter,* in Jugoslawien Dr. Wilhelm *Neuner,* bis man auch sie

Helfer bei der Heimatfindung und Eingliederung

P. Wendelin Gruber,
geb. 1914

Peter Max Wagner,
1898–1982

Bischof Franz Hein,
1901–1986

Dr. Adam Krämer,
geb. 1906

Michael Stocker,
geb. 1911

Dr. Sebastian Werni,
1912–1987

Hans Diplich,
geb. 1909,
Dichter
und Kulturpolitiker

Prälat Josef Haltmayer,
geb. 1913
Bischöflicher Beauftragter
für die Donauschwaben

Wilhelm Kronfuss
geb. 1903
Kunsthistoriker

internierte. Hilfe leisteten vor allem unsere Geistlichen, am wirkungsvollsten im östlichen Banat, wo die Deutschen noch am ehesten als Menschen leben durften. Hier wurden Domherr Josef *Nischbach* und die Priorin Schwester Hildegardis *Wulff* zu den großen Helfern und Wohltätern der Donauschwaben. In die Todeslager in Jugoslawien begaben sich freiwillig mehrere zurückgebliebene junge donauschwäbische Geistliche. Der Jesuitenpater Wendelin *Gruber* wirkte unter schwierigsten Umständen in den Vernichtungslagern im Batschgau und Banat und sprach im Interesse der menschenunwürdig Behandelten bei höchsten kirchlichen und weltlichen Stellen in Neusatz, Belgrad, Agram und sogar in Rom vor. Als tatkräftigste Helfer setzten sich gleich 1945 für die Donauschwaben ihre Stammesangehörigen in Übersee (USA, Kanada, Argentinien) ein. Sie halfen zuerst in der ärgsten materiellen Not. Pfarrer Mathias *Lani* (geb. 1899 in Modosch/w. Banat, gest. 1954 in Los Angeles), Peter Max *Wagner* (geb. 1898 in Sonnhag/Batschgau, gest. 1982 in Brooklyn/New York) und Nikolaus *Pesch* (geb. in Jahrmarkt/ö. Banat, gest. in Chicago) organisierten mit zahlreichen Mitarbeitern lebensrettende Hilfe. Sie besuchten in Europa ihre vertriebenen Landsleute in den Lagern. Wagner, der aus dem Batscherland stammte, hat die Hilfstätigkeit seiner Donauschwäbischen Vereinigung in Brooklyn in die Konzentrationslager in Jugoslawien gelenkt. Seinem Einschreiten und seinen Verbindungen ist die Rettung Tausender zu verdanken. Zusammen mit den Bemühungen anderer Helfer gelang es schließlich, die diskriminierenden Bestimmungen zu beseitigen und das Auswanderungsverbot für unsere Landsleute aufzuheben. Tausenden enteigneten und entwurzelten Donauschwaben ermöglichten sie die Auswanderung nach den USA, wo sie bald Heimat und Existenz fanden.

Neben den Donauschwaben in aller Welt waren besonders die katholische und evangelische Kirche, das Rote Kreuz sowie karitative Hilfsverbände der Schweiz, Norwegens u. a. Staaten bemüht, die materielle und seelische Not der vertriebenen und entrechteten Deutschen zu lindern, aber nicht die Hilfsorganisation der Vereinten Nationen.

Landsmannschaftliche Selbsthilfe. Der rettende Ausweg aus der Katastrophe des Zweiten Weltkrieges eröffnete sich für die Donauschwaben durch ihre mehrheitliche Aufnahme in Österreich und im westdeutschen Bundesstaat. Die Wiedervereinigung mit dem Selbstbestimmungsrecht und Friedensvertrag für Gesamtdeutschland konnte gegen den Willen der Sowjetunion nicht erreicht werden, die mitteldeutschen Länder bildeten unter russischer Besatzung die Deutsche Demokratische Republik. In dem werdenden westdeutschen Staat mußten die heimatvertriebenen Donauschwaben aus Jugoslawien, Ungarn und Rumänien in Selbsthilfe versuchen, sich an der Gestaltung ihrer Existenz zu beteiligen. Erste Ansätze zum eigenen organisatorischen Zusammenschluß fanden sie bereits 1945 beim Bayerischen Roten Kreuz mit einem Referat „Südost", das heimatstaatlich ausgerichtete Erfassungs- und Betreuungsdienste leistete. In der Zeit, als der eigenen und der staatlichen Hilfe noch Schranken gesetzt waren, gewährten das Rote Kreuz und die beiden Kirchen Obhut und Hilfe. Im Auftrage der Fuldaer Bischofskonferenz wurde für die Deutschen aus dem Südosten die *Kirchliche Hilfsstelle* in Frankfurt/M. ins Leben gerufen, die in München am 6. Okt.

Sprecher und Vertreter der Gemeinschaft

Franz Hamm, geb. 1900
Abg. in Belgrad und in Budapest,
Kirchenpräsident, Volks- und Kulturpolitiker

Dr. Ing. Josef Trischler, 1903–1975
Abg. in Belgrad, Budapest und Bonn,
Wirtschafts- und Volkspolitiker

Annemarie Ackermann, geb. 1913
war ab 1953 neun Jahre Mitgl. des Deutschen
Bundestages in Bonn, Bundesvorsitzende
der Landsmannschaft

Dr. Ludwig Leber, 1903–1974
Abg. in Stuttgart, Leiter der Caritas,
Volks- und Kulturpolitiker

1945 eine Zweigstelle errichtete, in der Vertreter der Deutschen aus Rumänien, Südslawien, Ungarn und der Tschechoslowakei einen erfolgreichen Erfassungs-, Beratungs-, Informations- und Betreuungsdienst aufbauten. Als sich die „Kirchliche Hilfsstelle" in München auflöste, schlossen sich die Vertriebenengruppen zu kirchlich-religiösen Interessengemeinschaften zusammen, die Donauschwaben 1952 zum „Arbeitskreis Südostdeutscher Katholiken e.V.", der sich dann den Namen „Gerhardswerk e.V." gab und unter dem Vorsitz von Dr. Ludwig *Leber* (1903–1974) seinen Sitz in Stuttgart nahm. Dr. Leber baute für die Deutschen aus Ungarn seit 1946 mit der Caritas-Flüchtlingshilfe in Stuttgart ein erfolgreiches Betreuungswerk in Württemberg auf.

Im *„Evangelischen Hilfswerk"* bildeten sich heimatstaatliche Hilfskomitees, für die Deutsche Ev. Landeskirche in Jugoslawien in Stuttgart unter Franz *Hamm* und Bischof Franz *Hein* (1901–1986), für die ev. Deutschen aus Ungarn in München unter Heinrich Reitinger, für die ev. Deutschen aus Rumänien in Stuttgart. Die Hilfswerke leisteten wertvolle relgiöse Betreuungsarbeit und gewährten Hilfe für die wirtschaftliche, soziale und kulturelle Eingliederung.

Besonders gut entwickelte sich die kirchlich-religiöse Arbeit für die Donauschwaben in Österreich, die auch bei der Schaffung von Wohnraum und Arbeitsplätzen, der Seßhaftmachung und Heimatfindung, bei der Jugend-, Kultur- und Gemeinschaftspflege Hervorragendes leistete. Hinter dieser Aktivität stand der 1945 entstandene *„Verband Katholischer Donauschwäbischer Akademiker" (VKDA)* unter der Leitung von Pater Josef *Stefan* (1911–1957) und Dr. med. Hans *Schreckeis* (geb. 1905 in Wukowar) in Salzburg, der in allen österreichischen Universitätsstädten seine Zweigvereine hatte. Als mit dem Grundgesetz die Bundesregierung der BR Deutschland gebildet wurde, entstand nach Erlaß der notwendigen Gesetze auch die erforderliche Bundes- und Länderflüchtlingsverwaltung, einige Jahre lang sogar mit einem Bundesvertriebenenministerium. Als endlich das Koalitionsverbot der Besatzungsmächte für die Vertriebenen fiel, konnten in Westdeutschland, in Österreich etwas später, landsmannschaftliche Organisationen entstehen. Die Landsmannschaften der Donauschwaben sind in Deutschland nach Herkunftsländern organisiert, auf Kreis- und Ortsebene oft auch auf donauschwäbischer oder südostdeutscher Basis, in Österreich auf donauschwäbischer Grundlage im Rahmen der *„Donauschwäbischen Arbeitsgemeinschaft"* (DAG), an deren Spitze Dr. Hans *Schreckeis*, Ing. Valentin *Reimann* und Dr. Sebastian *Werni* standen. In Deutschland leiteten die donauschwäbischen Landsmannschaften für Jugoslawien: Franz *Hamm*, Dr. Adam *Krämer*, Christian L. *Brücker*, für die Donauschwaben aus Rumänien Anton *Valentin*, Michael *Stocker*, Josef *Schmidt*, Jacob *Laub*, für die Donauschwaben aus Ungarn Dr. Ludwig *Leber*, Heinrich *Reitinger*, Dr. Hans *Sauter*. In den fünfziger Jahren unternahm man den Versuch, einen *„Verband der Donauschwaben"* als Einheitsorganisation für den ganzen Volksstamm mit dem Sitz in Ulm unter dem Vorsitz von Dr. Georg *Wanger* aufzubauen. Die donauschwäbischen Landsmannschaften in Deutschland schufen sich eine *„Arbeitsgemeinschaft zur Wahrung donauschwäbischer Interessen"*, jeweils unter der Leitung eines heimatstaatlichen Bundesvorsitzenden im Turnus. Im *„Südostdeutschen Rat"*, gegründet 1951 in Bonn, waren mit dem geschäftsführenden Vorstandsmitglied Dr. Josef *Trischler* alle südostdeutschen Landsmannschaften in engster Anlehnung an den „Bund der Vertriebenen" zu einem erfolgreich funktionierenden Arbeitsgremium zusammengefaßt.

Politische Aktivität der Donauschwaben.

In der Wahrnehmung der Interessen ihrer Gruppe haben sich Vertreter der *Donauschwaben* auch auf *politischem Gebiete* eingesetzt. Ihre politischen Aktivisten kandidierten bei verschiedenen Parteien und wurden manchmal auch gewählt. Dr. Ing. Josef *Trischler* (1903–1975), bereits im Belgrader und Budapester Parlament politischer Vertreter der Donauschwaben, wurde auf der Liste der FDP als einziger Südostdeutscher zum Mitglied des ersten Deutschen Bundestages gewählt, dem er von 1949 bis 1953 angehörte. In dieser Zeit wurden die großen Gesetzeswerke zur Eingliederung der Heimatvertriebenen geschaffen. Die gleichberechtigte Berücksichtigung der Donauschwaben in diesen ist der umsichtigen parlamentarischen Tätigkeit und Zusammenarbeit Dr. Trischlers mit den Sudetendeutschen und den anderen Vertriebenengruppen zu verdanken. Im Zweiten Deutschen Bundestag ist seit 1953 als einzige Südostdeutsche Annemarie *Ackermann* (* 26. Mai 1913 Gutacker im Batscherland), auf der Liste der CDU in der Pfalz gewählt, vertreten. Ihr Bemühen ging vor allem dahin, bei der Regelung der Staatsbürgerschaftsfrage, in engster Zusammenarbeit auch mit den landsmannschaftlichen Verbänden, die benachteiligten ehemaligen Angehörgen der deutschen Heeresverbände und deren Hinterbliebene zu berücksichtigen. Im Jahre 1963 war für kurze Zeit Ladislaus *Winterstein* (* 11. Juni 1905, Altsiwatz/Batschgau, † 2. Nov. 1964), Bürgermeister von Hattersheim und Abgeordneter im hessischen Landtag, auf der Liste der SPD in den Bundestag nachgerückt, aber nach kurzer Zeit gestorben.

Im Landtag von Baden-Württemberg waren Dr. Ludwig *Leber,* CDU (* 6. Apr. 1903 Großturwall/Ofner Bergland, † 17. Januar 1974), Dr. Heinrich *Mühl,* BHE, (* 22. Apr. 1901 Bonhardt/Tolnau, † 6. Jan. 1963), später noch Nikolaus *Lorenz,* SPD (* 3. Aug. 1929 Kleinker/Batschgau), Abgeordnete donauschwäbischer Herkunft; im hessischen Landtag Ladislaus Winterstein und dessen Sohn Horst *Winterstein,* SPD, (* 5. Okt. 1934 Neusiwatz/Batschgau), der auch zum Fraktionsvorsitzenden und Innenminister der Landesregierung aufstieg: dem Landtag von Niedersachsen gehörte Hans *Schäfer,* FDP (* 6. Dez. 1913 Liebling/ö. Banat) an, der einige Jahre auch Justizminister der Landesregierung war.

Jüngere politische Vertreter donauschwäbischer Herkunft fühlen sich nach der Eingliederung zumeist mehr parteipolitisch als landsmannschaftlich gebunden.

Staatsbürgerliche und wirtschaftlich-soziale Eingliederung. Mit dem Aufbau der staatlichen Verwaltung fand auch die Frage der Eingliederung der vertriebenen Deutschen Zug um Zug ihre gesetzliche Regelung. Das Grundgesetz vom 23. Mai 1949 verbürgte allen Deutschen Freizügigkeit und bestimmte in Art. 116: *„Deutscher im Sinne dieses Grundgesetzes ist, wer die deutsche Staatsangehörigkeit besitzt oder als Flüchtling oder als Vertriebener deutscher Volkszugehörigkeit in dem Gebiete des Deutschen Reiches nach dem Stande vom 31. Dezember 1937 Aufnahme gefunden hat.“* Damit war der staatsbürgerlichen Eingliederung der nach Deutschland gekommenen Donauschwaben der Weg freigemacht und ihre gleichberechtigte Berücksichtigung im Geiste der Obhutspflicht des deutschen Staates in allen nachfolgenden Sozial- und Kriegsfolgegesetzen gewährleistet. Das bezog sich insbesondere auf das Gesetz über den Lastenausgleich (LAG) vom 14. August 1952, auf das Gesetz über die Angelegenheiten der Vertriebenen und Flüchtlinge (BVFG) vom 19. Mai 1953 und auf das Gesetz zur Regelung von Fragen der Staatsangehörigkeit vom 22. Februar 1955.

Zur Durchführung des Lastenausgleichsgesetzes entstanden bei den Landratsämtern und Stadtverwaltungen die Ausgleichsämter, für die abgegrenzten Gebiete der Vertriebenengruppen wurden *Heimatauskunftsstellen* eingerichtet. Unter den 1953 gebildeten 34 Heimatauskunftsstellen gab es die Heimatauskunftsstelle Jugoslawien mit dem Sitz in Stuttgart (langjähriger Leiter Leopold *Egger*), die Heimatauskunftstelle Rumänien in München (langjähriger Stellv. Leiter Peter *Blickling*) und die Heimatauskunftstelle Ungarn in Stuttgart (langjähriger Leiter Franz *Hergenröder*). Die Heimatauskunftstellen waren für die Begutachtung der Schadensanträge von Betroffenen zuständig. Einen besonders zähen Einsatz zur Durchführung des Gesetzes über den Lastenausgleich leisteten die donauschwäbischen Heimatauskunftstellen, Landsmannschaften, reichsdeutschen Fachkenner und politischen Vertreter bei der Festlegung der Ersatzeinheitswerte für die außerhalb des Reichsgebietes liegenden Vermögenswerte der Volksdeutschen. Das Ringen darum dauerte volle fünf Jahre. Die vorgesehenen Ersatzeinheitswerte konnten jetzt je Hektar bis auf das Dreifache erhöht werden, von 400–600 RM auf über 1800 RM in Spitzengemeinden.

Die Geschädigten erhielten nur einen geringen Bruchteil ihres tatsächlich verlorenen Vermögens (unter 10 v. H.) als Entschädigung. Die Leistung von Ausgleichsabgaben ist 1979 ausgelaufen, seither wird der Lastenausgleich aus dem Bundeshaushalt finanziert. Bis Ende 1986 wurden mehr als 130 Milliarden Mark aus dem Ausgleichsfonds und den Haushaltsmitteln erbracht.

Dr. Hans Schreckeis und Pater Josef Stefan bei der Spatenstichfeier zum Baubeginn der Elsbethen-Siedlung in Salzburg 1951

Verdrängung der Donauschwaben aus dem pannonischen Becken in den binnendeutschen Sprachraum und nach Übersee nach 1945

Entwurf: Dr. Anton Tafferner · Josef Volkmar Senz · Josef Schmidt – Zeichnung: Lene Kopp-Krumes

Dabei bedeutet die Annahme dieser Leistung aus dem Lastenausgleich keinen Verzicht auf das in der Heimat zurückgelassene Vermögen. Dieser durch den Lastenausgleich bewirkten Umverteilung ist nicht zuletzt die wirtschaftliche Existenzgründung und Eingliederung der Vertriebenen sowie der wirtschaftliche Wiederaufstieg Deutschlands zu verdanken.

Weitaus mehr als die Hälfte der Donauschwaben Westdeutschlands fanden in Baden-Württemberg ihre neue Heimat. Neben dem Arbeitsplatz richtete sich das stärkste Verlangen des donauschwäbischen Menschen auf ein eigenes Haus. Die ersten versuchten als Siedler in der neuen Heimat Fuß zu fassen. Den Leitspruch *„Wir bleiben Siedler"* hat die Landsmannschaft sogar für einige Jahre als Parole ihrer Aufbauarbeit verkündet. Ein herausragendes Siedlungswerk vollbrachte die Sippe *Schlarb* im Kolbermoor bei Rosenheim, das den Namen Schlarbhofen erhielt. Eine andere Siedlerleistung ist das Dorf St. Stefan bei Darmstadt. Die meisten Familien konnten, als Fabrikarbeiter beschäftigt, mit ihrem Arbeitsplatz in die Städte verschlagen, mit Nebenerwerbsstellen, Eigenheimen oder in Eigentumswohnungen ihre Existenz aufbauen. In tätiger Selbsthilfe der Familien, Sippen und Nachbarschaften entstanden Häuser und ganze Siedlungen überall in Österreich und Deutschland. Die Entwicklung der nächsten Jahre formte die Donauschwaben aus einer bäuerlichen Volksgruppe zu einer Menschengruppe aus Facharbeitern mit Eigenheim und Garten.

Kulturelle Eingliederung. Die Landsmannschaften haben von Anfang an der Bewahrung ihres kulturellen Erbes, ihres Volkstums und ihrer Identität als einer ihrer Hauptaufgaben große Aufmerksamkeit geschenkt. In allen ihren Satzungen ist das festgelegt. Ihre Zerstreuung hat das freilich erschwert. Im Bundesvertriebenengesetz wird die kulturelle Eingliederung gebührend beachtet. Paragraph 96 des Gesetzes weist der Bundes- und Länderverwaltung die Aufgaben zu, die sich auf die Wahrung des Kulturgutes und auf die kulturelle Eingliederung der Vertriebenen beziehen.

Als zentrale kulturelle Einrichtung, von der öffentlichen Hand angeregt und gefördert, entstand bereits 1949 das *Südostdeutsche Kulturwerk e. V.* in München. Treibende Kraft der ganzen südostdeutschen Kulturarbeit war bis 1960 Prof. Dr. Fritz *Valjavec,* (1909–1960), der auch die Vermittlerrolle zu den ausschließlich wissenschaftlichen Einrichtungen, dem *Südost-Institut* und der *Südostdeutschen Historischen Kommission,* München, übernahm. Das Kulturwerk pflegt Kontakte zu allen zuständigen staatlichen Behörden und landsmannschaftlichen Organisationen und fördert die schöpferischen Kräfte der Südostdeutschen. Prof. Valjavec leitete die wissenschaftliche Arbeit des Kulturwerkes bis 1960, jetzt seit Jahren Prof. Dr. Anton *Schwob.* Vorsitzender des Kulturwerkes von 1949 bis 1974 war Franz *Hamm,* nachher Hans *Diplich,* Prof. Josef *Haltmayer,* ab 1985 Franz *Hutterer.*

Fritz Valjavec,
Historiker, 1909–1960

Dr. Nikolaus Britz,
Schriftsteller, 1919–1982

Dr. Hans Christ,
Schriftsteller, 1914–1985

Johann Wüscht,
Historiker, 1897–1976

Klaus Günther,
Dichter, 1921–1982

Dr. Anton Tafferner,
Volksforscher, geb. 1910

Hans Wolfram Hockl,
Schriftsteller, geb. 1912

Sebastian Leicht,
Maler, geb. 1908

Josef de Ponte,
Maler, geb. 1922

Patenschaft – Haus der Donauschwaben – Donauschwäbischer Kulturpreis. Für die Kulturarbeit der Vertriebenen und ihre Förderung nach Art. 96 des Vertriebenengesetzes kommt den Patenschaften der Länder und Kommunen eine wichtige Funktion zu. Geholfen werden kann freilich nur dem, der sich selbst helfen will, der eigene Kräfte einzusetzen bereit ist. Der Tag der Donauschwaben 1954 in Esslingen brachte für die *Volksgruppe der Donauschwaben* die Aufnahme in die Patenschaft des Landes Baden-Württemberg. Es sprach bei dieser Gelegenheit auch Ministerpräsident Dr. Gebhard *Müller,* der die Übernahme der Patenschaft verkündete und die Urkunde darüber an die Vertreter der donauschwäbischen Landsmannschaften, Franz *Hamm* und Prof. Anton *Valentin,* überreichte.

Als wichtigste Einrichtung landespatenschaftlicher Obhut und Fürsorge entstand bisher das Haus der Donauschwaben in Sindelfingen im Jahre 1969/70. Als Institution gemäß der Obhutspflicht des Patenlandes und des Bundes muß es in Ausstattung und Funktion die Kraftzentrale werden, die mit Bücherei, Archiv, Museum, Galerie, Institut, Geschäfts- und Veranstaltungsräumen sich zur Begegnungs- und Arbeitsstätte für alle Donauschwaben, Nachbarn und Landsleute entwickelt. Zu den wichtigsten Leistungen der Patenschaft können neben dem Haus noch genannt werden: Der *Donauschwäbische Kulturpreis,* der seit 1966 jährlich an drei hervorragende donauschwäbischen Kulturschaffende verliehen wird; das *Donauschwäbische Institut für Geschichte und Landeskunde,* das von der Regierung des Patenlandes an der Universität Tübingen mit Wirkung vom 1. Juli 1987 errichtet wurde.

Verleihung des Donauschwäbischen Kulturpreises 1982

Kulturpreisträger vor der Stiftertafel im Haus der Donauschwaben in Sindelfingen 1982.
V. l.: J. Wurtz, Dr. A. Tafferner, J. V. Senz, Min. Dir. Helmut Haun, Jakob Wolf, Kaspar Hügel, Dr. H. Weresch, Werner Hacker

Dachverband donauschwäbischer Landsmannschaften. Vertretertagung 1985 in Sindelfingen, Haus der Donauschwaben. 1. Reihe: Christian L. Brücker, Dr. Dieter Burger, Mathias Leh, Jakob Wolf, Friedrich Binder

Donauschwaben in aller Welt. Im Haus der Donauschwaben hat auch der *Dachverband* der donauschwäbischen Landsmannschaften in Europa und Übersee seinen Sitz, der die Verbindung mit den nach Übersee ausgewanderten Donauschwaben pflegt und die Arbeit ihrer Organisationen koordiniert. Es gehören ihm die Verbände der Donauschwaben in den Vereinigten Staaten von Amerika, Kanada, Brasilien, Argentinien und Australien an.

Zu der machtvollen donauschwäbischen *Auswanderung* vor dem Ersten Weltkrieg, die weit über 100 000 Stammesangehörige aus allen donauschwäbischen Siedlungsgebieten nach Amerika führte, begab sich zwischen den beiden Weltkriegen ein zahlenmäßig etwas geringerer Nachschub nach Übersee, der sich diesmal auch auf Kanada, Argentinien und Brasilien ausweitete. Die Auswanderung, die auch diesmal hauptsächlich sozial-wirtschaftlich motiviert war, entzog einen beträchtlichen Teil des donauschwäbischen Nachwuchses und wirkte sich daher volkspolitisch für den Bestand der Volksgruppe in den Heimatstaaten nachteilig aus. Nach dem Zweiten Weltkrieg erfüllte die vertriebenen und entwurzelten Donauschwaben überall, wo sie hingeraten waren, ein mächtiges Verlangen nach einer neuen Lebensgrundlage. Infolge unüberwindlicher Schwierigkeiten konnte dabei auf die menschlichen Bindungen der Familien, Nachbarschaften, Gemeinden, Landschaften und Stammesgemeinschaften in vielen Fällen keine Rücksicht genommen werden. Ihre planlose, manchmal auch absichtliche *Zerstreuung* in zahlreichen Gemeinden und Städten, oft über Länder und Staaten hinweg, konnten auch sie aus eigener Kraft nur selten überwinden. Ein konkretes Bild über die Zerstreuung der Donauschwaben kann die Zerstreuung der Bevölkerung der Marktgemeinde Abthausen/Apatin vermitteln. Die Mehrheit der überlebenden Familien dieser Gemeinde gehörte zu den Beziehern der Apatiner Heimatblätter, die seit 1948 herauskommen. Im Jahre 1970 zählte die Heimatzeitschrift noch 1 800 Bezieher, die rund 7 500 Personen repräsentierten. Die Auflistung der Bezieher und ihrer damaligen Wohnorte läßt auf die Zerstreuung der Apatiner zu dieser Zeit schließen.

Im Jahre 1970 lebten

479 Apatiner Familien aus Bayern	in 125 Orten
302 Apatiner Familien aus USA	in 120 Orten
217 Apatiner Familien aus Württemberg	in 120 Orten
197 Apatiner Familien aus Österreich	in 90 Orten
186 Apatiner Familien aus Baden	in 98 Orten
175 Apatiner Familien aus Hessen	in 120 Orten
86 Apatiner Familien aus dem Rheinland	in 45 Orten
82 Apatiner Familien aus den übrigen Überseeländern	in 25 Orten
37 Apatiner Familien aus Nordrhein	in 25 Orten
44 Apatiner Familien aus Norddeutschland	in 15 Orten
150 Apatiner Familien aus Jugoslawien	in 50 Orten
100 Apatiner Familien aus Ungarn	in 50 Orten
50 Apatiner Familien aus den übrigen europäischen Ländern	in 25 Orten
2105 Apatiner Familien	in 908 Orten

Die Donauschwaben in Übersee haben heute ihre Gemeinschaftsverbände, in denen Volkstum und Väterart gepflegt werden. Besonders in den Vereinigten Staaten gibt es kräftige Vereinigungen, die eine vielfältige Gemeinschaftsarbeit mit Sport, Jugend, Frauen, Sängern und deutschen Sprachschulen in donauschwäbischen Gemeinschaftshäusern entfalten und sich um die Wahrung ihrer deutschen Kultur und Identität bemühen. Die Verbundenheit mit dem Dachverband der Donauschwaben, mit dem Patenland und dem Haus der Donauschwaben in Sindelfingen ist lebendig.

Die in der neuen Welt in den ersten Nachkriegsjahren aufgerichteten Einwanderungsschranken für Deutsche, hielten die donauschwäbischen Auswanderungswilligen noch einige Jahre zurück, bis die Hindernisse fielen oder weggeräumt werden konnten.

Die Frankreich-Aktion (1948) war die erste organisierte Auswanderung, an der sich Donauschwaben aus Österreich und Deutschland beteiligten. Von 10 000 Eingewanderten blieben etwa 7 000 in Frankreich. Im südfranzösischen La Roque sur Pernes bauten sie eine Ruinengemeinde auf. Da die französische Verwaltung eigene Dorfgemeinschaften nicht entstehen ließ, blieb dieser Auswanderungsaktion kein dauerhafter Erfolg beschieden. Mischehen und fehlende Infrastruktur auf donauschwäbischer Basis und Erfahrung führten zu Sprachverfall, Identitätsverlust und Überfremdung.

In Österreich kam 1952 eine donauschwäbische Gruppenauswanderung nach Guarapuava/Brasilien unter Zusammenarbeit der Donauschwäbischen Arbeitsgemeinschaft, der Schweizer Europahilfe und zuständiger brasilianischer Stellen zustande. Bei 500 Familien mit 2 500 Personen beteiligten sich an der Auswanderung, die mit donauschwäbischen Erfahrungen, Führungskräften und Verbindungen nach Deutschland,

Zerstreuung der Apatiner nach 1945

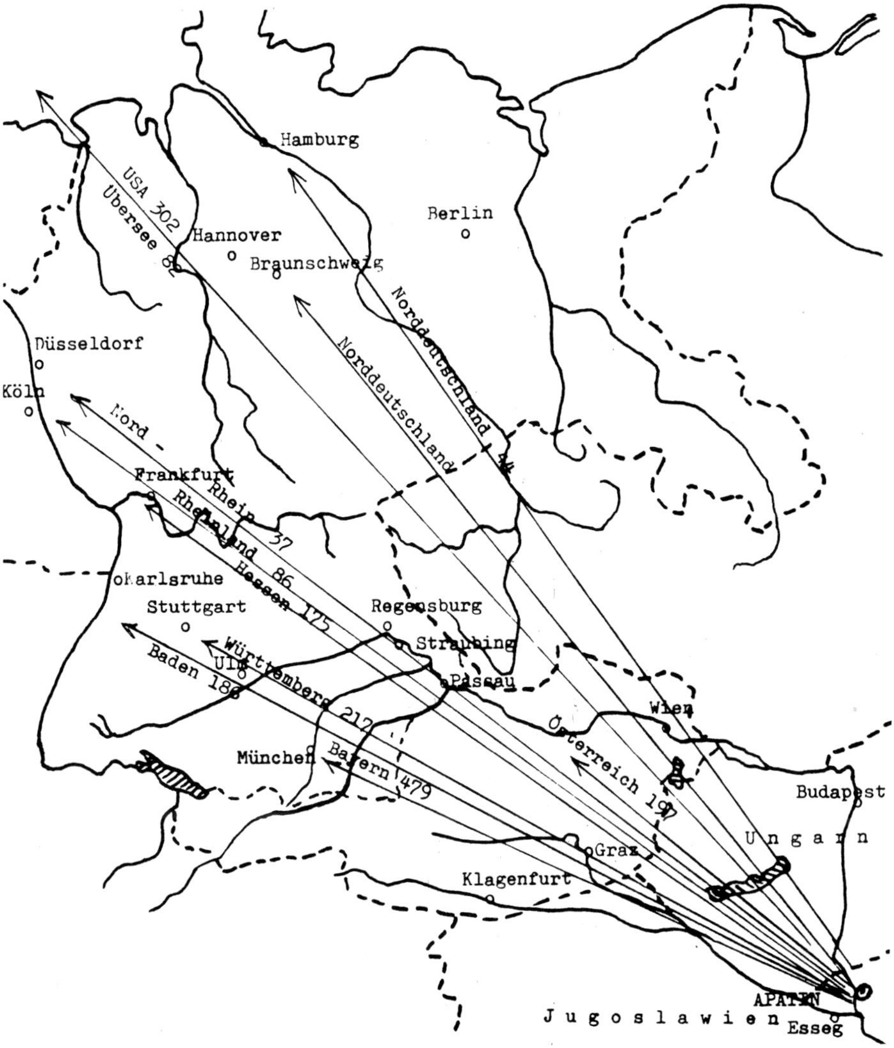

Österreich und in die Schweiz ein modellhaftes Siedlungswerk mit 5 Ortschaften und aus eigener Kraft gestalteten infrastrukturellen Einrichtungen entstehen ließ, das nach überwundenen Anfangsschwierigkeiten sich glänzend bewährte. An der Spitze der Genossenschaft „Agraria“ steht als Präsident Mathias *Leh.*

DEUTSCHER KALENDER
1975

Ein Jahrbuch für die Deutschen in Ungarn

Mitglieder der Kalenderredaktion:
György Gráber, Géza Hambuch, Claus Klotz,
Peter Leipold, Anton Reger, Johann Schuth,
Dr. Friedrich Wild, Georg Wittmann

Budapest 1975
Demokratischer Verband der Deutschen in Ungarn

Die Donauschwaben in der alten Heimat. Mit der Überwindung des Deutschenhasses wurden auch die Deutschen in den kommunistischen Heimatstaaten nach einer „Nationalitätenpolitik im Geiste Stalins und Lenins" behandelt.

In *Rumänien* konnte sich trotz Entrechtung und Totalenteignung bald ein ganz beachtliches Kulturleben in deutschen Schulen, Zeitungen, Zeitschriften und in freier Volksbildungsarbeit entfalten. Zur Schließung aller deutschen Schulen oder Abteilungen ist es eigentlich nie gekommen. Es gab zumeist nicht nur Grundschulen, sondern auch höhere Schulen mit deutscher Unterrichtssprache, auch deutsche Lehrer- und Pfarrerausbildung. Der „Neue Weg" ist das in Bukarest erscheinende parteiamtliche Hauptorgan für die deutsche Bevölkerung. In Temeschburg erscheint eine deutsche Tageszeitung. Am germanistischen Lehrstuhl der Universität Temeschburg wird mit beachtlichem Erfolg die wissenschaftliche Erforschung des Banater Donauschwabentums (Mundart, Volkskunde, Geschichte) betrieben und die Ergebnisse vom Staat gefördert, auch fleißig publiziert. Deutsches Theater in Temeschburg, mit Vorführungen auch in den Landgemeinden, regelmäßige Sendezeiten im rumänischen Rundfunk und Fernsehen, bezeugen einen umfassenden Kulturbetrieb in deutscher Sprache, der sicher auch ideologische Zugeständnisse enthält, der aber seine Auswirkung auf die deutsche Sprachkultur in einem beachtlichen literarischen Schaffen, vor allem auch in der Mundartdichtung, gefunden hat.

Trotz dieser vergleichsweise günstigen Lage nimmt die Aussiedlung der Deutschen in Rumänien in den letzten Jahren zu. Das ist auf die totale wirtschaftliche-soziale und siedlungsmäßige Umschichtung der deutschen Bevölkerung zurückzuführen. Die Industrialisierung und Urbanisierung hat sie einem allmächtigen Apparat ausgeliefert, in dem die offizielle Vertretung durch den *Rat der Werktätigen deutscher Nationalität* die fortschreitende Überfremdung der Städte und Dörfer durch Zuwanderung aus anderen Gegenden, den Entzug der eigenen Geschichte und Kulturgüter nicht verhindert kann; man fühlt sich in der eigenen Heimat als Fremder und Vertriebener.

In *Ungarn* dauerte der rechtlose Zustand bis etwa 1950. Langsam kam es dann für die verbliebenen Deutschen zur Herstellung der verfassungsmäßig zugesagten Gleichberechtigung. Der Übergang zum Recht des Gebrauches der Muttersprache in der Schule und in der Kulturarbeit dauerte bis 1955. In diesem Jahr konstituierte sich der *„Verband deutscher Werktätiger in Ungarn".* Eine ganze Reihe von Schulen mit Deutschunterricht und deutschen Kulturgruppen entstand, die Zeitung „Freies Leben", später „Neue Zeitung", erschien als Wochenblatt des Verbandes, auch ein „Deutscher Kalender" kommt seit 1958 heraus, ebenfalls eine volkskundlich-wissenschaftliche Zeitschrift und andere literarische Publikationen. Der ungarische Rundfunk in Fünfkirchen strahlt auch Sendungen in deutscher Sprache aus. Es gibt heute in Ungarn eine Reihe von Bestimmungen zugunsten der Nationalitäten. Auch die zuständigen Behörden zeigen Verständnis und fördern Maßnahmen zur praktischen Umsetzung nationalitätenfreundlicher Verordnungen. Wenn die Praxis aber nicht mehr erreicht, als das gegenwärtig der Fall ist, dann ist das den ungünstigen Verhältnissen zuzuschreiben, in die man die deutsche Minderheit gebracht hat: ihre Ortschaften wurden durch die Aussiedlung aufgelöst, ihre Führungskräfte beseitigt, ihre Schulen geschlossen, ihre Sprache verboten. Die junge Generation, die heute schon Kinder hat, spricht in der Familie nicht mehr deutsch, auch die schwäbische Mundart können die Kinder nur mehr von den Großeltern erlernen, wenn diese in der jungen Familie noch vorhanden sind. Die fortschreitende „natürliche" Assimilation ist kaum aufzuhalten. Sie wird durch Urbanisierung, Industrialisierung, Fernsehen, sprachliche Überfremdung der Dörfer und Betriebe usw. gefördert.

Die Partei gewährt heute über den Staat den Nationalitäten Einrichtungen, die sie auch früher benötigten und gefordert haben, von denen die Behörden und die Öffentlichkeit allerdings nichts hören wollten, die als Staat im Staate und als Verrat am Madjarentum diskriminiert wurden. Die längst fällige Rehabilitierung der Donauschwaben wird von diesen als Betroffenen begrüßt. Auch wenn die geschwächte und zerstörte deutsche Minderheit nicht mehr gerettet werden kann. Es wird durch diese Rehabilitierung aber jenes menschliche Vertrauen zwischen Madjaren und Deutschen wieder entstehen, das dahin war und dessen einseitige Aufkündigung auf dem Viehwaggon, in dem schwäbische Ausgewiesene nach Deutschland rollten, so beklagt wurde:

„O Heimatland, o Ungarland! Du bist jetzt unser Untergang.
Wir haben alles hingegeben für dein Wohl und Glück und Leben,
Und für Müh und Plag, gabst du uns den Bettelstab."

In *Jugoslawien* ist das Deutschtum total entrechtet, enteignet, vernichtet und vertrieben worden. Das Leben der 600 000 Menschen in den Hunderten ehemals deutschen Gemeinden ist erloschen, deutsche Familien und Menschen leben dort nur mehr vereinzelt, ein Gemeinschaftsleben auf örtlicher oder überörtlicher Basis läßt sich hier nicht mehr ermöglichen. Die fast noch 50 000 Deutschen in ganz Jugoslawien (in Mischehen oder untergetaucht) sind nicht als Minderheit anerkannt und dürfen auch keine Organisationen errichten. Die deutschen Friedhöfe und Kirchen verfallen oder sind zerstört, für Zehntausende in Todeslagern umgebrachte Donauschwaben werden keine Gedenkstätten oder Mahnmale geduldet. Und doch hört man in letzter Zeit auch

ANTON TAFFERNER

QUELLENBUCH
ZUR DONAUSCHWÄBISCHEN
GESCHICHTE

Mit einem Vorwort von Adam Wandruszka
und einer Einführung von Egon Lendl

München 1974
VERLAG HANS MESCHENDÖRFER

Heimat im Herzen

Wir
Donauschwaben

Herausgegeben von Hans Diplich
und Hans Wolfram Hockl

1950

Akademischer Gemeinschaftsverlag Salzburg

Donauschwäbische
Lehrerblätter

MITTEILUNGEN DER ARBEITSGEMEINSCHAFT DONAUSCHWÄBISCHER LEHRER e. V.
(ADL) IM SÜDOSTDEUTSCHEN KULTURWERK

Beilage: DEUTSCHE OSTKUNDE

Jahrgang 1974

Herausgeber: Arbeitsgemeinschaft Donauschwäbischer Lehrer e. V.
844 Straubing, Dr.-Heiß-Straße 38

Schriftleitung: Josef Volkmar Senz, 844 Straubing, Dr.-Heiß-Straße 38
Josef Schmidt und Dr. Anton Tafferner

Verwaltung: Josef Schmidt, 8052 Moosburg, Merianstraße 33

E 2459 C

Der Donauschwabe

BUNDESORGAN DER HEIMATVERTRIEBENEN AUS JUGOSLAWIEN, RUMÄNIEN UND UNGARN

Wer vor der Vergangenheit die Augen schließt, wird blind für die Zukunft

Studien- und Vertretertagung der Donauschwäbischen Kulturstiftung in München

Beeinträchtigungen und Gefährdungen des Ungarndeutschtums

Physische Vernichtung der deutschen Volksgruppen vorprogrammiert aus Jugoslawien Stimmen, die vom Völkermord an den Donauschwaben bei Kriegsende sprechen und ihn beklagen.

Familienzusammenführung. Das Leben der Donauschwaben ging in ihren Aufnahmeländern und in ihren bisherigen Heimatstaaten weiter. Es kam wieder zu Beziehungen zwischen den Staaten des Westens und des Ostens. Für die donauschwäbischen Landsmannschaften bildete gerade deshalb die *Heimatpolitik* eine immer aktuelle Aufgabe. Die aus der Gefangenschaft, Verschleppung, durch Flucht und Vertreibung nach Deutschland und Österreich Gekommenen, konnten sich hier wieder eine Existenz aufbauen und verlangten daher mit Recht die Familienzusammenführung. Die Normalisierung der Beziehungen zwischen den betroffenen Staaten erleichterte das Zustandekommen der Familienzusammenführung, die sich zuerst für die aus den Lagern nach 1948 in Jugoslawien Entlassenen, in den späteren Jahren aber am stärksten für die Deutschen aus Rumänien verwirklichen ließ; im Jahre 1977 wurde nach einer Absprache zwischen Bundeskanzler Helmut Schmidt und dem rumänischen Staatspräsidenten die Zahl von 10 000 deutschen Aussiedlern im Jahr überschritten.

In der Zeit von 1950–1985 konnten nach Westdeutschland aussiedeln:

aus Ungarn	aus Rumänien	aus Jugoslawien	Zusammen
15 048	178 911	87 571	281 530

Am stärksten war die Familienzusammenführung im ersten Jahrzehnt nach der eigentlichen Flucht und Vertreibung (1950–1959) in Jugoslawien, sie betrug 59 006 Aussiedler; in Ungarn betrug sie in diesem Zeitraum nur 4 400 und in Rumänien 3 454. Im Jahrzehnt 1960–1969 war sie in Jugoslawien noch immer am höchsten, sie erreichte 21 108, in Rumänien bereits 16 294, in Ungarn nur 3 815. Im Zeitraum 1970–1985 stieg die Zahl der Aussiedler aus Rumänien auf 159 163. Aus Jugoslawien waren noch 7 457 und aus Ungarn 6 833 zu verzeichnen. In Ungarn blieben die Aussiedlerzahlen am konstantesten, die Zahl 1000 pro Jahr überstiegen sie allein 1957/58 wegen des Ungarnaufstandes. Die verschlechterten Lebensverhältnisse und die zwischenstaatlichen Abmachungen zwischen Deutschland und Rumänien haben das Hochschnellen der Aussiedlerzahlen aus diesem Oststaat bewirkt, in dem die Deutschen bis in die letzte Zeit eigentlich die meiste Möglichkeit für die eigene Sprach- und Kulturpflege besaßen. Unter den Aussiedlern aus Rumänien befinden sich rund 60 Prozent Siebenbürger Sachsen, der Rest sind Donauschwaben aus dem Banat und Sathmar. Seit 1950 sind etwa 80 000 Donauschwaben aus Rumänien als Aussiedler nach Westdeutschland gekommen.

Gegenwart und Zukunft – Charta der Vertriebenen. Feindliche Mächte lenkten die Entwicklung der Donauschwaben nach dem Zweiten Weltkrieg in neue Bahnen. Die Entwurzelung in der alten Heimat, die Vertreibung in das Mutterland bedeuteten zunächst rein äußerlich eine Errettung, auch wenn dieser Vorgang viele Opfer und Verluste erforderte. Die große Prüfung erweckte ungeahnte Kräfte der Bewährung. Innerlich ungebrochen, fanden die Donauschwaben mit den übrigen deutschen Heimatvertriebenen zu einer sittlichen Haltung, die den Aufbau in der Gegenwart bestimmt; sie ist auch die Grundlage für die Gestaltung der Zukunft. Es ist die Idee des Verzichtes auf

Haß und Rache, auf Ablehnung der Kollektivschuld der Völker, das feierliche Bekenntnis zu den Grundrechten der Menschen und Völker auf Heimat und zu einer neuen, sittlich und rechtlich begründeten Völkerordnung in einem freien und geeinten Europa. In der am 5. August 1950 in Stuttgart verkündeten *„Charta der deutschen Heimatvertriebenen"*, die namens der Donauschwaben Franz *Hamm* unterfertigte, fand dieser Geist eines neuen Beginnens seinen klaren Ausdruck. Und wenn der donauschwäbische Dichter Stephan Augsburger (1840–1893) das Kolonistenwerk der Donauschwaben mit den Worten kennzeichnete: „Nicht mit dem Schwerte, mit der Pflugschar erobert: Kinder des Friedens, Helden der Arbeit", dann wird auch die Zukunft sie in diesem Geiste am Werke finden. Sie werden diese Zukunft auch als Gemeinschaft bestehen, wenn sie über Grenzen und Meere hinweg zusammenhalten und die Aufgaben erkennen, die ihnen als herkunftsbewußten, gemeinschaftsverbundenen Menschen gestellt sind.

Anhang

Funktion und Leistung der Donauschwaben

1. „Bei der Befreiung Ungarns opferte das deutsche Volk Hekatomben seiner Söhne in den jahrzehntelangen blutigen Kriegen ... und rechtfertigte dadurch jene, die Ungarns Schicksal an Deutschland geknüpft hatten... Im Endergebnis kamen die Befreiungsarmeen doch aus Wien, der Residenzstadt des habsburgischen Ungarnkönigs, deren Aufstellung, Ausrüstung und Besoldung die Aufgabe der Wiener Zentralbehörden des Herrschers war... Das große Reich ... stellte mit ungeheurer Kraftanstrengung Ungarn wieder her und ermöglichte dadurch die Weiterentwicklung des madjarischen Volkes auf Jahrhunderte." *Homan-Szekfü (Bd. IV. S. 220 ff)*

2. Die deutschen Siedler kamen vertraglich als „freie und unmittelbare k. k. Untertanen auf ewige Zeiten" in die pannonischen Landschaften. Nach dem leopoldinischen Impopulationspatent vom Jahre 1689 sind die deutschen Siedler „...welche sich in Hungarn niederzulassen Lust haben, sowohl in Städten, als auff dem Landt, freye Burger und Unterthanen..."

Auf der rechtlichen Grundlage der Patente bauten sie ihre Gemeinwesen auf, in denen sie ihr eigenartiges wirtschaftliches, soziales und kulturelles Leben nach europäischem Zuschnitt in Freiheit gestalten konnten. Sie haben damit viel dazu beigetragen, den veralteten Ständestaat Ungarn für die Erfordernisse einer neuzeitlichen Entwicklung zu befähigen.

3. Zum Anschluß Ungarns an den deutschen Zollverband, schreibt Ludwig Kossuth 1842: „Unsere Städte sind aber dem größten Theil nach noch deutsch, und zwar so deutsch, daß sie noch kaum irgendein Merkmal der Magyarisierung verrathen; die Industrie in unserem Vaterlande ist deutsch, der Handel seinem Wesen nach deutsch und muß es durch den Anschluß an den deutschen Zollverband natürlicher Weise noch immer mehr werden und so würde dann aus diesem Anschluß unausweichbar folgen, daß unsere deutschen Städte, unsere deutsche Industrie, unser deutscher Handel nie und nimmer magyarisch würden und darum wäre unsere Nationalität gefährdet, aber nicht weil der Magyare zum Deutschen würde, sondern weil die Magyarisierung der deutschen Bürgerschaft unserer Städte und mit ihr die Begründung eines ungarischen Mittelstandes verhindert würde."

4. „Jetzt sind die Deutschen die angesehensten, fleißigsten und reichsten. Mit unermüdlichem Fleiß, mit überlegenem fachlichen Wissen und Können betreiben sie die Landwirtschaft. Zumeist erzeugen sie die einträglichsten Produkte wie reines Getreide, Hanf, Leinen, Rüben und Tabak. Sie betreiben verschiedene Handwerke, wobei weder die Kinder noch die Alten beschäftigungslos sind, sondern beim Flechten von Strohhüten und Weidenkörben mithelfen. Die Reicheren unter ihnen aber kaufen die Erzeugnisse der Ärmeren auf und betreiben Handel auch in größeren Ausmaßen. Daher ist es kein Wunder, daß ihre Häuser im allgemeinen herrlich sind und mancherorts so schön, wie das Herrenhaus von Edelleuten." *Der serbische Historiker Duschan Popović in seinem dreibändigen Werk „Die Serben in der Wojwodina" (Srbi u Vojvodini) Neusatz-Novisad, 1957-63.*

5. Deutsche Männer waren die bedeutendsten Verleger madjarischer Bücher und Zeitschriften (Trattner, Landerer, Hartleben); die beliebtesten Stücke der madjarischen Bühnen lieferte Wien; Deutsche machten die Produkte der ungarischen Literatur, der Sagen- und Märchenwelt, der Geschichtsschreibung bekannt. Die Verbindung zwischen Madjarentum und Deutschtum (Österreichs) flossen durch die Körper des ungarländischen Deutschtums." *Vgl. B. v. Pukanszky, 1933*

6. Die donauschwäbische Besiedlung brachte in den pannonischen Landschaften den slawischen Vorstoß von Nord und Süd zum Stehen, zwang diese Hirtenstämme zum Seßhaftwerden und ermöglichte dadurch eine nationale Behauptung und ungestörte Entwicklung des Madjarentums (A. Tafferner, Die Donauschwaben 1974, S. 37). Die Zahl der in den Städten, Mischgemeinden und Streusiedlungen untergegangenen Deutschen war beträchtlich. Nach einer Statistik zwischen den beiden Weltkriegen, noch vor der großen Namensmadjarisierungsaktion, hat es in Ungarn rund 1,8 Millionen Staatsbürger ungarischer Muttersprache mit deutschen Familiennamen gegeben. Wenn man von dieser Zahl etwa 300 000 Juden mit deutschen Namen wegnimmt, so bleiben immer noch 1,5 Millionen madjarisierter Deutscher, wo doch die deutsche Volksgruppe nur noch rund 0,5 Millionen betragen hat. *Vgl. J. Weidlein, Madjarisierung der Deutschen in Ungarn... 1955, S. 30.*

7. Der westliche Einfluß und die gewaltige Rolle der Forscher und Künstler ungarländisch-deutscher Herkunft auf allen Gebieten der Geistes- und Naturwissenschaften, der Heilkunde, der Technik, der Architektur, Bildhauerei, Malerei, Musik, auch der Literatur, in Politik, Kirche, Schule und Heerwesen, kann nicht übergangen werden. Sie

garantierten das westliche Niveau der ungarischen Kultur- und Lebensweise.
Vgl. J. Weidlein, Deutsche Leistungen im Karpatenraum... 1954, S. 78.

8. Im VI. Volksgesetz aus dem Jahre 1919 über die Ausübung des Selbstbestimmungsrechtes des deutschen Volkes in Ungarn heißt es: § 1. Die in Ungarn wohnenden ungarischen Staatsbürger deutscher Zunge bilden eine einheitliche Nation, die ihr Selbstbestimmungsrecht durch die in diesem Gesetze umschriebene Selbstverwaltung ausübt. § 3. Dem deutschen Volk gebührt im Rahmen dieses Gesetzes in der inneren Verwaltung, der Rechtspflege, im Unterrichtswesen, in den Kultur- und Kirchenangelegenheiten dieser autonomen Rechtsgebiete hinsichtlich der Gesetzgebung und Verwaltung volle Autonomie. In den autonomen Rechtsgebieten wird den ungarischen Staatsbürgern deutscher Zunge gewährleistet, daß die Verkehrssprache mit ihnen auch in den gemeinsamen Angelegenheiten deutsch sein wird. § 5. Die gesetzgebenden Organe der deutschen Nation sind: 1. In autonomen Angelegenheiten die deutsche Nationalversammlung... § 7. Die Regierungsorgane der deutschen Nation sind: Das deutsche Ministerium und die Gauverwaltungen.... § 11. Dieses Gesetz tritt am Tage seiner Kundmachung in Kraft. (29.1.1919)

9. Das am 17. Dez. 1922 vom Parteitag in Hatzfeld angenommene Programm der Partei der Deutschen in Südslawien schließt mit den Worten: „Wir wollen mit unseren Mitbürgern anderer Zunge im Staate in Frieden und Freundschaft leben, ihre Rechte ebenso achten wie wir die Achtung unserer Rechte fordern, und mit jedermann zum Ausbau eines wahrhaften Rechtsstaates auf der Grundlage vollkommener bürgerlicher Freiheit und nationaler Gleichberechtigung zum Wohle des gemeinsamen Vaterlandes und aller seiner Völker zusammenarbeiten."

10. Die Zerschlagung der Monarchie als Ergebnis der Bündnis- und Machtpolitik Frankreichs, hatte in Südslawien aggressiven Nationalismus, Balkanisierung und ein Bollwerk gegen vorgeblichen deutschen „Drang nach Osten" zur Folge. Die von den Siegermächten nach dem Ersten und Zweiten Weltkrieg begünstigte panslawistische Ausbreitung im Westen bis zur Linie Stettin-Triest, zerstörte nicht nur die existenzielle Grundlage der deutschen Volksgruppen in Ostmittel- und Südosteuropa, sie ließ die Kroaten in ihrer Verzweiflung und Ohnmacht gegen den Zentralstaat der Serben den Vorwurf der „Balkanisierung" erheben, in dem von Gleichberechtigung und Rechtsstaatlichkeit im Vergleich zur früheren Habsburgermonarchie wenig geblieben ist.
Sundhausen, Jugoslawien 1982, S. 39, 72.

11. Beim Ausbau der Volksgruppenorganisationen und der Verwaltung wollte ich, daß die Volksgruppe auf allen Lebensgebieten ihre eigenen Berufs- und Interessengruppen in fachlichen Organisationen zusammenfasse. Diese waren neben die Berufsgruppen der anderen Volksgruppen im Banat zu stellen, die alle *gemeinsam* ihren Zusammenschluß in der *staatlichen Erfassung und Betreuung* haben sollten. Die staatlichen Gesetze oder Verordnungen sollten den Rahmen bilden, in dem diese volkstumsmäßig gebundenen Organisationen sich ihren selbstgestellten sowie im Interesse der Allgemeinheit den vom Staate, in diesem Falle der Banater Verwaltung, auferlegten Aufgaben widmeten... Alle Lebensbereiche der Volksgruppe sollten so gefestigt und umfassend organisiert sein, daß ihre Einheit, ihre berufliche und existenzielle Sicherheit nicht mehr gefährdet werden konnte. Wir waren bestrebt, die Verwaltung und die

Volksgruppen nach diesem Entwurf praktisch durchzugliedern und dieser volks- und staatspolitischen gemeinsamen Ordnung für die Zukunft Gültigkeit zu verschaffen. Zur endgültigen Durchführung reichte die Zeit nicht mehr. Für die autonomistischen Lösungen in Ost und West waren diese donauschwäbischen Modellprojekte aber sicher Anstöße, die auch in Zukunft Nachwirkung behalten werden. *Janko, Weg und Ende a. a. O. S. 189.*

12. Am 12. Februar 1945 fiel die Hauptstadt Ungarns nach heldenhaftem Widerstand deutscher und ungarischer Verteidiger der Roten Armee in die Hände, nachdem die Stadt bereits am 24. Dezember vollständig eingeschlossen worden war. Die höchste Verantwortung für die Verteidigung Budapests trug General Pfeffer-Wildenbruch, dem die Reste der Panzerdivision Feldherrnhalle und zwei volksdeutsche Waffen-SS-Divisionen zur Verfügung standen. Oberkommandierender der ungarischen Truppen war Generaloberst Iwan Hindy; ihm unterstanden außer einer Infanteriedivision bunt zusammengewürfelte ungarische Truppenteile und die Budapester Polizei. Da auch die Mehrheit der ungarischen Truppen aus Volksdeutschen bestand ebenso wie die zwei Waffen-SS-Divisionen, ergibt sich der Tatbestand, daß es sich bei den rund 70 000 Verteidigern der Ungarischen Hauptstadt, die die Rote Armee acht Wochen lang bei ihrem siegreichen Vorstoß nach Westen aufhielten, in der überwiegenden Mehrheit um Donauschwaben handelte. Donauschwaben bildeten also die verblutende Nachhut des Abendlandes, die die Rote Armee hinderten, Wien schon im Dezember 1944 einzunehmen und dann bis Mai 1945 über Linz nach Passau noch weiter nach Westen vorzustoßen.

Vgl. Joh. Weidlein, Hungaro-Suebica 1981, 251.

ZEITTAFEL

zur Geschichte der Donauschwaben

Bis etwa 600 n. Chr. Im Donau-Karpatenraum richten verschiedene Germanenvölker ihre Herrschaft auf.

10–271 Römerherrschaft im Donau-Karpatenraum (Pannonien, Dazien).

230 Goten beherrschen die Donaumündung

311–381 Der Gotenbischof Wulfila übersetzt die Bibel ins Gotische und führt die Westgoten über die Donau ins Oströmische Reich.

317–397 Sankt Martin, Bischof von Tours, in Sabaria/Steinamanger geboren.

375 Hunnen greifen Ostgoten an und lösen germanische Völkerwanderung aus.

379–456 Ostgoten rücken in pannonische Landschaften ein und werden hier seßhaft.

454–567 Der Gepidenkönig Ardarich schlägt die Hunnen und errichtet sein Reich mit Sitz in Syrmis/Mitterstadt/Mitrowitz, das sich bis 567 hält.

568 Abzug der Langobarden aus Pannonien nach Oberitalien.

7./8. Jh. Die Awaren errichten ihre Herrschaft in den pannonischen Landschaften.

791 Karl d. Gr. vernichtet das Awarenreich und gliedert es als Pannonische oder Awarische Mark bis zu den Karpaten seinem Großreich ein.

Um 900 Die nomadischen Stämme der Madjaren erscheinen in Pannonien und richten über germanischer, romanischer und slawischer Bevölkerung ihre Herrschaft auf.

955 Kaiser Otto d. Gr. schlägt die Ungarn bei Augsburg.

1000 König Stephan d. Hl., verheiratet mit der bayerischen Prinzessin Gisela, baut Ungarn mit deutscher Hilfe zu einem christlichen Staat nach deutschem Vorbild auf.

1030 Errichtung der Tschanader (Banater) Diözese durch den Benediktiner Gerhard von Sagredo.

1102 Kroatien mit Ungarn vereinigt (Pacta conventa).

1141–1163 Einwanderung der Siebenbürger Sachsen.

1241 Einbruch der Mongolen/Tataren in Ungarn schädigt insbesondere die deutschen Siedlungen.

1200–1526 Alle Städte in Ungarn sind deutsche Gründungen.

1389 Universität in Ofen gegründet, Lehrer aus Wien berufen.

1397 Kaiser und König Siegismund (1368–1437) hält Reichstag in Temeschburg.

1413–21 Statuten des „Ofner Stadtrechtes" nach deutschem Vorbild aufgezeichnet.

1455 Albrecht Dürer d. Ä., in Ajtos bei Gyula geboren, kommt nach Nürnberg.

1456 Hunyadi und Capistran besiegen mit Kreuzfahrerheer bei Belgrad die Türken; seither Mittagsläuten.

1472 Andreas Heß errichtet in Ofen erste Druckerei in Ungarn.

15.Jh. Pelbart von Temeswar, „der deutschen Nation namhaftigster Buchführer", wirkte in der 2. Hälfte des 15. Jh. im Banat.

1526 In der Schlacht bei Mohatsch siegen die Türken, ung. König Ludwig II. gefallen.

1526–1918 Die Habsburger legale Könige von Ungarn und Kroatien.

1526–1686 Der größte Teil Ungarns kommt unter die Herrschaft der Türken. Das mittelalterliche Deutschtum Ungarns geht zugrunde. Nur die Siebenbürger und die Zipser Sachsen sowie die Deutschen Westungarns können sich erhalten.

1529 Graf Niklas Salm verteidigt Wien vor den Türken.

1683 Sieg der christlich-kaiserlichen Armee über die Türken bei Wien.

1684–1699 Ungarn wird in der Hauptsache durch Soldaten aller deutschen Stämme von der Türkenherrschaft befreit.

1684–99 In den befreiten Städten und in neuangelegten Dörfern Transdanubiens beginnen gerufene deutsche Siedler mit dem Wiederaufbau.

1690 Flüchtende aufständische Serben lassen sich mit Erlaubnis des Kaisers im befreiten Ungarn vorübergehend nieder.
1699 Friede von Karlowitz bei Peterwardein. Ungarn mit dem Batschgau wieder frei.
1703–32 Wilhelm Graf Nesselrode wird Bischof von Fünfkirchen.
1705–11 Kurutzenaufstand unter Rákoczy gegen den Kaiser.
1712 Die ersten Schwaben aus Württemberg treffen in Sathmar ein.
1716–18 Prinz Eugen besiegt die Türken bei Peterwardein, Temeschburg und Belgrad.
1717–1779 Das befreite Banat erhält als kaiserliches Kronland mit eigener Verwaltung eine Sonderstellung. Erster Gouverneur wird Graf Claudius Florimund Mercy.
1718 Im Frieden von Passarowitz kommen das Banat, Nordserbien mit Belgrad und Oltenien zu Österreich.
1722 Der erste große Schwabenzug kommt in Gang, deutsche Siedler bauen unter dem Schutz des Kaisers eine „Vormauer der Christenheit" auf.
1723 Der ungarische Landtag erläßt GA 103, es wird den gerufenen Siedlern Steuerfreiheit, Freizügigkeit und Erbeigentum zugesichert.
1724 Sebastian Landerer errichtet in Ofen die erste Druckerei im befreiten Ungarn, ab 1731 erscheint hier die älteste Zeitung Ungarns, der „Wöchentlich zweymal neuankommende Mercurius".
1728 Gymnasium in der „Teutschen Stadt" Griechisch Weißenburg/Belgrad.
1730 Adalbert Freiherr von Falkenstein wird Bischof in Temeschburg.
1733 Franz Anton Graf Engl von Wagrain wird Bischof von Belgrad, seit 1750–1777 Bischof von Temeschburg.
1736–54 Nach Plänen Fischers von Erlach wird der Dom in Temeschburg erbaut.
1737 Deutsches Theater in Pest, in Raab 1742, in Temschburg 1746, in Esseg 1750; die erste madjarische Theateraufführung in Pest 1784.
1737/39 Türkenkrieg bringt mit Belgrader Frieden Verlust Nordserbiens und Oteniens.
1740–1780 Maria Theresia besiedelte die Kameralgüter in Ungarn, besonders im Batschgau und im Banat; es kamen in ihrer Regierungszeit bei 50 000 deutsche Siedler ins Land.
1743 Die Ofner „Burgliche Schützen-Compagni" erster weltlicher Verein. Schützenvereine gibt es später in vielen donauschwäbischen Gemeinden.
1757–1797 Baumeister Franz Anton Hillebrandt (1719–1797) erbaut fast alle staatlichen Gebäude in Ungarn.
1758–1796 Der Maler Franz Anton Maulbertsch (1724–1796) schuf die Mehrzahl seiner Werke in Ungarn (Steinamanger, Erlau, Stuhlweißenburg u.a.a.O)
1763 Mit ihrem Ansiedlungspatent verspricht Maria Theresia den deutschen Siedlern, „daß sie freie und unmittelbare k.k. Untertanen auf ewige Zeiten" bleiben sollen.
1770 Maria Theresia erläßt das Urbarium, das Statut des Bauernstandes und der Dorforganisation auch der donauschwäbischen Gemeinden.
1771 Matthäus Heimerl gibt in seiner Druckerei in Temeschburg die Wochenzeitung „Das Intelligenzblatt" und die „Temeswarer Nachrichten" heraus.
1772 In der „Impopulations-Hauptinstruktion" sind die Richtlinien des Ansiedlungswerkes zusammengefaßt.
1774 Die „Allgemeine Schulordnung" für die Trivial-, Haupt- und Normalschulen erscheint.
1775/76 Deutsche Normalschulen (Lehrerausbildungsstätten) werden in Temeschburg, Weißkirchen, Pantschowa, Fünfkirchen und Ofen errichtet.
1779 Das aufgehobene Kronland „Temescher Banat" wird der ung. Komitatsverwaltung eingegliedert.
1780–90 Josef II. führt das Toleranzedikt ein und hebt die Leibeigenschaft auf. Deutsch wird anstelle von Lateinisch bevorzugte Amts- und Schulsprache.

1781–87 Im Dritten Großen Schwabenzug erhalten die noch freien Kameralgüter deutsche Siedler, diesmal auch protestantische.
1788 Der donauschwäbische Bauer Johann Jakob Hennemann verteidigt seine Vaterstadt Werschetz erfolgreich gegen die vordringenden Türken.
1790 Die ung. Stände verlangen anstelle des Lateinischen das Madjarische als Amtssprache. Damit beginnt die Madjarisierung der Nationalitäten, die mehr als die Häfte der Bevölkerung ausmachen.
1791 Landesschulrat Albert Karlitzky setzt sich in einer Bittschrift an den Kaiser für die Erhaltung der deutschen Normalschule in Temeschburg ein.
1802 Nikolaus Lenau in Tschadat/Banat (heute Lenauheim) geboren.
1804 Kaiser Franz II. legt die deutsche Kaiserkrone nieder und nennt sich als „Kaiser von Österreich" Franz I.
1809 Dechant-Pfr. Josef Puksch in Tolnau lehnt in einer Denkschrift die Madjarisierung der Donauschwaben in Kirche, Schule und Gemeinde ab.
1812 Donauschwäbische Bauern unter Josef Ferger erheben sich in Tscheb/Batschgau gegen den tyrannischen madjarischen Grundherren.
1812 Zur Eröffnung des 3500 Zuschauer fassenden neuerbauten Deutschen Theaters in Pest schrieb Ludwig van Beethoven die Eröffnungsmusik.
1818 Ignaz Philipp Semmelweis, als „Retter der Mütter" bekannter Arztforscher, in Ofen geboren.
1822 Johann Eimann aus Duchroth (Pfalz/Siwatz) bringt sein Buch „ Der deutsche Kolonist im Batscher Komitat" in Pesth/Apatin heraus.
1828 Gräfin Therese Brunswick (1775–1861) errichtet in Ofen den ersten Kindergarten in Ungarn.
1 838 Der erste Dampfer fährt auf der Donau.
1842 Eduard Glatz (1812–1889), der Herausgeber der „Pesther Zeitung", verkündet in einer Schrift ein Kulturprogramm für „das deutsche Element in Ungarn."
1846 Erste Temeschwarer Sparkasse wird gegründet.
1848/49 Im ungarischen Revolutionskrieg verteidigt Franz Maderspach Weißkirchen gegen die aufständischen Serben; Michael Urnauer setzt sich in Ebersdorf/Batschgau gegen die Benachteiligung der Deutschen in der Kirche ein.
1849 Franz Wagner von Vaghy und Georg Tretter von Jary verlangen als Vertrauensleute der deutschen Nationalität in Ungarn territoriale und sprachliche Selbstverwaltung.
1849 Dechantpfarrer Josef Nowak (1803–1880) fordert in einer Bittschrift an den Kaiser im Auftrage zahlreicher donauschwäbischer Richter und Geschworener einen „schwäbischen Grafen" als nationales Oberhaupt.
1849–1861 Das kaiserliche Kronland „Serbische Wojwodschaft und Temescher Banat" wird errichtet, an dessen Spitze als Regierungschef ein kaiserlicher Graf in Temeschburg residiert.
1849 Josef Georg Stroßmayer (1818–1905) stiftet als kroatischer Bischof die Universität und die Akademie der Wissenschaften in Agram.
1851–1867 Es bestehen deutsche Realschulen sowie deutsche höhere Schulen und Lehrerbildungsanstalten in den größeren Städten der donauschwäbischen Heimatlandschaften.
1858–1866 Bischof Michael Haas hält die Madjarisierung der Sathmarer Schwaben auf.
1859 Mit dem Protestantengesetz wird für das Kronland „Serbische Wojwodschaft und Temescher Banat" ein deutsch-ev. Kirchenkörper mit Wilhelm Karner/Temeschburg, und ein deutsch-ref. Kirchenkörper mit Sigmund Poor/Siwatz als Bischof vorgesehen.
1867 Niederlagen in Italien und bei Königsgrätz zwingen den Kaiser zum Ausgleich mit den Madjaren, zur Umwandlung des Staates in eine Doppelmonarchie Österreich-Ungarn und zur vollständigen Preisgabe des Deutschtums in Ungarn.

1868 Das ung. Parlament erläßt Gesetz 44/1868 über die Gleichberechtigung der Nationalitäten, das aber nie eingehalten wurde.

1848–1916 Kaiser und König Franz Joseph kann nach dem Ausgleich die bei der Ansiedlung zugesagte Schutzpflicht über die Donauschwaben nicht mehr wahrnehmen.

1867 Zur beruflichen und politischen Selbstbehauptung gründen die Lehrer ihre Lehrervereine: in Fünfkirchen für die Schwäbische Türkei, im Banat unter Joh. Heinrich Schwicker, im Batschgau unter Nik. Gräff.

1868 Angeregt durch die aufkommende Arbeiterbewegung entsteht der „Allgemeine Temeswarer Arbeiterverband".

1870/71 Die Errichtung des Deutschen Reiches schwächt die Stellung der Grenz- und Inseldeutschen in der Habsburgermonarchie.

1871–1883 Auflösung der Militärgrenze läßt letzten Rest deutscher Verwaltung im Bereich der Donauschwaben verschwinden.

1875–1888 Edmund Steinacker (1839–1929) sammelt das deutsche Bürgertum, bringt Bürgerzeitung heraus und setzt sich als Abgeordneter im Budapester Parlament für die Rechte aller Deutschen und Nationalitäten in Ungarn ein.

1878 Berliner Kongreß: Österreich-Ungarn okkupiert Bosnien und Herzegowina.

1880/81 Der Deutsche Schulverein in Wien und der „Allgemeine Deutsche Schulverein" in Berlin entstehen, um Hilfe zur Selbsthilfe für gefährdete Grenz-, Insel- und Auslandsdeutsche zu gewähren.

1881 Johann Heinrich Schwicker (1839–1902) bringt sein Werk „Das Deutschtum in Ungarn und Siebenbürgen" in Wien heraus; die Siebenbürger Sachsen wählen ihn zum Abgeordneten ins Budapester Parlament.

1881 Josef Stadler wird erster Erzbischof von Sarajewo.

1884 In Temeschburg wird die erste elektrische Straßenbeleuchtung Europas eingeführt.

1885 Die Statuten des Deutsch-Ungarländischen Arbeitervereins in Tscherwenka/Batschgau werden durch Budapest genehmigt.

1890 Gründung der Sozialdemokratischen Partei Ungarns, in der deutsche Arbeiter in einem unverhältnismäßig hohen Anteil politisch aktiviert werden.

1890 In Deutschbol wird von Pfr. Josef Streicher der erste donauschwäbische kath. Jünglingsverein gegründet.

1891 Zur politischen und beruflichen Selbstbehauptung des Bauernstandes entsteht der „Südungarische Bauernverein" unter Peter Ströbel (1843–1916), der überall Ortsvereine bildet.

1893–1919 Als sozialdemokratisches Organ erscheint in Temeschburg der „Volkswille".

1895 Zur Erhaltung der konservativen Lebensordnung entsteht in Budapest die Katholische Volkspartei, die besonders auch die Donauschwaben politisch aktiviert.

1897 Das Gesetz über die Madjarisierung der Ortsnamen in Ungarn wird verabschiedet.

1899 „Vereinigung schwäbischer Hochschüler aus den Ländern der ungarischen Krone" in Wien gegründet.

1900 Die Zeitung „Deutsches Tagblatt für Ungarn" beginnt als Organ der deutschnationalen Bewegung in Temeschburg zu erscheinen.

1902 Kardinalbischof Lorenz Schlauch (1824–1902) in Großwardein gestorben. Er hat für Schulen, Lehrer und wohltätige Zwecke einen großen Teil seines Vermögens geopfert.

1904 Das „Deutsche Volksblatt für Syrmien" erscheint in Ruma.

1905 Nach dreißigjähriger Herrschaft verliert die liberale Partei, die für Nationalitäten und Arbeiter nur Unterdrückung übrig hatte, in Ungarn die Mehrheit bei den Wahlen.

1906 Gründung der „Ungarländischen Deutschen Volkspartei". Landesobmann: Dr. Ludwig Kremling (1861–1930).

1906–11 Ferdinand Riester (1846–1911) wird einziger donauschwäbischer Abgeordneter im kroatischen und Budapester Parlament.

1907–1920 Adam Müller-Guttenbrunn (1852–1923) schreibt seine Heimatromane und wird mit ihnen zum Erwecker und Retter der Donauschwaben.

1907 Apponyi-Schulgesetz versetzt letztem Rest muttersprachlichen Unterrichts an donauschwäbischen Volksschulen den Todesstoß.
1907 Schwabenverein in Wien gegründet.
1908 Österreich-Ungarn annektiert Bosnien und Herzegowina.
1909–19; 1922–27 Die deutschnationale literarische Monatsschrift „Von der Heide“ erscheint in Temeschburg.
1908 Der Katholische Volksverein wird offiziell in Budapest gegründet, der für die Deutschen das Monatsblatt „Katholischer Volksverein“ herausbringt.
1911 Deutschungarische Schulstiftung in Wien gegründet.
Julius Glattfelder wird zum Bischof von Tschanad/Banat ernannt.
1912 Karpatendeutsche Tagung unter R. F. Kaindl in Ruma.
1913 Bund der Deutschen in Kroatien und Slawonien in Ruma gegründet.
1914 Der Thronfolger Erzherzog Franz Ferdinand wird von serbischem Nationalisten in Sarajewo ermordet; Österreich-Ungarn erklärt Serbien den Krieg.
1916 Kaiser und König Franz Joseph I. gestorben, sein Nachfolger wird als Karl IV. zum ungarischen König in Budapest gekrönt.
1917–1933 Jakob Bleyer (1874–1933) setzt sich für die Donauschwaben ein und wird deren Verteidiger und Sprecher als Wissenschaftler, Minister und Abgeordneter.
1918 Wilson verkündet das Selbstbestimmungsrecht der Völker, die Doppelmonarchie zerfällt.
Kaiser Karl ruft seine Völker auf, Nationalräte zu bilden.
Es entsteht ein Deutschungarischer Volksrat unter Jakob Bleyer und ein Volksrat der Deutschen in Ungarn unter Brandsch, Kremling und Kalmar.
Schwäbische Nationalversammlung in Temeschburg verkündet im Schwäbischen Manifest das Recht der Donauschwaben auf Selbstbestimmung und Autonomie.
1919 Reinhold Heegn wird Obergespan von Temeschburg.
Deutsches Autonomiegesetz in Ungarn tritt in Kraft, Johann Junker (1864–1922) wird erster verantwortlicher deutscher Minister der ungarischen Regierung.
Friedensdelegation der Donauschwaben bemüht sich bei den Friedensverhandlungen in Paris um die Unteilbarkeit des Banats.
„Deutsch-Schwäbische Volkspartei“ beteiligt sich an den ersten Parlamentswahlen in Rumänien; sie gewinnt vier Abgeordnete und zwei Senatoren.
1919–1944 In den Friedensverträgen verpflichten sich die Nachfolgestaaten Jugoslawien, Rumänien und Ungarn zu international garantiertem Minderheitenschutz.
1920 Schwäbisch-Deutscher Kulturbund in Neusatz gegründet. Bundesobmann Josef Menrath, Generalsekretär Dr. Georg Graßl (1863–1948).
1921 Gründung der „Deutsch-Schwäbischen Volksgemeinschaft“ unter Dr. Kaspar Muth (1876–1966) in Temeschburg.
1922 Wirtschaftsorganisation „Agraria“ entsteht in Neusatz unter Dr. Stefan Kraft.
1922/23 Partei der Deutschen unter Dr. Ludwig Kremling und Dr. Stefan Kraft in Hatzfeld konstituiert; bei den Parlamentswahlen 1923 werden acht deutsche Abgeordnete ins Belgrader Parlament gewählt.
1922 Die zusammenfassende Bezeichnung „Donauschwaben“ findet Eingang in die Wissenschaft und allgemeine Verwendung.
1924 Ungarländischer Deutscher Volksbildungsverein unter Univ. Prof. Dr. Jakob Bleyer gegründet.
1924–1954 Augustin Pacha steht als Schwabenbischof an der Spitze des Banater Bistums.
1919–1941 „Christliche Volkszeitung“ erscheint in Esseg.
1925 Vereinigung deutscher Hochschüler in Agram gegründet.
1926 Die „Banatia“, das große Schulzentrum und Schülerheim der Donauschwaben in Temeschburg, eröffnet.
1926 Die Jungschwäbische Bewegung wird im ö. Banat aktiv.
1928 Deutsch-Ungarische Heimatblätter kommen unter Jakob Bleyer in Budapest heraus.

1928 Gustav Stresemann setzt sich im Völkerbund für die Minderheiten ein.
1929 Parlament und Parteien in Jugoslawien aufgelöst, Königsdiktatur eingeführt.
1929 Vereinigung deutscher Junglehrer in Sombor entsteht.
1929 Studentenvereinigung „Suevia" in Belgrad errichtet.
1930 Stefan Fiedler zum Bischof von Sathmar-Großwardein geweiht.
1931 Die Verfassung der Deutsch-Evangelischen Landeskirche in Jugoslawien sanktioniert, Dr. Philipp Popp wird zum ersten Landesbischof gewählt mit Sitz in Agram.
1931 Die Schulstiftung der Deutschen in Jugoslawien wird errichtet, Private Deutsche Lehrerbildungsanstalt eröffnet.
1933 Visitationsreise von Bischof Wilhelm Berning/Osnabrück zu den kath. Donauschwaben in Jugoslawien, Rumänien und Ungarn.
1933 Anton Valentin bringt in Temeschburg „Banater Monatshefte" für Kultur und Geschichte der Donauschwaben heraus.
1933–1938 Innervölkische Auseinandersetzungen bei den Donauschwaben in allen drei Heimatstaaten.
1935 „Die Donau" erscheint als Wochenblatt für das kath. Deutschtum Jugoslawiens in Apatin/Abthausen unter Pfarrvikar Adam Berenz.
1938 Volksbund der Deutschen in Ungarn unter Franz Basch gegründet.
1939/40 Auch in den anderen Staaten erfolgt im Einvernehmen mit Berlin Führungswechsel: in Jugoslawien wird Dr. Josef Janko, in Rumänien Andreas Schmidt Volksgruppenführer.
1939 1. Sept. Ausbruch des II. Weltkrieges.
1940–44 In Rumänien, im ö. Banat mit Belgrad und Nordserbien und im US Kroatien erhalten die Deutschen Volksgruppen den Status einer Rechtspersönlichkeit und deutsche Schulautonomie, in Ungarn nicht.
1940 Mit dem 2. Wiener Schiedsspruch kommen Nordsiebenbürgen und Sathmar an Ungarn.
1940 Kurze Geschichte der Donauschwaben von Josef V. Senz erscheint.
1940–44 „Deutsche Forschungen in Ungarn" erscheinen in Budapest unter Anton Tafferner.
1941 6. April: Jugoslawien-Feldzug, Zerfall des Staates; Aufteilung der Donauschwaben; das Batscher Land mit dem Branauer Dreieck kommt zu Ungarn, das Banat bleibt bei Serbien unter deutscher Besatzung, Kroatien wird unabhängiger Staat.
1941 22. Juni: Deutschland beginnt Krieg gegen die Sowjetunion, an dem sich auch Ungarn und Rumänien beteligen. Die Donauschwaben werden als Soldaten in den Verbänden der Heimatstaaten oder in deutschen Militäreinheiten eingesetzt.
1941 Im Batscher Land entsteht deutsch-ev. Kirchenkörper, der sich Verfassung gibt und Franz Hamm zum weltlichen, Heinrich Meder zum geistl. Präsidenten (Bischof) wählt.
1941 Die Ungarn berufen aus dem Batschgau fünf Vertreter der Donauschwaben als Abgeordnete ins Budapester Parlament (Franz Hamm, Dr. Ing. Josef Trischler, Ing. Sepp Spreitzer, Dr. med. Adam Schlachter, Abtpfarrer Dr. Jakob Egerth) und zwei als Mitglieder ins Oberhaus (Christian Welker, Otmar Ressely).
Im Agramer Parlament sind die Donauschwaben durch Branimir Altgayer und Ferdinand Gasteiger vertreten; Dr. Jakob Elicker wurde Obergespan (Reg.-Präsident).
1942 Die Monatsschrift „Südostdeutsche Rundschau" erscheint als Zeitschrift der deutschen Volksgruppe in Budapest unter Franz Basch und Philipp Böß.
1942 Pfr. Franz Hein wird Banater ev. Bischof.
1942 Wegen Gefährdung durch den Partisanenkrieg beginnt Umsiedlung der Deutschen Bosniens und Serbiens.
1943 Ungar. Kultusministerium genehmigt die Schulstiftung der deutschen Volksgruppe als schulerhaltende Körperschaft, aber nicht die deutsche Schulautonomie.
29./30. Nov. AVNOJ-Tagung in Jajce beschließt Völkermord an Donauschwaben in Jugoslawien.
1944 Rumänien tritt an die Seite der Russen und erklärt Deutschland den Krieg (24. Aug.).
Sept./Okt. Die Evakuierung der Donauschwaben beginnt.

15. Okt.: Ungarn kapituliert; Horthy abgesetzt.
Einmarsch der Russen, die Theiß, Marosch und Donau überschreiten und Budapest umzingeln, das in der Mehrheit donauschwäbische Soldaten in deutschen und ungarischen Verbänden noch Wochen lang verteidigen.

1944 21. Nov.: Aufgrund der AVNOJ-Beschlüsse werden die Donauschwaben in Jugoslawien landesweit enteignet und entrechtet, in jugoslawische Arbeitslager eingewiesen, etwa 10 000 führende Männer ohne Gerichtsverfahren ermordet (Aktion Intelligenzija); Ende 1944/Anfang 1945 150 000 Donauschwaben aus Ungarn, Jugoslawien und Rumänien nach Rußland zur Zwangsarbeit verschleppt, über 20% sind dabei umgekommen.

1945 7./8. Mai: Kapitulation des Dritten Reiches.
17. Juli – 2. Aug.: Im Potsdamer Abkommen beschließen die drei großen Sieger (Stalin, Truman, Churchill) die Ausweisung der Deutschen aus Polen, der Tschechoslowakei und Ungarn. In Rumänien werden die Deutschen wohl nicht ausgewiesen, aber entrechtet; in Jugoslawien wird in Internierungslagern Völkermord an ihnen verübt.

1945 Mai: Bei Kriegsende halten sich etwa 200 000 Donauschwaben in Österreich auf; etwas weniger in Deutschland, hauptsächlich in Bayern.

1945 Die Heimatstaaten der Donauschwaben – Ungarn, Jugoslawien und Rumänien –, werden in sozialistische „Volksdemokratien“ umgestaltet. In Jugoslawien wird in Internierungs- und Vernichtungslagern Völkermord an ihnen verübt, dem 1945–48 über 100 000 – zumeist Frauen, Greise und Kinder zum Opfer gefallen sind.

1945 Sommer: Jugoslawien verhindert Heimkehr evakuierter Donauschwaben.

1945 6. Okt.: Kirchliche Hilfsstelle unter Prälat Albert Büttner zur Betreuung der Flüchtlinge und Vertriebenen im Auftrag der deutschen Bischofskonferenz in Frankfurt/M. und München gebildet.
19. Okt.: Hilfswerk der Evang. Kirche in Deutschland unter Eugen Gerstenmeier in Stuttgart errichtet.
Nov.: In den Ländern der amerik. Besatzungszone bilden sich Flüchtlingsverwaltungen.

1945 22. Dez. Die ungarische Regierung erläßt Verordnung über die Aussiedlung der ungarländischen Deutschen nach Deutschland.

1946 26. April: Der ausgelieferte ehem. Volksgruppenführer Dr. Franz Basch vom ungarischen Volksgerichtshof in Budapest hingerichtet.

1946 6. Mai: Hilfswerk der Donauschwaben unter Peter Max Wagner in Brooklyn/USA errichtet.

1947 19. März: Die amerik. Militärregierung gestattet den Flüchtlingen die Bildung nichtpolitischer Organisationen.

1947 Wiener Schwabenverein (gegr. 1907) wird als Landsmannschaft der Donauschwaben in Wien, Niederösterreich und im Burgenland reaktiviert.

1947 Sept.: Landsmannschaft der Sathmarer Schwaben unter Stefan Schmied in Kempten/Allgäu gegründet.

1947 18. August: In Regensburg wird die „Arbeitsgemeinschaft Donauschwäbischer Lehrer“ (ADL) gegründet; Vors. Prof. Dr. Lad. M. Weifert, Geschäftsf. J. V. Senz.

1948 24. März: Konzentrationslager für Donauschwaben in Jugoslawien aufgehoben.

1948 15. Mai: Donauschwäbisches Wochenblatt „Neuland“ erscheint in Salzburg.

1948 21. Okt.: Donauschwäbische Akademiker-Vereinigung in Graz gegründet.

1948 1. Nov.: Im Rahmen einer Frankreich-Aktion übersiedeln etwa 10 000 Donauschwaben nach Frankreich.

1949 23. Mai: Grundgesetz der BR Deutschland wird in Bonn verkündet.

1949 5./6. Aug.: Großes Treffen der Donauschwaben aus Deutschland und Österreich in Passau mit Dr. Stefan Kraft, Dr. Josef Trischler, Prälat Albert Büttner und Nik. Pesch.

1949 13. Aug.: Donauschwäbische Arbeitsgemeinschaft (DAG) in Salzburg unter Dr. Hans Schreckeis entsteht.

1949 14. Aug.: Dr. Josef Trischler in den Bundestag gewählt; er ist politischer Sprecher der Donauschwaben und aller Südostdeutschen.
1949 3. Sept.: Bundesverband der Landsmannschaft der Deutschen aus Jugoslawien unter Franz Hamm in Stuttgart gegründet.
1949 Sept.: Südostdeutsches Kulturwerk (SKW) unter Prof. Dr. Fritz Valjavec in München errichtet. Vorsitzer: Franz Hamm, nach ihm Hans Diplich, Prof. Josef Haltmayer, seit 1985 Franz Hutterer.
1950 18. Jan.: Weltkirchenrat erörtert in Salzburg das Schicksal der in Jugoslawien zurückgehaltenen 30 000 donauschwäbischen Kinder.
1950 21. Mai: Landsmannschaft der Banater Schwaben aus Rumänien unter Dr. Matz Hoffmann in München gegründet.
1950 5. Aug.: Charta der Heimatvertriebenen in Stuttgart verkündet; für die Donauschwaben von Franz Hamm unterfertigt.
1950 20. Aug.: Tag der Donauschwaben in Linz als großes Bundestreffen in Österreich mit 20 000 Teilnehmern; Ing. Valentin Reimann wird Vorsitzender der DAG.
1951 4. März: Bundeslandsmannschaft der Ungarndeutschen in München gegründet.
1951 18. März: Arbeitsgemeinschaft zur Wahrung donauschwäbischer Interessen unter Franz Hamm in Bad Cannstatt gebildet.
1951 18. Juni: In Rumänien werden Tausende donauschwäbische Familien aus dem östl. Banat in die Baragan-Steppe deportiert.
1951 3. Sept.: Der Hohe Kommissar der Vereinten Nationen für die Flüchtlinge verlangt auch für die deutschen Vertriebenen internationale Hilfe.
1951 Donauschwäbische Rundschau (Karlsruhe) unter Leopold Rohrbacher erscheint; ab 1958 heißt sie „Der Donauschwabe“ (Aalen).
1951 17. Aug.: Rat der Südostdeutschen unter Dr. Josef Trischler in Bonn gebildet.
1952 2 000 Donauschwaben aus Österreich werden in einer Siedlungsaktion der Schweizer Europahilfe in Entre Rios-Parana/Brasilien in fünf von ihnen errichteten Ortschaften angesiedelt.
1952 29. Apr.: Gerhardswerk als Arbeitskreis kath. Donauschwaben in München unter Dr. Ludwig Leber und Hans Diplich gebildet, Organ „Gerhardsbote“.
1952 Oktober: Die Vertreter der amerikanischen Donauschwaben verlangen Einwanderungserlaubnis für Donauschwaben aus Deutschland und Österreich.
1952 30. Nov.: „Südostdeutsche Heimatblätter“ (später Vierteljahresblätter) vom Südostdeutschen Kulturwerk herausgebracht.
1953 19. Mai: Bundestag verabschiedet Vertriebenengesetz, zu dessen Durchführung Heimatauskunftstellen errichtet werden.
1953 In den Bundestag wird Annemarie Ackermann als einzige Vertreterin der Gruppe der Donauschwaben gewählt; auch 1957 (CDU).
1953–1960 Rund 55 000 Deutsche aus Jugoslawien werden nach Deutschland ausgesiedelt.
1954 1. Juli: In Budapest erscheint die deutsche Wochenzeitung „Freies Leben“.
1954 11. Sept.: Das Land Baden-Württemberg übernimmt die Patenschaft über die Volksgruppe der Donauschwaben und verleiht seit 1966 jährlich Donauschwäbische Kulturpreise.
1954 13. Okt.: Internationale Lenau-Gesellschaft in Stockerau b. Wien unter Dr. Nikolaus Britz gegründet.
1954 4. Nov.: Der Schwabenbischof Augustin Pacha in Temeschburg gestorben.
1955 1. Januar: „Donauschwäbische Lehrerblätter“ von der ADL unter J. V. Senz herausgebracht, seit 1977 als „Donauschwäbische Forschungs- und Lehrerblätter“.
1955 5. Nov.: Kulturverband der Deutschen Werktätigen in Ungarn gegründet.
1956 1. Sept.: Deutsches Gymnasium in Baja-Frankenstadt, deutsche Lehrerbildung in Fünfkirchen errichtet.

1957 19. Febr.: Über 15 000 im Ungarnaufstand geflüchtete Volksdeutsche im Sinne des Grundgesetzes als Deutsche anerkannt.

1957 Südostdeutsche Historische Kommission unter Prof. Dr. Theodor Mayer und Prof. Dr. Fritz Valjavec gebildet.

1958 13. Mai: Franz Hamm übergibt den Bundesvorsitz der LM an die Bundestagsabg. Annemarie Ackermann, den nachher Jakob Wolf übernimmt.

1959 16. Juni: Der ehemalige Spitzenvertreter der Deutschen in Jugoslawien, Dr. Stefan Kraft, in Heidelberg gestorben.

1959 9. Aug.: Verband der Donauschwaben in Ulm gegründet.

1959 30. Dez.: Der ungarndeutsche Akademikerverband „Suevia Pannonica" unter Dr. Adam Schlitt in Heidelberg gegründet.

1961 Die Dokumentation der Vertreibung der Deutschen aus Ost-Mitteleuropa, hggb. vom Vertriebenenministerium in Bonn, bringt Bände über Jugoslawien, Ungarn und Rumänien heraus.

1962 24. Febr.: Parlamentswahlen in Ungarn erbringen 5 schwäbische Abgeordnete.

1962 25. Febr.: Dr. Adam Krämer wird zum Bundesvorsitzenden der LM der Donauschwaben aus Jugoslawien gewählt, er bekleidet dieses Amt bis 1980.

1964 21. Jan.: Sindelfingen übernimmt die Patenschaft über die Donauschwaben aus Jugoslawien.

1964 Haus der Donauschwaben in Salzburg fertiggestellt.

1966 9. Sept.: Der donauschwäbische Volksführer Dr. Kaspar Muth in Temeschburg gestorben.

1966 29. Okt.: Im Weißen Schloß in Stuttgart überreicht Ministerpräsident Kurt Georg Kiesinger erstmals den Donauschwäbischen Kulturpreis des Patenlandes an Hans Diplich, Josef de Ponte und Franz Hutterer.

1969 31. Aug.: Verein „Haus der Donauchwaben" in Sindelfingen gegründet.

1970 7. Nov. Haus der Donauschwaben in Sindelfingen seiner Bestimmung übergeben.

1972 1. Okt.: Donauschwäbischer Lehrerkongreß zum 25jährigen Jubiläum der ADL in Sindelfingen mit Ausstellung, Lehrerautoren-Lesung und Festschrift.

1975 Unter Wilfried Kniesel wird in Sindelfingen „Arbeitskreis donauschwäbischer Familienforscher" gegründet.

1977 15. Okt.: Dr. Adam Krämer übernimmt die Leitung im Verein Haus der Donauschwaben.

1978 17. Juni: Donauschwäbische Kulturstiftung zur Förderung donauschwäbischer Forschungs-, Dokumentations- und Kulturarbeit gegründet. Seit 1981 auf Bundesebene unter LSchR. a. D. Josef Volkmar Senz.

1978 Pfingsten: Als Nachfolger von Michael Stocker wird in Ulm Sepp Schmidt zum Bundesvorsitzenden der LM der Banater Schwaben aus Rumänien gewählt, dem ab 1986 Jakob Laub folgt.

1980 Einigung der Ungarndeutschen zu einer einheitlichen Bundeslandsmannschaft.

1980 In der LM der Donauschwaben aus Jugoslawien übernimmt Christian L. Brücker die Nachfolge von Dr. Adam Krämer; er ist seit 1981 auch Nachfolger des seit 1952 amtierenden J. V. Senz als gf. Bundesvorsitzender der AG Donauschwäbischer Lehrer (ADL); im Verein Haus der Donauschwaben übernimmt Jakob Wolf den Vorsitz.

1981 26.-30. Okt.: Anläßlich seines Staatsbesuches in Rumänien setzt sich Bundespräsident Carl Carstens für die Familienzusammenführung ein.

1981 9.-11. Dez.: Ministerpräsident Lothar Späth von Baden-Württemberg, der Patenonkel der Volksgruppe der Donauschwaben, besucht auf seiner Rumänienreise auch Temeschburg und setzt sich für die donauschwäbischen Landsleute ein.

1983 Christian L. Brücker, Bundesvorsitzender der LM der Donauschwaben aus Jugoslawien übernimmt die Federführung des Dachverbandes der donauschwäbischen Landsmannschaftsorganisationen in Europa und Übersee.

1983 Die Donauschwaben in aller Welt begehen die 300-Jahrfeier des christlichen Sieges über die Türken am Kahlenberg bei Wien als Beginn ihrer Entstehung.
1984 Die Müller-Guttenbrunn-Gesellschaft in Freiburg/Br. läßt die Vierteljahresschrift „Beiträge zur Deutschen Kultur" erscheinen.
1984/85 Die Donauschwaben in aller Welt gedenken ihrer vor 40 Jahren in Gang gesetzten Flucht, Entrechtung, Zwangsverschleppung, Vertreibung und Vernichtung; etwa 100000 Donauschwaben erlagen einem gnadenlosen Völkermord.
1986 Für das Patenland wurde vom Innenministerium Baden-Württemberg im Neuen Schloß in Stuttgart die Ausstellung „Die Donauschwaben - Deutsche Siedlung in Südosteuropa" mit einer ganzen Reihe repräsentativer Rahmenveranstaltungen im April 1987 durchgeführt und damit die Geschichte und Kulturleistung einer Volksgruppe vorgestellt.
1987 Das Donauschwäbische Institut für Geschichte und Landeskunde an der Universität Tübingen mit Wirkung vom 1. Juli von der Regierung des Patenlandes errichtet.

Quellenhinweise - weiterführendes Schrifttum

1. Quellenbücher und Dokumentation

Dokumentation der Vertreibung der Deutschen aus Ost-Mitteleuropa: Bd. II Ungarn, Düsseldorf 1956, 199 S., Bd. III Rumänien, Berlin 1957, 408 S., Band V Jugoslawien, Düsseldorf 1961, 633 S., Hggb. v. Bundesministerium für VFK, Bonn.
Gauß, A.K.: Dokumente z. Geschichte d. Donauschwaben 1944–1954. Salzburg 1954
Hacker, Werner: Auswanderungen aus Oberschwaben i. 17. u. 18. Jh. archivalisch dokumentiert, Stuttgart-Aalen 1977, 800 S. 8°
Hacker, Werner, Auswanderungen aus Baden und d. Breisgau im 18. Jh. archivalisch dokumentiert. Stuttgart-Aalen 1980, 743 S., 8°
Kniesel, Wilfried/Harjung Rosemarie: Donauschwäbische Familienforschung. Festbuch. Schriesheim 1985, 303 S.
Merkl, Michael (Hg.): Weitblick eines Donauschwaben. Widerstand gegen nationalsoz. Einflüsse unter den Donauschwaben Jugoslawiens und Ungarns 1935–1944. Dieterskirch 1968, 256 S.
Pfrenzinger, Alfons: Die mainfränkische Auswanderung nach Ungarn u. d.. österr. Erbländern im 18. Jh. Wien 1941, 193 S., 8°
Reimann Anton: Auswanderungen aus Hessischen Territorien nach Südosteuropa im 18. und 19. Jh. Darmstadt 1986, 882 S.
Senz, Josef Volkmar (Hg.): Donauschwäbische Lehrer- und Forschungsarbeit 25 Jahre ADL 1947–1972. Donauschwäbisches Archiv, Reihe I, Bd. 3. München 1973, 350 S.
Tafferner Anton: Quellenbuch z. donauschwäbischen Geschichte. Vorwort v. Adam Wandruszka, Einfg. von Egon Lendl. München 1974, Bd. I, 372 S. Band II Stuttgart 1977, 370 S., Band III, Stuttgart 1978, 368 S., Band IV Stuttgart 1982, 334 S.
Weidlein, Johann: Geschichte der Ungarndeutschen in Dokumenten 1930–1950. Schorndorf 1959, 408 S.
Wilhelm, Franz/Kallbrunner, Josef: Quellen zur deutschen Siedlungsgeschichte in Südosteuropa. Im Auftrage der Deutschen Akademie. München 1932, 416 S., 4°

2. Zeitschriften, Zeitungen, Jahrbücher

Von der Heide. Monatsschrift für Kultur und Leben. Temeswar 1909–1919, 1922–1927, 1937.
Banater Deutsche Kulturhefte. Vierteljahresschrift für geistiges und kulturelles Leben der Banater Deutschen. Hg.: Banater Deutscher Kulturverein, Temeswar 1927–1931.
Deutsch-Ungarische Heimatblätter. Hg.: Jakob Bleyer, Schriftltg.: Franz Basch. Budapest 1929–1935, Vierteljahresschrift für Kunde des Deutschtums in Ungarn, ab 1935 Neue Heimatblätter, ab 1939 u. d. Titel: Deutsche Forschungen in Ungarn, letztes Heft 1–4/9. Jg. Budapest-München

1943–1985. Hggb. vom Ungarndeutschen Sozial- und Kulturwerk in München, geleitet von Dr. Anton Tafferner.
Banater Monatshefte. Zeitschrift f. Kultur u. Geschichte der Donauschwaben. Hg. u. Schriftl.: Anton Valentin. Temeswar 1933–1939.
Südostdeutsche Rundschau. Zeitschrift der Deutschen Volksgruppe in Ungarn, Hg.: Dr. Franz Basch, Schriftl. Philipp Böss. Budapest 1942–1944.
Volkswart. Vierteljahresschrift f. deutsche Volkstumspflege in Südslawien. Neusatz 1932, ab 1938 Volk und Heimat bis 1941.
Südostdeutsche Vierteljahresblätter (bis 1957 Heimatblätter) ab 1952 München, hggb. im Auftrag des Südostdeutschen Kulturwerkes.
Donauschwäbische Forschungs- und Lehrerblätter (bis 1977 Lehrerblätter) ab 1955, hggb. v. d. AG Donauschwäbischer Lehrer, Straubing-München.
Südostdeutsche Forschungen im Auftrag des Südostinstituts München 1936, geleitet von Fritz Valjavec, ab 1958 Südostdeutsches Archiv im Auftrag d. Südostd. Hist. Kom., München 1958 ff.
Der Strom. Zeitschrift f. Gegenwartsfragen der Donauschwaben. Hg.: Vb. kath. donauschwäbischer Akademiker, Wien-Salzburg 1956–1959.
Archiv der Suevia Pannonica. Jahresgabe. Heidelberg 1964 ff.
Beiträge zur deutschen Kultur. Vierteljahresschrift. Hg.: Müller-Guttenbrunn-Gesellschaft e.V. Freiburg/Br. 1984 ff.
Deutsches Tagblatt für Ungarn. Temesvar seit Dezember 1900 ff.
Deutsch-ungarischer Volksfreund. Temesvar 1903 ff.
Schwäbische Volkspresse (später Banater Deutsche Zeitung). Temesvar 1920 ff.
Deutsches Volksblatt. Neusatz 1919–1944.
Sonntagsblatt. Wochenblatt für das deutsche Volk in Ungarn. Budapest 1921 ff.
Deutsche Zeitung. Tageszeitung d. dt. Volksgruppe in Ungarn. Budapest 1940 bis 1944.
Donauschwäbische Rundschau, Karlsruhe 1951, dann Aalen, ab 1958 ff als Der Donauschwabe. Bundesorgan der Heimatvertriebenen aus Jugoslawien, Ungarn und Rumänien.
Neuland. Wochenschrift der Donauschwaben. Chefredakteur A. K. Gauß, Salzburg. Pannonia-Verlag, Freilassing, Postfach. 1948 ff.
Schwäbischer Volkskalender. Jb. d. dt. Volkes im Banat u. Sathmarer Gau. Temeswar 1921–1941.
Deutscher Volkskalender. Hggb. v. Ungarl. dt. Volksbildungsverein. Budapest 1924 ff.
Donauschwaben-Kalender. Schriftltg. Franz Schuttack. Aalen 1954 ff.

3. Buchreihen

Donauschwäbische Beiträge. Hggb. H. der Donauschwaben, Salzburg-Freilassing 1952–1980, 80 Nr.
Donauschwäbisches Schrifttum. Hggb. v. d. Landsmannschaft der Donauschwaben i. B-W., Stuttgart-Sindelfingen 1953–1980, 17 H.
Donauschwäbisches Archiv. Hggb. Arbeitskreis f. Heimat- und Volksforschung in der ADL und Donauschwäbische Kulturstiftung e.V. 1947–1984, München-Straubing; darunter Reihe I, 11 Bände; Reihe II, 4 Bände; R. III, 38 Bände, Reihe IV, 20 Bände; Reihe V, 25 Nr., Reihe VI, 9 Nr.
Buchreihe der Südostdeutschen Historischen Kommission, München, 1958–1980: 31 Bände, darunter 12 die Donauschwaben betreffend.
Veröffentlichungen des Südostdeutschen Kulturwerks, München 1954–1984. Vier Reihen: A: Kultur und Dichtung 20 Nr., darunter 11 donnauschwäbische; B: Wissenschaftliche Arbeiten 44/26 Nr.: Erinnerungen und Quellen 7/3 Nr.; D: Kleine Südost-Reihe 15/8 Nr.

4. Bibliographien

Kessler, Wolfgang (Hg.): Ost- und Südostdeutsche Heimatbücher und Ortsmonographien nach 1945. Eine Bibliographie zur hist. Landeskunde der Vertreibungsgebiete. München 1979. 335 S.
Lehmann, Michael: Das deutschsprachige katholische Schrifttum Altungarns und der Nachfolgestaaten 1700–1950. Studia Hungarica. Hg. Georg Stadtmüller. Mainz 1975, 589 S.

Réz Heinrich: Dt. Zeitungen und Zeitschriften in Ungarn von Beginn bis 1918. München 1935.
Scherer, Anton: Donauschwäbische Bibliographie 1935-1955. Das Schrifttum über die Donauschwaben in Ungarn, Rumänien, Jugoslawien usw. Veröffentl. des Südostdeutschen Kulturwerks, Reihe B-Wissenschaftliche Arbeiten Band 18. München 1966, 407 S. 8°.
Scherer, Anton: Donauschwäbische Bibliographie 1955-1965. Das Schrifttum über die Donauschwaben in Ungarn, Rumänien, Jugoslawien usw. Veröffentl. des Südostdeutschen Kulturwerkes, Reihe B-Wissenschaftliche Arbeiten Band 30. München 1974, 480 S., 8°.
Schneider, Franz, Bibliographie Donauschwäbische Lehrerblätter 1955-1980 (ab 1977 Donauschwäbische Forschungs- und Lehrerblätter). Arbeitskreis für donauschwäbische Heimat- und Volksforschung, München 1983, 48 S. 8° (Donauschwäbisches Archiv, Reihe III, Bd. 28)
Tafferner, Anton: Donauschwäbische Heimatbücher und Ortsgeschichten in chronologischer Reihenfolge. In: Donauschwäbische Lehrer- und Forschungsarbeit - 25 Jahre AG Donauschwäbischer Lehrer 1947-1972. München 1973, S. 301-326. Hggb. v. Josef Volkmar Senz, 350 S. 8° (Donauschwäbisches Archiv, R. Bd. 5).

5. Gesamtdarstellungen

Annabring, Matthias: Geschichte der Donauschwaben, Band 1: Volksgeschichte der Deutschen in Ungarn; Band 2: Volksgeschichte der Donauschwaben in Jugoslawien; Band 3: Volksgeschichte der Donauschwaben in Rumänien. Stuttgart 1954-56.
Bleyer, Jakob: Das Deutschtum in Rumpfungarn. Budapest 1928, 196 S.
Bohmann, Alfred: Menschen und Grenzen. Bevölkerung und Nationalitäten in Südosteuropa. Bd. 2. Köln 1969, 397 S.
Britz, Nikolaus (Hg.): Die Donauschwaben zwischen gestern und heute. Festschrift zur Fünfzig-Jahrfeier des Schwabenvereines Wien 1957, 144 S.
Brücker, Christian L.: Eingliederung donauschwäbischen Kulturerbes. Donauschwäbisches Archiv, R. I, Bd. 11. Straubing 1985.
Hans Diplich/Hans Wolfram Hockl (Hg.): Wir Donauschwaben. Salzburg 1950 (Reihe: Heimat im Herzen), 405 S. 8°.
Hans Diplich: Aus donauschwäbischem Erbe. Teil 1/1951, Teil 2/1956. München 1956, 80 S.
Eberl, Immo: Die Donauschwaben. Deutsche Siedlung in Südosteuropa. Ausstellungskatalog. Sigmaringen 1987, 318 S.
Gabriel, Josef: 50 Jahre Geschichte d. Banater Arbeiterbewegung 1870-1920. Temeswar 1928.
Gauß, Adalbert Karl/Weidenheim Johannes (d. i. Ladislaus Schmidt): Die Donauschwaben - Bild eines Kolonistenvolkes. Vorw.: Theodor Schieder. Freilassing 1961. 216 S. 4°.
Hockl, Hans Wolfram (Hg.) unter Mitw. v. Josef Schmidt, Josef V. Senz und Anton Tafferner: Heimatbuch der Donauschwaben. Hggb. vom Südostdeutschen Kulturwerk, München, und Donauschwäbischer Heimatverlag, Aalen, o. J. (1959), 394 S. 8°.
Janko, Sepp: Weg und Ende der dt. Volksgruppe in Jugoslawien. Graz-Stuttgart 1982, 347 S.
Klein, Karl Kurt: Literaturgeschichte des Deutschtums im Ausland. Leipzig 1939; Nachdruck 1979, 355 S.
Haltmayer, Josef (Hg.): Kirchengeschichte der Donauschwaben. Band II: Die katholischen Donauschwaben in der Doppelmonarchie 1867-1918. Stuttgart 1977. 687 S. 8°
Lehmann, Michael (Hg.): Der Donauschwabe und sein geistiges Profil. Stuttgart 1969. 363 S. 8°.
Lehmann, Michael (Hg.): Kirchengeschichte der Donauschwaben. Band III: Die katholischen Donauschwaben in den Nachfolgestaaten 1918-1945. Freilassing 1972. 530 S. 8° (Donauschwäbische Beiträge 59).
Leicht Sebastian/Wildmann Georg: Weg der Donauschwaben. Dreihundert Jahre Kolonistenschicksal. Graphischer Zyklus mit Text. Passau 1983, 355 S.
Lendl, Egon: Das Donauschwabentum. Ein historischer Querschnitt. Lendl Egon, Donauschwäbische Geschichte. In: Neuland. Wochenschrift der Donauschwaben Nr. 19-30, Salzburg-Freilas-

sing 1952. In: Der Strom, Zeitschrift für Gegenwartsfragen der Donauschwaben. Hg.: Verband Kath. Donauschwäbischer Akademiker, Wien-Salzburg-München, Jahresheft 1959, S. 21–41.
Mlinarić, Bruno: Tito, der rote Rebell und seine „vollkommene Demokratie". Zürich 1948, 365 S.
Regényi Isabella/Scherer Anton: Donauschwäbisches Ortsnamenbuch. Hggb. vom Arbeitskreis donauschwäbischer Familienforscher, Darmstadt 1980, 188 S. 8°. (Mit einer Kartenbeilage)
Rüdiger Hermann (HR): Donauschwaben. In: Handwörterbuch des Grenz- und Auslanddeutschtums. Hggb. von C. Petersen und Otto Scheel, Breslau 1933 ff. S. 290–305, 4°
Scherer, Anton: Die nicht sterben wollten. Mit Einführung in die Geschichte der donauschwäbischen Literatur. Freilassing 1959, 259 S.
Schmidt, Josef (Hggb.): Die Donauschwaben 1944–1964. Beiträge zur Zeitg. München 1968, 138 S.
Schramm, Josef (Hg.): Beiträge zur Kenntnis der Donauschwaben. Gedenkschrift für Friedrich Metz. Stuttgart 1972, 175 S. 8° (Donauschwäbisches Schrifttum 16)
Schwicker, Johann Heinrich: Die Deutschen in Ungarn und Siebenbürgen. Wien 1881, 510 S.
Senz, Ingomar: Die nationale Bewegung der ungarl. Deutschen vor dem Ersten Weltkrieg. Buchreihe der SHK Bd. 30, München 1977, 306 S.
Senz, Josef Volkmar: Geschichte der Donauschwaben. 2. erw. Auflage. Freilassing-Salzburg 1955 (Donauschwäbische Beiträge 11), 151 S. 8°, 1. Aufl. Neuwerbaß 1940
Senz, Josef Volkmar (Hg.): Donauschwäbische Siedlungsgebiete. Hggb. v. d. AG Donauschwäbischer Lehrer. München 1974, 55 S. 8° (Donauschwäbisches Archiv, Reihe III: Beiträge zur Volks- und Heimatforschung 21)
Steinacker, Harold: Austro-Hungarica. Ausgewählte Aufsätze und Vorträge. Buchreihe der SHK Bd. 8. München 1963, 362 S.
Tafferner Anton/Schmidt Josef/Senz Josef Volkmar: Die Donauschwaben im pannonischen Becken. Ein deutscher Neustamm. 3. erw. Aufl. München 1981, 24 S. 8° (Donauschwäbisches Archiv, R. III: Beiträge zur Volks- und Heimatforschung 4)
Tafferner Anton: Die Donauschwaben. (Eckart-Schriften 51) Hggb. Östr. Landsmannschaft Wien 1974, 79 S.
Tafferner, Anton: Donauschwäbische Wissenschaft. München 1974, 154 S. 8° (Donauschwäbisches Archiv, R. III, 24)
Valjavec, Fritz: Geschichte der deutschen Kulturbeziehungen zu Südosteuropa. Hggb. vom Südost-Institut München, Südosteuropäische Arbeiten Nr. 41–45, Bd. I. Mittelalter 1953, 265 S.; Bd. II. Reformation und Gegenreformation 1955, 275 S.; Bd. III. Aufklärung und Absolutismus 1958, 374 S.; Bd. IV. Das 19. Jahrhundert 1965, 286 S.; Bd. V. Registerband 1970, hggb. von Felix v. Schroeder. 183 S.
Valjavec, Fritz: Ausgewählte Aufsätze. Südosteurop. Arbeiten Bd. 60. München 1963. Darin: Geschichte der Donauschwaben. S. 185–206.
Valjavec, Fritz: Geschichte der Donauschwaben. In: Heimatbuch der Donauschwaben. Hgg. von Hans Wolfram Hockl mit Josef Schmidt, Josef V. Senz und Anton Tafferner. Aalen 1959, S. 11–36.
Weidlein, Johann: Pannonica. Ausgewählte Abhandlungen und Aufsätze zur Sprach- und Geschichtsforschung der Donauschwaben und der Madjaren. Schorndorf 1979, 424 S.
Weidlein, Johann: Hungaro-Suebica. Gesammelte Beiträge zur Geschichte der Ungarndeutschen und der Madjaren. Schorndorf 1981, 374 S.
Wild, Georg: Die Deutsche Ev. Kirche in Jugoslawien 1918–1941. Buchreihe des SKW Bd. 37. München 1980, 388 S.
Wildmann, Georg (Hg.): Entwicklung und Erbe des donauschwäbischen Volksstammes. Festschrift f. J. V. Senz. München 1982, 463 S., 8° (Donauschwäbisches Archiv, R. I, Band 10, Hg.: Arbeitskreis für donauschwäbische Heimat- und Volksforschung)
Wüscht, Johann: Jugoslawien und das Dritte Reich. Stuttgart 1969, 369 S.

Donauschwäbische Organisationen und Einrichtungen

Dachverband der donauschwäbischen Landsmannschaftsorganisationen in Europa und Übersee. Geschäftsstelle: D-7032 Sindelfingen, Haus der Donauschwaben, Goldmühlestr. 30. Vorsitzer seit 1983 Christian L. Brücker.

Donauschwäbische Arbeitsgemeinschaft (DAG), A-1030 Wien, Rennweg 70.

Verband der Donauschwaben in den USA e.V. - 6060 N. 118 th. Str. Milwaukee, Wisc. 53225, Gegr. 1957. Gibt mit Verband in Kanada eine Zeitung heraus.

Verband der Donauschwaben in Kanada. 1068 Belle Isle View, Windsor, Ont., N8S - 3G5.

Kulturverband der Donauschwaben in Argentinien. Casilla Coreo 2956, Buenos Aires.

Verein der Donauschwaben in Süd-Australien. 29 Bower Str., Woodville.

Donauschwäbische Kulturstiftung e.V. Förderung donauschwäbischer Forschungs-, Dokumentations- und Publikationsarbeit. Gfg.: D-8 München 81, Schädlerweg 2. Vorsitzer: Josef Volkmar Senz. Schriftenreihe: Donauschwäbisches Archiv.

Arbeitsgemeinschaft Donauschwäbischer Lehrer e.V. Gegr. 1947. Vorsitzer seit 1981 Christian L. Brücker, D-7057 Winnenden, Christophstr. 27.

Arbeitskreis für Donauschwäbische Heimat- und Volksforschung. Gegr. 1947. Gfg.: D-8440 Straubing, Dr. Heiß-Str. 38. Leiter Dr. Anton Tafferner.

Arbeitskreis Donauschwäbischer Familienforscher. Gegr. 1975. Vorsitzer: Wilfried Kniesel, D-6905 Schriesheim. Organ: Donauschwäbische Familienkundliche Forschungsblätter.

St. **Gerhardswerk e.V. D.** 7 Stuttgart 1, Stafflenbergstr. 44. Gemeinschaftswerk der kath. Donauschwaben aus allen Heimatstaaten. Gegr. 1952. Organ: Gerhardsbote. Geistlicher Leiter: Prälat Josef Haltmayer, wetl. Vorsitzer: Dipl.Ing. Franz Wesinger.

Landsmannschaft der Donauschwaben aus Jugoslawien e.V., -D- 7032 Sindelfingen, Goldmühlestr. 30. Patenstadt: Sindelfingen. Organ: Mitteilungen für Donauschwaben.

Landsmannschaft der Deutschen aus Ungarn e.V. Bgfg.: München 22, Himmelreichstr. 4. Patenstadt: Backnang/Wttb. Organ: Unsere Post.

Landsmannschaft der Banater Schwaben aus Rumänien in Deutschland. e.V. Bgfg. München 2, Sendlinger Str. 55/I. Patenschaft: Saarland. Organ: Banater Post.

Landsmannschaft der Sathmarer Schwaben e.V.D-7150 Backnang, Wachholderhöhe 20. Patenschaft: Kreis Biberach. Organ: Sathmarer Heimatbrief.

Patenschaft des Landes Baden-Württemberg über die Volksgruppe der Donauschwaben. Errichtet 1954. Innenministerium Stuttgart 1, Postfach 277. Dem Landesbeirat gehören Vertreter des zuständigen Ministeriums an, des Landtages, der Patenstädte und der donauschwäbischen Landsmannschaften.

Verein Haus der Donauschwaben e.V. Rechtsträger des Hauses der Donauschwaben. D-7032 Sindelfingen, Goldmühlestr. 30.

Haus der Donauschwaben. Kulturzentrum mit Bücherei, Archiv, Gemäldesammlung, Museum, Film- und Bildstelle, Schallplatten. D-7032 Sindelfingen, Postfach 180.

Institut für donauschwäbische Geschichte und Landeskunde. Errichtet am 1. Juli 1987 vom Patenland Baden-Württemberg. Sitz: 74 Tübingen, Paulinenstr. 1. Aufgabe: Gemäß § 96 des BVFG wissenschaftlich zu erforschen und zu dokumentieren, die Abhaltung entsprechender Lehrveranstaltungen an den Universitäten des Landes fördern, Publikationen herausgeben und wissenschaftliche Tagungen durchführen. Leiter: Prof. Dr. Harald Zimmermann

Südostdeutsches Kulturwerk e.V. München 2, Güllstr. 7. Gegr. 1948. Vorsitzer seit 1985 Franz Hutterer. Zeitschrift: Südostd. Vierteljahresblätter, Buchreihen.

Südostdeutsche Historische Kommission. Vorsitzer: Univ. Prof. Friedrich Gottas. Zeitschrift: Südostdeutsches Archiv. Buchreihe. München 2, Güllstr. 7.

Träger des Donauschwäbischen Kulturpreises seit 1966*

Die vom Patenland Baden-Württemberg gestifteten Preise sind wesentlich mit dem Namen von Jakob Wolf, dem Leiter des Hauses der Donauschwaben in Sindelfingen verbunden. Er war bis zu seinem Tode Vorsitzender der Jury zur Vergabe der Preise. Mit einigen Ausnahmen hat er auch die Laudationen auf die Preisträger gehalten. An erster Stelle bringen wir den Kulturpreisträger und an zweiter und dritter Stelle die Förder- bzw. Anerkennungspreisträger. Den Preisträgern fügen wir das Geburtsjahr und den Geburtsort zu.

Jahr **1966:** Hans Diplich (1909, Großkomlosch); Josef de Ponte (1922, Johannistal); Franz Hutterer (1925, Neufurtach); Jahr **1967:** Franz Schunbach (1898, Großturwall); Dr. Anton Peter Petri (1923, Lorandshausen); Friedrich Müller (1914, Torschau); Jahr **1968:** Dr. Dr. Wilhelm Keilbach (1908, Ernsthausen); Dr. Klaus Günther (1921, Altbeba); Dr. Hans Christ (1914, Stockbrunn); Jahr **1969:** ausgefallen. Jahr **1970:** Nikolaus Engelmann (1908, Rabendorf); Mathes Nitsch (1884, Straß-Sommerein); Dr. Anton Schwob (1937, Abthausen); Jahr **1971:** Sebastian Leicht (1908, Ulmenau); Dr. Alexander Krischan (1921, Hatzfeld); Johann Adam Stupp (1927, Ödenburg); Jahr **1972:** Hans Wolfram Hockl (1912, Lenauheim); Franz Koringer (1921, Teichfeld); Dr. Claus Jürgen Hutterer (1930, Ofenpest); Jahr **1973:** Karl Götz (1903, Neuboldheim); Hansjörg Kühn (1920, Neuburg); Dr. Michael Lehmann (1910, Großbetschkerek); Jahr **1974:** Dr. Johannes Künzig (1897, Pülfringen); Wilhelm Kronfuss (1903, Ofenpest); Dr. Nikolaus Britz (1919, Großkikinda); Johann Wüscht (1897, Berauersheim); Annie Schmidt-Endres (1903, Lenauheim); Robert Reiter (1899, Temeschburg); Jahr **1975:** Jakob Wolf (1914, Schwarzenberg); Gernot Waldner (1942, Arad); Dr. Eugen Bonomi (1908, Orsova); Jahr **1976:** Dr. Johann Wolf (1905, Bozen); Werner Hacker (1898, Berlin); Dr. Stefan Cosacchi (1903, Ofenpest); Dr. Ingomar Senz (1936, Filipsdorf); Jahr: **1977:** Dr. Johann Weidlein (1905, Murgau); Dr. Hans Weresch (1902, Deutschbentschek); Friedrich Lotz (1890, Altweidenheim); Jahr **1978:** Dr. Anton Scherer (1922, Oberndorf); Franz Pruckner (1906, Hommigg); Julius Stürmer (1915, Karansebes); Jahr **1979:** Kaspar Hügel (1906, Lorandshausen); Johannes Wurtz (1908, Waldneudorf); Anton Reppmann (1926, Eisenbrunn); Jahr **1980:** Dr. Anton Tafferner (1910, Boglar); Franz Ferch (1900, Rudolfsgnad); Julius Schramm (1922, Großbetschkerek); Jahr **1981:** Josef Volkmar Senz (1912, Abthausen); Karl Waldner (1911, Perjamosch); Dr. Paul Schwalm (1918, Eisenbrunn); Jahr **1982:** Dr. Anton Peter Petri (1923, Lorandshausen); Peter Lukas Tresz (1942, Frankenstadt); Konrad Scheierling (1924, Ringdorf); Jahr: **1983:** Dr. Hans Christ (1914, Stockbrunn); Viktor Stürmer (1914, Karansebes); Jakob Bohn (1921, Pardan); Jahr **1984:** Christian Ludwig Brücker (1915, Neuschorfeld); Stefan Heinz (1913, Klein-St. Peter); Dr. Karl Manherz (1942, Rothenburg); Jahr **1985:** Dr. Hans Weresch (1902, Deutschbentschek); Robert Payer (1933, Agendorf); Hans Rasimus (1914, Kathreinfeld); Jahr **1986:** Josef de Ponte (1922, Johannistal); Robert Rohr (1922, Hennemannstadt); Heinrich Freihoffer (1921, Kleinschemlak).

*) Donauschwäbische Forschungs- und Lehrerblätter 1/1987, S. 50

Personenregister

Donauschwäbische Veröffentlichungen

Herausgegeben oder angeregt vom Arbeitskreis für donauschwäbische Heimat- und Volksforschung in der AG Donauschwäbischer Lehrer e. V. und der Donauschwäbischen Kulturstiftung e. V., Geschäftsführung: D-8000 München 81, Schädlerweg 2; Geschäftsstelle: D-7032 Sindelfingen, Goldmühlestr. 30, Haus der Donauschwaben.

Donauschwäbische Forschungs- und Lehrerblätter

Schriftleitung: Dr. Anton Tafferner, D-8000 München 21, Fischer-von-Erlach-Str. 19, Josef Volkmar Senz, Josef Schmidt, Christian L. Brücker. Geschäftsstelle und Verwaltung: D-7032 Sindelfingen, Goldmühlestr. 30, Haus der Donauschwaben, Tel. 0 70 31/61 01-696. Jährlich 4 Hefte. Jahresbezug 25,-- DM. Die einzige gesamtdonauschwäbische Kulturzeitschrift, die im 33. Jahrgang erscheint.

Donauschwäbisches Archiv

Das „Donauschwäbische Archiv" stellt eine Sammlung von Veröffentlichungen dar, die vom Arbeitskreis für donauschwäbische Heimat- und Volksforschung in der AG Donauschwäbischer Lehrer e.V. und der Donauschwäbischen Kulturstiftung e.V. sowie von mehreren donauschwäbischen Ortsgemeinschaften herausgegeben oder gefördert werden. Geschäftsführung: D-8000 München 81, Schädlerweg 2; Geschäftsstelle: D-7032 Sindelfingen, Goldmühlestr. 30, Haus der Donauschwaben.

Donauschwäbisches Archiv – Reihe I: Schriftenreihe der ADL, ISSN 0ö72-1046

Band 10: **Entwicklung und Erbe des donauschwäbischen Volksstammes.** Hggb. Georg Wildmann. 8000 München 1982. 463 S., Farbumschlag Ln. geb. DM 55,– ISSN 0172-1046-10.

Band 11: **Eingliederung donauschwäbischen Kulturerbes.** Von Christian Ludwig Brücker. D-7032 Sindelfingen 1985, 208 S., br. ISSN 0172-1046-11.

Donauschwäbisches Archiv – Reihe III: Beiträge zur Volks- und Heimatforschung,
D-8440 Straubing, Dr.-Heiß-Str. 38, ISSN 0172-5165.

Band 18: **Das Schulwesen der Donauschwaben im Kgr. Jugoslawien.** Von Josef Volkmar Senz. 8000 München 1969, 303 S. br. 15,– DM.

Band 27: **Die deutsche Schulnot im ehem. Kgr. Jugoslawien.** Von Hans Rasimus. 8000 München 1979, 200 S. DM 20,– ISSN 0172-5165-27.

Band 28: **Bibliographie Donauschwäbische Lehrerblätter 1955-1980 (seit 1979 Donauschwäbische Forschungs- und Lehrerblätter).** Von Franz Schneider, 8000 München 1983. 48 S., ISSN 0172-5165-28, br. DM 5,–.

Band 33: **Donauschwäbisches Liederbuch.** Von Konrad Scheierling. Straubing 1985, 220 S., Gln. DM 22,– ISSN 0172-5165-33.

Band 34: **Ein Freundschafts- und Partnerschaftsbeispiel.** Festschrift zum 70. Geburtstag von Friedrich Binder und Friedrich Kühbauch. Sindelfingen 1986. 240 S. ISSN 0172-5165-34.

Band 35: **Aktion Intelligenzija in Karlsdorf.** Von Hans Sonnleitner. 8000 München 1987. ISSN 0172-5165-35 ISBN 3-926276-00-2.

Band 36: **Die Entwicklung der Banater Hauptstadt Temeschburg.** Von Mathias Weifert. München 1987. 190 S., br. DM 22,–. ISSN 0172-5165-36 ISBN 3-926276-02-9.

Band 37: **Geschichte der Donauschwaben.** Von Josef Volkmar Senz. D-8440 Straubing-Sindelfingen 1987. 277 S., Gln. geb. DM 32,–. ISSN 0172-5165-37 ISBN 3-926276-03-7.

Band 38: **Donauschwäbische Zeitgeschichte aus erster Hand.** Von Josef Beer. Mit 5 Karten. Straubing-Sindelfingen 1987. 270. S. ISSN 0172-5165-38 ISBN 3-926276-04-5.

Die Donauschwäbische Kulturstiftung e.V.

wurde als Einrichtung der Selbsthilfe errichtet und hat ihre Tätigkeit im Sinne der auf der Gründungsversammlung gutgeheißenen, beim Amtsgericht in München registrierten, beim Finanzamt zur Erlangung der Gemeinnützigkeit gemeldeten und unter St. Nr. 842/55 34 bestätigten Satzung auf Bundesebene aufgenommen.

Die Stiftung ist eine Selbsthilfeeinrichtung landsmannschaftlicher Verbände, Heimatortsgemeinschaften (HOG) und Einzelpersonen, die sich an der Aufbringung finanzieller Mittel sowie an der Verfolgung gemeinsamer kultureller Aufgaben beteiligen.

Die Donauschwäbische Kulturstiftung will die Durchführung eines auf mehrere Jahre abgestellten Arbeitsprogrammes im Dienste der Bewahrung, Pflege und Entwicklung des gesamtdonauschwäbischen Kulturerbes durch die Gewinnung von Begründern und Stiftungsträgern (Gründern, Stiftern, Förderern und Helfern) sowie die Gewinnung und Förderung fachkundiger Mitarbeiter sichern. Die Kulturstiftung zählt derzeit 2 Ehren-Begründer, 6 Begründer (erforderliche Zuwendung 10 000,- DM), 28 Gründer (erforderliche Zuwendung 2000,- DM), 27 Stifter (erforderliche Zuwendung 1000,- DM), 32 Förderer (erforderliche Zuwendung 500,- DM), 35 Helfer (erforderliche Zuwendung 250,- DM), zusammen 130 Stiftungsträger; außerdem zahlreiche Freunde, die die Veröffentlichungen der Kulturstiftung und die Donauschwäbischen Forschungsblätter laufend beziehen.

Die Stiftung verfolgt ausschließlich und unmittelbar gemeinnützige Zwecke, insbesondere durch

Förderung donauschwäbischer dokumentarischer, wissenschaftlicher und künstlerischer Vorhaben, möglichst auch in Zusammenarbeit mit anderen donauschwäbischen oder öffentlichen Einrichtungen;

Förderung von schöpferischen Kräften, insbesondere auch des donauschwäbischen Nachwuchses.

Die von der Donauschwäbischen Kulturstiftung geförderten oder herausgegebenen Schriften und Arbeiten dienen Zielen, die auf die Erhaltung donauschwäbischen Kulturgutes sowie gesamtdonauschwäbischer und gesamtdeutscher Belange ausgerichtet sind.

Die Donauschwäbische Kulturstiftung ist darauf angewiesen, ihre Vorhaben durch Zuwendungen von privater Seite und durch Spenden für ihre Bücher und Schriften sicherzustellen.

Herkunfts- und kulturbewußte Donauschwaben beziehen selbstverständlich die *Donauschwäbischen Forschungsblätter,* die einzige gesamtdonauschwäbische Kulturzeitschrift, und die Veröffentlichungen der Donauschwäbischen Kulturstiftung.

Die Stiftung hat ihren Sitz in München und ist in das zuständige Vereinsregister eingetragen.

Vorsitzender der Stiftung: Josef Volkmar Senz, D-8440 Straubing, Dr.-Heiß-Str. 38.
Geschäftsführung: Hans Sonnleitner, D-8000 München 81, Schädlerweg 2
Geschäftsstelle: Josef Beer, D-7032 Sindelfingen, Goldmühlestr. 30, Haus der Donauschwaben

Postgirokonto: PGiroA München (BLZ 700 100 80) Kto Nr. 34 28 92-801 für Donauschwäbische Kulturstiftung.
Bankkonto: Donauschwäbische Kulturstiftung, 8000 München, Kto Nr. 79758002 Raiffeisenbank D-7031 Aidlingen BLZ 600 692 06